TOW 일의 신학 성경 주석 1

일하는 크리스천을 위한
모세오경 · 역사서

Theology of Work Bible Commentary 1

THEOLOGY OF WORK PROJECT

TOW 일의 신학 성경 주석 1

일하는 크리스천을 위한
모세오경 · 역사서

지은이 | TOW 프로젝트
옮긴이 | G&M글로벌문화재단
초판 발행 | 2017. 7. 24
2쇄 발행 | 2017. 10. 10
등록번호 | 제1988-000080호
등록된 곳 | 서울특별시 용산구 서빙고로65길 38
발행처 | 사단법인 두란노서원
영업부 | 2078-3333　FAX | 080-749-3705
출판부 | 2078-3332

책값은 뒤표지에 있습니다.
ISBN 978-89-531-2929-0 04230
ISBN 978-89-531-2930-6 04230(세트)

독자의 의견을 기다립니다.
tpress@duranno.com　www.duranno.com

두란노서원은 바울 사도가 3차 전도 여행 때 에베소에서 성령 받은 제자들을 따로 세워 하나님의 말씀으로 양육하던 장소입니다. 사도행전 19장 8-20절의 정신에 따라 첫째 목회자를 돕는 사역과 평신도를 훈련시키는 사역, 둘째 세계선교TIM와 문서선교단행본 · 잡지 사역, 셋째 예수문화 및 경배와 찬양 사역, 그리고 가정 · 상담 사역 등을 감당하고 있습니다. 1980년 12월 22일에 창립된 두란노서원은 주님 오실 때까지 이 사역들을 계속할 것입니다.

TOW 일의 신학 성경 주석 1

일하는 크리스천을 위한 모세오경 · 역사서

TOW 프로젝트 지음 | G&M글로벌문화재단 옮김

두란노

추천의 글

TOW 프로젝트는 우리가 하는 일에 대한 성경의 가르침을 알려 줌으로써 목회자와 모든 교회에 절실히 필요한 자료를 제공한다. 복음이 어떻게 우리가 일하는 방식을 변화시키고 때로는 우리가 하는 일마저 변화시키는지 모든 목사가 정기적으로 설교했으면 좋겠다. 그리고 모든 크리스천이 자기 일이 하나님의 일과 어떤 식으로 연결되는지 알게 되기를 바란다!

팀 켈러 _리디머장로교회 담임목사, 《일과 영성》 저자

맨 처음부터 하나님은 우리를 일하는 존재로 지으셨다. 우리 각자에게 있는 은사와 부르심은 다른 사람을 섬기는 가운데 하나님의 영광을 되비추고 성취감을 얻게 하고자 주신 것이다. 이 주제를 다루는 여러 자료가 있지만, 이 특별한 주석은 '일'이라는 중요한 성경 주제에 대한 포괄적인 전망을 제시한다. 웹사이트에서 추가 자료까지 볼 수 있는 이 시리즈는 목회자와 전문 실업가 모두에게 귀중한 자료다.

라비 재커라이어스 _재커라이어스국제사역 창립자, 《오직 예수》 저자

당신이 하는 일이 당신의 신앙과 무슨 관련이 있는지 궁금한 적이 있는가? 간단하게 답하자면, 모든 면에서 관련이 있다. 이 'TOW 일의 신학 성경 주석' 시리즈에서 그 모든 면을 확인할 수 있다. 이 책을 진심으로 추천한다.

에릭 메택시스 _《디트리히 본회퍼: 목사 순교자 예언자 스파이》 저자

나는 일의 신학을 오랫동안 지지한 사람으로서, 사람들에게 성경을 우리 직장생활의 안내서로 보라고 촉구해 왔다. 이 놀라운 주석을 읽으면서 하나님의 말씀이 참으로 얼마나 풍성한 안내서인지 한층 새롭게 깨닫고 큰 영감을 얻었다!

리처드 마우 _풀러신학교 명예총장 겸 신앙과 공공생활 교수

이 책은 모든 신자와 관련이 있는 문제를 탐구해 밝혀 준다. 성경이 직장생활에 영향을 미치기를 바라는 모든 사람에게 훌륭한 자료다. 전심으로 추천한다.

마이클 린지 _고든대학교 총장

성경을 설교하고 가르치면서 오늘날 교회가 한사코 외면하는 거대한 문제가 있다. 사람들은 깨어 있는 시간의 대부분을 일하고 경력을 쌓는 데 보내건만, 정작 교회는 그 문제를 다루는 데 거의 시간을 쓰지 않는다. 그 결과, 사람들은 성경이 자신의 실제 경험을 다루지 않는다고 무의식적으로 생각하게 된다. 그러나 그 생각은 틀렸다. 이 책에서 당신은 신앙과 일을 연결시키는 데 도움이 되는 자료를 발견할 것이다.

그레고리 앨런 손베리 _뉴욕 킹스칼리지 총장

이 시리즈는 예수님을 직장생활의 주인으로 삼으려는 진지한 크리스천과 목회자들이 오래 기다려 온 반가운 자료다. 이 주석은 일급 성경학자는 물론이고 '현장의' 실업가를 포함한 다양한 사람으로 구성된 팀이 이룬 성과물이다. 저자들의 통찰과 주석 못지않게 귀중한 건, 이 책이 성경의 모든 페이지에서 일에 대해 말씀하실지 모르는 하나님의 음성에 주의 깊게 귀를 기울이라고 우리에게 지속적이고 암묵적으로 촉구한다는 점이다.

데이비드 길 _고든콘웰신학교 일터신학과 사업윤리 모클러-필립스 석좌교수

어떤 이는 근대 산업사회가 노동을 근대인의 주된 관심사로 만들었다고 한다. 그러나 창세기의 창조기사에서는 하나님을 엿새 동안 일하시고 일곱째 날에 '휴식'을 취하시는 노동자로 제시한다. 남자를 만드시는 대목에서는 토기장이로, 여자를 만드실 때는 성전 건축가로 묘사한다(아담과 하와의 창조를 말할 때 각각 사용된 다른 단어에서 이런 이미지를 유추할 수 있다-옮긴이 주). 더욱이, 성경에서 인류가 생육하라는 것 다음으로 받은 첫 번째 의무는 에덴 동산을 경작하라(work)는 것이었다. 참으로, 노동이라는 주제가 성경 전체에 스며 있다. 노동의 교리를 다룬 대중서적은 많지만 일의 신학을 다룬 책은 별로 없다. 그러나 'TOW 일의 신학 성경 주석' 시리즈는 하나님 관점에서 일에 대한 통찰력을 얻기 위해 성경 본문을 책별로 하나하나 연구한 첫 번째 책이다. 불행히도, 일은 하나님과 별도로 크리스천의 삶을 스며들어 그것을 지배한다. 그러나 이 책은 일하는 크리스천이 자신의 노동을 하나님과 연결시키고 그로 인해 그들의 일을 거룩하고 의미 있게 만들도록 돕는다.

브루스 월키 _캐나다 리젠트칼리지 구약학 명예교수

이 주석은 혁명적 문서다! 이 책은 다른 어떤 주석도 못한 일을 해냈는데, 바로 우리를 돌려세워 성경이 일에 대해 실제로 말하는 내용을 보게 한 것이다. 우리는 깨어 있는 시간에 주로 일을 한다. 이제는 하나님의 말씀이 우리가 매일 하는 일에 의미와 목적, 균형 감각과 실질적 지침을 제공한다는 것을 봐야 할 때가 되었다. 변화를 가져오는 실로 아름다운 것에 열광하지 않기란 어렵다. 이 주석은 하나님의 백성이 월요일부터 금요일까지 온전히 하나님을 섬기게 만들어 교회를 뒤집어 놓을 수 있다.

폴 스티븐스 _리젠트칼리지 시장신학 명예교수, 《일의 신학》 저자

신앙을 가진 리더들이 자기 소명을 감당할 수 있도록 틀을 형성해 주는 것이 나의 소명이기에 나는 예수님을 따르는 사람이 현실에서 하나님 음성을 참으로 듣도록 돕는 자료를 늘 찾았다. 이 시리즈는 그 일을 감당하기에 딱 맞는 도구다. 진지한 성경 연구와 예리한 목회적 시각, 지혜로운 멘토의 통찰력을 더한 이 주석은 우리가 월요일부터 금요일까지의 렌즈로 성경을 읽게 도와준다. 즉 일, 소명, 경력, 관계, 가족, 우정, 일요일에도 생활의 속도를 늦추기가 쉽지 않은 세상에서 하나님 음성을 듣고 그 음성에 주목하는 능력에 영향을 주는 모든 것을 렌즈로 삼아 성경을 읽는 것이다. 신학생, 목회자, 동료 일꾼 모두에게 추천한다.

토드 볼싱어 _풀러신학교 실천신학 조교수

성경은 우리에게 주님을 가까이 따르라고 권한다(시 63:8). 그런데 특히 우리가 하는 일에서 매일 그렇게 하도록 도와주는 새로운 참고 자료가 나왔다. 하나님의 말씀을 사랑하는 전문가들이 만들어 낸 작품, TOW 프로젝트 팀의 탄탄한 학문적 역량, 시의적절한 통찰력, 지혜는 모든 세대를 위한 선물이다.

존 베케트 _베케트 사 회장, 《다니고 싶은 회사 만들기》 저자

기업에서 일한 첫 10년 동안 나는 내가 하는 일에서 의미를 찾으려고 몸부림쳤다. 주로 혼자서, 한밤중에 고민을 했다. 그러다 내가 일을 완전히 잘못 바라보고 있었음을 서서히 깨달았다. 나는 내가 하는 일에 의미를 부여하는 대신 내 일에서 의미를 끌어내려 했다. 'TOW 일의 신학 성경 주석' 시리즈는 우리 일의 궁극적 의미의 원천인 하나님의 시각을 솜씨 좋게 설명해 준다. 이 책은 내가 한 번도 가져 본 적이 없는 유용한 안내서다. 이 책을 읽고 당신의 직장생활에 활력이 생기기를 바란다.

배리 로완 _쿨플래닛에너지시스템스 부사장 겸 최고재무책임자

이 시리즈는 기독교 윤리학에서 가장 소홀했던 주제 중 하나에 어마어마하게 기여한다. 저자들은 성경에서 몇 개의 증거 본문을 찾아 현대의 일에 적용하는 손쉬운 시대착오적 오류를 피하고, 성경의 독특한 음성과 더 넓은 주제로 우리의 직장생활을 환히 비춰 준다. 이 시리즈 덕분에 신앙과 일에 대한 대화가 더욱 깊고 풍성해졌다.

앤디 크라우치 _〈크리스채너티 투데이〉 편집장, 《컬처 메이킹》 저자

이 주석은 신앙과 일을 매일매일 통합하기를 추구하는 이들을 위해 쓰였고, 하나님이 세상에게 교회로 가라고 부르신 것이 아니라 교회에게 세상으로 가라(그 말씀을 따르기에 우리 일터만한 곳은 없다!)고 부르셨음을 상기시키는 탁월한 책이다. 35년간 영리 부문과 비영리 부문에서 국경을 넘어 리더십을 발휘했던 나로서는 '이 시리즈에서 나눠 주는 통찰을 여러 해 전에 접할 수 있었다면 얼마나 좋았을까' 하고 아쉬워할 뿐이다.

보니 뷔르츠바허 _런던 월드비전본부 자원개발 책임자, 코카콜라주식회사 前 수석부사장

매일 하는 일 가운데 소명의 힘을 되찾을지 여부는 전적으로 성경이 우리 일에 대해 뭐라고 말하는지 이해하는 데 달렸다. 이 주석 시리즈는 우리 일상생활에 주신 주님의 창조적 부르심을 자신과 자기 교회에 연결시키기 원하는 목회자에게 귀중한 자원이다.

대니얼 해럴 _에디나 콜로니얼교회 담임목사

소명과 선교의 통합에 관심이 커지는 이때, 이 시리즈가 탁월하고 중대한 힘을 보탰다. 당신이 경영주건 바리스타건, 혹은 기계공, 정책결정자, 국제구호원이건, 이 시리즈는 직책과 상관없이 하나님이 허락하신 일에서 리더로서 역할을 감당해 나갈 때 도움을 주는 도구다.

트래비스 본 _애틀랜타 페러미터교회 문화회복 사역 책임자

CONTENTS

추천의 글 • 4

서문. 일과 신앙을 하나로 통합하는 일의 신학 • 16

'TOW 일의 신학 성경 주석' 시리즈 기획 의도 • 21

Part 1

일하는 크리스천을 위한 모세오경

01

창세기 1-11장 & 일의 신학 • 27

"일, 형벌인가 선물인가"

02

창세기 12-50장 & 일의 신학 • 79

"약속을 따라 살고 일하다"

03

출애굽기 & 일의 신학 • 129

"일에서의 해방이 아니라,
제대로 일하도록 해방시키셨다"

04

레위기 & 일의 신학 • 191

"세속적인 일터에서 거룩이 가능한가"

05

민수기 & 일의 신학 • 231

"우리가 임무에 성공하든 실패하든
하나님은 신의를 지키신다"

06

신명기 & 일의 신학 • 267

"더 일하라는 채찍이 아니라
살아 있는 관계로의 초청이다"

Part 2

일하는 크리스천을 위한 역 사 서

07

여호수아·사사기 & 일의 신학 • 317

"비옥한 자원을 우상에게 탕진하지 말라"

08

룻기 & 일의 신학 • 349

"작고 평범한 일도
충만한 믿음을 요하는 소명이다"

09

사무엘·열왕기·역대기 & 일의 신학 • 379

"지도자의 일은 다른 사람들의 일에
어떤 영향을 미치는가"

10

에스라·느헤미야·에스더 & 일의 신학 • 431

"하나님은 각양각색의 사람을 통해 일하신다"

주 • 461

시리즈 집필진 및 역자 소개 • 474

서문

일과 신앙을 하나로 통합하는 일의 신학

해돈 W. 로빈슨

TOW 프로젝트 명예회장

고든콘웰신학교 해럴드-오켄가 설교학 석좌교수

'TOW 일의 신학 성경 주석' 시리즈는 성경 전체가 일에 대해 무엇을 말하는지 탐구한다는 점에서 독특하다. 이 주석은 스무 명의 학자, 목사, 다양한 직업군의 크리스천으로 구성된 국제적 운영위원회가 제시하는 방향에 따라 16개국 약 140명의 집필자가 5년 이상 진행한 연구의 성과물이다. 이 책을 독자 앞에 내놓게 해 주신 하나님께 감사드린다.

'일의 신학'(Theology of Work)은 왜 필요할까? '신학'을 이야기할 때 무덤처럼 답답한 느낌이 들 수 있다. 신학은 아무도 묻지 않는 질문들로 씨름하고 실제로 제기된 적이 없는 문제를 해결하는 학자의 영역이 아니던가.

그러나 신학을 말할 때 우리는 사실상 하나님에 대해 아는 바나 모르는 바를 말하게 되며, 즉 모든 사람이 신학을 한다. 하나님을 믿지 않는다고 말하는 무신론자도 이미 신학을 하는 것이다. 자신이 하나님의 뜻을 행한다고 확신하는 사람들은 신학을 놓고 전쟁을 벌인다. 그들에게 동의하든 안 하든, 어디서나 누구나 신학을 하고 있다. 일터에서 만나는 비신자도 매일 모종의 방식으로 신학에 대처한다. 우리가 하나님에 대해 던지는 질문은 단지 종교적인 질문에 그치지 않는다. 그것은 궁극적으로 삶을 변화시킨다. 사실 하나님에 대해 믿는 내용이 당신이 하는 생각들의 가장 중요한 주제일 수 있다. 이것이 바로 신학이다!

신학이 '일'을 적극적으로 다루는 경우는 많지 않다. 나는 덴버신학교 총장으로 있던 초기에 실업가들과 함께 아침 성경공부 모임을 했다. 성경공부가 끝나면 우리는 아침 식사를 하면서, 리더들이 일터에서 직면하는 수많은 딜레마를 논의했다. 그 자리에서 나는 거듭거듭 이런 말을 들었다. "제 신앙이 제가 하는 일과 어떻게 연결되는지 이렇게 적극적으로 말씀해 주신 목사님은 총장님이 처음입니다." 그때 나는 교회 리더들과 그들이 준비시키도록 부름받은 교인들의 일상생활에 큰 괴리가 있음을 깨달았다.

하나님과 일상의 일이 서로 멀게만 보이는 것은 본질적으로 신학적인 문제다. 대부분의 크리스천은 우리가 다른 사람과 어떤 관계를 맺고 하나님과는 어떤 관계를 맺는지, 속이고 훔치거나 십계명을 어기는지 여부에 하나님이 관심을 가지신다고 믿는다. 하나님이 우리가 하는 일을 중요하게 보신다는 것을 알면 많은 신자가 놀랄 것이다. 하나님은 우리가 생계를 위해 무슨 일을 하는지, 그 일을 어떻게 하는지, 받은 능력을 어떻게 사용하는지에 큰 관심을 가지신다.

알고 보면, 성경은 '일'에 관해 많은 말을 한다. 사실, 일은 성경의 주요 주제다. 하나님은 사람을 일하게(work; 어떤 곳을 일터로 삼다, 맡다, 관리하다) 하려고 창조하셨다는 창세기 2장 15절의 놀라운 진술을 보라(개역개정은 '경작하다'로 번역했다-옮긴이 주). 여기서 일은 형벌이 아닌 즐거움으로, 하나님과 관계하는 방식으로 등장한다.

성경은 일에 의미를 부여하고, 일하는 법과 일의 원리를 제공한다. 성경 66권에 《경영전후서》나 《기독교 배관공에게 보내는 서한》 같은 책은 없지만, 하나님이 일을 어떻게 보시는가에 대한 가르침은 성경 안에 분명히 심겨 있다. 성경 저자들은 대체로 사람이 하는 일을 직접 거론하지 않는다. 일에 대한 생각을 전제하고 있을 뿐이다. 가령, 십계명 중 하나는 이렇게 선포한다. "안식일을 기억하여 거룩히 지키라"(출 20:8). 이 말만 들으면 마치 하나님이 안식일에만 관심을 가지시는 것 같다. 그러나 이 계명은 이렇게도 말한다. "너희는 엿새 동안 모든 일을 힘써 하여라"(출 20:9, 새번역). 우리가 쉬는 안식일만 다루는 것이 아니라 일하도록 정해진 주중의 다른 날도 다룬다.

이 주석 시리즈는 성경 66권을 죽 살피면서 첫눈에 잘 들어오지 않았던 일에 대한 가르침을 하나하나 짚어 준다. 예를 들어, 성경의 마지막 책 요한계시록을 생각해 보라. 요한계시록에 나오는 여러 환상과 그 환상이 보여 주는 사건이 언제 벌어질지에만 관심이 쏠린 나머지 성경이 지금과 앞으로의 일(노동)도 말하고 있음을 보지 못할 수 있다. 사랑의 시인 아가서 기자가 일꾼과 일 이야기를 얼마나 많이 하는지 알면 깜짝 놀랄 것이다. 이 주석 시리즈는 성경을 연구함으로써 '우리가 하는 일이 하나님께 중요한가?'라는 질문에 답변을 시도한다.

이 주석은 일의 신학을 다룬다. 그런 의미에서 이 주석은 제한적이다. 그러나 다른 의미에서는 매우 포괄적이기도 하다. 이 주석은 일만 다루지만, 일은 세상 사람이 다양한 만큼이나 다양하다. 당장 떠오를 법한

한 가지 질문은 '일이 무엇인가?'다. 이 질문에 대한 답은 분명해 보인다. 일은 생계를 꾸리기 위해 감당하는 것이다. 그러나 이렇게 말하면 사람들이 한 주에 40-50시간을 일하는 이유가 나머지 시간을 위해서라는 말이 된다.

일에는 이보다 더 많은 의미가 있다. 예를 들어, 농부가 생계를 꾸리기 위해서만 일을 하는 게 아니다. 밭을 갈고 작물을 심고 추수하는 것 자체가 바로 그의 삶이다. 사람들이 '생계를 꾸리기 위해 일한다'는 말의 의미는 그들이 월급을 받기 위해 일한다는 것이다. 그러나 자비를 들여 다른 나라로 가서 지진이나 홍수로 어려움을 겪는 사람을 돕는 자원봉사자들은 어떤가? 자녀를 기르고, 음식을 준비하고, 집에서 살림을 하는 주부는 어떤가? 이들은 분명히 일하고, 그것도 열심히 일하지만 급여를 따로 받지 않는다. 그렇다면 우리는 그들의 '일'을 어떤 의미로 말해야 하는 걸까?

어떤 사람은 일의 반대가 '놀이'라고 주장한다. 그들은 "드디어 불금이야! 주말이 오고 있어!"(TGIF!)라고 말한다. 주말에 즐기는 오락이나 여가활동은 우리가 주중에 투입하는 노동과 정반대의 것이다. 그렇다면 직업 농구 선수나 테니스 선수는 어떨까? 그들은 일을 하는 걸까? 그들의 '일'은 오락과 어떻게 다를까?

당신이 사업체 소유주라면 당신의 회사 직원, 당신 회사의 제품이나 서비스를 구매하는 고객에게 어떤 책임의식을 가져야 할까? 당신이 직원이라면, 당신이 만드는 제품이나 그 제품을 광고하는 방식에 하나님이 관심을 가지실까? 당신이 직장 동료와 커피를 마시며 대화하는 내용이 하나님께 중요할까? 하나님은 당신 삶의 큰 부분을 차지하는 일과 어떤 관련이 있으실까?

이 글을 읽는 당신이 목사라면, 지난 주일 예배당 회중석 뒤에서 여덟 번째 줄 셋째 자리에 앉아 있던 금융업에 종사하는 성도, 또는 그 뒤에 앉았던 병원에서 간호사로 근무하는 성도가 떠오를 수 있다. 혹은 그들과 반대편 자리에 앉아 있던, 최근에 가진 재산을 다 투자해 식당을 차린 부부? 아니면 목사인 자신을 생각할 수도 있겠다. 당신은 일을 하고 있는가? 어쩌면 당신은 이렇게 말하고 싶을지도 모르겠다. "물론 전 일을 합니다. 하지만 제가 하는 일은 달라요. 전 하나님께 특별한 부르심(calling)을 받았어요."

이 대답은 또 다른 질문으로 이어진다. '부르심'(소명)은 무엇을 말하는가? 그것은 선교사, 신학교 교수, 성경 번역자만의 몫인가? 당신이 섬기는 교회에 출석하는 개인 사업자나 보험회사 부사장, 버스 기사는 하나님의 부르심을 받았을까? 기업, 정부, 비영리 기관에서 일하는 남녀를 하나님이 그 자리로 부르신 걸까? 하나님이 목사를 세상 속 일로 돌아가라고 '부르시는' 것을 상상할 수 있을까? 이런 식의 사고방식은 성경을 충실히 반영하는가?

보다시피, 일이라는 단순한 개념에 대해서도 질문거리가 아주 많다. 실제로 일에 대해 대답이 필요한 질문이 매일같이 우리에게 쏟아진다. 이 주석은 몇 가지 정해진 규칙을 제공하는 식으로 이런 까다로운 사안에 답하지 않을 것이다. 다만 독자가 나름의 결정을 내리게 방향을 제시할 것이다. 따지고 보면, 성경은 지도보다는 나침반에 가깝다. 여행을 떠날 때는 나침반이 큰 도움이 된다. 이 시리즈는 우리가 하나님 말씀의 깊이를 헤아리도록 돕는다. 그래서 일상의 일이라는 부르심 가운데 예수님의 음성을 듣고 그 음성에 반응할 수 있게 해 준다.

'TOW 일의 신학 성경 주석' 시리즈 기획 의도

윌리엄 메신저

TOW 프로젝트 편집장

일은 사람의 소명일 뿐 아니라 하나님의 소명이기도 하다. "태초에 하나님이 천지를 창조하시니라." 하나님은 일을 하심으로 우리를 창조하셨고, 일하라고 우리를 창조하셨다. "여호와 하나님이 그 사람을 이끌어 에덴 동산에 두어 그것을 경작하며 지키게 하시고"(창 2:15). 타락한 세상에서는 이것을 잘 보기 어렵지만, 하나님은 일이 선한 것이 되도록 창조하셨다. 오늘날까지도 하나님은 일을 해 스스로 생계를 꾸리고 다른 사람들을 섬기는 삶으로 우리를 부르신다(엡 4:28).

우리는 일을 통해 우리를 향한 하나님의 뜻을 많은 부분 성취할 수 있다. 음식과 거처 같은 기본적인 필요를 채울 뿐 아니라 성취감과 기쁨도

맛볼 수 있다. 우리의 일은 사람들이 번성하도록 돕는 방편이 될 수 있고 하나님의 창조 세계의 깊은 비밀을 발견하게 하며, 동료 및 우리의 일로부터 유익을 얻는 사람들(고객, 소비자, 환자 등)과 멋진 관계를 맺게 해 줄 수 있다.

하지만 많은 사람이 직장에서 단조롭고 힘든 업무, 지루함, 노동 착취에 직면한다. 못된 상사, 껄끄럽거나 적대적인 관계, 어려운 작업 환경으로 고통도 당한다. 자신의 일이 쓸모없어 보이거나 인정받지 못한다고 느끼고, 부족하고 불만스럽게 여겨질 수 있다. 급여가 충분하지 않다. 지금 하는 일이 장래성이 없거나 정리해고를 당하거나 직장을 잃는다. 실패한다. 가진 기술이 시대에 뒤떨어진 것이 되어 버린다. 간신히 먹고살기도 버겁다. 하나님이 일을 선한 것이 되도록 창조하셨다면 어떻게 이럴 수가 있을까? 우리는 지금 상황에서 무엇을 할 수 있을까? 이런 질문들에 주시는 하나님의 답변이 성경 어딘가에 있을 것이 분명하다. 하지만 어디에 있단 말인가?

'TOW 프로젝트'의 사명은 성경이 일에 관해 말하는 내용을 연구하여 우리의 일에 기독교 신앙을 적용하게 해 줄 참고 자료를 개발하는 것이다. 알고 보면 성경 66권은 우리가 일을 더 잘하고, 직장에서의 인간관계를 개선하며, 생계를 꾸리고, 다른 사람들을 보다 효과적으로 섬기면서, 자신의 일에서 의미와 가치를 발견하도록 돕는 실질적이고 적절한 지침을 제시한다. 성경은 어떻게 하면 우리가 (일을 포함해) 모든 삶을 그리스도 안에서 살 수 있는지 보여 준다. 우리와 우리의 일은 '예수님 안에서만' 하나님이 항상 의도하신 대로 축복으로 변화될 수 있다.

달리 표현하면 이렇다. 우리가 직장에서 보내는 십만 시간 동안 그리스도를 따르지 않는다면, 과연 그리스도를 따른다고 말할 수 있을까? 일주일 중 교회에서 보내는 하루는 우리 삶의 일부일 뿐이다. 하나님은 일주일의 모든 날에 관심을 갖고 계신다. 그렇다면 어떻게 해야 직장에서 예수님을 따르도록 준비할 수 있을까? 이는 그리스도 안에서 삶의 모든 측면을 준비하는 것과 마찬가지 방식이다. 설교를 듣고, 다른 사람들의 사례를 본보기로 삼고, 하나님의 인도하심을 구하며 기도하고, 무엇보다 성경을 연구하고 실천에 옮기는 것이다.

'TOW 일의 신학 성경 주석' 시리즈에 성경과 기독교 신앙을 우리 일에 적용하도록 도와줄 다양한 내용을 담았다. 신학 훈련을 받았거나 신학적 관심이 있는 이들이 성경의 여러 구절들과 책들을 깊이 있게 조사하게 돕기 위해 이 주석을 기획했다. 목회자들은 특정한 구절이나 주제를 설교할 때 이 책에서 일에 대한 성경의 여러 시각을 검토할 수 있을 것이다. 또한 교수들은 수업 준비를 위한 참고 자료나 교과서로 활용할 수 있을 것이다. 일반 성도들은 직장에서 여러 결정을 내리는 데 실질적인 도움을 받을 것이며, 개인이나 그룹 성경공부의 일환으로 이 책을 읽을 수도 있다.

오늘날의 크리스천들은 각자의 일 안에서 그 일을 통해 우리를 부르시는 하나님을 인식한다. 그 부름은 우리 자신을 위한 것이기도 하고 우리가 섬기는 이들을 위한 것이기도 하다. 하나님이 이 시리즈를 사용하셔서 당신이 생활과 일의 모든 영역에서 그리스도를 따르도록 도우시기를 기도한다.

THEOLOGY OF WORK

BIBLE COMMENTARY

1

Part 1

일하는 크리스천을 위한 모세오경

01

창세기 1-11장 & 일의 신학

"일, 형벌인가 선물인가"

○

서론

창세기는 '일의 신학'(Theology of Work)의 기초가 된다. 성경적 관점에서 하는 일에 관한 논의는 결국 전부 창세기 내용에 기반한다. 창세기는 일의 신학에서 매우 중요하다. 창세기는 하나님이 창조하신 일에 관한 이야기이고, 이는 모든 일 가운데 최초의 일이며, 이어지는 모든 일의 원형이기 때문이다.

하나님은 망상가가 아니라 실재를 창조하신 분이다. 하나님이 만들어 존재하게 된 우주는 사람이 일할 재료(공간, 시간, 물질, 에너지)를 제공해 준다. 창조하신 우주 안에서 하나님은 그분의 창조물(피조물), 특히 사람과의 관계 속에 존재하신다. 하나님의 형상을 따라 노동하는 우리는 피조물 안에서, 피조물에 대해, 피조물과 함께 일한다. 또한 우리가 하나님의 의도대로 일할 때, 우리는 피조물을 위해 일하게 된다.

우리는 창세기에서 하나님이 일하시는 모습을 보며, 우리가 어떻게 일하기를 원하시는지 배운다. 우리는 우리의 일을 통해 하나님께 순종하기도 불순종하기도 하며, 우리가 순종하거나 불순종하는 중에도 하나님은 계속 일하심을 깨닫게 된다. 성경의 나머지 책 65권도 각각 일의 신학에 나름대로 기여하는 부분이 있으나, 그것은 모두 성경의 맨 처음 책 창세기에서 발원한다.

하나님이 세상을 창조하셨다

창 1:1-2:3

성경이 우리에게 제일 처음 밝히는 내용은, 하나님이 창조자라는 것이다. “태초에 하나님이 천지를 창조하시니라”(창 1:1). 하나님이 말씀하시자 전에 없던 것이 존재하게 됐다. 우주 자체가 시작된 것이다. 창조는 전적으로 하나님의 행위다. 우연한 사건이나 실수가 아니고, 어느 열등한 신의 작품도 아니다. 창조는 하나님의 자기표현이다.

▽ 창 1:1-25

하나님은 세상을 창조하기 위해 일하신다

하나님이 물질 세상을 존재하게 하셨다 창 1:2

창세기는 세상의 물질성을 지속적으로 강조한다. “땅이 혼돈하고 공허하며 흑암이 깊음 위에 있고 하나님의 영은 수면 위에 운행하시니라”(창 1:2). 초기 피조물은 여전히 “혼돈”(formless)했지만 공간(“깊음”)과 물질(“수면”)이라는 물질적 차원이 있었으며, 하나님은 이 물질성에 깊이 관계하셨다("하나님의 영은 수면 위에 운행하시니라"). 창세기 2장에서 하나님은 그분이 창조하신 흙까지 사용해 일하신다. "여호와 하나님이 땅의 흙으로 사람을 지으시고"(창 2:7). 1-2장 전체에서 하나님은 피조물의 물리적인 면에 몰두하신다. 그러므로 일의 신학은 창조물(피조물) 신학과 더불어 시작돼야 한다. 우리는 우리 일의 재료인 이 물질 세상을 하나님이 주신 일급 재료로 여기는가? 영구적인 가치가 있는 것으로 대하는가? 아니면 단지 임시 일터로, 일종의 시험 무대로, 비물질적인 '하늘'에 있는 하나님의 참된 처소에 도달하기 위해 우리가 벗어나야만 하는 난파선으로 여기는가?

'물질적인 세상은 하나님 보시기에 영적인 세상보다 못하다'는 견해에 창세기는 전적으로 반대한다. 더 정확히 말하면, 물질적인 것과 영적인 것을 선명하게 나누지 않는다. 창세기 1장 2절에 나오는 "하나님의 ruah[루아흐]"는 '숨', '바람', '영'을 동시에 의미한다(NRSV에 나오는 각주 b를 참고하거나 NRSV, NASB, NIV, KJV와 비교하라). "천지"(하늘과 땅-창 1:1; 2:1)는 엄연히 별개의 두 영역이지만, 히브리어로 천지는 '우주'[1]를 뜻한다. 마치 영어의 "kith and kin"이 '친척'을 뜻하는 것과 같다.

무엇보다 의미심장한 건, 성경이 시작한 곳, 즉 땅에서 끝난다는 사실이다. 인류는 지상을 떠나 하늘에서 하나님과 연합하는 것이 아니다. 하나님은 하나님 나라를 이 땅에서 완전케 하시며 "거룩한 성 새 예루살렘이 하나님께로부터 하늘에서 내려"(계 21:2)와 존재하게 하신다. 사람과 함께 거할 하나님의 처소는 바로 여기 새로워진 피조물 속에 있다. "보라 하나님의 장막이 사람들과 함께 있으매"(계 21:3). 그래서 예수님은 제자들에게 이렇게 기도하라고 말씀하셨다. "나라가 임하시오며 뜻이 하늘에서 이루어진 것같이 땅에서도 이루어지이다"(마 6:10).

창세기 2장과 요한계시록 21장 사이의 기간 동안에, 땅은 부패하고 깨지고 비정상이며 하나님의 목적에 반대하는 사람과 세력으로 가득 찰

것이다(이에 대한 추가 사항은 창세기 3장 이하에 나온다). 세상에 있는 모든 것이 하나님의 계획대로 움직이지는 않는다. 그러나 세상은 여전히 하나님의 창조물이며, 그분은 그것을 보고 "좋다"라고 말씀하신다.●

물리적 대상과 주로 일하는 많은 크리스천은 자신이 하는 일을 사람과 사상, 신앙을 중심으로 하는 일보다 교회가 (심지어 하나님마저) 덜 중요하게 여기는 것 같다고 토로한다. 좋은 일을 칭찬하는 설교에서는 광부나 자동차 정비사나 화학자보다는 선교사, 사회복지사, 교사가 사례로 등장할 가능성이 더 높다. 동료 크리스천들은 재고 관리자나 조각가가 되라는 부르심보다는 목사나 의사가 되라는 부르심을 더 알아줄 가능성이 높다. 그러나 이런 태도에 과연 성경적 근거가 있을까? 사람들과 일하는 것이 곧 물리적 대상과 일하는 것이라는 사실은 제쳐 놓더라도, 하나님이 사람들에게 사람들과 함께 일하는 과제(창 2:18)와 사물과 함께 일하는 과제(창 2:15)를 모두 주셨음을 기억하는 것이 지혜로운 일이다. 하나님은 하나님이 창조하신 이 세계를 대단히 진지하게 여기신다.

하나님의 창조는 일의 형태를 띤다 창 1:3-25; 2:7

세상을 창조하는 것은 일이다. 창세기 1장에서 하나님은 능력으로 분명히 역사하신다. 하나님이 말씀하시니 세상이 존재하게 됐는데, 우리는 여기서 힘을 올바르게 사용하는 원시적 실례를 단계적으로 본다. 창조의 순서에 유의하라. 하나님 창조 행위의 처음 세 가지는 형체가 없는 '혼돈'을 분리해 하늘(또는 궁창), 물, 땅의 영역을 만드는 것이었다. 첫째 날, 하나님은 빛을 만들고 그것을 어두움으로부터 분리해 낮과 밤을 조성하셨다(창 1:3-5). 둘째 날에 하나님은 물을 분리해 하늘을 만드

● 새 하늘과 새 땅에 관해서는 이 시리즈 4권 《일하는 크리스천을 위한 서신서 · 요한계시록》 10장의 "계 17-22장" 부분을 보라.

셨다(창 1:6-8). 셋째 날 전반부에 하나님은 건조한 땅을 바다로부터 분리하셨다(창 1:9-10). 이 모든 게 그 뒤에 지음받은 것들이 생존하는 데 꼭 필요했다.

다음으로, 하나님은 그분이 만드신 영역을 충만하게 채우셨다. 셋째 날 후반부에 하나님은 식물을 만드셨다(창 1:11-13). 넷째 날에 하나님은 해와 달과 궁창의 별을 만드셨다(창 1:14-19). "해"와 "달"이란 말 대신에 "큰 빛"(greater light)과 "작은 빛"(lesser light)이란 용어를 써서 피조물을 예배하지 못하게 했으며, 이로써 우리가 창조주 대신에 창조물을 예배할 위험에 늘 노출돼 있음을 상기시키셨다. 빛은 그 자체로 아름다울 뿐더러, 식물의 생명에 필수적이고, 햇빛과 밤, 계절에도 필요하다. 다섯째 날에 하나님은 앞서 창조된 식물 없이는 생존할 수 없는 물고기와 새로 물과 궁창을 채우셨다(창 1:20-23). 마지막으로 여섯째 날에 하나님은 동물을 창조하셨으며(창 1:24-25), 창조의 극치인 사람을 지으셔서 땅에 살도록 하셨다(창 1:26-31).[2]

창세기 1장에서 하나님은 모든 일을 말씀하심으로써 성취하셨다. "하나님께서 말씀하시니" 모든 것이 이뤄졌다. 하나님의 능력은 세상 만물을 창조하고 유지하시기에 충분하고도 남는다. 하나님의 연료가 다 떨어지진 않을까, 피조물의 존재가 불확실한 상태가 아닐까 하고 염려할 것 없다. 하나님의 창조물은 강건하며 그 존재는 안정적이다. 하나님은 세상을 창조하고 유지하기 위해 아무에게도, 아무것에도 도움받을 필요가 없으시다. 혼돈의 세력과의 어떤 싸움도 하나님이 창조하신 세계를 무너뜨리는 위협이 되지 못한다. 후에 하나님이 창조의 책임을 사람과 공유하겠다고 말씀하셨을 때, 그것은 하나님의 선택이지 그분께 꼭 필요한 것은 아니었다. 누군가 피조물을 훼손하려 들거나 지구를 생명이 충만하게 살기에 부적절한 곳으로 망가뜨리려고 할지라도, 하나님의 구속하고 회복하는 능력은 그것에 비할 수 없을 만큼 무한히 더 광대하다.

하나님의 무한한 능력이 성경 본문에 나타나 있다고 해서, 그분의 창조가 일이 아닌 것은 아니다. 이는 컴퓨터 프로그램을 만들거나 연극을 하는 게 일이 아니라고 말하는 것과 같다. 비록 창세기 1장에 나오는 하나님이 하신 일의 초월적인 위엄 때문에 우리가 그것을 쉽게 일로 연결하지 못한다 해도, 창세기 2장을 살펴보면 의심의 여지가 없다. 하나님은 그분의 손을 가지고 내재적으로 일하신다. 사람의 몸을 만드셨고(창 2:7, 21), 정원을 일구셨으며(창 2:8), 과수를 심으셨고(창 2:9), 조금 뒤엔 "가죽옷"을 지어 주셨다(창 3:21). 이것들은 하나님의 노동으로 꽉 들어찬 성경에 나오는 하나님의 육체적 일의 시작일 뿐이다.[3]

피조물은 하나님께로부터 나왔지만, 하나님과 동일하지는 않다 창 1:11

하나님은 그분이 창조하신 만물의 근원이시다. 하지만 피조물이 하나님과 동일한 것은 아니다. 콜린 건톤(Colin Gunton)의 말을 빌리자면, 하나님은 "Selbständigkeit[젤프슈텐디히카이트]" 즉 "적당한 독립"을 피조물에게 주셨다. 이것은 유신론자나 무신론자가 상상하는 절대 독립이 아니라 피조물 중 의미 있는 존재로서, 하나님과는 구별되는 것이다. 이는 하나님이 창조하신 식물에 대한 묘사에 가장 잘 나타난다. "하나님이 이르시되 땅은 풀과 씨 맺는 채소와 각기 종류대로 씨 가진 열매 맺는 나무를 내라 하시니 그대로 되어"(창 1:11). 하나님은 모든 것을 창조하셨다. 또한 그분은 자신의 창조물을 대대로 영구 보존하시기 위해 문자 그대로 씨를 심으셨다.

창조 세계는 영원히 하나님께 의존되어 있다. "우리가 그를 힘입어 살며 기동하며 존재하느니라"(행 17:28). 그러나 피조물은 별개의 존재다. 그렇기 때문에 우리의 일은 똑딱거리는 시계나 껑충대는 꼭두각시의 가치를 뛰어넘는 아름다움과 가치를 갖고 있다. 우리의 일은 그 근원이 하나님께 있으면서도 나름의 고유한 무게와 존귀함을 지닌다.

하나님은 자신이 일한 결과를 보고 좋다고 하신다 창 1:4, 10, 12, 18, 21, 25, 31

하늘은 좋지만 땅은 나쁘다는 이원론적인 견해에 맞서, 창세기는 창조의 각 날에 대해 선언한다. "하나님이 보시기에 좋았더라"(창 1:4, 10, 12, 18, 21, 25). 여섯째 날에 하나님은 사람을 창조하셨는데, 하나님이 보시기에 "심히 좋았다"(창 1:31). 얼마 못 가 죄를 하나님의 창조 세계에 들여올 통로인데도 '매우 좋았다'라고 평하셨다.

'이 세상은 구제받지 못할 정도로 악하므로, 구원은 오직 비물질적이며 영적인 세상 속으로 피해 들어가는 것이다?' 어떻게 해서 그런 생각이 신자의 머릿속으로 들어왔는지 모르겠지만, 창세기는 이를 결코 지지하지 않는다. 물론 땅에서 사는 동안 우리가 '물질적' 임무가 아니라 '영적' 임무에만 시간을 써야 한다는 견해도 어불성설이다. 하나님의 선한 세상에서는 영적인 것과 물질적인 것을 결코 분리할 수 없다.

▽ 창 1:26a

하나님은 관계 가운데서 일하신다

사람을 만드시기 이전부터, 하나님은 복수 대명사로 자신을 지칭하셨다. "하나님이 이르시되 **우리**의 형상을 따라 **우리**의 모양대로 **우리**가 사람을 만들자"(창 1:26). 여기서 "우리"가 천사 같은 존재의 천상(天上) 집단을 가리키는지 아니면 하나님의 독특한 단일성 안의 복수성인지에 대해서 학자들의 견해가 엇갈리지만, 어느 견해를 취하든 하나님은 본질적

으로 관계 속에서 존재하는 분이란 것만은 암시되어 있다.[4]

고대 이스라엘 사람들이 여기서 복수가 정확히 무엇을 의미한다고 이해했는지에 대해 확신을 갖기는 어렵다. 우리로서는 여기서의 복수가 삼위일체 하나님을 가리키는 것이라는 전통 기독교적 해석을 따르는 게 최선인 듯하다. 어쨌든 신약 성경에 따르면 하나님은 참으로 그분 자신 및 그분의 창조물과의 관계 속에서 존재하시며, 사랑의 삼위일체 속에서 존재하신다. 요한복음에서 우리는 성자가 '말씀이 육신이 되신 분'(요 1:14), 처음부터 피조물 가운데서 존재하시고 피조물 안에서 활동하시는 분이심을 파악할 수 있다.

> 태초에 말씀이 계시니라 이 말씀이 하나님과 함께 계셨으니 이 말씀은 곧 하나님이시니라 그가 태초에 하나님과 함께 계셨고 만물이 그로 말미암아 지은 바 되었으니 지은 것이 하나도 그가 없이는 된 것이 없느니라 그 안에 생명이 있었으니 이 생명은 사람들의 빛이라(요 1:1-4).

우리가 믿는 하나님은 삼위일체 하나님, 한 존재 안에 세 인격이 존재하는 독특하신 분이시다. 성부 하나님, 성자 하나님, 성령 하나님이 모두 피조물 안에서 인격으로 활동하신다.

▽ 창 2:1-3

하나님은 자기 일을 제한하신다

여섯째 날이 끝날 때 하나님의 세상 창조는 마무리됐다. 그렇다고 해서 하나님이 일하기를 그치신 것은 아니다. 예수님은 "내 아버지께서 이

제까지 일하시니"(요 5:17)라고 말씀하셨다. 앞으로 살펴보겠지만, 창조가 완료된 것도 아니다. 하나님은 일의 많은 부분을 사람이 하도록 남겨 두셔서 창조 사역이 계속 진행되도록 하셨다. 혼돈은 거주 가능한 환경으로 변했고,이제 식물, 물고기, 새, 동물, 사람을 지지해 준다.

> 하나님이 지으신 그 모든 것을 보시니 보시기에 심히 좋았더라 저녁이 되고 아침이 되니 이는 여섯째 날이니라 천지와 만물이 다 이루어지니라 하나님이 그가 하시던 일을 일곱째 날에 마치시니 그가 하시던 모든 일을 그치고 일곱째 날에 안식하시니라(창 1:31-2:2).

하나님은 6일간의 일을 매듭짓고 하루를 안식하셨다. 인류 창조가 하나님의 창조 사역의 절정이었다면, 일곱째 날에 안식하신 것은 하나님의 창조 수간의 절정이었다. 하나님은 왜 쉬셨을까? 창세기 1장을 보면, 하나님은 위엄 있는 말씀만으로 피조물을 창조하셨으므로 분명 피곤하지 않으셨을 것이다. 그분은 쉬실 필요가 없었다. 그러나 하나님은 창조 사역을 공간은 물론이고 시간 속에서도 제한하기로 하셨다.

우주는 무한하지 않다. 창세기를 보면, 우주에는 시작이 있었다. 이것을 과학은 우주 대폭발에 비춰서 이해하려고 한다. 시간에 과연 끝이 있는지의 문제는 성경에서나 과학에서나 그리 분명하지 않지만, 하나님이 우리가 아는 이 세상 '안에서' 시간에 경계를 정하시는 것은 분명하다. 시간이 흐르는 한, 하나님은 일주일 중 엿새는 일하는 날로, 하루는 안식하는 날로 복 주신다. 하나님이 친히 이 경계를 지키시고 나중에는 사람들에게도 그 경계를 지키라고 명령하셨다(출 20:8-11).

하나님은 사람을 창조하시고, 일하게 하셨다

창 1:26-2:25

▽ 창 1:26, 27; 5:1

사람, 하나님 형상대로 지음받다

하나님의 창조를 말한 후 창세기는 사람의 일을 말하기 시작한다. 모든 것은 하나님이 자기 형상을 따라 창조하신 사람에게 기반을 두고 있다.

> 우리의 형상을 따라 우리의 모양대로 우리가 사람을 만들고(창 1:26).

> 하나님이 자기 형상 곧 하나님의 형상대로 사람을 창조하시되 남자와 여자를 창조하시고(창 1:27).

> 하나님이 사람을 창조하실 때에 하나님의 모양대로 지으시되(창 5:1).

만물이 하나님의 설계와 능력과 선하심을 나타낸다. 그러나 사람만이 하나님 형상을 따라 만들어졌다고 말씀하셨다. 하나님의 형상에 대한 온전한 신학을 다루는 것은 이 책의 범위를 벗어나는 일이다. 그러니 그저 우리에게는 독특하게 하나님을 닮은 점이 있다고만 말해 두자. 우리가 하나님과 '완전히' 똑같다고 믿는다면 그건 터무니없는 일일 것이다.

우리는 순전한 혼돈 속에서 세상을 창조할 수 없다. 또한 우리는 모든 것을 하나님이 하신 대로 하려고 시도해서도 안 된다. "내 사랑하는 자들아 너희가 친히 원수를 갚지 말고 하나님의 진노하심에 맡기라 기록되었으되 원수 갚는 것이 내게 있으니 내가 갚으리라고 주께서 말씀하시니라"(롬 12:19). 지금까지 기술(記述)한 것에서 우리는 하나님이 물질적 세상에서 일하시고, 관계 속에서 일하시는 창조주시며, 그 일하는 것의 한계를 지키셨다는 점을 알 수 있다. 그리고 우리도 그렇게 할 수 있다.

창세기 1-2장 나머지 부분에서는 사람의 일이 다섯 가지의 특정 범주로 나뉘어 전개된다. 지배(다스림), 관계, 열매 맺음/성장, 공급하심, 한계. 이런 전개는 두 가지 주기 속에서 나타난다. 하나는 창세기 1장 26절에서 2장 4절까지, 다른 하나는 창세기 2장 4절에서 25절까지다. 범주의 순서는 각기 다르지만 어쨌거나 이 범주들은 두 가지 주기에 모두 나타난다. 첫 번째 주기에서는 하나님 형상을 따라 일한다는 것이 무엇을 의미하는지가 전개된다. 두 번째 주기에서는 아담과 하와가 에덴 동산에서 살기 시작할 때 하나님이 어떻게 그들을 준비시켜서 일하도록 해 주셨는지 설명해 준다.

첫 번째 주기에 나오는 언어는 추상적이어서 인간 노동의 원칙을 개발하기에 아주 적합하다. 두 번째 주기에 나오는 언어는 세속적이며 흙과 다른 요소로 만물을 만드신 하나님을 말하고 있어서 에덴 동산에서 맡겨진 일을 하는 아담과 하와에게 실질적인 교훈을 주기에 적합하다. 이런 언어의 변동, 성경의 처음 네 책 전체에 걸쳐서 유사한 변동이 일어나는 것 때문에 학자 간에 무수한 연구, 가정, 논쟁, 심지어 분란까지 발생했다. 다른 일반 목적의 주석서는 이에 관해 풍부하고 자세한 내용을 제공할 것이다. 그러나 이런 논쟁의 대부분은 창세기의 일, 일꾼, 일터에 대한 이해에 기여하는 바가 거의 없으므로 여기서는 다루지 않을 것이다.

우리 논의에 관련된 것은 창세기 2장에서 앞서 전개된 다섯 가지 주제가 지배(다스림), 공급하심, 열매 맺음/성장, 한계, 관계의 순서로 반복된다는 점이다. 창세기 2장은 하나님이 우리가 그분의 형상대로 지음받아 하게 된 일을 어떻게 완수하게 하시는지 설명한다. 이런 주제를 더 쉽게 이해하려면 우리는 창세기 1장 26절-2장 25절을 구절마다가 아니라 범주별로 탐구해야 한다.

▽ 창 1:26; 2:5

지배(다스림)

지금 우리는 이 땅을 다스리고 있는가 창 1:26

우리가 창세기에서 보는, 하나님의 형상대로 창조된 하나의 결과는 우리가 "바다의 물고기와 하늘의 새와 가축과 온 땅과 땅에 기는 모든 것을 다스리게"(창 1:26) 됐다는 점이다. 이안 하트의 표현을 따른다면, "하나님의 대리자로 땅을 왕처럼 다스리는 것이 하나님께서 사람을 만드신 기본 목적이다. …… 사람은 피조물의 지명된 왕으로서 궁극적 왕이신 하나님께 받은 책임이 있으며 피조물을 관리하고 개발하고 돌봐야 하는데, 이 임무에는 물리적인 일도 포함된다."[5] 하나님의 형상을 따르는 우리 일은 하나님을 충실히 대리하는 것부터 시작된다.

우리가 창조된 세상에 통치권을 갖고 있기 때문에, 우리는 우리 행위가 하나님을 비춘다는 점을 알아야 한다. 우리는 원형이 아니라 형상이며, 우리 의무는 우리 자신이 아니라 원형이신 하나님을 우리의 모범으로 삼는 것이다. 우리가 하는 일은 우리 자신의 목적이 아니라 하나님의 목적을 이루기 위한 것인데, 그러려면 우리의 통제 아래 놓인 모든 것을 좌지우지하지 말아야 한다.

우리가 몸담은 일터에서 이것이 갖는 의미를 생각해 보라. 하나님은 우리가 직업을 어떻게 감당하기 원하실까? 직장에 무슨 가치를 더하기 원하실까? 하나님은 우리가 어떤 제품을 만들기 원하실까? 하나님은 우리가 어떤 사람을 섬기기 원하실까? 하나님은 우리가 어떤 조직을 만들기 원하실까? 하나님은 우리가 어떤 기준을 사용하기 원하실까? 하나님 형상을 지닌 자로서 우리 일은 우리가 대리하는 하나님을 어떤 식으로 나타내야 할까? 우리가 어떤 일을 마쳤을 때, 그 결과로 우리는 "하나님, 절 쓰셔서 이 일을 이루시니 감사합니다"라고 말할 수 있을까?

지배권을 행사한다는 건 무엇인가 창 2:5

비록 즉시 그것을 인식할 수는 없다 할지라도, 주기는 지배로부터 시작된다. "여호와 하나님이 땅에 비를 내리지 아니하셨고 땅을 갈 사람도 없었으므로 들에는 초목이 아직 없었고 밭에는 채소가 나지 아니하였으며"(창 2:5). 핵심 구절은 '땅을 갈 사람이 없었다'이다. 하나님은 사람을 만드셔서 그분과 더불어서나 그분 수하에서 일하도록 하시기 전까지는 창조하는 일을 마감하지 않으셨다. 메러디스 클라인(Meredith Kline)은 이를 이렇게 표현했다. "하나님이 세상을 만드신 것은 한 왕이 농장이나 공원이나 과수원을 경작하는 것과 같았다. 하나님은 그곳에 사람을 들여보내서 땅을 '갈고' 토지를 '갈며' '돌보도록' 하셨다."[6]

따라서 지배권을 행사하는 일은 땅을 가는 것과 더불어 시작됐다. 이로 보건대, 1장에서 정복[7] 및 다스림이라는 단어를 사용하신 것은 우리가 그분의 창조물을 짓밟도록 허용하신 게 아니다. 오히려 그와는 정반대다. 우리는 하나님이 그러셨던 것처럼, 우리도 그분의 창조물과 사랑의 관계를 맺듯이 행동해야 한다. 땅을 정복하는 일은 땅의 갖가지 자원을 활용할 뿐 아니라 그것을 보호하는 것이다. 모든 생물체를 지배한다는 것은 그것을 남용할 특권이 아니라 그것을 돌볼 계약을 하나님과 맺는 것이다.

우리는 우리와 접촉하는 모든 것의 최대 이익을 위해 봉사해야 한다. 이들에는 우리의 종업원, 고객, 직장 동료나 동역자, 또는 우리를 위해 일하거나 심지어 우리가 우연히 만나는 사람까지 해당된다. 그렇다고 우리가 사람들이 우리를 함부로 대하도록 허용해야 한다는 말은 아니다. 우리의 이익과 주장, 자존심이 다른 사람 위에 군림하도록 특권을 행사해서는 안 된다는 의미다. 창세기에서 후에 전개되는 이야기는 정확히 그런 유혹과 그 결과에 관심을 집중시키기 위한 것이다.

오늘날 우리는 인간의 자기 이익 추구가 자연 환경을 어떻게 위협하는지를 잘 알게 됐다. 우리는 에덴 동산을 개간하며 돌보도록 되어 있었다(창 2:15). 우리가 피조물을 사용하도록 되어 있지만, 우리가 사용하기 위한 것만은 아니다. 공기, 물, 땅, 식물과 동물이 선하다는 것을 기억한다면 우리는 우리가 환경을 유지하고 보존해야 한다는 것을 깨달을 것이다. 우리 일은 하나님이 창조물을 축복하시기 위해 주신 깨끗한 공기, 물, 땅, 다양한 생물, 생태계, 생물자원, 심지어는 기후를 보존할 수도 있고 파괴할 수도 있다. 지배는 하나님의 창조 세계에 불리하게 일할 권세가 아니라 하나님이 창조하신 만물을 위해 일할 능력이다.

▽ 창 1:27; 2:18, 21-25

관계

지금 우리는 사랑의 관계 속에서 일하고 있는가 창 1:27

하나님 형상대로 창조된 결과, 우리는 하나님과의 관계 및 다른 사람들과의 관계 속에서 일한다. 하나님은 본질적으로 관계적인 분이라는 것을 이미 살펴봤으므로(창 1:26), 관계적 하나님의 형상인 우리도 본질적으로 관계적이다. 창세기 1장 27절의 둘째 부분은 이 점을 재확인해 주는데, 우리에 대해 개별적으로 말하지 않고 두 단위로 언급한다. "하나님이 자기 형상 곧 하나님의 형상대로 사람을 창조하시되 남자와 여자를 창조하시고." 우리는 우리 창조주와 우리 동료 피조물과의 관계 아래에 있다. 이런 관계는 창세기에서 철학적인 추상 관념으로 남아 있지 않다. 동물 이름을 짓는 일을 할 때 하나님은 아담과 이야기하시며 그와 협력하셨다(창 2:19). 또한 하나님은 "그날 바람이 불 때 동산"(창 3:8)으로 아담과 하와를 방문하셨다.

이런 실질적인 일은 직장에서 우리에게 어떻게 영향을 미치는가? 무엇보다도 우리는 우리와 함께 일하는 주변 사람을 사랑하라는 부르심을 받았다. 관계의 하나님은 사랑의 하나님이시다(요일 4:7). 혹자는 단순히 "하나님은 사랑하신다"라고 말할지 모르지만 성경은 사랑이신 하나님의 내면으로 즉 성부, 성자(요 17:24), 성령 가운데서 흘러넘치는 사랑 속으로 더욱 깊이 들어간다. 이 사랑은 하나님의 존재로부터 우리에게로 흘러나와서, 우리에게 제일 유익한 일만을 행한다. 우리 감정 속에 자리하고 있는 인간적 사랑과 비교되는 '아가페 사랑'이다.

프랜시스 쉐퍼(Francis Schaeffer)는 우리가 하나님 형상대로 만들어졌고 하나님은 인격적이므로 우리는 하나님과 인격적인 관계를 맺을 수 있다는 사실을 더 깊이 탐구했다. 쉐퍼는 이것이 참된 사랑을 가능케 한다고 말하며, 이에 반해 기계는 사랑할 수 없다고 했다. 결과적으로, 하나님이 우리 관리 하에 두신 모든 것을 우리는 의식적으로 돌봐야 할 책임이 있다. 관계적인 피조물이 되는 것에는 도덕적인 책임이 수반된다.[8]

다른 사람과의 관계 속에서 일한다는 건 무엇인가 창 2:18, 21-25

우리는 관계의 하나님의 형상대로 지음받았기 때문에 내재적으로 관계적이다. 우리는 하나님과의 관계뿐만 아니라 다른 사람과의 관계도 필요하다. 하나님은 "사람이 혼자 사는 것이 좋지 아니하니 내가 그를 위하여 돕는 배필을 지으리라"(창 2:18)라고 말씀하셨다. 그분의 모든 창조 행위는 "좋다"라거나 "매우 좋다"라고 불렸으나, 사람이 혼자 사는 것은 하나님이 "좋지 않다"라고 선언하신 첫 번째 경우였다. 그래서 하나님은 아담의 살과 뼈를 취해 여자를 만드셨다.

최초의 여자 하와가 태어나 보니 아담은 기쁨으로 충만해 있었다. "아담이 이르되 이는 내 뼈 중의 뼈요 살 중의 살이라 이것을 남자에게서 취하였은즉 여자라 부르리라 하니라"(창 2:23). (이후로, 모든 새로운 사람은 계속해서 다른 사람의 살로부터 나오게 되겠지만, 남자가 아니라 여자가 잉태하게 될 것이다.) 아담과 하와는 아주 가까운 관계를 유지해 "한 몸"을 이뤘다(창 2:24). 이것이 순전히 애정 문제나 가정사처럼 보일지 모르지만 일하는 관계이기도 하다. 하와는 아담의 '돕는 배필'이요 '동역자'로 지음받아 에덴 동산을 일구는 일에 동참하게 됐다. 돕는 자라는 말은 아담처럼 그녀도 그 동산을 가꾸게 될 것을 나타낸다. 돕는 자가 된다는 건 일한다는 의미다. 일하지 않는 사람은 돕는 사람이 아니다. 동역자가 된다는 것은 어떤 이와 더불어 관계 속에서 일한다는 의미다.

하나님이 하와를 "돕는 배필"이라고 부르셨을 때 그분은 하와가 아담보다 열등한 자가 되리라거나 하와의 일이 아담의 일보다 덜 중요하거나 덜 창조적일 거라고 의도하신 건 아니었다. 여기서 "돕는 배필"이라고 번역된 히브리어(ezer)는 구약의 다른 곳에서는 하나님을 가리키는 말로 쓰였다. "하나님은 나를 **돕는 이**시며 주께서는 내 생명을 붙들어 주시는 이시니이다"(시 54:4). "여호와여 나를 **돕는 자**가 되소서"(시 30:10). 에제르는 분명히 종속적인 자가 아니다. 더욱이 창세기 2장 18절은 하와를 돕는 자로 묘사할 뿐 아니라 동역자로도 묘사한다. 돕는 자와 동역자에 대해 오늘날 가장 흔하게 사용되는 영어 단어는 "협력자"(co-worker)다. 이것이 참으로 창세기 1장 27절에서 가리키는 의미다. '그분이 그들을 남자와 여자로 만드셨다'라는 말은 우선순위나 지배권의 차이를 말하는 게 전혀 아니다. 남자가 여자를 지배하거나 그 반대의 경우는 하나님의 선한 창조에 부합하는 게 아니다. 그것은 타락의 비극적인 결과였다(창 3:16).

관계는 일하는 데 부수적인 게 아니라 필수 요소다. 적절한 환경 아래 일터는 깊고 의미 있는 관계의 장이 된다. 예수님은 우리와 주님과의 관계를 일종의 일로 묘사하셨다. "나는 마음이 온유하고 겸손하니 나의 멍에를 메고 내게 배우라 그리하면 너희 마음이 쉼을 얻으리니"(마 11:29). 멍에란 소 두 마리를 함께 일할 수 있게 만드는 것이다. 그리스도 안에서 사람들은, 하나님이 하와와 아담을 협력자로 만드셨을 때 의도하셨던 대로 참으로 동역할 수 있을 것이다. 우리 마음과 몸이 다른 사람이나 하나님과의 관계 속에서 일하는 동안, 우리 영혼은 안식을 찾는다. 우리가 다른 사람과 더불어 공동의 선을 향해 나아가지 않을 때 우리는 영적으로 쉼을 얻지 못한다.●

하나님이 친히 형성하신 관계에서는 권위의 위임이 아주 중요하다. 하나님은

● 멍에에 대한 자세한 내용은 이 시리즈 4권 《일하는 크리스천을 위한 서신서·요한계시록》 3장의 "고후 6:14-18" 부분을 보라.

동물 이름 짓는 일을 아담에게 위임하셨는데, 권위의 이전은 진지한 것이었다. "아담이 각 생물을 부르는 것이 곧 그 이름이 되었다"(창 2:19). 다른 모든 형태의 관계에서와 마찬가지로, 누군가에게 위임할 때 우리는 권한과 독립성의 일부를 내주고 다른 사람이 한 일이 우리에게 영향을 미치는 위험을 감수하게 된다. 리더십과 경영 분야에서 지난 50년 동안 이뤄진 발전의 대부분은 권한의 위임, 작업자에게 힘을 실어 주고 팀워크를 기르는 형태로 성취됐다. 비록 기독교인이 늘 인지하지는 못하겠지만, 이런 종류의 발전은 창세기부터 일터에서 지속적으로 이어져 내려왔다.

많은 사람은 공동의 목적과 목표가 주어질 때 (유급으로 일하든 무급으로 일하든) 서로 친밀한 관계를 형성한다. 그래서 방대하고 복합적인 재화와 용역을 개인의 역량 이상으로 생산할 수 있게 만든다. 일터에서 관계가 없다면, 자동차도, 컴퓨터도, 우편배달 업무, 법률, 상점, 학교도 존재할 수 없었을 것이고, 한 사람 크기보다 더 큰 사냥감은 사냥할 수 없었을 것이다. 또한 남녀 사이에 친밀한 관계가 없다면, 하나님이 맡기신 일을 할 다음 세대가 존재하지 않을 것이다. 우리가 하는 일과 우리가 몸담은 공동체는 하나님이 주신 은사와 철저하게 상호 연계되어 있다. 서로 잘 결합할 때 진정한 의미에서 우리가 열매 맺고 번성하도록 하는 수단이 된다.

▽ 창 1:28; 2:15, 19-20

열매 맺음/성장

지금 우리는 열매 맺고 번성하고 있는가 창 1:28

하나님 형상대로 지음받았으므로, 우리는 열매를 맺거나 창조적이 될 수 있다. 이것은 종종 "창조 명령"이나 "문화 명령"으로 불린다. 하나님은 흠이 없는 창조물과 이상적인 무대를 만드셨으며 인류를 만드셔서 창조 프로젝트를 지속하게 하셨다. "하나님이 그들에게 복을 주시며 하나님이 그들에게 이르시되 생육하고 번성하여 땅에 충만하라 …… 하시니라"(창 1:28). 하나님은 상상할 수 있는 모든 것을 만드셨으며 혼자서도 얼마든지 땅을 충만케 하실 수 있었다. 그러나 그분은 인류를 만드셔서, 그분 곁에서 같이 일하면서 우주의 잠재성을 실현하고 하나님 일에 참여하게 하셨다. 하나님이 우리에게 주신 좋은 땅 위에서 엄청난 일을 수행하도록 우리를 믿어 주심이 놀랍지 않은가. 우리 일을 통해서 하나님은 먹을 것과 마실 것, 생산물과 용역, 지식과 아름다움, 조직체와 공동체, 성장과 건강을 주시며 그분께 찬양과 영광이 돌려지도록 하신다.

하나님의 일은 생산적일 뿐 아니라 "보기에 즐거움이 된다"(창 3:6). 이것은 놀랄 만한 일이 아니다. 하나님 형상대로 지음받은 사람은 본질적으로 아름답기 때문이다. 다른 선한 것들과 마찬가지로 미(美)도 우상이 될 수 있는데, 기독교인은 종종 미의 위험성을 지나치게 두려워한 나머지 하나님이 보시는 미의 가치를 제대로 인식하지 못한다. 본질적으로 미는 자원을 낭비하는 것이 아니고 보다 더 중요한 일로부터 일탈하는 것도 아니며 시대가 지나면 시들어 버릴 꽃도 아니다. 미는 하나님의 형상을 좇는 일이다. 하나님 나라는 "지극히 귀한 보석"(계 21:11) 같은 아름다움으로 가득 차 있다. 기독교 공동체는 예수님에 대한 말로 음악의 아름다움을 감상하는 데 능하다. 아마도 우리는 다른 모든 종류의 참된 아름다움의 진가도 더 잘 알아볼 수 있을 것이다.

보다 더 생산적으로, 아름답게 일하는지 자신에게 물어봐야 한다. 역사는 놀라운 성취를 이룬 크리스천들의 이야기로 가득 차 있다. 만일 우리 일이 그들에 비해 열매가 없다고 느껴진다면, 해답은 자기 판단이 아닌 하나님의 사람들 무리 속에서 소망을 품고, 기도하며, 성장하는 데 있다. 그 어떤 안팎의 장애물에 부딪친다 해도, 하나님의 능력으로 우리는 상상하는 것보다 훨씬 많이 선을 행할 수 있다.

열매 맺고 번성한다는 건 무엇인가 창 2:15, 19-20

“여호와 하나님이 그 사람을 이끌어 에덴 동산에 두어 그것을 경작하며 지키게 하시고”(창 2:15). ‘일하다’ 또는 ‘갈다’를 뜻하는 히브리어 ‘avad[아바드]’와 ‘지키다’라는 뜻의 ‘shamar[샤마르]’는 각각 하나님께 대한 경배와 그분의 계명을 준수하는 것에도 쓰인다.[9] 하나님의 목적을 따라 행해진 일에는 분명히 거룩함이 있다.

창세기 2장 15-20절에 의하면 아담과 하와에게는 두 가지 특별한 종류의 일이 주어졌다. 정원 돌보는 일(물리적인 일)과 동물에게 이름을 지어 주는 일(문화적/과학적/지적인 일)이다. 둘 다 창조적인 사업으로, 하나님 형상대로 지음받은 사람에게 특정 활동을 하게 한다. 식물을 키우고 문화를 발전시킴으로써 우리는 참으로 열매를 맺는다. 우리는 늘어나는 인구를 유지하거나 피조물의 생산성을 늘리는 데 필요한 자원을 산출해 낸다. 우리는 땅을 과도하게 채워서는 안 되겠지만 채울 수단을 개발해야 한다.

그렇다고 정원 개간과 동물 이름 짓기가 사람에게 알맞은 유일한 임무라고 생각할 필요는 없다. 오히려 사람의 임무는 하나님이 주신 상상력과 기술, 하나님이 정하신 한계에 의해서만 제한되는 하나님의 창조적 일을 아주 여러 방식으로 확대하는 것이다. 일은 인생을 위한 하나님의 설계에 영구적으로 뿌리를 내리고 있다. 일은 공공선에 기여할 수 있게 하고, 우리 자신과 가족에게 필요한 것을 제공하는 수단이 되며, 우리의 너그러움으로 다른 사람을 축복할 수 있게 한다.

하나님 창조 사역에서 중요하지만 가끔 간과되는 면은 기이한 바다 생물부터 코끼리나 코뿔소까지 모든 것을 창조할 수 있는 거대한 상상력이다. 신학자들은 하나님이 우리에게 주신 하나님 형상을 닮은 특징을 놓고 다양한 얘기를 하지만, 상상력은 분명히 하나님이 주신 은사로써 우리 가정뿐 아니라 직장, 우리 주변에서 늘 역사하는 것이다.

우리가 하는 대부분의 일은 어떤 식으로든 우리의 상상력을 필요로 한다. 우리는 공장 조립대에서 트럭의 볼트를 조이는 동안 그 트럭이 길에서 달리는 모습을 상상한다. 또 노트북 컴퓨터에 담긴 한 문서를 열면서 이제 막 쓰려고 하는 이야기를 상상한다. 모차르트는 소나타를 상상했으며 베토벤은 교향곡을 상상했다. 테슬라와 에디슨은 전기를 동력화하는 것을 상상했다. 그 결과 오늘날 우리는 어두움 속에서 빛을 가지게 됐으며 수만 가지 집기와 가전제품과 장비를 사용하게 됐다. 누군가 우리 주변의 모든 것을 가상 속에서 상상했다. 직장의 대부분은 누군가가 일감을 만들어 내는 제품이나 직장에서의 공정을 상상했기에 생겨난 것이다.

하지만 상상력이 실현되기 위해서는 일이 필요하며, 상상한 다음에는 제품을 만들어 내는 일이 필요하다. 실제로 상상력과 실현은 종종 서로 얽혀진 과정으로 발생한다. 피카소는 그의 그림 〈게르니카〉에 대해 이렇게 말했다. "회화는 미리 생각해 놓았다가 착수하는 게 아니다. 그림이 그려지는 동안에 화가의 마음이 바뀌면 그림도 바뀐다. 그리고 마친 후에도 그림은 그것을 쳐다보는 모든 사람의 마음 상태에 따라 계속해서 변형된다."[10] 상상력을 실재로 만드는 작업은 반드시 창의력을 수반한다.

▽ 창 1:29-30; 2:8-14

공급하심

지금 우리는 하나님의 공급을 받아들이고 있는가 창 1:29-30

우리는 하나님 형상대로 지음받았으므로, 하나님은 우리의 필요를 공급해 주신다. 이를 통해 하나님 형상을 따라 만들어진 사람은 하나님이 아니라는 게 드러난다. 하나님은 필요한 것이 하나도 없으시다. 만일 있다고 해도 그분은 그 모든 것을 스스로 해결할 힘이 있으시다. 그런데 우리는 그렇지 못하다.

> 하나님이 이르시되 내가 온 지면의 씨 맺는 모든 채소와 씨 가진 열매 맺는 모든 나무를 너희에게 주노니 너희의 먹을거리가 되리라 또 땅의 모든 짐승과 하늘의 모든 새와 생명이 있어 땅에 기는 모든 것에게는 내가 모든 푸른 풀을 먹을거리로 주노라 하시니 그대로 되니라(창 1:29-30).

한편 하나님이 공급하시는 것을 인정하는 건 우리로 오만에 빠지지 않게 한다. 그분이 없으면 우리의 일은 아무것도 아니다. 우리는 스스로 살 수 없다. 하나님이 공기, 물, 흙, 햇빛, 생물의 기적적인 성장, 우리 몸과 마음의 형성, 우리 일의 재료가 되는 여타의 모든 원료를 계속 공급해 주지 않으시면 우리는 존재를 이어갈 수 없다. 반대로 하나님의 공급을 인정하면, 일할 때 우리에게 자신감이 생긴다. 우리는 자신의 능력이나 환경의 변화무쌍함에 기대어 우리 필요를 공급받으려 할 필요가 없다. 하나님의 능력이 우리 일을 열매 맺게 한다.

하나님은 어떻게 우리 필요를 공급하시는가 창 2:8-14

창조 이야기의 두 번째 주기는, 하나님이 우리에게 어떻게 우리 필요를 공급해 주시는지 보여 준다. 하나님은 우리가 일하려고 힘쓸 때 땅을 생산적으로 만들어 주신다. "여호와 하나님이 동방의 에덴에 동산을 창설하시고 그 지으신 사람을 거기 두시니라"(창 2:8). 우리가 밭을 경작하지만, 원래 심으시는 분은 하나님이다.

먹을 것뿐만 아니라 하나님은 땅을 만드셨다. 우리가 열매 맺고 번성하는 데 필요한 모든 것을 지원할 자원을 공급하시기 위해서였다. 물을 공급하는 수많은 강을 주셨고, 돌과 광물 자원을 제공하는 광석을 주셨으며, 경제 교류의 수단이 되는 원료물질을 주셨다(창 2:10-14). "그 땅의 금은 순금이요 그곳에는 베델리엄과 호마노도 있으며"(창 2:11-12). 우리가 새로운 원소와 분자를 합성할 때나 미생물 가운데서 DNA를 재편성할 때나 인공 세포를 만들 때도, 하나님이 우리를 위해 반드신 물질과 에너지를 가지고 일하는 것이다.

▽ 창 2:3; 2:17

한계

지금 우리는 하나님이 규정하신 한계를 따르고 있는가 창 2:3

하나님 형상을 따라 창조됐으므로, 우리는 일하는 중에 한계에 따라야 한다. "하나님이 그 일곱째 날을 복되게 하사 거룩하게 하셨으니 이는 하나님이 그 창조하시며 만드시던 모든 일을 마치시고 그날에 안식하셨음이니라"(창 2:3). 하나님이 지쳐서 쉬신 걸까 아니면, 그분의 형상을 지닌 우리에게 일과 안식의 모범을 보여 주기 위해 안식하신 걸까? 십계명의 제4계명은 하나님이 안식하신 것은 우리에게 본을 보이기 위함이라고 말한다.

> 안식일을 기억하여 거룩하게 지키라 엿새 동안은 힘써 네 모든 일을 행할 것이나 일곱째 날은 네 하나님 여호와의 안식일인즉 너나 네 아들이나 네 딸이나 네 남종이나 네 여종이나 네 가축이나 네 문안에 머무는 객이라도 아무 일도 하지 말라 이는 엿새 동안에 나 여호와가 하늘과 땅과 바다와 그 가운데 모든 것을 만들고 일곱째 날에 쉬었음이라 그러므로 나 여호와가 안식일을 복되게 하여 그날을 거룩하게 하였느니라(출 20:8-11).

수 세기에 걸쳐 종교적인 사람들은 무엇이 안식일을 지키도록 했는지 정의하는 규정을 쌓아 두는 경향이 있었다. 그러나 예수님은 하나님이 우리를 위해(우리 유익을 위해) 안식일을 만드셨다고 분명히 말씀하셨다(막 2:27).

하나님처럼 우리의 일곱째 날마다 우리가 일을 멈춘다면, 우리 삶이 일이나 생산성에 의해서만 규정되는 게 아니라는 것을 인정하는 것이다. 월터 브루그만(Walter Brueggemann)은 그것을 이렇게 표현했다. "안식일은 하나님이 삶의 중심에 있다는 것을 가시적으로 증거하는 것이다. 즉, 사람의 생산과 소비는 모든 피조물의 하나님이 규정하고 축복하고 제한하신 세상 안에서 발생한다는 걸 증거하는 것이다."[11] 어떤 의미에서 우리는 우리 자율성의 일부를 포기하는 것이며 창조주 하나님에 대한 우리 의존성을 인정하는 것이다. 그렇지 않다면, 삶은 완전히 인간 통제 아래 있다는 착각 속에 살아가게 될 것이다. 안식일을 우리 일의 일상적인 부분으로 만드는 건 하나님을 궁극적인 삶의 중심으로 인정하는 것

이다.●

한계 안에서 일한다는 건 무엇인가 창 2:17

일하는 날과 안식일을 모범적으로 지키심으로써 사람을 축복하신 하나님은 아담과 하와에게 그들의 일을 제한하라고 특별한 명령을 내리셨다. 에덴 동산 한 가운데에 하나님은 두 가지 나무를 심으셨다. 생명 나무와 선악을 알게 하는 나무였다(창 2:9). 선악을 알게 하는 나무는 접근 금지였다. 하나님은 아담에게 말씀하셨다. "여호와 하나님이 그 사람에게 명하여 이르시되 동산 각종 나무의 열매는 네가 임의로 먹되 선악을 알게 하는 나무의 열매는 먹지 말라 네가 먹는 날에는 반드시 죽으리라 하시니라"(창 2:16-17).

신학자들은 하나님께서 왜 거주민이 이용하지 못할 한 나무를 에덴 동산 가운데 두셨는지 장황하게 추측해 왔다. 일반적인 주석은 갖가지 가설을 제시하는데, 우리는 여기서 한 가지 대답에 집착할 필요가 없다. 우리가 목적하는 바로는, 할 수 있는 모든 것을 해 볼 필요는 없다는 규칙을 따르면 그만이다. 인간의 상상력과 기술이 하나님이 창조하신 자원을 가지고 일하되 하나님의 의도, 목적, 계명에 반하는 방식으로 일할 수도 있다. 만일 우리가 그분을 거역해 일하지 않고 하나님과 더불어 일하고자 한다면, 우리는 피조물 속에서 가능한 모든 것을 실현하려 할 게 아니라 하나님이 정하신 한계를 준수해야 할 것이다.

프랜시스 쉐퍼는 하나님이 아담과 하와에게 선한 나무와 악한 나무 사이에서 선택하라고 하신 게 아니라 악에 대한 지식을 취할 것이냐 말 것이냐 사이에서 선

● 안식일, 안식, 일에 대한 추가적인 논의는 이 시리즈 3권 《일하는 크리스천을 위한 사복음서·사도행전》 2장의 "막 1:21-45", "막 2:23-3:6", 3장의 "눅 6:1-11", "눅 13:10-17" 부분을 보라.

택하라고 말씀하셨다고 지적했다(물론 그들은 선에 대해서는 이미 알았다). 그 나무를 만드실 때 하나님은 악의 가능성을 열어 두셨지만 그렇게 하심으로 그분은 선택의 효과를 확인하고자 하셨다. 모든 사랑은 선택에 묶여 있다. 선택이 없다면 사랑이란 단어는 의미가 없다.[12] 아담과 하와가 선악을 알게 하는 나무에 관한 하나님의 명령에 순종할 만큼 하나님을 사랑하고 신뢰할 수 있을까? 하나님은 그분과 관계 맺는 사람이 '피조물에게 선을 가져올' 한계를 존중하길 바라신다.

오늘날 직장에서 우리가 한계를 따를 때, 그런 자세는 계속해서 우리에게 복이 될 것이다. 예를 들어, 인간의 창조성은 기회에서도 발생하지만 한계에서도 발생한다. 건축가는 고객이 제시하는 시간, 돈, 공간, 물질, 목적의 제약으로부터 영감을 얻는다. 화가는 2차원적 화폭에 3차원적 공간을 표현해야 하는 제한으로 시작해서 그들이 도구로 사용하는 매체의 제한을 받아들일 때, 창조적인 표현을 발견한다. 작가는 지면과 단어 제한에 직면할 때 재기(才氣)를 발견한다.

모든 좋은 일은 하나님의 한계를 존중한다. 자원 추출, 오염, 서식지 개량, 식품이나 의복이나 기타 다른 목적으로 사용할 동식물에 대한 땅의 용량에는 한계가 있다. 사람의 몸은 일에 대한 강도, 인내력, 역량이 크긴 하지만 제한적이다. 건강한 음식과 운동에는 제한이 있다. 우리가 아름다움을 천박함으로부터 구분하고, 비판을 학대로부터 구별하고, 우정을 착취로부터, 봉사를 노예 상태로부터, 자유를 무책임으로부터, 권위를 독재주의로부터 구분하기 위한 기준에도 한계가 있다.

물론 실제로 선(線)을 어디에 그어야 할지를 정확히 알기 어려우며 기독교인도 순응, 율법주의, 선입관, 질식할 것 같은 따분함에 대해 종종 그릇 판단한다는 점을 인정해야 한다. 다른 사람이 무엇을 하거나 하지 말아야 할지를 선포할 때 특히 그렇다. 그럼에도 불구하고 하나님 형상을 지닌 우리는 하나님이 정하시고 피조물 속에 분명하게 드러나 있는 한계를 따를 경우 어디서 복을 발견할 수 있는지 분별하는 법을 배워야 한다.

▽ 창 1:28; 2:15

창조 명령

하나님이 그분의 형상대로 사람을 창조하시고(창 1:1-2:3) 사람에게 하나님 형상을 따라 살도록 준비하심에서(창 2:4-25), 우리는 하나님이 사람을 창조하셔서 지배권을 행사하고, 열매 맺고 번성하며, 하나님의 공급하심을 받아들이고, 관계 속에서 일하며 창조의 정한 한계를 따르게 하신다는 것을 탐구했다. 우리는 이런 것이 "창조 명령" 또는 "문화 명령"으로 종종 불려 왔다는 점에 주목했다. 특히 창세기 1장 28절과 2장 15절의 내용이 두드러진다.

> 하나님이 그들에게 복을 주시며 하나님이 그들에게 이르시되 생육하고 번성하여 땅에 충만하라, 땅을 정복하라, 바다의 물고기와 하늘의 새와 땅에 움직이는 모든 생물을 다스리라 하시니라(창 1:28).

> 여호와 하나님이 그 사람을 이끌어 에덴 동산에 두어 그것을 경작하며 지키게 하시고(창 2:15).

이런 용어를 꼭 사용해야 하는 것은 아니다. 그러나 그 용어가 나타내는 생각은 창세기 1-2장에서 분명히 나타난다. 처음부터 하나님은 창조를 완성시키는 일에서 사람을 자신의 하위 파트너(junior partner)로 의도하셨고 그렇게 만드셨다. 만물을 있는 그대로 만족하고, 일하지 않으면서도 우리 필요를 위해 공급된 것을 받아들이며, 오랫동안 빈둥거리며 놀고, 비창조적인 체계 안에서 일하고, 사회적 고립 속에서 일하는 것은 우리 본성에 맞지 않는다. 다시 말하면 우리는 우리 일이 열매를 맺도록 하나님이 공급하시는 것에 의존하며, 그분의 말씀 속에서 주어지고 피조물 가운데서 분명하게 드러난 한계를 존중하면서, 다른 사람 및 하나님과의 관계에서 2차적 창조자로서 일하도록 지음을 받았다.

사람은 일하는 중에 죄에 빠졌다

창 3:1-24

지금까지 우리는 에덴 동산의 완벽한 조건에서 진행되는 이상적인 형태의 일에 대해 논의했다. 그러나 이제 창세기 3장 1-6절을 보자.

> 뱀은 여호와 하나님이 지으신 들짐승 중에 가장 간교하니라 뱀이 여자에게 물어 이르되 하나님이 참으로 너희에게 동산 모든 나무의 열매를 먹지 말라 하시더냐 여자가 뱀에게 말하되 동산 나무의 열매를 우리가 먹을 수 있으나 동산 중앙에 있는 나무의 열매는 하나님의 말씀에 너희는 먹지도 말고 만지지도 말라 너희가 죽을까 하노라 하셨느니라 뱀이 여자에게 이르되 너희가 결코 죽지 아니하리라 너희가 그것을 먹는 날

> 에는 너희 눈이 밝아져 하나님과 같이 되어 선악을 알 줄 하나님이 아심이니라 여자가 그 나무를 본즉 먹음직도 하고 보암직도 하고 지혜롭게 할 만큼 탐스럽기도 한 나무인지라 여자가 그 열매를 따먹고 자기와 함께 있는 남편에게도 주매 그도 먹은지라(창 3:1-6).

뱀은 하나님의 대적, 즉 사탄을 나타낸다. 브루스 월키(Bruce Waltke)는 하나님의 대적이 심술궂으며 사람보다 더 교활하다는 점에 주목했다. 사탄은 민첩하게 아담과 하와의 취약점을 주목했으며 하나님의 명령을 왜곡했다. 사탄은 교묘하게 하와를 꾀어 신실해 보이는 신학 논쟁 속으로 끌어들였으며, 동산에 있는 다른 과일 나무의 공급하심 대신에 하나님의 금지령을 강조함으로써 하나님 명령을 왜곡했다. 실제로 사탄은 하나님 말씀이 가혹하고 구속하는 것처럼 보이게 하려고 애썼다.

뱀의 계획은 성공했으며 처음에는 하와, 다음에는 아담이 금단의 나무 열매를 먹게 했다. 그들은 하나님이 설정해 놓으신 한계를 파괴했으며 하나님의 형상을 지닌 자로서 가지게 된 것을 어떤 식으로든 넘어서 '하나님처럼' 되려고 헛되이 시도했으나 실패했다(창 3:5). 경험으로 이미 하나님 창조의 선하심을 알았던 그들은 악의 길을 통해 '현명하게' 되려고 했다(창 3:4-6). 하와와 아담이 그 열매를 먹고자 결심한 것은 그들 자신의 실용적, 심미적, 감각적 취향을 하나님의 말씀보다 우위에 두려 했기 때문이다. 이제 더는 "선"이 하나님 말씀을 좇아 삶을 향상시키는 것에 뿌리를 두지 않고, 사람이 생각하기에 삶을 고양시킬 것 같은 것에 뿌리를 두게 됐다. 간단히 말하면, 그들은 선한 것을 악한 것으로 만들어 버렸다.[13]

하나님께 불순종하기로 선택함으로써 아담과 하와는 그들의 존재 속에 본질적으로 들어 있는 관계를 깨뜨렸다. 또한 아담과 하와는 그들과 하나님과의 관계를 깨뜨렸으며 더는 그분과 함께 서늘한 저녁 시간에 대화를 나누지 못하고 그분의 존재로부터 스스로 숨었다(창 3:8). 아담은 그가 하와와 맺은 관계를 깨뜨리고 그 열매를 먹은 자기 결정이 그녀 탓이라고 말했으며, 동시에 하나님을 향해 빈정거렸다. “하나님이 주셔서 나와 함께 있게 하신 여자 그가 그 나무 열매를 내게 주므로 내가 먹었나이다”(창 3:12).

그날 아담과 하와가 내린 결정은 오늘날 우리의 일터까지 계속해서 이어지는 재난을 초래했다. 하나님은 그들의 죄에 심판을 선언하셨고 고된 노동에 이르는 결과를 선언하셨다. 뱀은 항상 배로 기어 다니게 될 것이다(창 3:14). 여자는 자녀를 출산하는 산고를 겪을 것이며, 또한 남자를 지배하려는 욕구 때문에 갈등을 느낄 것이다(창 3:16). 남자는 땅에서 생계를 유지하기 위해 노고하게 될 것이며, 땅은 원하는 곡식을 얻기까지 “가시와 엉겅퀴”를 낼 것이다(창 3:17-18).

전체적으로 봤을 때, 사람은 그들이 창조된 대로 해야 했던 일을 그대로 하게 될 것이며 하나님은 여전히 그들의 필요를 공급해 주실 것이다(창 3:17-19). 그러나 일은 더욱 어렵고 불쾌하게 될 것이며, 때로는 실패해 원하지 않는 결과에 이르게 되기도 할 것이다. 또한 남자와 여자에게 선언된 고통은 상호 배타적인 게 아니라는 점에 주목하라. 남자 역시 자녀를 양육하는 고통을 겪을 것이며, 그들은 바라는 바가 상충하는 것을 경험할 것이다. 여자 역시 식탁을 차리기 위해 땀을 흘려야 할 것이다. 셰익스피어의 가장 위대한 여자 주인공 로잘린드(Rosalind)는 삶의 가시를 언급하며 이렇게 부르짖었다. “오, 이 노동해야 하는 세상은 얼마나 가시로 가득 찼는지!”

일이 고역이 될 때가 일의 시작이 아니었다는 점을 기억하는 것이 중요하다. 어떤 사람은 일을 저주의 일부로 보지만, 아담과 하와는 이미 에덴 동산에서도 일하고 있었다. 사실 일은 타락의 결과로 덜 중요해진 게 아니라 보다 더 중요해졌다. 이제 필요한 결과를 얻기 위해서 보다 더 많은 일을 해야 하기 때문이다. 나아가 아담과 하와를 하나님의 자유와 기쁨 속에 태어나게 한 원료물질은 이제 복종의 원천이 됐다. 흙에서 만들어진 아담은 이제 몸이 죽어 흙으로 돌아갈 때까지 흙을 개간해야 할 것이다(창 3:19). 아담 옆구리 갈비뼈로부터 만들어진 하와는 이제 아담의 옆자리를 차지하는 게 아니라 아담의 지배에 복종하게 될 것이다(창 3:16). 결혼으로 한 사람이 다른 사람을 지배하게 된 것과 일이 고역이 된 것은 하나님의 원래 계획이 아니었지만, 죄지은 인간은 그들에게 하나님이 부여하신 관계를 깨뜨리고 그것을 새로운 관계 방식으로 삼았다(창 3:12-13).

우리는 매일 두 가지 형태의 악과 맞부딪친다. 첫 번째는 자연적인 악으로서 지상의 물리적 조건인데, 하나님이 우리에게 의도하신 삶에 적대적이다. 홍수와 가뭄, 지진, 과도한 더위와 추위, 질병, 해충 등이 동산에는 없었던 해를 가져온다. 두 번째는 사람이 하나님의 의도에 적대적인 의지를 가지고 행동할 때 겪는 도덕적인 악이다. 악한 식으로 행동하면 우리는 피조물을 망치고, 우리 자신을 하나님으로부터 떨어뜨리며, 다른 사람과의 관계를 그르친다.

타락하고 깨진 세상에 살고 있으므로 우리는 수고 없는 삶은 기대할 수 없다. 우리는 일을 위해서 만들어졌지만 이생에서의 그 일은 에덴 동산에서 그날 깨진 모든 것에 의해 더럽혀졌다. 이것 역시 하나님이 우리의 관계(개인적, 단체적, 사회적)에 정해 놓으신 한계를 따르지 못한 결과다. 타락은 사람과 하나님 사이, 사람 사이, 사람과 그들을 지지해 줄 땅 사이를 이간(離間)시켰다. 서로에 대한 의심이 신뢰와 사랑을 대신해 들어섰다. 이어지는 세대 가운데서, 이간은 질투, 분노, 심지어는 살인까지 낳았다. 오늘날 모든 직장은 크든 작든 노동들 사이의 이간을 나타내며 우리 일은 한층 고통스러울 뿐 아니라 덜 생산적이 됐다.

타락한 피조 세계에서 일하게 되다

창 4-8장

하나님은 아담과 하와를 에덴 동산에서 쫓아내셨다(창 3:23-24). 그들은 깨어진 관계와 고통스런 일을 그대로 지닌 채 나와, 저항하는 땅에서 생존하려고 애썼다. 하지만 하나님은 그들에게 지속적으로 공급해 주셨다. 그들에게 기술이 부족할 때는 옷을 지어 입히시기까지 하셨다(창 3:21). 저주가 그들의 생육하고(창 4:1-2) 번성하는 능력을 파괴하지는 못했다(창 4:3-4).

창세기 1-2장의 일은 계속됐다. 여전히 갈아야 할 땅이 있었고 주시하고 묘사하고 명명해야 하는 자연 현상이 있었다. 남자와 여자는 여전히 열매를 맺어야 하고, 생육하고 번성하며, 통치해야 했다. 그러나 이제 일의 두 번째 단면도 성취되어야 했다. 즉 그릇된 것과 저질러진 해악을 치유하고, 고치고, 회복시키는 작업이 필요했다.

이것을 현대의 맥락에서 보면 농부, 과학자, 조산사, 부모, 지도자 및 창조적 기업 내 모든 이의 일은 여전히 필요하다. 그러나 악을 억제하고 재난을 방지하고 피해를 복구하고 건강을 회복시키는 의사, 장례 지도사, 교도관, 범죄 감식가 등 전문 직업을 가진 이들의 일도 필요하다. 사실 모든 사람의 일은 창조와 복구, 격려와 좌절, 성공과 실패, 기쁨과 슬픔이 섞여 있다. 개략적으로 말하자면, 에덴에 있을 때보다 지금은 해야 할 일이 두 배나 더 많아졌다. 일은 하나님의 계획에서 덜 중요한 게 아니라 오히려 더 중요해졌다.

▽ 창 4:1-25

처음 살인

창세기 4장은 가인이 자기 동생 아벨을 죽인 첫 번째 살인 사건을 상술한다. 두 사람은 그들이 일한 소출을 가져다 하나님께 제물로 드렸다. 가인은 농부였으므로 땅의 소산 얼마를 드렸는데, 성경 내용을 보면 그것이 그가 산출한 가장 좋은 최초의 것이라는 암시는 없다(창 4:3). 아벨은 목동이었으므로 자기 양 떼 중에서 "첫째 것"을, 즉 가장 좋은 "기름진 부분"을 가져왔다(창 4:4). 비록 두 사람이 다 먹을 것을 생산했지만, 그들은 함께 일하거나 예배하지 않았다. 일터는 더 이상 좋은 인간관계를 맺는 장소가 아니었다.

하나님은 아벨의 제물을 호의적으로 보셨지만 가인의 제물에 대해서는 그렇지 않으셨다. 성경에서 분노를 최초로 언급하는 장면에서 하나님은 가인에게 자포자기에 빠지지 말고 분개심을 극복해 장차 더 좋은 성과를 내도록 하라고 경고하셨다. "네가 선을 행하면 어찌 낯을 들지 못하겠느냐"(창 4:7)라고 하나님은 물으셨다. 그러나 가인은 자기 분노를 이기지 못하고 동생을 죽이고 말았다(창 4:8; 요일 3:12; 유 1장 참조). 하나님은 그 행위에 이렇게 반응하셨다.

> 이르시되 네가 무엇을 하였느냐 네 아우의 핏소리가 땅에서부터 내게 호소하느니라 땅이 그 입을 벌려 네 손에서부터 네 아우의 피를 받았은즉 네가 땅에서 저주를 받으리니 네가 밭을 갈아도 땅이 다시는 그 효력을 네게 주지 아니할 것이요 너는 땅에서 피하며 유리하는 자가 되리라(창 4:10-12).

아담의 죄로 임한 하나님의 저주가 사람에게는 내리지 않고 땅에만 임했다(창 3:17). 가인의 죄로는 가인에게 땅의 저주가 임했다(창 4:11). 더는 땅을 갈 수 없어서 농부 가인은 방랑자가 되어 마침내 에덴 동편 놋이라는 땅에 정착했는데, 거기서 가인은 성경에 나오는 최초의 도시를 건설했다(창 4:16-17).●

창세기 4장 나머지 부분은 가인의 후손을 7대에 걸쳐 소개하는데, 폭군적 행동을 보였던 라멕은 그의 조상 가인을 오히려 온순한 사람으로 보이게 만들었다. 라멕은 죄를 지으며 점차 더 강퍅해지는 모습을 보여준다. 첫 번째로 창세기 2장 24절에 나오는 결혼에 대한 하나님의 목적을 어기고 일부다처제에 빠진 것이다(창 4:19; 마 19:5-6). 그다음으로는 피의 복수인데, 라멕은 단순히 자기를 쳤다는 이유로 살인을 했다(창 4:23-24).

그러나 또한 라멕에게서 문명의 시작을 볼 수 있다. 가인과 아벨 사이에서 문제를 야기했던 '노동의 분업화'는 라멕 시대에 전문화를 가져왔고 발전을 가능하게 했다. 라멕의 아들 중 몇 명은 악기를 창안했으며 청동 및 철 도구를 사용해서 공예품을 만들었다(창 4:21-22). 음악을 창안하고 악기를 만들어 내고 야금술을 발전시키는 능력은 모두 하나님 형상대로 지음받은 사람의 창조성 범위에 드는 일이었다. 예술과 과학은 창조 명령의 귀중한 완성이지만, 라멕이 자랑하던 악행은

● 도시에 대한 자세한 내용은 이 장의 "창 10:1-11:32" 부분을 보라.

폭력으로 기울어진 타락한 문명에 수반되는 위험성을 암시했다. 타락 이후 최초의 시인은 인간의 자랑과 권력 남용을 칭찬했다. 하지만 이후에는 하프와 플루트가 나와서 하나님을 찬양하는 데 사용될 수 있게 됐으며(삼상 16:23) 야금술도 히브리 성전 건축에 쓰였다(출 35:4-19, 30-35).

사람이 늘어남에 따라, 그들은 다양하게 갈라졌다. 셋을 통해서 아담에게는 에녹과 노아 등 경건한 씨를 얻을 소망이 생겼다. 그러나 세월이 흐르자 하나님의 길로부터 멀리 벗어난 한 집단의 사람들이 나타났다.

> 사람이 땅 위에 번성하기 시작할 때에 그들에게서 딸들이 나니 하나님의 아들들이 사람의 딸들의 아름다움을 보고 자기들이 좋아하는 모든 여자를 아내로 삼는지라 여호와께서 이르시되 나의 영이 영원히 사람과 함께하지 아니하리니 이는 그들이 육신이 됨이라 그러나 그들의 날은 백이십 년이 되리라 하시니라 당시에 땅에는 네피림이 있었고 그 후에도 하나님의 아들들이 사람의 딸들에게로 들어와 자식을 낳았으니 그들은 용사라 고대에 명성이 있는 사람들이었더라 여호와께서 사람의 죄악이 세상에 가득함과 그의 마음으로 생각하는 모든 계획이 항상 악할 뿐임을 보시고(창 6:1-5).

너무나 부패해 하나님이 마침내 철저히 파멸하기로 작정하신 문화에 맞서 셋의 경건한 가계(결국은 노아와 그의 가족밖에 남지 않게 됨)는 어떤 일을 할 수 있었을까?

오늘날 그분의 형상을 지니고 대리자로 자처하는 우리는 하나님의 목적과 뜻을 반영한다고 믿는 원칙을 직장에서 준수해야 한다. 부정직, 불성실, 불량품 산출, 생계에 못 미치는 임금, 열악한 근무 조건, 노동력 착취와 같은 압박 속에서 일할 때 우리는 어떤 태도를 취할 수 있겠는가?

셋의 이야기를 비롯해 성경에 나오는 많은 다른 예에서, 사람이 하나님의 설계와 명령에 따라 살 수 있는 여지가 세상에 있다는 것을 우리는 알게 됐다.

사람들이 두려움, 불안, 의심에 빠지고, 권력이나 부나 사람의 인정을 향한 무한한 욕망에 굴복할지라도, 하나님의 사람은 일터에서 굳건한 윤리의식과 뚜렷한 목적, 긍휼함을 가진 사람으로 남을 수 있다. 우리는 하나님이 우리로 하여금 (하나님 은혜 없이 극복하기에는 너무 많아 보이는) 고난을 통과할 수 있게 해 주시리라 믿기 때문이다. 사람들이 탐욕, 불공평, 증오, 무관심으로 학대를 당할 때 우리는 그들을 위해 일어서서 정의를 세우고 상처와 분열을 치유할 수 있다. 우리는 그리스도의 구속의 능력을 의지할 수 있기 때문이다. 크리스천은 직장에서 만나는 죄에 대항할 힘이 있다. 그 죄가 다른 이의 행위에서 발생한 것이든 아니면 우리 마음에서 발생한 것이든 간에 말이다.

바벨탑 사건에서 하나님은 사람에게 “불가능할 게 전혀 없을 것이다”라고 한탄하셨는데, 이는 우리의 실제 능력을 언급하신 게 아니라 우리의 오만을 지적하신 것이었다. 그럼에도 불구하고 하나님의 은혜로 우리는 하나님께서 “또 너희가 못할 것이 없으리라”(마 17:20)라고 하시며 “대저 하나님의 모든 말씀은 능하지 못하심이 없느니라”(눅 1:37)라고 선언하신 말씀을 받았다. 놀라우신 그리스도 안에 하나님이 준비하신 모든 것을 성취할 힘이 있다.

우리는 실제로 하나님의 이 권능을 믿는 사람처럼 일하는가? 아니면 그저 소란을 야기하지 않고 그럭저럭 넘어가려고 노력함으로써 하나님의 약속을 헛것으로 만드는가?

▽ 창 6:9-8:19

"이젠 그만!" 새로운 세상을 작정하시다

어떤 상황은 구제할 수가 있지만, 또 다른 어떤 상황은 구제 범위를 넘어선다. 우리는 창세기 6장 6-8절에서 홍수 이전 세상과 문화에 대해 탄식하시는 하나님의 소리를 들었으며, 다시 시작하려는 그분의 결단을 듣는다.

> 땅 위에 사람 지으셨음을 한탄하사 마음에 근심하시고 이르시되 내가 창조한 사람을 내가 지면에서 쓸어버리되 사람으로부터 가축과 기는 것과 공중의 새까지 그리하리니 이는 내가 그것들을 지었음을 한탄함이니라 하시니라 그러나 노아는 여호와께 은혜를 입었더라.

아담 때부터 우리 세대까지 하나님은 필요할 때 죄악된 문화에 대항해 일어설 수 있는 사람을 찾으신다. 아담은 그 시험에서 실패했지만 노아의 계보를 생산했다. "노아는 의인이요 당대에 완전한 자라 그는 하나님과 동행"한 자였다(창 6:9). 노아는 속죄적인 일을 행한 최초의 사람이었다. 땅으로부터 생계를 유지하기에 바쁜 다른 사람과는 달리 노아는 인류를 구원하고 자연을 파멸로부터 구해 내기 위해 부름을 받았다. 노아에게서 우리는 제사장, 선지자, 사도의 원형을 발견한다. 그들은 하나님과 화해하는 일을 하도록 부름을 받은 자이며, 환경 보호자로서 자연을 구속하는 일을 하도록 부름받은 자다. 크든 작든 노아 시대 이후 모든 일꾼은 구속하는 일은 물론 화해시키는 일도 하도록 부름을 받았다.

그러나 그것을 위해 노아는 얼마나 엄청난 선박 건조 프로젝트를 추진해야 했는가? 주위의 비웃음을 받으면서도 노아와 그의 아들들은 수천 그루의 "고페르 나무"를 찍어다가 대패질해서 널빤지를 만들어 물에 뜨는 동물원을 축조해야 했으니 말이다. 이 3층짜리 배는 온갖 종류의 동물을 실을 만하고 무기한으로 필요한 음식과 물도 저장할 만큼 커야 했다. 그런 고난에도 불구하고 노아는 순종했다. "노아가 그와 같이 하여 하나님이 자기에게 명하신 대로 다 준행하였더라"(창 6:13-22).

비즈니스 세계에서 기업가는 신상품이나 공정을 내놓을 때 위험을 감수하며 통상적인 지혜에 어긋나게 일하는 데 익숙하다. 단기간의 결과에 관심을 기울이기보다는 장기적인 견해가 필요하다. 노아는 때때로 불가능한 임무처럼 보이는 것에 직면했는데, 몇몇 성경학자에 의하면 그 방주를 실제로 짓는 데는 100년이 걸렸을 것이라고 한다. 또한 의심스런 눈빛과 비판자의 면전에서 믿음, 불굴의 의지, 세심한 기획도 필요했다. 아마도 우리는 노아의 개척자적인 개발 목록에 프로젝트 관리를 추가해야 할 것이다.

오늘날에도 여전히 혁신가, 기업가, 직장 내에서 우세한 의견과 시스템에 도전하는 사람은 내적인 힘과 신념이 필요하다. 우리가 반대나 낙담에 처할 때 해답은 우리 자신을 설득해 어리석게도 위험을 감수하도록 하는 게 아니라 기도로 주의를 돌리며 하나님 안에서 현명한 사람의 조언을 듣는 것이다. 정·재계, 과학계, 학계, 예술계 및 다른 수많은 일의 영역에서 혁신가의 창의성을 격려하고 다듬는 일에 은사가 있고 훈련된 갓 피어나는 크리스천이 필요하다.

홍수 이야기는 잘 알려져 있으며 창세기 7장 1절-8장 19절에 나와 있다. 산꼭대기를 넘는 물속에서 방주를 뒤흔드는 홍수가 일렁이는 반년 이상의 기간 동안 노아와 그의 가족과 모든 동물은 방주 안에서 이리 튕기고 저리 튕겨야 했다. 마침내 홍수가 잦아들자 땅이 말랐으며 새로운 식물이 돋아나기 시작했다. 방주에 탔던 자들은 다시 한 번 마른 땅을 딛었다.

본문은 창세기 1장을 회상하며 창조의 지속성을 강조한다. 하나님이 "깊음" 위에 "바람"을 불게 하시니 "물"이 물러갔다(창 8:1-3). 하지만 어떤 의미에서 그것은 홍수의 힘에 의해 다시 생겨난 신세계였다. 하나님은 인간의 문화에 상처로부터 새로 시작하고 바로 잡을 기회를 주셨다. 기독교인에게 있어, 이것은 요한계시록 21-22장에 나오는 새 하늘과 새 땅의 전조(前兆)가 된다. 우리가 앞에서 논의한 바대로, 사람의 생명과 일은 타락의 결과로부터 치유된 우주 안에서 완벽해진다.

아마도 사람의 이 첫 번째 대규모 토목공사는 환경 프로젝트였는지 모른다. 뱀과 모든 피조물과 사람 사이의 무너진 관계에도 불구하고, 또는 그 결과로(창 3:15), 하나님은 사람에게 동물을 구원할 임무를 맡기셨으며 사람이 그 일을 신실하게 행하리라고 신뢰하셨다. 사람은 "바다의 물고기와 하늘의 새와 땅에 움직이는 모든 생물을 다스리라"(창 1:28)라는 하나님의 부르심에서 면직되지 않았다. 하나님은 인류가 타락할 때 잃어버린 것을 복구하기 위해 언제나 일하시며, 타락했으나 회복된 인간을 자신의 도구로 귀하게 사용하신다.

약속을 지키기 위해 일하시는 하나님

창 9-11장

▽ 창 9:1-19

노아와 언약을 맺으시다

다시 한 번 마른 땅에서 새로운 시작을 하게 된 노아의 첫 번째 행동은 여호와께 제단을 쌓는 일이었다(창 8:20). 거기서 노아는 하나님을 기쁘시게 하는 제물을 드렸다. 하나님은 "땅이 있을 동안에는 심음과 거둠과 추위와 더위와 여름과 겨울과 낮과 밤이 쉬지 아니할"(창 8:22) 것이며 다시는 인류를 파멸하지 않겠다고 결심하셨다. 하나님은 노아와 그의 후손과 언약을 맺으시며 다시는 땅을 홍수로 멸망하지 않겠다고 약속하셨다(창 9:8-17). 하나님은 무지개를 그 약속의 표시로 주셨다. 비록 땅이 다시 급격하게 바뀌기는 했지만, 하나님의 약속은 그대로 있다. 그분은 반복해서 축복을 선포하시며 노아와 그의 아들들에게 "생육하고 번성하여 땅에 충만하라"(창 9:1, 7)라고 약속하셨다. 그분은 그들의 일을 통해 식량을 제공하리라는 약속을 확언하셨다(창 9:3). 대신, 하나님은 사람 가운데서 공의에 대한, 모든 피조물의 보호를 위한 요건을 말씀하셨다(창 9:4-6).

"무지개"라고 번역된 히브리어에는 '비'라는 의미가 생략되어 있다. 그 단어는 단순히 전쟁이나 사냥의 도구인 활을 가리키는 말이다. 브루스 월키는 고대 근동 신화에서 활 모양으로 생긴 별들은 신의 분노나 적대감과 연관이 있지만 "여기서는 전사의 활이 걸려 있으며 땅으로부터 먼 곳을 가리키고 있다"[14]는 점에 주목했다. 메러디스 클라인은 "신의 호전성과 적대감의 상징이 변형되어 하나님과 사람 사이의 화해 징표가 됐다"[15]라는 점에 주목했다. 느슨한 활이 땅에서 하늘로 수평선을 따라 놓여 있다. 전쟁의 도구가 하나님이 노아와 맺은 언약을 통해 평화의 상징이 됐다.

▽ 창 9:20-29

노아도 타락했다

인류를 위한 영웅적인 일을 한 후에 노아는 곤란한 가정 사건에 휘말린다. 그 일은 아주 많은 가정과 직장에서 일어나는 비극이 그렇듯이 물질(이 경우에는 포도주) 남용에서 시작됐다(알코올 음료 생산을 노아의 혁신 목록에 추가하라-창 9:20). 술에 취한 노아는 천막 안에서 벌거벗은 채 의식을 잃었다. 그의 아들 함이 불쑥 들어왔다가 아버지의 벌거벗은 상태를 봤으나, 다른 아들들은 함의 주의를 듣고 조심스럽게 천막 안으로 뒷걸음질 쳐 들어와서 아비의 알몸을 덮어 드렸다. 이 상황과 관련해서 무엇이 정확히 부끄럽거나 부도덕적인지는 대부분의 현대 독자가 이해하기 어렵겠지만, 노아와 그의 아들들은 그것이 집안의 재앙이 됐음을 분명히 알았다. 노아가 의식을 되찾고 무슨 일이 일어났는지 알게 됐을 때 그의 반응은 가정의 평안을 영원히 깨트렸다. 노아는 함의 후손 가나안을 저주했으며 그들을 다른 두 아들의 후손에게 종으로 삼도록 했다. 이로써 수천 년간의 증오, 전쟁, 잔학 행위의 무대가 노아의 가족에게 펼쳐진 것이다.

노아는 수치의 나락으로 떨어진 첫 번째 위대한 인물일지 모르지만, 마지막 인물은 아니었다. 위대함에 대한 무언가가 사람을 도덕적 실패에 취약하게 만드는 것 같다. 특히, 우리의 개인 삶과 가정생활에서 더 그럴 것이다. 얼마나 흔한 현상인지 "교만은 패망의 선봉이요 거만한 마음은 넘어짐의 앞잡이니라"(잠 16:18)와 같은 잠언, "사람이 덩치가 크면 클수록 떨어질 때는 더 심하게 부딪친다"와 같은 일상 속담에도 등장한다.

노아는 분명히 성경에 나오는 위대한 인물이다(히 11:7). 그러므로 우리의 가장 좋은 반응은 노아를 심판하는 게 아니라 우리에게 은혜를 베풀어 달라고 하나님께 구하는 것이다. 만일 위대해지기를 구하는 자신을 발견했다면, 먼저 겸손함을 구하는 게 좋다. 만일 이미 위대한 자리에 올랐다면, 노아의 운명을 피할 수 있도록 하나님께 은혜를 구하는 게 가장 좋을 것이다. 만일 노아와 같이 타락했다면, 재빨리 고백하고, 자신이 자기합리화로 방어해서 타락이 재앙으로 변하지 않게 도와 달라고 주변 사람에게요청하자.

▽ 창 10:1-11:32

노아의 후손과 바벨탑 사건

'민족 일람표'라 불리는 창세기 10장은 먼저 야벳의 후손을 거슬러 추적하고(창 10:2-5), 다음에는 함의 후손(창 10:6-20), 마지막으로는 셈의 후손(창 10:21-31)을 되짚어 본다. 그들 중에서, 함의 손자 니므롯은 일의 신학에서 중요한 인물이다. 니므롯은 바벨론에 노골적인 침략 제국을 건설했다. 그는 폭군, 두려워할 만한 강력한 사냥꾼이었으며 그의 가장 중요한 역할은 도시의 건축자였다(창 10:8-12).

도시 건축자이며 폭군인 니므롯과 관련해 우리 기억에 새로운 것은 그가 바벨탑을 건축하기에 이르렀다는 것이다(창 11:1-9). 바벨은, 고대 근동에 있던 다른 많은 도시와 마찬가지로, 성벽으로 둘러싸인 큰 성전이나 신전으로, 즉 신들의 왕국에 도달하기 위해 설계된 흙벽돌 계단식 탑이었다. 탑이 있어서 사람들은 신들에게 올라갈 수 있었으며 신들은 지상에 내려올 수 있었다. 비록 하늘에 이르고자 하는 이런 시도를 하나님이 정죄하시지는 않았지만, 우리는 그 안에서 자기 확대의 야망과 심화된 교만의 죄를 본다. 교만 때문에 이들은 강력한 탑을 쌓았던 것이다. "서로 말하되 자, 벽돌을 만들어 견고히 굽자 하고 이에 벽돌로 돌을 대신하며 역청으로 진흙을 대신하고 또 말하되 자, 성읍과 탑을 건설하여 그 탑 꼭대기를 하늘에 닿게 하여 우리 이름을 내고 온 지면에 흩어짐을 면하자 하였더니"(창 11:3-4).

그들이 원하는 게 무엇이었나? 명성이다. 그들이 두려워하는 게 무엇이었는가? 분산되어 땅에 흩어지는 것이었다. 그들이 세우려 했던 탑은 그들에게 거대해 보였지만, 창세기 기자는 그게 너무 작아서 하나님은 "그 성읍과 탑을 보려고 내려오셨더라"(창 11:5)라고 우리에게 웃으면서 말하는 듯하다. 하나님이 세상을 위해 의도하셨던 평화, 질서, 덕행의 도시와는 얼마나 다른 모습인가.[16]

하나님이 그 탑을 반대하신 것은 그것이 사람에게 "이후로는 그 하고자 하는 일을 막을 수 없으리로다"(창 11:6)라는 기대감을 갖게 할 것이기 때문이었다. 그들 앞서 살았던 아담과 하와처럼, 그들은 하나님 형상을 지닌 자로서 가진 창조적인 권능을 사용해 하나님의 목적을 그르치려 했다. 이 경우, 그들은 하나님이 문화 명령에서 명하셨던 것과 반대되는 것을 하려고 계획한 것이었다. 땅을 충만하게 채우는 대신에 그들은 한 장소에 모여서 살고자 했다. 하나님이 그들에게 주신 이름인 아담, 즉 "사람"(창 5:2)의 풍성함을 탐구하는 대신에, 그들은 자기 자신을 위해 명예를 얻으려고 했다.

하나님은 교만과 야망이 상도(常道)를 벗어나는 것을 보셨으며 이렇게 말씀하셨다. "자, 우리가 내려가서 거기서 그들의 언어를 혼잡하게 하여 그들이 서로 알아듣지 못하게 하자"(창 11:7). 그러자 "여호와께서 거기서 그들을 온 지면에 흩으셨으므로 그들이 그 도시를 건설하기를 그쳤더라 그러므로 그 이름을 바벨이라 하니 이는 여호와께서 거기서 온 땅의 언어를 혼잡하게 하셨음이니라 여호와께서 거기서 그들을 온 지면에 흩으셨더라"(창 11:8-9).

이 사람들은 원래 한 핏줄로서 모두 노아의 세 아들 후손이었다. 그러나 하나님이 바벨탑을 파괴하신 후 이 후손은 중동의 여러 지역으로 흩어졌다. 야벳의 후손은 서쪽으로 이동해 아나톨리아(터키)와 그리스로 갔고, 함의 후손은 남쪽으로 옮겨 아라비아와 이집트로 갔고, 셈의 자손은 동쪽에 그대로 머물러 오늘날 우리가 이라크로 알고 있는 곳에 정착했다. 창세기 10장에 나와 있는 이 세 가지 계보로부터, 우리는 고대 근동의 지파와 민족이 어디서 나뉘어졌는지를 발견할 수 있다.

우리는 이런 연구로부터 도시는 본질적으로 나쁘다고 결론을 내릴 마음이 들지 모르나, 그렇지는 않다. 하나님은 이스라엘에게 그들의 수도 예루살렘을 주셨으며 하나님 백성의 궁극적 거주지는 하늘로부터 내려오는 하나님의 거룩한 도성이다(계 21:2). "도시"라는 말의 개념은 악하지 않지만, 우리가 도시에서 갖게 될 수도 있는 교만은 하나님을 화나게 만든다(창 19:12-14). 우리는 하나님이 아니라 시민이 이룬 위업과 문화를 의미 있는 원천으로 간주할 때 죄를 저지른다. 브루스 월키는 창세기 11장을 분석하며 이렇게 결론지었다.

> 하나님으로부터 분리된 사회는 전적으로 불안정하다. 사람들은 존재적 의미와 안보를 그들의 집단적 단합에서 열렬히 구한다. 한편 그들은 다른 사람이 갖고 있는 것을 소비하고자 하는 만족할 줄 모르는 욕망을

갖고 있다. …… 인간 도시의 중심에는 자기 사랑과 하나님에 대한 증오가 있다. 도시는 사람의 영이 하늘에 있는 하나님의 보좌를 찬탈하기 전에는 그 어디서도 멈출 수 없다는 것을 드러낸다.[17]

하나님이 사람들을 흩으신 것이 형벌처럼 보일지 모르지만, 사실 그것은 구속의 수단이었다. 처음부터 하나님은 사람을 세상에 퍼뜨리려고 계획하셨다. "생육하고 번성하여 땅에 충만하라"(창 1:28). 탑이 무너진 다음 사람을 흩으심으로써 하나님은 다시 땅을 충만하게 하는 일을 하게 하셨다. 그래서 결국 오늘처럼 사람과 문화가 아름답게 늘어서게 된 것이다. 만일 사람이 악의적인 의도와 사회적 횡포만으로 탑을 완성했더라면, 그리하여 "이후로는 그 하고자 하는 일을 막을 수 없게" 됐더라면, 우리는 그들이 교만과 죄 속에서 일군 공포만을 상상할 수 있었을 것이다. 20세기와 21세기에 사람이 저지른 악의 규모는, 만일 하나님께 의존함 없이 모든 것이 가능했다면 사람이 무엇을 할 수 있겠는지를 짐작하게 한다. 도스토예프스키(Dostoevsky)가 말한 대로, "하나님과 미래의 삶이 없다면, 모든 것이 허용된 것이나 다름없다."[18] 가끔 하나님은 우리 고집을 꺾으실 텐데 이는 우리를 향한 그분의 긍휼이 너무 크기 때문이다.

바벨탑 사건에서 우리는 오늘날 우리가 하는 일에 대해 무엇을 배울 수 있는가? 건축자가 저지른 허물은 땅에 퍼져 땅을 충만케 하라는 하나님의 명령에 불순종한 것이다. 그들은 그들의 거주지에 모여 살았을 뿐 아니라 그들의 문화, 언어 및 조직도 한곳에 집중시켰다. 하나의 큰일("우리를 위해 이름을 내자")을 행하겠다는 야망에 그들은 하나님이 사람에게 부여하신 다양한 은사, 봉사, 활동, 기능과 힘써야 할 노력을 질식시켰다(고전 12:4-11). 사람이 공공선을 위해 함께 일하기를 하나님은 원하셨지만(창 2:18; 고전 12:7), 권한의 집중과 축적으로 그것을 성취하도록 우리를 창조하신 것은 아니었다. 그분은 왕에게 권력이 집중되는 것의 위험에 대해 경고하셨다(삼상 8:10-18). 하나님은 우리에게 하늘의 왕, 그리스도 우리 주를 보내 주셨다. 그분의 통치 아래서는 인간 개인, 조직, 정부에 큰 권력이 집중될 수 없다.

우리는 기독교 지도자와 기관이 유의해서 권한을 분산하며, 권한을 집중하는 대신에 조정, 공동 목표와 가치, 민주적인 의사결정을 선호하리라고 기대했다. 그러나 많은 경우에 크리스천 지도자들은 다른 방향으로 나아갔으며 목표는 그럴싸해 보였지만 폭군이나 권위주의자가 추구했던 것같이 권력 집중을 향해 나아갔다. 크리스천 입법자는 말은 경건과 도덕을 장려한다고 하지만 실상은 대중에게 더 큰 통제력을 행사하려고만 한다. 크리스천 사업가는 품질, 고객 서비스, 윤리적 행동을 고양시키겠다고 내세우지만 다른 이와 마찬가지로 독과점을 추구한다. 크리스천 교육자도 도덕적 표현, 친절, 건전한 교리를 주창할 의도라고 말하면서 정작 권위주의적인 교육자가 하는 것을 본받아 생각의 자유를 거의 추구하지 않는다.

겉으로 내세운 목표들은 다 칭찬할 만하지만, 바벨탑 사건은 신앙인이라 자처하는 우리도 종종 오도되어 위험스런 방향으로 나아간다는 것을 일깨워 준다. (하나님은 후에 이스라엘에 왕을 두는 것의 위험성을 경고하셨는데, 이런 행동도 그런 위험을 암시한다. 사무엘상 8장 10-18절을 보라.) 크리스천조차 죄와 씨름하는 세상에서 (인간의) 선한 지배에 대한 하나님의 생각은, 한 사람이나 하나의 기관, 정당, 운동에 그것을 집중시키기보다는 사람들, 권력, 권위 및 역량을 분산시키는 것처럼 보인다. 물론 어떤 상황에서는 한 사람이나 소수의 집단이 결정적으로 권한을 행사해야 할 경우가 있다. 조종사가 승객에게 투표를 해서 어느 활주로를 통해 착륙할 것인지 결정하게 한다면 항공 교통 관제관은 바보가 되어 버릴 것이다.

그러나 우리가 권력을 가진 위치에 있을 때, 하나님이 우리를 불러 우리가 전적으로 권력을 행사하는 대신 다른 사람에게 위임하고 권한을 나눠 주라는 경우가 생각보다 훨씬 더 많다. 권력을 위임하고 권한을 나누는 것은 혼란을 일으키고, 비효율적이며, 예측하기 어렵고, 위험하며, 불안만 불러일으킬 것처럼 보인다. 그러나 바로 그것이 하나님께서 많은 상황에서 크리스천 리더를 불러서 시키시는 일이다.

○

결론

성경의 처음 몇몇 장에서, 하나님은 세상을 창조하셨으며 우리를 세우셔서 그분과 연합해 창조를 이어가도록 하셨다. 하나님은 그분의 형상대로 우리를 만드셔서 지배권을 행사하고, 생육하고 번성하며, 그분이 공급해 주신 것을 받아들이며, 그분이나 다른 사람과의 관계 속에서 일하고, 그분의 창조의 한계를 따르도록 하셨다. 그분은 우리에게 자원, 능력, 공동체를 주셔서 이런 임무를 완수하도록 하셨으며 7일 중 6일 동안 일하는 모범을 보여 주셨다. 하나님은 우리에게 이런 것을 그분과 그분의 창조물을 향한 사랑 안에서 할 수 있게 자유를 주셨는데, 이는 그분이 우리를 위해 만드신 만물을 위해 일하지 않을 자유도 주신 것이었다. 우리가 영구적으로 손상을 입은 것은, 처음 사람이 하나님의 명을 어기고자 작심한 결과이며 사람들은 오늘에 이르기까지 계속적으로 크든 작든 불순종을 선택해 왔다. 결과적으로 우리 일은 덜 생산적이 됐고 더욱 고단해졌으며 만족감이 덜해졌다. 우리 인간관계와 일은 위축됐고 때로는 파괴적으로 변했다.

그럼에도 불구하고 하나님은 계속해서 우리를 부르셔서 일하게 하시며 우리를 준비시키시고 우리 필요를 공급해 주신다. 그리고 많은 사람은 선하고 창조적이고 성취적인 일을 할 기회를 얻어 그들의 필요를 해결하며, 번영하는 공동체를 이루는 데 기여한다.

타락은 에덴 동산에서 시작된 일을 보다 더 필수적이게 만들었을 뿐 그 반대는 아니었다. 비록 크리스천이 가끔 이를 오해하기도 하지만, 하나님은 인류의 타락 이후로 물질적인 세상에서 물러나시거나 그분의 관심을 영적인 것에만 국한하지 않으셨다. 어쨌든 물질적인 것과 영적인 것을 분리할 수는 없다. 일은 여전히 하나님의 선물이며, 일에 내재된 인간관계와 한계도 우리에게 주신 하나님의 선물이다. 비록 그것이 타락 이후의 존재의 상태에 의해 심각하게 손상됐다 하더라도 말이다.

동시에 하나님은 자기 창조물을 타락의 영향에서 구속하시기 위해 언제나 일하신다. 창세기 4-11장은 세상과 그 거주민에게 질서를 주고 또다시 질서를 주기 위해 하나님의 권능이 어떻게 역사하는지에 대한 이야기로 시작된다. 하나님은 창조된 세상의 주권자시며 살아 있는 만물과 사람의 주인이시다. 그분은 사람 속에 있는 자신의 형상을 계속해서 돌보신다. 그러나 하나님은 과도한 권력을 얻으려 하거나 하나님과의 관계를 자족(自足)으로 대체하려고 하는 인간적 노력이 "하나님과 같이 되도록"(창 3:5) 허용하지는 않으신다.

일을 하나님으로부터 받은 선물로 여기고 그분의 지시를 좇아 일하려고 최선을 다하는 노아 같은 사람은 일하는 중에 복과 풍성함을 경험한다. 권력을 쟁취하고 자기 노력으로 성공을 얻고자 하는 바벨탑 건축자 같은 이는 폭력과 좌절을 만날 것이다. 특히 그들의 일이 다른 사람을 해치는 것으로 변할 경우, 더욱 그럴 것이다. 창세기 11장까지 나오는 모든 인물처럼, 우리는 하나님과 함께 일할 것인지 아니면 그분을 거역하면서 일할 것인지를 선택해야 한다.

창조하신 만물을 구하기 위한 하나님의 일하심이 어떻게 전개될 것인지를 창세기에서 설명하지는 않지만, 우리는 궁극적으로는 피조물의 일을 포함해 모든 피조 세계가 하나님께서 태초부터 의도하셨던 대로 회복될 것이라는 점을 알고 또 믿는다.

/

02

창세기 12-50장 & 일의 신학

"약속을 따라 살고 일하다"

/

○

서론

창세기 12-50장에서는 아브라함과 사라 및 그 후손의 생활과 일에 대해 말한다. 하나님은 아브라함, 사라, 그들의 가족을 불러 고향을 떠나 하나님이 그들에게 보여 주실 새로운 나라로 가라고 말씀하셨다. 그와 더불어 하나님은 그들을 큰 민족으로 만들어 주겠다고 약속하셨다. "땅의 모든 족속이 너로 말미암아 복을 얻을 것이라"(창 12:3). 이 위대한 가족에 의해 축복을 받고 그들의 후손 예수 그리스도를 통해 믿음을 갖게 된 아브라함의 영적 후손인 우리도 그 믿음의 발자취를 따르도록 부름을 받은 것이다(롬 4:11; 갈 3:7, 29).

아브라함과 사라의 가족 이야기는 일로 가득 차 있다. 그들의 일은 고대 근동 지방에 살던 반유목민 일의 거의 모든 국면을 망라한다. 모든 면에서 그들은 '하나님의 언약을 성실히 준수하면서 어떻게 살고 일할 수 있는지'라는 중요한 문제에 직면해 있었다. 오늘날 우리처럼, 그들은 이 깨진 세계 한가운데서 생계를 해결하고 사회적 격변을 견디고 자녀를 안전하게 양육하면서도 하나님께 신실하려고 애썼다. 그들은 반복적으로 믿음 없음을 드러냈지만, 하나님은 그분의 약속에 신실하셔서 모든 상황에서 그들을 축복하신다는 것을 그들은 알게 됐다.

그러나 하나님이 그들과 언약을 맺으신 목적은, 이 적대적인 세상에서 단지 아브라함의 가족만 복 주시는 것이 아니었다. 하나님은 이들을 통해 전 세계에 복 주시고자 했다. 이런 임무는 아브라함 가족의 능력을 초월하는 것이었다. 그들은 자만, 자기중심, 무모함, 분노와 같이 타락한 사람이 빠지기 쉬운 모든 악에 거듭 빠졌다. 우리는 이런 면에서도 그들을 보면서 우리 자신을 발견한다. 그러나 하나님의 은혜로, 그들은 허물 많은 그들의 일을 통해 그 언약과 하나님 일에 신실할 수 있었으며 전 세계에 상상할 수 없는 복을 가져올 수 있었다. 그들처럼 우리 일도 우리 주변 사람에게 복을 가져올 것이다. 일하는 가운데 우리는 세상에서 펼치시는 하나님의 일에 참여하기 때문이다.

전체를 읽어 보면 창세기가 하나의 문학 작품임이 분명하지만, 두 부분으로 뚜렷하게 나뉜다. 앞부분(창 1-11장)은 하나님의 우주 창조를 다룬 후에 인류가 에덴 동산에 살던 최초의 부부에서 전 세계로 퍼져 나간 노아의 세 아들과 그들의 가족에 이르기까지 발전하게 된 과정을 다룬다. 이 부분은 음울한 장면으로 끝을 맺는다. 사람들이 전 세계로부터 한데 모여 이름을 내기 위해 한 도시를 건설했기 때문이다. 그 여파로 그들은 하나님의 심판을 받아 패배와 혼란, 흩어짐을 경험했다. 뒷부분(창 12-50장)은 특별한 사람 아브라함을 부르시는 주님의 음성과 함께 시작된다.[1] 하나님은 아브라함을 불러 고향과 친척을 떠나 새로운 생활과 땅을 찾으라고 하셨는데, 그는 그대로 했다. 창세기의 나머지 부분은 아브라함과 3대에 걸쳐 그의 후손의 생활을 기록하고 있는데, 그들은 그들의 조상 아브라함에게 주신 하나님의 약속이 성취되는 것을 경험하기 시작한다.

아브라함

창 12:1-25:11

▽ 창 12:1-3

바벨탑 건축자들 VS 신실한 아브라함

하나님은 아브라함을 불러 언약을 신실하게 준수할 것을 말씀하신다. 본토와 믿음이 없는 친척을 떠나 하나님의 부르심에 순종한 아브라함은, 창세기 11장 말미에 나오는 바처럼 메소포타미아에 살면서 바벨탑을 건축한 그의 먼 친척으로부터 분연히 갈라섰다. 12장에 나오는 아브라함의 직계 가족과 11장에 나오는 노아의 다른 후손은 다섯 가지 차이점이 있다.

첫째, 아브라함은 인간적 수단보다는 하나님의 인도하심을 신뢰했다. 그에 반해 바벨탑 건축자들은 자기 재능과 재간을 믿었으며, "꼭대기를 하늘에 닿게 하여"(창 11:4) 탑을 쌓을 수 있었고, 그것을 통해 명성과 안전을 성취할 수 있었으나 하나님의 권위를 찬탈하고 말았다.[2]

둘째, 바벨탑 건축자들은 그들 자신의 이름을 내려 했으나(창 11:4) 아브라함은 하나님께서 아브라함에게 큰 이름을 주시리라고 하신 그분의 약속을 신뢰했다(창 12:2). 차이는 위대함을 성취하려는 욕구 자체가 아니라 명성을 자기 방식으로 추구하려는 데 있었다. 하나님은 참으로 아브라함을 유명하게 해 주셨는데 아브라함을 위해서가 아니라 아브라함으로 말미암아 땅의 모든 족속이 복을 얻게 하려 함이었다(창 12:3). 바벨탑 건축자들은 자신을 위해 명성을 얻으려 했으나 그들은 오늘날까지 무명으로 남아 있다.

셋째, 아브라함은 하나님이 인도하시는 곳이라면 어디든 가려 했으나 바벨탑 건축자들은 그들이 익숙해진 곳에 모여 있으려 했다. 그들은 지면에 흩어질까 두려워서 일을 벌였으며(창 11:4), 그렇게 함으로써 그들은 "땅을 충만케 해야"(창 1:28) 할 인류를 위한 하나님의 목적을 저버렸다. 적대적인 것처럼 보이는 세계에 흩어져 사는 것은 너무 어려운 일이라고 걱정한 듯하다. 그들은 창조적이었으며 혁신적인 기술을 가지고 있었으나(창 11:3) "생육하고 번성하라"(창 1:28)라는 하나님의 목적을 온전히 받아들이지 않았다. 창조의 충만함에 동참하기를 두려워한 그들은 하나님의 인도와 은혜 대신에 인간적인 재간을 사용하기로 결정했다. 우리가 우리 힘으로 성취할 수 있는 것 이상을 추구하지 못할 때 우리의 열망은 무의미해진다.

하지만 하나님은 아브라함을 최초의 실업가로 만들어 주셨으며 새로운 땅에서 신선한 노력을 통해 늘 움직이도록 하셨다. 하나님은 그를 하란에서 불러내어 가나안 땅으로 가게 하셨는데, 거기서도 아브라함은 결코 고정된 장소에 정착하지 않았다. 아브라함은 "유리하는 아람 사람"(신 26:5)으로 알려졌다. 이런 생활양식은 본질적으로 하나님 중심적인 것이어서 명성, 안위, 성공과 관련해 아브라함은 하나님 말씀과 인도에 더욱 의존할 수밖에 없었을 것이다. 히브리서 11장 8절에서 말하듯, 그는 "갈 바를 알지 못하고 나갈" 수밖에 없었다.

일의 세계에서 신자는 근본적인 두 방향에서 대조를 이루고 있음을 인식하게 될 것이다. 모든 일에는 기획과 건설이 뒤따르게 마련이다. 불경건한 일은 자신 외에는 아무에게도 의존하지 않으려는 욕망에서 발생하는데, 이는 자신과 그 주변에 있는 소수에게만 유익을 끼칠 수 있을 뿐이다. 경건한 일은 기꺼이 하나님의 인도와 권위에 의존하려고 하며 전 세계 모든 이에게 축복을 전하고 싶어 한다.

넷째, 아브라함은 하나님께서 그를 인도해 새로운 관계를 맺도록 해 주시기 바랐으나, 바벨탑 건축자는 폐쇄적 성채(城砦) 안에 그들 자신을 유폐시키고자 했다. 아브라함은 그의 가족을 이끌어 큰 민족으로 성장시켜 주시겠다는 하나님의 약속(창 12:2; 15:5)을 신뢰했다. 비록 가나안 땅의 이방인 가운데서 살았으나(창 17:8), 그들은 주변에 있는 사람과 좋은 관계를 유지했다(창 21:22-34; 23:1-12). 이것은 공동체의 선물이었다. 여기서 일의 신학에 대한 또 다른 핵심 주제가 드러난다. 하나님의 설계는 사람들이 건전한 유대 관계 속에서 일하는 것이다.

마지막으로 아브라함은 인내의 축복을 받아 장기적인 안목을 갖게 됐다. 하나님의 약속은 아브라함 자신의 때가 아니라 아브라함 후손의 때에 이루어질 것이었다. 사도 바울은 그 "후손"을 예수님이라고 해석했는데(갈 3:19), 이는 천 년 이상의 세월이 흐른 후에 성취될 것임을 의미했다. 사실, 아브라함이 받은 약속은 그리스도의 재림 이후에야 완전히 성취된다(마 24:30-31). 그 성취는 분기 보고서로 보고될 수 있는 게 아니었다! 하지만 바벨탑 건축자는 그들의 사업이 미래 세대에 어떤 영향을 미칠 것인지에 대해 전혀 생각이 없었으며 하나님이 문제에 대해 그들을 분명하게 질책하셨다(창 11:6).

요컨대, 하나님은 아브라함에게 명성, 풍성한 결실, 좋은 관계를 약속하셨는데, 이것은 그와 그의 가족이 전 세계의 복이 될 것이며 때가 되면 그들 자신도 상상 이상으로 복을 받게 될 것임을(창 22:17) 의미했다. 다른 사람과는 달리 아브라함은 그런 것을 자기 힘으로 성취하려고 하는 시도는 아무리 해 봐야 헛되게 끝날 수밖에 없다는 것을 깨달았다. 그는 하나님을 신뢰했으며 매일 하나님의 인도와 공급하심을 의지해 살았다(창 22:8-14). 비록 이 약속이 창세기 안에서 완벽히 성취되지는 않았지만, 그것은 하나님과 하나님 백성 사이에서 언약의 단초가 됐으며 이를 통해서 세상의 구속이 그리스도의 날에 온전히 성취될 것이었다(빌 1:10).

하나님은 아브라함의 가족에게 새로운 땅을 약속하셨다. 땅을 사용하려면 여러 종류의 일이 필요하다. 따라서 땅이라는 선물은 일이 하나님의 필수 관심사항이라는 것을 반복적으로 일러 준다. 땅을 일구려면 목양 기술, 천막 제조술, 군사적 보호 기술, 다양한 재화와 용역 생산 기술을 가진 직업이 필요하다. 더욱이 아브라함의 후손은 인구가 많은 나라가 되어 그 수가 하늘의 별처럼 많게 될 것이었다. 그렇게 되려면 대인관계 개발, 출산과 육아, 정치, 외교, 행정, 교육, 의술 및 기타 사회적 직업의 일이 필요했을 것이다. 셋째, 그런 축복을 온 세상에 가져오기 위해서 하나님은 아브라함과 그의 후손을 불러 "내 앞에서 행하여 완전하라"(창 17:1)라고 명하셨다. 그러려면 예배, 구속, 제자화, 다른 종교적인 직업이 필요하다. 넷째, 요셉의 일은 기근을 대비해 해결책을 마련하는 것이었으며, 가끔 우리 일은 깨어진 심령을 치유하는 게 될 것이다. 이 모든 유형의 일과 거기에 종사하는 사람은 하나님의 권위와 인도, 공급하심 아래 움직인다.

▽ 창 12:4-7

아브라함 가족의 유목 생활

아브라함이 하란에 있는 고향을 떠나 가나안 땅을 향해 갈 때, 현대적 기준으로 보면 그의 가족은 이미 상당한 대가족이었을 것이다. 그의 아내 사라와 그의 조카 롯이 그와 동행했다. 일단의 사람과 소유물도 함께 나왔다(창 12:5). 게다가 아브라함은 이내 매우 부요하게 됐으며 은과 금은 물론 노비와 가축도 얻었다(창 12:16; 13:2). 그는 애굽에 머무는 동안에 바로에게 사람과 동물도 받았으며 귀금속은 상업적 거래의 결과물이었을 것이다. 이는 복을 주시는 궁극적인 분으로서의 여호와를 암시한다.[3] 아브라함과 롯이 모두 성공했다는 것은 땅의 목초지가 부족한 것을 두고 양가의 목자들이 서로 다투었다는 것을 보면 알 수 있다. 결국, 그 두 사람은 기업 활동을 유지하기 위해 서로 갈라섰다(창 13:11).

이 기간과 지역에 대한 인류학적 연구는 본문에 나오는 두 가정이 반유목과 농업을 혼합적으로 실시했음을 암시한다(창 13:5-12; 21:25-34; 26:17-33; 29:1-10; 37:12-17).[4] 이 가족들은 계절마다 이동해야 했으므로 가죽과 펠트와 모직으로 만든 천막 안에 거주했다. 그들이 소유한 재산은 나귀가 운반했으며 만일 재물이 많을 경우에는 낙타도 운반에 이용됐다. 사용 가능한 목초지와 물 사이에 최적의 균형을 이루려면 우수한 판단력이 필요했으며 기후와 지형을 잘 아는 것이 필요했다. 10월에서 3월에 이르는 우기에는 낮은 평지에서 방목이 가능했지만, 4월에서 9월에 이르는 고온 및 건기에는 목자들이 짐승 떼를 이끌고 푸른 초목과 흐르는 시내를 찾아 고지대로 향했다.[5] 목축만으로는 가족을 부양할 수 없었기 때문에, 지역 농업도 하면서, 정주 생활을 하는 지역 사람과 교역도 하는 게 필요했다.[6]

유목민은 양과 염소를 쳐서 우유와 고기(창 18:7-8; 27:9; 31:38), 양모, 가죽 등 다른 동물 제품을 얻었다. 나귀는 짐을 날랐으며(창 42:26) 낙타는 특히 장거리 여행에 적합했다(창 24:10, 64; 31:17). 이런 동물을 관리하는 데 필요한 기술은 방목과 물 공급, 분만시키기, 병든 짐승과 다친 짐승 돌보기, 포식자와 도적으로부터 동물 보호하기, 길 잃은 짐승 찾아내기 등이었을 것이다.

기후 변화 및 양 떼와 소 떼의 수가 늘어나는 것이 지역 경제에 영향을 미쳤을 것이다. 나약한 목자는 쉽게 쫓겨나거나 흡수되는 한편, 소유물이 늘어나서 더 많은 토지가 필요한 목자가 그들을 대신했을 것이다.[7] 목축에서 나오는 이윤은 소유자나 관리자를 위해 저축이나 투자로 적립되지 못하고 가족이 공유했다. 마찬가지로 기근으로 인한 고난의 영향도 모두에게 미쳤다. 물론 개인에게는 그들이 책임져야 할 것이 있고 그들의 행동에 대해서도 각자 책임을 져야 했지만, 가업의 공동체적인 성격은 개인 성취와 이윤의 상시적 증가를 일반적으로 기대하는 현대 문화와는 거리가 멀었다. 사회적 책임은 선택사항이 아니라 매일의 관심사였다.

이런 생활 방식에서는, 공유된 가치가 생존에 필수적이었다. 식구 또는 부족 구성원 간의 상호 의존성과 그들의 공동 조상에 대한 의식은 커다란 유대감을 형성했으며 그것을 파괴하려는 사람에 대해 극심한 적개심을 자아내기도 했다(창 34:25-31).[8] 지도자는 집단의 중지를 모아서 어디로 여행할 것이며 얼마나 오래 머물 것이며 짐승 떼를 어떻게 나눌 것인지와 관련해 건전한 결정을 내릴 수 있어야 했다.[9] 그들은 얼마간의 거리를 두고 짐승 떼를 치고 있는 목자와 교신하는 방도를 파악해야 했다(창 37:12-14). 방목지 및 수원지에 대한 권리와 관련해 불가피하게 발생하는 논쟁을 해결하기 위해 갈등을 해결하는 기교도 필요했다(창 26:19-22). 이동성이 큰 생활과 약탈자의 위협에 취약한 환경은 대접을 예의 이상의 것으로 만들었다. 일반적으로 다과, 식량 및 거처를 제공하는 것이 품위 있는 사람의 요건으로 간주됐다.[10]

족장 이야기에는 아브라함, 이삭, 야곱의 큰 재산에 대한 언급이 반복적으로 나온다(창 13:2; 26:13; 31:1). 목축업과 축산업은 훌륭한 일의 분야였으며 수익성이 좋은 일이었다. 아브라함의 가족은 매우 부요해졌다. 예를 들어, 오랜 시간이 지난 후 만난 형제 에서의 화를 누그러뜨리기 위해서 야곱은 그의 재산 중에서 550마리 이상의 동물을 선물로 선발했다. 암염소 200마리와 숫염소 20마리, 암양 200마리와 숫양 20마리, 암낙타 30마리와 그 새끼들, 젖소 40마리와 수소 10마리, 암나귀 20마리와 수나귀 10마리(창 32:13-15). 그러므로 야곱의 생애의 끝에 그가 아들들에게 축복을 전수(傳授)하면서 그의 조상의 하나님이 "나의 출생으로부터 지금까지 나를 기르신 하나님"(창 48:15)이라고 증거한 말은 적절했다. 부요가 종종 신앙에 유해할 것이라고 경고한 성경 구절이 많지만(렘 17:11; 합 2:5; 마 6:24), 아브라함의 경험은 하나님의 신실하심은 번영 속에서도 표출될 수 있음을 보여 준다. 그러나 앞으로 살펴보겠지만, 이것은 하나님 백성이 지속적으로 번영을 기대해도 좋다는 약속은 아니었다.

▽ 창 12:8-13:2

녹록지 않은 여정의 시작

아브라함의 초기 여행은 유망하지 못했다. 땅을 놓고 경쟁이 심했으며(창 12:6) 아브라함은 적합한 점령지를 찾아 오랜 세월을 허비했다(창 12:8-9). 결국 악화된 경제 여건 때문에 그는 온 가족을 이끌고 하나님이 약속하신 땅으로부터 아주 멀리 떨어진 애굽으로 가지 않을 수 없었다(창 12:10).

경제적 이유 때문에 애굽으로 이주한 아브라함은 자신의 취약한 처지를 걱정했다. 아브라함은 애굽 사람이 그를 살해하고 그의 아름다운 아내 사라를 취해 가지나 않을까 걱정했다. 이를 막으려고 아브라함은 사라에게 아내가 아니라 여동생이라고 둘러대라고 말했다.

아브라함이 예상했던 대로, 애굽에서 당시 최고 권력자였던 바로가 사라를 탐냈으며 그녀는 '바로의 궁으로 불려 들어갔다.' 그 결과로 '여호와는 바로와 그의 집에 큰 재앙을 내리셨다'(창 12:17). 바로가 다른 사람의 아내를 취했음을 깨달았을 때 바로는 사라를 아브라함에게 돌려보내고 즉시 그들에게 명하길 그 나라를 떠나라고 했다(창 12:18-19). 바로는 그들에게 양과 소, 암나귀와 수나귀, 여종과 남종뿐 아니라 낙타(창 12:16)와 은금까지 주었는데(창 13:2), 이는 아브라함의 부요(창 13:2)가 왕의 선물 덕분이기도 했다는 것을 보여 준다.[11]

이 사건은 빈부 격차로 인해 드러난 도덕적 곤경은 물론 그런 문제에 직면해 믿음을 잃을 뻔한 위험도 극적으로 보여 준다. 아브라함과 사라는 굶주림은 면했으나 외국에서 시민권이 없는 그들은 여전히 취약했다. 극심하게 가난하고 두렵다고 해서 경제적 생존을 위해 여성인 가족 구성원이 성적 관계에 빠지게 될 수 있다는 것을 상상하기 어렵겠으나, 오늘날에도 수백만의 사람이 이런 처지에 처해 있다. 하나님은 이 취약한 여인과 그녀의 가족으로부터 성적 호의를 받아들인 바로를 벌하셨다. 수치를 당하게 된 바로는 사라가 자발적으로 행동한 것처럼 보이게 만든 것에 대해 아브라함을 호되게 꾸짖었다. 그러나 하나님은 후에 또다시 비슷한 사건이 일어났을 때(창 20:7-17), 정죄보다 긍휼함을 보여 주셨다.

다른 한편으로 아브라함은 "내가 너로 큰 민족을 이루고"(창 12:2)라는 하나님의 약속을 직접 받은 자였다. 하나님이 약속을 지키실 것이라고 믿은 아브라함이 왜 그렇게도 빨리 실패하게 됐을까? 진정 생존 때문에 그가 왕들에게 거짓말을 하고, 자기 아내에게도 거짓말을 하게 해서 왕의 첩이 되도록 할 수밖에 없었을까? 아니면 하나님이 또 다른 길을 열어 주시고자 한 것이었을까? 아브라함은 두려움 때문에 하나님의 신실함에 대한 신뢰를 저버린 것 같다. 어려운 처지에 있는 사람은 종종 다른 방도가 없다고 느낀 나머지 그릇된 행동을 할 수밖에 없다고 스스로 설득한다. 하지만 어려운 선택을 앞두고 아무리 마음이 복잡하고 어렵다 해도, 어려운 선택은 선택의 여지가 전혀 없는 것과는 다르다.

▽ 창 13:3-18

조카 롯과 갈라서다

아브라함과 그의 가족이 가나안에 다시 들어가 벧엘 근처 지역으로 갔을 때, 아브라함의 짐승 떼와 조카 롯의 짐승 떼 사이에서 갈등이 일어나서 아브라함이 다른 땅으로 가는 선택을 한다. 결국 서로 갈라서게 됐으며 아브라함은 위험을 감수하고 조카 롯에게 먼저 선택하라고 했다. 가나안 중앙에 있는 등성이 땅은 바위가 많아서 목초지를 충분히 제공할 수 없었다. 롯이 눈을 들어 동쪽을 쳐다보니 요단강 근처 평야가 "여호와의 동산같이" 느껴졌다. 그래서 그 좋은 땅을 차지했다(창 13:10). 하나님을 신뢰하는 아브라함은 스스로 땅을 고르고자 안달하지 않았다. 아브라함과 롯이 장차 얼마나 번영할 것인지와는 상관없이, 아브라함이 롯에게 먼저 선택권을 줬다는 사실은 그의 너그러움을 나타냈으며 그와 롯 사이의 신뢰를 굳건하게 했다.

너그러움은 대인관계나 사업 관계에서 긍정적인 자질이다. 너그러움만큼 신뢰 관계를 확립하고 좋은 관계를 굳건히 하는 것도 없을 것이다. 동료, 고객, 공급자, 심지어 적도 너그러움에는 강렬하게 반응하며 오랫동안 그것을 기억할 것이다. 증오의 대상 세리장 삭개오는 예수님을 자기 집으로 영접해 들인 후 자기 소유의 절반을 가난한 사람에게 나눠 주겠으며 사취한 것이 있다면 4배나 상환하겠다고 약속했다. 그러자 예수님은 너그러움과 회개의 열매를 보고 그를 "아브라함의 자손"이라고 부르셨다(눅 19:9). 물론 삭개오는 그 당시 사람들과 다른 예수님의 차별 없는 관계적 너그러움에 반응한 것이었다.

▽ 창 18:1-15

너그러운 환대의 힘

마므레 상수리나무 근처로 찾아온 세 명의 나그네를 아브라함과 사라가 너그럽게 환대했다는 이야기는 창세기 18장에 나온다. 그 나라의 반유목 생활에서는 종종 모르는 가족 간에 접촉이 이뤄졌는데, 지리 특성상 가나안은 아시아와 아프리카 사이에서 선호하는 교역 통로가 됐다. 공식 접대 산업이 발달하지 않은지라 도시나 주거지에 정주하는 사람은 낯선 사람을 환대할 사회적 의무가 있었다. 구약 성경 및 다른 고대 근동 문서로부터 마태는 모범적 환대를 위한 일곱 가지의 행동 규범을 도출했다. 그것은 외부인을 받아들여 보호해 줌으로써 개인, 가족 및 공동체의 명예를 유지하게 하는 것이었다.[12] 주거지 근처에는 개인이나 마을이 환대를 보여야 할 구역이 마련되어 있었다.

1. 이 구역에서 마을 사람은 외지인을 환대할 책임이 있었다.
2. 환대를 받고 난 외지인은 잠재적인 위협이 되지 않고 협력자로 변할 수밖에 없었다.
3. 집안의 남자나 마을의 남자만이 그런 환대를 위해 초청할 수 있었다.

4. 초청에는 환대 기간에 대한 언급이 포함되는데, 이것은 양자가 합의하면 주인이 초청을 갱신할 경우 연장이 가능했다.
5. 방문객은 그에 대해 거부할 권한을 갖고 있지만, 이는 주인의 호의를 무시하는 처사로 받아들여져서 즉각 적대 행위나 갈등이 표출될 수도 있었다.
6. 일단 초청이 받아들여지면, 주인과 손님 역할은 관습법에 의해 규정된다. 손님은 아무것도 요청해서는 안 된다. 처음에 환대를 제의할 때 별것 없다고 말했다 할지라도 주인은 자기가 가진 것 중에서 가장 좋은 것을 제공할 것이다. 손님은 대접받은 것에 대해 즉시 새로운 소식, 행운에 대한 예언 또는 감사의 표현으로 화답해야 하며 주인의 너그러움과 명예를 칭찬해 줘야 한다. 주인은 손님에게 개인적인 질문을 해서는 안 되며, 손님이 자발적으로 언급할 수 있을 뿐이다.
7. 손님은 주인의 보호를 받으며 거하다가 주인의 의무 구역을 벗어나게 된다.

이런 이야기가 신약에 나오는 계명의 배경이 된다. “손님 대접하기를 잊지 말라 이로써 부지중에 천사들을 대접한 이들이 있었느니라”(히 13:2).

환대와 너그러움이 크리스천 사이에서 종종 평가절하된다. 그러나 성경은 천국을 너그럽고 풍성한 잔칫집으로 묘사한다(사 25:6-9; 마 22:2-4). 환대는 좋은 관계를 맺게 한다. 아브라함과 사라의 환대는, 함께 식사하는 것이 그 당시에 대인관계와 밀접히 연관되어 있음을 잘 보여 준다. 외부인은 함께 식사하며 교제 시간을 오래 가짐으로써 상대방을 더 깊이 이해할 수 있었다. 오늘날에도 마찬가지다. 사람들이 함께 먹을 것을 나누거나 오락이나 여홍을 즐길 때, 그들은 종종 상대방을 더 잘 이해하고 진가를 알게 된다. 보다 더 나은 업무 관계와 보다 더 효과적인 의사소통은 종종 환대의 열매가 된다.

아브라함과 사라 시대에, 환대는 대개 주인의 집에서 이뤄졌다. 오늘날 이것은 언제나 가능한 것도 아니고 바람직한 것도 아니다. 접대 산업이 발달해 아주 다양한 방식으로 환대가 이뤄지기 때문이다. 당신이 대접을 하고 싶은데 당신 집이 너무 좁다거나 요리 솜씨가 너무 볼품없다면, 당신은 손님을 모시고 식당이나 호텔로 가서 우정을 쌓고 관계를 돈독히 할 수 있을 것이다. 종업원이 당신을 도와줄 것이다. 더욱이 종업원은 자발적으로 사람을 즐겁게 하고 좋은 관계를 형성해 주고 쉴 곳을 제공하는 등 예수님이 포도주를 만드시고(요 2:1-11) 손님의 발을 씻겨 주시던(요 13:3-11) 때처럼 사람을 섬기기도 한다.

환대 산업은 GDP의 9퍼센트를 점하고 있으며 9800만 명의 사람을 고용하고 있다.[13] 거기에는 덜 숙련된 사람과 이주 노동자가 많이 포함되어 있는데, 이들은 교인 중에서 빠르게 늘어나는 집단이기도 하다. 한층 많은 이가 무급으로 환대 산업에 종사하며 다른 이를 사랑, 우정, 긍휼, 사회적 약속의 일환으로 환대하고 있다. 아브라함과 사라의 실례는 이 일이 하나님과 인류를 섬기는 데 아주 중요할 수 있다는 것을 보여 준다. 우리가 어떤 직업을 갖고 있든지 간에, 너그럽게 환대하도록 서로를 격려하는 것, 이보다 더 좋은 게 무엇이겠는가?

▽ 창 20:1-16; 21:22-34

자원과 권리를 사수해야 할 때를 분별하라

아브라함과 사라가 아비멜렉이 왕으로 있는 그랄에 들어갔을 때, 아비멜렉은 무심코 환대의 규칙을 어겼으며 그 보상으로 아브라함에게 원한다면 어디서든 자유롭게 방목할 수 있도록 권한을 줬다(창 20:1-16). 후에 아브라함이 원래 팠으나 아비멜렉의 종들이 빼앗은 우물을 두고 다툼이 발생했다(창 21:25). 상황을 알지 못한 채 불평하는 소리를 들은 아비멜렉은 아브라함이 발의한 협약서에 서약하고 승인했다. 그 우물에 대한 아브라함의 권리를 공적으로 인정한 맹약이었다. 그 지역에서 아브라함이 계속해서 기업 활동을 할 수 있는 맹약이었다(창 21:27-31).

다른 곳에서 우리는 아브라함이 그의 정당한 권리를 포기하는 모습을 봐 왔다(창 14:22-24). 그러나 여기서는 아브라함이 끈질기게 자기 권리를 주장했다. 21장 본문이 예배하는 것으로 끝난 것을 보면 아브라함은 다시는 믿음이 흔들리지 않은 듯하다(창 21:33). 따라서 그는 사업을 공개적으로 수행하고 적절한 법적 보호를 정당하게 이용하는 현명하고 열심히 일하는 사람의 모범이 됐다. 목축에서 물 공급은 꼭 필요했다. 아브라함은 물 없이는 동물, 일꾼과 가족을 지속적으로 공궤할 수 없었다. 그러므로 아브라함이 물에 대한 권리뿐 아니라 그 권리를 확보할 수단까지 사수한 것은 중요했다.

아브라함처럼 우리는 어떤 일을 하든지 간에 다른 사람의 유익을 위해 너그럽게 행동할 때와 자기 자신이나 자기 조직의 유익을 위해 자원과 권리를 주장해야 할 때를 분별해야 한다. 기계적인 답변으로 이끌 수 있는 일련의 규칙이나 규정은 없다. 모든 상황에서 우리는 하나님 자원의 청지기가 되어야 하지만, 하나님의 목적이 자원을 포기할 때 더 잘 달성될 것인지 아니면 그것을 보호할 때 그렇게 될 것인지가 늘 분명하지는 않을 것이다. 그 결정은 누가 옳으냐의 문제일 뿐만 아니라 그 결정이 우리 대인관계에 어떤 영향을 미칠 것인지의 문제이기도 하다.

아브라함의 실례는 우리가 잊어버리기 쉬운 면을 강조해 보여 준다. 앞서 나왔던 롯과 더불어 땅을 분배하는 문제의 경우, 아브라함이 흔쾌히 선택의 우선권을 양보했던 것은 장기적으로 볼 때 좋은 업무 관계를 위한 포석이기도 했다. 맹약 조건에 따라 우물에 대한 접근성을 요구한 지금의 경우에, 아브라함은 사업이 제대로 운영되기 위해 필요한 자원을 확보하고자 했다. 게다가 아브라함의 강력한 주장은 그와 아비멜렉의 관계를 개선했다. 이 분쟁은 처음 아비멜렉을 만났을 때 아브라함이 자기 입장을 주장하지 않았기 때문에 발생했다는 것을 기억하라(창 20:2).

▽ 창 23:1-20

사라를 위한 매장지를 사다

사라가 죽었을 때, 아브라함은 아내를 위한 매장지를 사기 위해 모범적인 협상을 진행했다. 그는 자신과 매도자의 필요를 다 감안하며 증인 면전에서 공개적으로, 정직하게 협상을 진행했다(창 23:10, 11, 12, 13, 16, 18). 문제의 재산을 분명하게 적시했으며(창 23:9) 아브라함이 그것을 매장지로 사용할 의도임을 수차례 언급했다(창 23:4, 6, 9, 11, 13, 15, 20). 협상을 위한 대화는 지극히 분명했으며, 사회적으로 적절했고, 투명했다. 대화는 사업이 공적으로 이뤄지던 성문 앞에서 진행됐다.

아브라함이 먼저 부동산 거래를 요청했다. 히타이트 사람(헷 족속)이 좋은 무덤을 무료로 제시했다. 이를 거부한 아브라함은 매장지로 쓰기에 적합한 동굴을 낀 벌판을 소유한 사람과 접촉하게 해 달라고 요청했다. 그 밭을 "충분한 대가"를 치르고 구매하겠다는 것이었다. 소유자인 에브론이 그 요청을 듣고는 그 땅을 선물로 주겠다고 말했다. 아브라함이 그 땅에 대한 권리를 영구히 가질 것은 아니었으므로, 그는 공손하게 시가를 제시했다. 거래 협상에서 늘 그랬듯이 짐짓 꾸미는(잠 20:14) 대신에, 아브라함은 즉시 에브론이 제시한 가격에 동의하고 "상인이 통용하는 은 사백 세겔을 달아"(창 23:16) 지불했다. 이 표현은 부동산 매매에서 통용되던 표준 은화에 따라 거래했다는 의미다.[14] 아브라함은 충분히 부요해서 깎을 필요가 없었거나 땅과 더불어 다른 사람의 호의도 사고자 했을 것이다. 게다가 아브라함은 그 땅의 매매나 그에 대한 권리와 관련해 발생할 어떤 의문도 미연에 방지하고자 했다. 결국 그는 동굴과 나무가 포함된 그 땅에 대한 권리 증서를 받았다(창 23:17-20). 그것은 사라의 매장지로 귀중하게 쓰였으며 후에 아브라함의 매장지가 됐고 나중에는 이삭, 리브가 및 야곱과 레아의 매장지도 됐다.

이 문제와 관련해 아브라함의 행동은 정직과 뛰어난 투명성, 뛰어난 사업적 통찰력의 핵심 가치를 모범적으로 보여 줬다. 아브라함은 애통해할 뿐 아니라 아내의 시신을 잘 돌봄으로써 아내의 존엄성을 지켰다. 그는 그 땅에서 자기 위치를 알았을 뿐 아니라 장기적인 거주민을 존중하며 대했다. 또 사업을 공개적으로 정직하게 행하며 증인을 세우기도 했다. 아브라함은 자기 의사를 분명하게 전달했으며 협상 과정에 민감했고 그 땅을 선물로 주겠다는 제안을 정중히 거절했다. 아브라함은 합의된 금액을 신속히 지불했다. 그리고 그 땅을 그가 애초에 얘기했던 목적대로만 사용했다. 아브라함은 관련된 모든 이와 더불어 좋은 관계를 유지할 수 있었다.

이삭

창 21:1-35:29

이삭은 위대한 아버지의 아들이자 위대한 아들의 아버지였지만, 정작 자신에 대한 기록은 잡다했다. 지속적으로 창세기는 아브라함을 걸출한 인물로 묘사했지만, 이삭의 인생은 동떨어져서 아브라함과 야곱 이야기에 딸린 부록 정도로 취급된다. 이삭의 인생을 그린 부분은 두 가지로 나뉜다. 극히 긍정적인 부분과 부정적인 부분인데, 각각에서 일에 대한 교훈을 도출할 수 있다.

긍정적인 측면에서 말하면, 이삭의 삶은 하나님이 주신 선물이었다. 아브라함과 사라는 그를 소중히 여겼으며 그들의 믿음과 가치관을 그에게 전수해 줬다. 하나님은 아브라함에게 주신 약속을 그에게 재차 하셨다. 아브라함이 이삭을 희생 제물로 드리려 할 때 이삭이 보여 준 믿음과 순종은 본보기가 될 만한 것이었다. 이삭은 그의 아버지가 그에게 한 말을 진실로 믿었음에 틀림없다. "아들아 번제할 어린 양은 하나님이 자기를 위하여 친히 준비하시리라"(창 22:8).

생애 대부분, 이삭은 아브라함의 발자취를 좇았다. 아브라함과 동일한 믿음을 가졌던 이삭은 잉태하지 못하던 아내 리브가를 위해 기도했다(창 25:21). 아브라함이 사라를 고귀하게 장사 지냈던 것처럼, 이삭과 이스마엘은 함께 아버지 아브라함을 장사 지냈다(창 25:9). 이삭이 농업과 목축으로 성공하자 지역민은 그를 시기한 나머지 그에게 다른 데로 이사 가라고 요구했다(창 26:12-16). 이삭이 아브라함 당시에 팠던 우물을 다시 파자, 그랄 사람과 물에 대한 소유권을 두고 다툼이 벌어졌다(창 26:17-21). 아브라함처럼, 이삭은 서로를 공정하게 대우하기로 아비멜렉과 맹세하고 합의했다(창 26:26-31). 히브리서 기록에 의하면, 이삭은 믿음으로 장막에 거했으며 야곱과 에서를 축복했다(히 11:8-10, 20). 요컨대 이삭은 커다란 가업과 엄청난 부요를 상속받았던 것이다. 그의 아버지처럼, 이삭도 그것을 감춰두지 않고 하나님이 맡기신 역할을 충실히 수행해 그 복을 모든 민족에게 전했다.

이런 사건을 보면, 이삭은 책임감 있는 아들이었다. 그는 그의 유능하고 경건한 아버지의 훌륭한 본을 따라 가정을 이끌고 가업을 관리하는 법을 배웠다. 부지런히 후계자를 준비시키고 오래 지속될 가치관을 확립한 아브라함의 근면은 다시 한 번 그의 사업에 복이 되었다. 이삭이 100세가 되자 이제는 그가 후계자를 지명하고 가정의 축복을 전해 줄 차례가 됐다. 비록 그는 이후로 80년을 더 살았지만, 이런 축복의 증여는 창세기에 기록된 이삭의 마지막 의미 있는 임무였다. 그러나 애석하게도 이삭은 이 임무를 달성하지 못했다. 하나님의 계획을 따르는 대신에 이삭은 그의 쌍둥이 아들에 관해 그의 아내에게 주신 하나님의 말씀, 즉 통상적인 관습과 달리 장자 에서가 아니라 동생인 야곱이 집안의 우두머리가 되리라는 예언을 망각했다(창 25:23). 리브가와 야곱은 하나님의 목적을 이루기 위해 이삭을 다시 본 궤도로 돌리는 영리한 계책을 마련했다.

가업을 이어받았다는 것은 가정의 기본 구조가 손상되지 않았다는 것을 의미한다. 이것을 확보하는 것이 아버지의 직무였다. 오늘날 대부분의 사람에게는 생소한, 두 가지 관습이 이삭의 가정에는 두드러졌으니 바로 장자권(창 25:31)과 축복(창 27:4)이었다. 장자권은 물자와 땅 등 아버지 재산의 큰 몫을 유산으로 물려받을 권한이었다. 가끔 장자권이 다른 사람에게 넘어가기도 했지만, 대개 그것은 맏아들의 차지였다. 관련법은 변했지만, 그것은 고대 근동 문화에서 안정적으로 전해 내려온 특징으로 보인다.

아버지의 축복은 하나님이 허락하신 번영과 가정의 리더십 승계를 위한 기도였다. 에서는 장자권을 포기하더라도 여전히 축복을 받을 수 있을 것이라고 믿었는데 이는 그릇된 믿음이었다(히 12:16-17). 야곱은 그 두 가지가 분리될 수 없다는 점을 인식했다. 그 두 가지를 모두 소유한 야곱은 가족의 유산을 경제적 및 사회적 견지에서뿐 아니라 믿음의 견지에서도 이어갈 권리가 있다고 생각했다. 창세기에서 펼쳐지는 구도의 중심은 이 축복인데, 이것은 하나님이 아브라함에게 하신 언약을 받는 것은 물론 그것을 다음 세대에게 물려주는 것도 포함했다.

이삭은 가족 공동체의 필요보다 자신의 위안을 더 앞세웠기 때문에 야곱의 장자권 승계와 축복에 반대했던 것이다. 그가 에서를 선호한 것은 사냥꾼 에서가 잡아오는 야생 짐승의 살코기 때문이었다. 이삭은 에서가 장자권을 한 그릇 식사보다 귀히 여기지 않았다는 것을 알았다. 이는 에서가 가업을 이끌 만한 사람이 못 되고 그런 직책에 관심도 없다는 것을 의미한다. 그러나 이삭은 장자권을 에서에게 물려주고 싶어 했다. 그런 개인적 상황은 이삭의 그런 행동이 비난을 불러일으킬 것임을 이삭은 미리 알고 있었음을 시사한다. 이 이야기의 유일한 긍정적 측면은 그가 실수로 야곱에게 전해 준 하나님의 축복이 변개 불가하다는 것을 이삭은 믿음으로 인식했다는 점이다. 너그럽게도, 히브리서의 필자는 이 내용을 기억했다. "믿음으로 이삭은 장차 있을 일에 대하여 야곱과 에서에게 축복하였으며"(히 11:20). 이삭의 의도적인 배임 행위에도 불구하고 하나님은 이삭을 뽑아 축복을 이어가게 하셨으며 고집스럽게도 그를 통해 그분의 뜻을 관철하셨다.

이삭처럼 우리도 자신의 사적인 관점에 너무 깊이 몰입하면 심각한 심판을 초래할 수 있다. 개인적 위안, 선입견, 사적인 이해관계에 이끌려

보다 크고 중대한 우리 일을 간과할 수 있다. 칭찬, 경제적 안정, 갈등 회피, 부적절한 관계, 단기적인 보상 또는 기타 개인적인 유익의 추구가 우리의 약점이 될 수 있는데, 이는 하나님의 목적을 성취하기 위한 우리 일과 배치될 수 있다. 개인적인 요인이 개입될 수도 있고 조직적인 요인이 개입될 수도 있다.

개인적인 차원에서는, 에서를 향해 가졌던 이삭의 편집적 성향이 오늘날에도 반복될 수 있다. 그리하여 그 일이 인식되든 안 되든 간에, 권한을 가진 자가 편견에 기초해 사람을 승진시킬 수 있다. 조직적인 차원에서도, 여전히 여러 기관의 지도자가 후계자 및 부하를 장기적이고 조화롭고 책임성 있는 방식으로 키우기보다는 제멋대로 사람을 채용하고, 해고하며, 승진시키는 일이 자주 발생한다. 그런 권력 남용이 개인적이든 조직적이든 간에, 더 잘하려고 작심하거나 조직 흐름을 바꾸려고 하는 것만으로는 효과적인 해법에 도달할 수 없다. 오히려 개인과 조직이 하나님 은혜를 통해 변화되어 참으로 중요한 것을 개인적인 유익보다 앞세워야 할 것이다.

야곱

창 25:19-49:33

아브라함, 이삭, 야곱이라는 이름이 종종 함께 나오는데, 그들 모두가 하나님으로부터 언약을 받았고 동일한 믿음을 공유했기 때문이다. 그러나 야곱은 그의 조부 아브라함과 크게 달랐다. 언제나 간교했던 야곱은 그의 생애 대부분을 그의 야만적 힘과 잔꾀에 의지해 살았다. 자주 갈등을 초래했던 야곱은 정욕에 이끌려 자기가 원하던 것을 취하고자 했다. 이런 투쟁은 참으로 힘든 일이었다. 결국 야곱은 존재의 분수령에 도달하게 됐는데, 한 불가사의한 사람과 더불어 씨름하는 동안 야곱은 하나님을 대면했다(창 32:24, 30). 자신의 연약함 가운데 야곱은 믿음으로 하나님의 축복을 간구했고, 마침내 은혜를 받고 변화됐다.

목자였던 야곱의 직업은 일의 신학에서 관심사다. 이간질과 화해 사이를 왔다 갔다 했던 그의 생활에 비춰 보면, 그 의미가 더해진다. 아브라함이 행했던 일들은 그가 하나님과의 관계에서 감지했던 목적과 뗄 수 없는 일부였다. 그 사실은 야곱에게도 적용됐으며, 그 교훈은 우리에게도 유효하다.

▽ 창 25:19-34; 26:34-28:9

에서의 장자권과 축복을 비윤리적으로 취하다

비록 야곱을 이삭의 후계자로 삼는 것이 하나님의 계획이긴 했지만(창 25:23), 리브가와 야곱이 속여서 그 계획을 탈취함으로써 그 가족은 심각한 위험에 처했다. 하나님을 신뢰하지 못하고 미래를 공고히 하려고 그들이 가족 구성원을 비윤리적으로 대하자 결과적으로 가족 간에 뿌리 깊은 소원함이 장기간 지속됐다. 하나님의 언약은 받아들여야 하는 것이지 탈취할 수 있는 것은 아니었다. 그 언약은 다른 사람을 위해서 사용해야지 감춰서는 안 됐다. 이 점을 야곱이 간과한 것이다. 야곱이 그의 형제 에서와는 달리 믿음을 갖고 있었지만, 야곱은 그가 귀중히 여기던 권리를 확보할 때 자기 능력을 의지했다. 야곱은 에서의 배고픔을 이용해서 그의 장자권을 사 들였다(창 25:29-34). 야곱이 장자권을 귀히 여긴 것은 좋았으나 자기가 장자권을 얻을 것에 대해서는 크게 불신했다. 특히 야곱의 행동을 보면 그랬다. 그의 어머니 리브가의 조언을 따라, 야곱은 그의 아버지를 속였다. 리브가 역시 그릇된 방식으로 올바른 것을 좇았다. 야곱이 가족을 떠나 도망자가 된 건 그의 행동이 악취 나는 것이었음을 방증한다.

야곱은 하나님 언약을 오랫동안 진실로 믿었지만, 하나님이 그 언약을 자신을 위해 이루실 것은 확신하지 못했다. 성숙한 믿음의 사람은 자기 힘으로 해결하려 하지 않는다. 용감하고 기민하게 내린 결정이 성공을 가져왔을 경우 그 효과는 당연히 칭찬해 줘야 할 것이다. 그러나 다른 사람을 착취하거나 속여서 얻은 이익은 잘못된 것이다. 비윤리적인 방식 자체가 그릇됐다는 사실은 차치하더라도, 그런 방식을 이용한 사람은 근본적으로 두려움을 갖게 될 것이다. 야곱이 자기 유익을 위해 무자비하게 몰아붙였다는 것은 한편으로는 그가 두려움 때문에 하나님의 변화시키는 은혜에 얼마나 저항했는지를 보여 준다. 상황을 이용해서 자기 유익을 추구하려는 우리 성향은, 하나님의 약속을 믿게 되기까지는 사그라들지 않을 것이다. 동기의 순수성과 관련해 우리는 자기 자신까지 속일 수 있다는 것을 언제나 인식해야 한다.

▽ 창 30-31장

큰 재산을 모은 야곱

에서로부터 도망친 야곱은 결국 그의 외삼촌인 라반의 가족 농장에 도착했다. 야곱은 라반을 위해 21년 동안 죽도록 일했는데, 그 기간에 라반은 야곱에게 약속한 것을 연속으로 어겼다. 그럼에도 불구하고 야곱은 라반의 두 딸과 결혼하게 됐으며 가정을 일구었다. 야곱은 집으로 돌아가기를 원했으나 라반은 계속 머무르면서 일해 달라고 설득하는 한편 "네 품삯을 정하라 내가 그것을 주리라"라고 약속했다(창 30:28). 분명히 야곱은 훌륭한 일꾼이었으며 라반은 야곱이 한 일로 복을 받았다.

이 시기에 야곱은 목축을 배웠으며 이 기술을 사용해서 라반에게 앙갚음을 했다. 목축 기술을 통해 그는 라반의 비용으로 큰 재산을 모을 수 있었다. 그러다 결국 라반의 아들이 "야곱이 우리 아버지의 소유를 다 빼앗고 우리 아버지의 소유로 말미암아 이 모든 재물을 모았다"라고 불평하기에 이르렀다(창 31:1-2). 야곱은 그를 대하는 라반의 태도가 전과 같지 않음을 느꼈다. 그러나 야곱은 그 재산은 하나님이 주신 선물이라고 주장하면서 이렇게 말했다. "우리 아버지의 하나님, 아브라함의 하나님 곧 이삭이 경외하는 이가 나와 함께 계시지 아니하셨더라면 외삼촌께서 이제 나를 빈손으로 돌려보내셨으리이다"(창 31:42).

야곱은 자기가 라반에게 푸대접을 받았다고 느꼈다. 야곱이 에서를 착취했던 것과 유사한 방식의 교활한 반응과 책략은 또 다른 원수를 만들어 냈다. 야곱의 삶에서 반복되는 모습이었다. 모든 것이 공평한 듯이 보였고 외면적으로는 그가 하나님께 신임을 받은 듯했지만, 그는 자신의 책략을 가지고 행동했던 것이다. 우리는 이 점에서 야곱의 믿음이 순수했다는 것을 인식하기 어렵다. 히브리서에서 야곱을 믿음의 사람이라고 일컬은 것은 삶의 후반기에 나타난 그의 행동을 보고 말한 것뿐이다(히 11:21).

▽ 창 32-33장

야곱의 변화, 에서와의 화해

장인과의 갈등이 증폭되고 가업이 분리되어 두 사람이 전보다 덜 우호적이 되자, 야곱은 라반을 떠났다. 나쁜 책략으로 수년 전에 입지를 확보한 그는, 이제 소원했던 형제 에서와의 협상을 통해 자기 지위를 합법화할 기회를 찾았다. 야곱은 그 협상이 쉽지 않으리라고 예상했다. 에서가 무장한 사람 400명을 이끌고 온다는 소식을 듣고 두려워한 나머지 야곱은 자기 가족과 가축을 두 떼로 나눠서 일부라도 생존할 수 있게 했다. 그는 화해하기 위해 엄청난 가축 떼를 선물로 앞서 보내면서 에서의 마음을 누그러뜨리려 했다.

그러나 그날 밤 만남의 장소에 도착하기 전, 불시에 한 사람이 책략가 야곱을 덮쳤다. 하나님이 친히 전사의 모습으로 그를 공격했다. 야곱은 밤새 더불어 씨름했다. 하나님은 예배와 신앙의 하나님이 되실 뿐 아니라 일과 가업의 하나님도 되시며, 야곱처럼 약삭빠른 수완으로 형세를 역전시킬 분이 아니시다. 그분은 기회를 이용해 야곱의 환도뼈를 영구적으로 부러뜨리셨으나, 야곱은 연약함에도 불구하고 하나님이 축복하기 전에는 절대로 포기하지 않겠다고 말했다.

이 사건은 야곱의 생애에 전환점이 됐다. 그는 사람들과 수년 동안 다퉈 왔는데 그러는 중에 그는 하나님과도 다투고 있었다. 여기서 마지막으로, 그는 하나님을 만나 씨름하는 중에 축복을 받았다. 야곱은 "이스라엘"이라는 새로운 이름을 받았으며 그가 하나님을 대면해 만났다는 사실을 기념하기 위해 그 지역 이름까지 고쳤다(창 32:30). 그날 아침 얼마 안 있어 에서와 만났는데 한때 불길하게 여겼던 그 만남이 야곱의 두려움을 가장 즐거운 방식으로 없앴다. 에서는 달려가 야곱을 얼싸안았다. 야곱이 선물을 받으라고 고집스럽게 말했지만 에서는 정중히 거절했다. 변화된 야곱은 에서에게 이렇게 말했다. "내가 형님의 얼굴을 뵈온즉 하나님의 얼굴을 본 것 같사오며"(창 33:10).

야곱과 씨름하던 인물의 모호한 정체는 이 이야기의 의도적인 구성이었다. 그것은 하나님과 사람 양쪽과 씨름하는 야곱의 분리할 수 없는 요소를 조명했다. 야곱은 우리 믿음의 핵심 진리를 모범적으로 보여 줬다. 하나님과의 관계는 사람과의 관계와 연계되어 있다. 하나님과 우리가 화해하는 것은 우리와 다른 사람과의 화해를 가능하게 한다. 마찬가지로 인간과 화해할 때 우리는 하나님을 더 잘 보고 알게 된다. 화해하는 일은 가족, 친구, 교회, 회사, 심지어는 집단과 나라에도 적용된다. 그리스도만이 우리의 평화가 될 수 있으나 우리는 그것을 전할 그분의 대사다. 하나님이 아브라함에게 하신 처음 약속으로부터 나온 이 복은 전 세계에 미친다.

요셉

창 37:2-50:26

하나님이 아브라함을 부르실 때마다 핵심적인 약속을 주셨다는 점을 기억하라(창 12:2-3). 첫째, 하나님은 그의 후손을 번성시켜 큰 민족을 이뤄 주시겠다고 말씀하셨다. 둘째, 하나님은 그를 축복하실 것이다. 셋째, 하나님은 아브라함의 이름을 크게 만드실 것이라고 하셨는데, 이는 아브라함이 그의 명성에 걸맞은 사람이 될 것이라는 의미였다. 넷째, 아브라함은 다른 사람에게 복이 될 것이다. 이 마지막 항목은 미래의 아브라함의 후손과 그 울타리 너머의 사람들, 즉 지상의 모든 족속에 대한 것이었다. 하나님은 아브라함을 축복하는 사람을 축복하실 것이고 그를 저주하는 사람을 저주하실 것이다. 창세기에서는 이 약속이 아브라함의 후손인 이삭, 야곱 및 야곱의 아들 등 선택받은 계보를 통해 부분적으로 성취될 것이다.

그들 모두 중에서 요셉은 아브라함의 자손을 통해 열국을 축복하실 것이라는 약속을 하나님이 직접 성취하실 때 사용한 사람이었다. 참으로 "온 세상" 사람이 요셉이 경영한 식량 제도에 의해 유지됐다(창 41:57). 요셉은 이 사명을 알았으며 삶을 하나님 의도에 맞게 살았다. "많은 백성의 생명을 구원하는" 것이 바로 그가 받은 사명이었다(창 50:20).

▽ 창 37:2-36

형제에게 거부당하고 종으로 팔린 세월

어릴 적부터 요셉은 하나님이 위대한 일을 위해 자신을 지명했다고 믿었다. 꿈속에서 하나님은 요셉에게 그가 부모와 형제들을 지도하는 위치에 오르게 될 것이라고 말씀하셨다(창 37:5-11). 요셉은 이 꿈이 자기 야망이 아니라 하나님의 축복을 나타내는 것이라고 믿었다. 하지만 그의 형제들은 그 꿈이 요셉이 아버지의 총애받는 아들로서 부당하게 누리던 특권을 더욱 드러내는 것이라고 생각했다(창 37:3-4). 우리가 옳다고 확신한다고 해도 우리는 동일한 견해를 갖지 못한 다른 사람에게 공감을 사지 못할 수도 있다. 좋은 지도자는 시기보다는 협력을 이끌어 내려고 애쓴다. 요셉은 이 점을 인식하지 못했고, 형제들과 심한 불화를 겪었다. 그를 살해하려고 모의했던 그의 형제는 가나안에서 애굽으로 물자를 실어 나르던 대상(隊商)에게 요셉을 팔기로 결론내렸다. 그러자 그 장사치들은 요셉을 애굽 왕 "바로의 신하"이자 "친위대장"인 보디발에게 팔아버렸다(창 37:36; 39:1).

▽ 창 39:1-20

보디발 아내의 계략, 투옥당한 요셉

보디발 밑에서 요셉이 맡은 일은 신임을 받은 노예로서의 책임이었다. 처음에는 요셉이 주인의 집 "안"에만 있었다. 그가 무슨 자격으로 일했는지를 우리는 알 수 없지만, 보디발은 요셉의 전반적인 능력을 알아보고는 승진시켜 그를 개인 비서로 삼는 한편 자기 소유를 다 요셉의 손에 위탁했다(창 39:4).

얼마 후에 보디발의 아내가 요셉에게 성(性)적인 관심을 보였다(창 39:7). 요셉은 그녀의 요구를 단호하고 합리적인 방식으로 거절했다. 그는 보디발이 그에게 보여 준 폭넓은 신뢰를 상기시키면서 그녀가 꾀하는 관계를 도덕적이고 종교적인 용어로 "큰 악"이고 "하나님께 죄"라고 묘사했다(창 39:9). 그는 사회적 및 신학적 차원에 민감했다. 더 나아가 요셉은 반복해서 반대 의사를 표시했으며 그녀 앞에 있는 것조차 거부했다. 강제로 끌려간 요셉은 굴복하기보다는 반쯤 벗은 몸으로 도망쳤다.

이 여인의 성적 괴롭힘은 요셉에게 불리한 권력 관계에서 발생했다. 그녀는 요셉을 이런 식으로 압박할 힘과 권한이 있다고 믿었으나, 그녀의 말과 접촉은 분명히 달갑지 않은 것이었다. 요셉은 일하기 위해 그녀가 거주하는 집 안에 있을 수밖에 없었다. 허나 그는 주인을 불러 보디발 아내의 행위를 보게 할 수는 없었다. 그렇게 되면 주인의 혼인 관계가 파탄 날 것이기 때문이다. 도망가다가 거짓된 고소로 감옥에 갇힌 뒤 요셉은 법에 의지하지 않은 듯하다.

이 이야기는 오늘날 직장에서 발생하는 성적 괴롭힘 문제를 세밀히 묘사한다. 부적절한 언어와 신체적 접촉이 무엇인지에 대해 사람마다 다른 기준을 갖고 있지만, 힘 있는 자의 변덕스런 행동이 실제로는 종종 먹혀 들어간다. 잠재적인 괴롭힘을 상사에게 종종 보고해야겠지만, 그들은 그렇게 하기를 꺼린다. 보복당할 위험을 잘 알기 때문이다. 이 문제를 해결하기 위해 괴롭힌 내용을 문서로 남길 수 있겠지만, 사건이 드러날 경우 도리어 피해자가 고통을 당할 수도 있을 것이다. 요셉의 경건함은 그를 거짓 고소와 투옥으로부터 구해 내지 못했다. 만일 우리가 비슷한 처지에 있다 하더라도, 우리의 거룩함이 우리가 상처를 받지 않고 피할 수 있을 것이라는 보장이 되지 못할 것이다.

그러나 요셉은 보디발의 아내와 그 집에 사는 사람들에게 유익한 교훈을 남겼다. 우리가 여호와께 속했다는 것과 그분은 연약한 자를 지키신다는 것을 안다면, 궁지에 몰려서도 포기하지 않고 맞서 나아가는 데 분명 도움이 될 것이다. 이 이야기는 직장 내 성희롱에 맞서는 것이 치명적인 결과를 가져올 수도 있다는 것을 인식케 하는 현실적인 사건이다. 허나 이것은 동시에 하나님의 은혜로 선이 결국은 이길 것을 기대하게 하는 이야기이기도 하다. 요셉은 우리에게 좋은 모범을 보여 줬다. 그러므로 우리가 거짓으로 고소를 당하고 그릇된 대우를 받을 때도 우리는 하나님이 맡겨 주신 일을 계속 수행하며 하나님이 바른 길로 마무리 지어 주실 때까지 기다려야 한다.

▽ 창 39:20-40:23

감옥에서 꿈을 해몽하다

요셉의 감옥 생활은 여호와의 임재, 간수의 호의 및 요셉의 승진 등으로 특징지어진다(창 39:20b-23). 감옥에서 요셉은 감금되어 있던 바로의 신하 두 명을 만났는데 그들은 술 맡은 관원장과 떡 굽는 관원장이었다. 여러 애굽 문서에 의하면, 술 맡은 관원장은 술의 품질을 시험하고 독이 들었는지 검사할 뿐 아니라 정치 권력자와 가까이 지내기도 했다. 그들은 종종 왕의 친구가 되기도 했으며 지혜로움으로 인해 소중히 여김을 받기도 했다(느 2:1-4).[15] 술 맡은 관원장처럼, 떡 굽는 관원장도 신뢰받는 신하로서 정부 내 최고위 관리와 무시로 상통했으며 음식 마련 이상의 임무를 수행하기도 했을 것이다.[16] 감옥에 갇힌 요셉은 이 왕실 관리들을 위해 꿈을 해석해 줬다.

꿈 해석은 고대 세계에서 박식한 일로서, 꿈과 그 의미가 망라된 기술적 "꿈 해석서"를 가지고 푸는 것이었다. 과거의 꿈과 그에 대한 해석의 진상에 대한 기록은 해석자의 예측을 지원해 줄 경험적 증거를 제공했다.[17] 하지만 이런 전통을 교육 받은 적이 없는 요셉은 하나님이 해석을 보여 주셨다고 했는데 결국은 그것이 진실임이 밝혀졌다(창 40:8). 그 후 술 맡은 관원장은 그의 이전 직책을 회복했으나, 그는 요셉을 잊어버리고 말았다.

이 이야기 속에 담긴 역학은 오늘날에도 존재한다. 우리는 우리가 이르지 못할 곳까지 오른 다른 이의 성공을 돕는 것에 투자할 수 있을지 모르지만, 우리의 유용성이 다하면 폐기 처분될 뿐이다. 이 말은 그런 일은 아무 유익이 없기 때문에 우리 자신의 지위와 승진에 초점을 맞추는 게 더 나을 것이라는 의미인가? 나아가, 요셉은 감옥에서 그 두 관원장의 이야기를 독립적으로 검증할 길이 없었다. "송사에서는 먼저 온 사람의 말이 바른 것 같으나 그의 상대자가 와서 밝히느니라"(잠 18:17). 하지만 판결이 내려지고 나면, 어떤 죄수라도 자기 무죄를 항변할 수 있다.

다른 사람에 대한 우리 투자가 결국 어떻게 우리나 우리 조직을 이롭게 할 수 있을 것인가에 의심을 품을 수 있다. 우리는 우리가 돕는 사람의 성격과 동기를 궁금하게 생각할 수 있다. 우리는 후에 그들이 하는 행동을 보며, 그것이 우리에게 어떻게 반영될지에 대해 찬성하지 않을 수도 있다. 보통 이런 문제는 다양하고 복잡하다. 그래서 기도와 분별력을 필요로 하지만, 그것이 우리를 마비시킬 것인가? 사도 바울은 이렇게 썼다. "우리는 기회 있는 대로 모든 이에게 착한 일을 하되 더욱 믿음의 가정들에게 할지니라"(갈 6:10). 만일 우리가 하나님을 위해 일하겠다는 다짐으로 시작한다면, 선행을 실천해 나가기가 더 쉬울 것이다. "하나님을 사랑하는 자 곧 그의 뜻대로 부르심을 입은 자들에게는 모든 것이 합력하여 선을 이루느니라"라고 믿기 때문이다(롬 8:28).

▽ 창 41:1-45

요셉을 승격시킨 바로 왕

이태가 더 지나자 요셉에게 비참한 감옥에서 벗어날 기회가 주어졌다. 바로가 혼란스러운 꿈을 꾸었는데, 술 맡은 관원장이 감옥에 갇힌 젊은 히브리 사람을 기억했던 것이다. 암소와 이삭에 대한 바로의 꿈은 그의 가장 빼어난 술사도 당황케 만들었다. 요셉은 꿈을 해석하는 것은 하나님의 능력이라고 증거했으며 그는 계시를 중개하는 역할만 할 뿐이라고 말했다(창 41:16). 바로 앞에서 요셉은 그의 민족에게만 적용되던 하나님의 언약적 이름을 사용하지 않았다. 대신 그는 일관되게 하나님을 보다 더 일반적인 용어인 "엘로힘"으로 지칭했다. 그렇게 함으로써 요셉은 불필요하게 거부감을 조성하지 않았으니, 이는 바로가 하나님이 꿈의 의미를 알려 주셨다고 인정한 사실을 봐서도 알 수 있다(창 41:39). 직장에서 신자가 종종 천박한 태도로 그들의 성공이 하나님 때문이라고 주장함으로써 사람들로부터 멀어지게 될 수 있다. 요셉은 바로에게 인상 깊게 행동한 나머지 사람들이 믿을 수 있는 방식으로 하나님의 일하심을 공(公)적으로 보여 줄 수 있었다.

하나님이 요셉과 함께하시는 것이 너무나 명백한지라, 바로는 요셉을 애굽의 제2인자로 삼았으며, 특히 요셉으로 하여금 다가올 기근을 준비하도록 했다(창 41:37-45). 아브라함에게 하신 하나님 말씀이 열매를 맺고 있었다. "너를 축복하는 자에게는 내가 복을 내리고 너를 저주하는 자에게는 내가 저주하리니 땅의 모든 족속이 너로 말미암아 복을 얻을 것이라 하신지라"(창 12:3). 요셉처럼 우리도 우리 앞에 닥친 도전을 헤치고 나갈 힘이 없음을 고백하고 성공을 위한 해결책은 하나님께 있다고 말할 때, 우리는 대중의 갈채에 종종 따라오는 '자만'에 강력한 방벽(防壁)을 칠 수 있을 것이다.

요셉의 승진은 그에게 대단한 지도력을 갖추게 했다. 바로의 인장 반지와 금 목걸이, 고위직에 맞는 훌륭한 복장(세마포 옷), 공식적인 운송수단(버금 수레), 새로운 애굽식 이름(사브낫바네아), 상류층 출신의 애굽인 아내 등이 그것이었다(창 41:41-45). 만일 히브리인의 유산을 저버리고자 하는 유혹을 받았다면, 바로 이런 것이었을 것이다. 하나님은 우리가 실패와 패배를 이길 수 있도록 우리를 도우실 것이다. 하지만 우리에게 그분의 도우심이 한층 필요한 때는 우리가 성공했을 때다. 본문은 지위가 높아진 뒤 요셉이 얼마나 경건한 방식으로 처신했는가를 수차례 보여 준다. 그중 하나가 요셉이 승진에 대비했다는 것과 관련된다.

요셉이 아버지 야곱의 집에서 살 때 하나님은 그에게 지도자가 될 꿈을 주셨는데, 그로 인해 요셉은 자신에게 하나님이 뜻하신 목적과 사명이 있으며 이를 결코 잊을 수 없다고 확신하게 됐다. 요셉은 기본적으로 사람을 신뢰했다. 그는 시기심 많은 형제에게 전혀 앙심을 품지 않았으며, 자신을 금세 잊어버린 술 맡은 관원장에 대해서도 그랬던 듯하다. 바로가 그를 승진시키기 전, 요셉은 여호와께서 그와 함께하시는 것을 알았으며 그것을 입증할 증거도 갖고 있었다. 반복적으로 하나님 덕분이라고 말한 것은 잘한 일이었을 뿐 아니라, 그의 은사는 여호와로부터 온 것이라고 요셉 스스로 확신하게 했다. 요셉은 예의 바르고 겸손했으며 바로와 애굽 사람을 돕기 위해 무슨 일이라도 할 의사가 있었다. 애굽 사람에게 돈이나 가축이 남지 않아 온 애굽이 굶주릴 때도 요셉은 애굽 사람과 바로의 신뢰를 얻었다(창 41:55). 총리로서 시무하던 그의 여생 동안 요셉은 다른 사람의 행복과 유익을 위해 효과적인 관리를 하고자 변함없이 진력했다.

여기까지의 요셉 이야기는, 깨어진 이 세계에서 우리 기도에 대한 하나님의 응답이 반드시 신속하게 주어지는 것만은 아니라는 점을 상기시킨다. 요셉의 형제들이 요셉을 노예로 팔았을 때 요셉은 17세 소년이었다(창 37:2). 13년의 세월이 흘러 30세가 됐을 때 비로소 그는 종살이에서 해방됐다(창 41:46).

▽ 창 41:46-57; 47:13-26

식량 위기를 성공적으로 관리하다

장기적인 농업 정책 및 기반구조를 만들다 창 41:46-57

요셉은 바로가 그에게 맡긴 일에 즉시 착수했다. 요셉의 우선적인 관심사는 총리라는 나라의 수장으로서 새로 얻은 그의 직책으로 개인적인 이득을 보는 게 아니라 다른 사람을 위해 직임을 감당하는 것이었다. 그는 하나님께 대한 믿음을 간직하고 있었으며, 하나님께서 그의 정서적 고통을 치유해 주셨고 그를 번성케 하셨다는 의미의 이름을 자녀에게 지어 줬다(창 41:51-52). 요셉은 자기 지혜와 분별력은 하나님이 주신 선물임을 인정했지만, 애굽의 땅과 특히 농업에 대해 배울 게 여전히 많다는 현실도 인정했다. 총리인 요셉의 일은 나라 살림의 거의 모든 분야를 망라했다. 직책상 그는 입법, 통신, 협상, 운송, 안전하고 효율적인 식량 저장 방법, 건축, 경제 전략 및 예측, 기록 보관, 급여 지급, 통화 및 물물교환을 통한 거래 성립, 인적 자원, 부동산 취득에 대해서 많이 배워야 했다. 하나님 및 사람과 관련된 그의 특별한 능력이 별도의 영역에서 작동하지는 않았다. 요셉의 비범성은 하나님이 주신 선물과 습득한 능력을 효과적으로 통합하는 것이었다. 요셉에게는 이 모든 것이 경건한 일이었다.

바로는 이미 요셉을 "명철하고 지혜 있는" 사람으로 여겼으며(창 41:39) 이런 특징 때문에 요셉은 전략적 기획과 행정 일을 감당할 수 있었다. "지혜 있는"과 "지혜"에 해당하는 히브리 단어 'hakham[하캄]'과 'hokhmah[호크마]'는 높은 수준의 정신적 통찰력을 의미하기도 하지만, 다양한 실용적 기술에 사용되기도 한다. 여기에는 목각, 보석, 철에 대한 숙련 기술(출 31:3-5; 35:31-33), 재봉술(출 28:3; 35:26, 35), 행정 기술(신 34:9; 대하 1:10), 법적 정의(왕상 3:28)가 포함된다. 이런 기술은 비신자 가운데서도 발견된다. 그러나 성경에 나오는 지혜로운 이들은 이스라엘을 통해 만국에게 하나님의 길을 보여 주고자 하시는 하나님으로부터 특별한 복을 받은 사람들이었다(신 4:6).

첫 번째 행동으로서 "요셉이 …… 애굽 온 땅을 순찰"(창 41:46)했다. 그는 농민, 지형과 농토 조건, 작물, 도로, 운송수단에 대해 잘 알아야 했다. 요셉이 이 모든 일을 개인 차원에서 감당할 수는 없었을 것이다. 그는 농림부나 국세청 같은 훈련 기관을 설립하고 감독해야 했다. 7년의 풍년 기간 동안 요셉은 도성 안에 곡식을 저장해 놓았고(창 41:48-49), 이어서 닥친 7년의 흉년 동안에 요셉은 애굽 사람과 넓게 퍼진 기근으로 고통당하는 사람에게 곡식을 분배해 줬다. 이 모든 일을 발의하고 실시하는 한편 전제 군주제의 정치 음모에서 살아남으려면 특출한 재능이 필요했다.

애굽 사람을 빈곤에서 구해 내다 창 47:13-26

사람들에게 돈이 떨어지자 요셉은 그들로 하여금 가축을 식량과 맞바꾸도록 허용했다. 이 계획은 1년간 지속됐는데, 이 기간 동안 요셉은 말, 양, 염소, 소, 나귀를 모아들였다(창 47:15-17). 그는 이 동물의 가치를 판정해 공평한 교환 체계를 확립했다. 식량이 결핍되면 사람들이 자신과 사랑하는 사람의 생존을 극히 염려하게 된다. 식량 배급을 실시하되 사람을 공평하게 대우하는 것은 행정에서 매우 중요한 일이다.

모든 가축을 팔아 버린 후에 사람들은 자진해서 그들 자신을 바로에게 노예로 팔 뿐 아니라 토지 소유권도 그에게 넘기려 했다(창 47:18-21). 지도자의 관점에서, 이것은 지켜보기 끔찍한 일이었다. 요셉은 그 사람들로 하여금 땅을 팔고 노예 생활로 들어가도록 허락했지만, 그들의 무력함을 기회 삼아 그들을 착취하지 않았다. 요셉은 그들 재산의 가치를 제대로 쳐서 씨 뿌릴 종자와 교환해 주도록 했다(창 47:23). 그는 수확의 20퍼센트를 바로에게 되돌리도록 하는 영속적인 법을 제정했다. 그 후 사람들이 그 법을 따르는지 감시하며 준수하도록 하는 체제를 확립했으며 그 수익을 관리하는 부서를 만들기도 했다. 이 모든 일에서 요셉은 제사장 가족은 땅을 팔지 않아도 되게 해 주었다. 왜냐하면 바로가 그들에게 고정적으로 일정한 식량을 주어서 그들의 필요를 충분히 해결해 줬기 때문이다(창 47:22, 26). 이 특수 집단을 다루는 일은 결과적으로 그들만을 위해 마련된 소규모의 독특한 분배 체계를 갖도록 했을 것이다.

빈곤과 그 결과는 경제적인 현실이다. 우리의 첫 번째 임무는 그런 결과가 없어지도록 돕는 것이지만, 하나님 나라가 임하기 전에는 완전한 성공을 기대하기 어려울 것이다. 신자에게 사람들이 어려운 선택을 해야 하는 상황을 제거할 힘은 없지만, 우리는 사람들이나 우리 자신이 대처할 수 있도록 그들을 지원할 방도를 찾을 수 있다. 두 가지 악 중에서 작은 악을 선택하는 게 필요할 것이나, 정서적으로 황폐한 일이 될 수 있다. 일하는 중에 우리는 어려운 사람에게 동정하면서도 우리가 속한 조직의 선에 대한 책임을 느낌으로 긴장을 경험할 수 있다. 요셉은 이런 어려운 임무에서 하나님의 인도를 경험했다. 우리 또한 “내가 결코 너희를 버리지 아니하고 너희를 떠나지 아니하리라"(히 13:5)라는 하나님의 약속을 받았다.

다행히 하나님이 주신 기술과 지혜를 사용해서 요셉은 성공적으로 애굽을 이끌고 재난을 통과할 수 있었다. 7년간의 풍년이 닥쳤을 때 요셉은 비축 제도를 만들어서 곡식을 저장했다가 다가올 가뭄 기간에 사용했다. 7년 가뭄이 닥쳤을 때 "요셉은 창고를 열고" 충분한 식량을 풀어 나라로 하여금 기근을 넘기게 했다. 요셉의 현명한 전략과 효과적인 계획 집행은 애굽으로 하여금 기근 동안에 전 세계에 곡식을 공급할 수 있게 했다(창 41:57). 이 경우에 하나님은 아브라함의 후손이 전 세계에 축복이 될 것이라고 하신 약속을 이방 나라의 유익을 위해서 성취하셨을 뿐 아니라 한 이방 나라, 즉 애굽의 산업으로 성취하셨다.

사실상 이스라엘 사람에 대한 하나님의 축복은 이방인에 대한 축복을 통해서, 그 축복 이후에야 이뤄졌다. 하나님은 이스라엘 땅에서 한 이스라엘 사람을 일으켜서 기근 중에 이스라엘을 구제하도록 하지 않으셨다. 대신 애굽 정부를 위해 일하던 요셉이 이스라엘 사람의 필요를 공급할 수 있게 만드셨다(창 47:11-12). 그렇지만 우리는 요셉을 이상화해서는 안 된다. 종종 억압적이 되던 당시 애굽 사회에서 관리 노릇을 한 요셉은 그 권력 구조의 일부가 됐으며, 셀 수 없이 많은 사람에게 노예 생활을 강요했다(창 47:21).

요셉의 행정 경험에서 배우기 창 41:46-57; 47:13-26

창세기에서 요셉이 식량 위기를 관리한 일에 갖는 관심은 효과적인 관리 원칙의 개발보다는 이스라엘 가족에게 미친 영향이 더 크게 표출됐다. 그럼에도 불구하고 요셉의 비상한 지도력은 충분히 오늘날 지도자를 위한 실례로 볼 수 있다. 우리는 요셉의 일로부터 몇 가지 실제 원리를 도출해 낼 수 있다.

1. 당신이 임무를 시작할 때 존재하는 상황에 가능한 한 익숙해지도록 하라.
2. 미래에 대해 분별력을 얻어서 현명한 계획을 세울 수 있도록 기도하라.
3. 먼저 자신을 하나님께 의탁한 후에 그분이 당신 계획을 지도하고 성취하실 것이라고 기대하라.
4. 하나님이 당신에게 주신 선물을 감사함으로, 적절하게 인정하라.
5. 비록 다른 사람이 당신 생활 속에서 하나님의 임재와 당신이 갖고 있는 특별한 재능을 인식한다고 해도, 존경을 받으려고 이기적으로 애쓰면서 그 사실을 널리 알리지 말라.
6. 당신의 직무를 감당하는 법과 훌륭하게 완수하는 법에 대해 스스로 깨달아 알도록 하라.
7. 당신이 축복이 될 수 있는 곳에 하나님이 당신을 갖다 놓으신 줄 알았다면, 다른 사람에게 실질적인 선이 되는 일을 추구하라.
8. 모든 거래에서 공평하게 행하라. 특히 상황이 어렵고 문제투성이일 경우에 그리 하라.
9. 비록 당신의 모범적인 근무 때문에 당신이 유명하게 될 수 있을지라도, 하나님의 종인 당신의 근본 사명을 기억하라. 당신 삶의 목적은 자신을 위해 무엇을 얻을 수 있는지에 있는 게 아니다.
10. 사회가 필요로 하는 무수한 유형의 고귀한 일이 갖는 경건함을 귀중히 여기라.
11. 당신 노력의 결실을 그것을 참으로 필요로 하는 사람에게 너그러운 마음으로 가능한 한 널리 펼치되, 생각 속에서라도 그들에게 차별을

두지 말라.

12. 하나님이 당신을 조건이 특히 까다로운 업무 분야로 이끌 수도 있다는 사실을 받아들이라. 그렇다고 그것이 뭔가 심각하게 잘못됐다거나 당신이 하나님 뜻에서 벗어났다는 것을 의미하는 건 아니다.
13. 하나님께서 당신이 그 임무에 맞도록 해 주실 것이라고 생각하고 용기를 내라.
14. 때때로, 매우 달갑지 않지만 피할 수 없는 두 상황에서 보다 더 낫다고 여기는 쪽을 선택해야 한다는 사실을 받아들이라.
15. 당신이 하는 일이 매일 보고 만나는 사람들에게 유익할 뿐 아니라 향후 여러 세대에 영향을 미칠 수도 있다는 것을 믿으라. 하나님은 우리가 구하거나 상상하는 것보다 훨씬 더 큰 것을 충분히 성취하실 수 있다(엡 3:20).

▽ 창 42-43장

요셉과 형제들 사이의 거래

한창 위기가 심각할 즈음에 극심한 기근이 가나안 땅에도 덮치자 요셉의 형제들이 식량을 구하려고 애굽으로 왔다. 그들은 요셉을 알아보지 못했고 요셉도 자신을 그들에게 드러내지 않았다. 요셉은 형제들과 대화할 때 주로 상업적 언어를 사용했다. "은"(keseph)이라는 단어가 42-45장에서 20번이나 나오며 "곡식"(sheber)이라는 말은 19번 등장한다. 이 상품의 거래를 둘러싸고 그들의 개인적 역학 관계가 뒤얽혀 있었다.

이때 요셉의 행동은 아주 기민했다. 첫째, 그는 자기 정체를 형제들에게 숨겼는데, 이는 (창세기 27장 35절에 나오는 야곱의 경우처럼) 노골적인 책략의 수준까지 미치지는 않았다 해도 덜 솔직한 것은 분명했다. 둘째, 요셉은 알려진 죄과를 들어 그 형제들을 심하게 나무랐다(창 42:7, 9, 14, 16; 44:3-5). 요컨대, 요셉은 신뢰할 수 없다고 판단된 집단을 자기 권한을 이용해서 꾸짖었는데 그들이 이전에 요셉을 학대했기 때문이었다.[18] 요셉의 동기는 형제들의 현재 성품을 파악하고자 함이었다. 그는 20년도 더 전에 형제들에게 크게 고통을 당했기 때문에 그들의 말, 행동, 가족에 대한 약속을 믿지 못할 이유는 충분했다.

요셉의 방식은 사기에 가까운 것이었다. 그는 매우 중요한 정보를 숨기면서 갖가지 방식으로 사건을 조작했다. 요셉은 어려운 심문을 수행하는 형사처럼 행동했다. 그는 완전히 투명하게 진행해서는 그들로부터 신뢰할 만한 정보를 얻을 수 없을 것이라고 예상했다. 이런 책략에 대한 성경적 개념은 '기민함'(Shrewdness)이다. 기민함은 선을 위해서 행사할 수도 있고 악을 위해서 행사할 수도 있다. 한편에서 보면 뱀이 "들짐승 중에 가장 기민[the Shrewdest]"(창 3:1, NLT)하여 극악한 목적을 위해 기민한 방법을 사용했다. 그러나 기민함에 대한 히브리어, 'ormah[오르마]' 및 그 동족어는 "good judgement"(좋은 판단), "prudence"(신중함), "clever"(영리함)로 번역되기도 하므로(잠 12:23; 13:16; 14:8; 22:3; 27:12-개역개정은 모두 "슬기로운"으로 번역했다-편집자 주), 적대적인 상황에서도 가능한 한 경건한 일을 추진하는 데 이 단어가 사용될 수도 있음을 나타낸다. 예수님도 제자들에게 "뱀같이 기민하고 비둘기같이 순결하라"라고 타이르셨다(마 10:16, NLT). 성경은 고상한 목적을 추구하기 위한 기민함을 종종 칭찬한다(잠 1:4; 8:5, 12).

요셉의 기민함은 형제들의 정직성을 테스트하기 위한 목적이었다. 형제들은 요셉이 남 모르게 자루 속에 넣어 뒀던 은을 되돌려 줬다(창 43:20-21). 그가 막내 동생 베냐민을 너그럽게 대함으로 그들을 추가로 시험했을 때, 그들은 자기들이 요셉을 노예로 팔았을 때와 같은 원한 관계에 빠지지는 않게 될 것임을 알게 됐다.

요셉의 행동을 보고 우리가 하나님의 편에 서 있다고 생각하는 것이 언제나 책략을 정당화해 준다고 주장한다면 이는 피상적인 판단이 될 것이다. 그러나 오랫동안 하나님을 섬기면서 고난을 당한 요셉은 그의 형제들보다는 상황을 깊이 이해했다. 그들을 큰 민족으로 만들어 주시겠다는 하나님의 약속은 미해결 상태에 빠진 듯이 보였다. 요셉은 그들을 구원하는 것이 그의 인간적 권한에 달린 게 아니라는 것을 알았기 때문에 하나님이 주신 권위과 지혜를 사용해서 그들을 돕고 섬겼다.

두 가지 중요한 요인이 요셉을 차별화했다. 첫째, 요셉은 이런 상황을 이용해서 자기 유익을 취하지 않았다. 그는 하나님께 복받은 자이며 그의 행동은 다른 사람에게 복이 되는 일에만 기여했다. 그들이 생존을 위해서는 무슨 일이든 할 것이라는 점을 알았기에 그는 형제들의 절망적인 곤경을 이용해 앙심을 품고 더 많은 은을 요구할 수도 있었다. 둘째, 요셉의 행동은 그가 복을 전해 줄 수 있었기에 필요한 것이었다. 만일 그가 자기 형제들을 보다 더 공개적으로 대했다면, 그런 식으로는 그들의 신뢰성을 시험할 수 없었을 것이다.

▽ 창 44:1-45:15

하나님의 사람으로 변화된 유다

요셉이 그의 형제를 시험한 이야기 마지막 부분에서 요셉은 베냐민에게 가상의 죄를 뒤집어 씌워서 베냐민을 종으로 추포했다. 요셉은 형제들에게 베냐민을 놔둔 채 집에 있는 야곱에게로 돌아가라고 요구했다(창 44:17). 그러자 유다가 집안의 대변인으로 나섰다. 무엇이 그로 하여금 나서서 이런 역할을 떠맡게 했을까? 유다는 가나안 여인과 결혼함으로써 가족과의 신의를 저버렸으며(창 38:2) 그가 키운 아들 중 둘은 너무 사악해 여호와께서 죽이셨다(창 38:7, 10). 유다는 며느리를 창녀 취급했고(창 38:24), 자기 형제를 종으로 팔자는 계획을 구상한 사람이었다(창 37:27).

그러나 유다가 요셉에게 한 말은 그가 변화됐다는 것을 보여 줬다. 유다는 가족이 경험하고 있는 가슴 아픈 배고픔, 베냐민에 대한 아버지의 꺼지지 않는 사랑, 야곱이 슬픔으로 인해 죽을까 염려되어 베냐민을 반드시 데리고 집으로 돌아오겠다고 아버지에게 한 약속 등을 얘기하며 예상치 못한 연민의 정을 내비쳤다. 그리고 마침내는 베냐민 대신에 자기가 갇히겠다고 제안했다! 그는 베냐민을 집에 있는 아버지에게로 돌려보내 주기만 한다면 평생 애굽에 머물며 총리의 종이 되겠노라고 간청했다(창 44:33-34).

유다의 변화를 본 요셉은 하나님이 의도하신 대로 그들을 축복했다. 그는 그들에게 진실을 다 공개했다. "내가 바로 요셉입니다!" 요셉은 결국 그의 형제가 신뢰할 만하다는 것을 인식한 듯했다. 우리를 착취하고 속이려는 사람을 대할 때 우리는 조심스럽게 처신해야 하며 예수님이 제자들에게 명하신 대로 뱀같이 지혜롭고 비둘기같이 순결해야 한다(마 10:16). 어떤 사람이 말한 대로, "신뢰는 신뢰할 만한 품성을 필요로 한다." 요셉이 그의 형제와 나눈 대화를 통한 모든 계획은 종국에는 이리 됐으니, 곧 요셉은 그들과 올바른 관계를 맺을 수 있게 됐다. 그는 겁에 질린 형제를 달래면서 온 애굽을 책임지도록 하기 위해 자신을 먼저 보내신 하나님의 일에 대해 설명했다(창 45:8). 브루스 월키는 요셉과 그 형제간의 상호관계가 갖는 중요성을 다음과 같이 설명했다.

> 이 장면은 화해의 구조를 드러낸다. 이것은 어려움에 처한 가족 구성원

> 에 대한 변치 않는 애정을 나타낸다. 심지어 그 식구가 죄를 지은 것처럼 보일지라도 말이다. 죄와 그 결과에 대해 모조리 자백함으로써 하나님께 영광을 돌린다. 편애를 눈감아 주고, 다른 사람을 구하기 위해 자신을 제물로 바치며, 신뢰받는 상황을 만들기 위해 자기를 희생함으로써 진실한 사랑을 보여 주고, 친밀함을 위해 통제권과 지식의 힘을 저버리며, 깊은 연민과 다정함과 민감하게 반응하고 용서하는 마음을 품으며, 서로 더불어 얘기를 나누는 것이다. 비록 역기능이 있었지만 이런 덕목을 받아들이는 가족이라면 장차 전 세계에 빛이 될 것이다.[19]

하나님은 흠이 많은 사람을 통해서 그분의 축복을 전 세계에 전하실 능력이 아주 충분하시다. 그러나 우리는 우리 악한 행위를 끊임없이 회개하며 하나님께로 돌아와 변화를 받아야 한다. 비록 우리가 이생에서 완벽하게 우리의 실수, 연약함, 죄를 제거하지 못한다 해도 말이다.

이스라엘 주변 사회의 가치관에 반해, 하나님의 백성 가운데서는 지도자가 다른 사람의 죄를 위해 흔쾌히 자기 자신을 희생하는 것이 지도자의 표상으로 인식됐다. 이스라엘이 금송아지 사건과 관련해 죄를 지었을 때 모세가 그것을 보여 줬다. 그는 이렇게 기도했다. "슬프도소이다 이 백성이 자기들을 위하여 금신을 만들었사오니 큰 죄를 범하였나이다 그러나 이제 그들의 죄를 사하시옵소서 그렇지 아니하시오면 원하건대 주께서 기록하신 책에서 내 이름을 지워 버려 주옵소서"(출 32:31-32). 다윗도 여호와의 사자가 백성을 치는 것을 봤을 때 그렇게 했다. 그는 이렇게 기도했다. "나는 범죄하였고 악을 행하였거니와 이 양 무리는 무엇을 행하였나이까 청하건대 주의 손으로 나와 내 아버지의 집을 치소서"(삼하 24:17). 유다 지파의 사자인 예수님도 이렇게 말씀하신 적이 있다. "아버지께서 나를 사랑하시느니라 이를 내게서 빼앗는 자가 있는 것이 아니라 내가 스스로 버리노라"(요 10:17-18).

▽ 창 45:16-47:12

야곱의 가족, 애굽으로 이주하다

요셉과 바로는 요셉의 형제들에게 "애굽의 온 땅에서 가장 좋은 것"을 아낌없이 줬으며(창 45:20) 그들로 하여금 가나안으로 돌아가 가족을 이끌고 오도록 했다. 하지만 이 좋게 보이는 결말에도 어두운 면이 있었다. 하나님은 아브라함과 그의 후손에게 가나안 땅을 약속으로 주신 것이지 애굽을 주신 것은 아니었다. 요셉이 무대에서 사라진 지 오랜 후, 이스라엘과 애굽의 관계는 적대적이 되고 말았다. 이런 면에서 볼 때, 요셉이 자기 가족에게 보여 준 자비는 하나님의 축복을 지상의 모든 족속에게 전달해 줘야 할 사람인 그의 역할에 얼마나 어울리는 것이었나?(창 12:3) 요셉은 통찰력 있는 사람이었으며 미래에 대비하는 한편 자기에게 맡겨진 하나님의 축복을 실현한 사람이었다.

그러나 하나님은 그에게 장차 일어날 "요셉을 알지 못하는 새 왕"(출 1:8)에 대해 계시해 주시지 않았다. 각 세대는 하나님을 충실하게 섬기고 하나님이 그때그때 내리시는 축복을 받아들이면 된다. 유감스럽게도 요셉의 후손은 하나님의 약속을 잊어버리고 불신에 빠져들고 말았다. 하지만 하나님은 아브라함, 이삭, 야곱의 후손에게 하신 약속을 잊지 않으셨다. 하나님은 그 후손 중에서 하나님의 약속된 축복을 전할 새로운 사람을 일으키셨던 것이다.

▽ 창 50:15-21

모든 일에 선을 의도하시는 하나님

형제들이 뉘우치면서 요셉에게 한 말은 요셉에 대한 핵심 신학 중 하나이며, 창세기의 전반적인 요점 중 하나다. 요셉은 형제들에게 자신을 학대한 것을 보복하지 않을 테니 두려워하지 말라고 말했다. "당신들은 나를 해하려 하였으나 하나님은 그것을 선으로 바꾸사 오늘과 같이 많은 백성의 생명을 구원하게 하시려 하셨나니 당신들은 두려워하지 마소서 내가 당신들과 당신들의 자녀를 기르리이다"(창 50:20-21). 요셉이 언급한 "많은 백성"은 "지상의 모든 족속"을 축복하시겠다는 하나님의 언약(창 12:3)을 생각나게 한다. 하나님은 요셉이 구하거나 상상했던 것보다 훨씬 더 많은 축복을 내려 주셨다(엡 3:20).

요셉을 통한 하나님의 일은 실질적이고 중대한 가치를 갖고 있었다. 바로 사람의 생명을 보존하는 일이었다. 하나님은 우리가 직장에서 전도하기를 원하신다든가 우리 일에서 하나님께 중요한 부분은 관계를 형성하는 것뿐이라는 인상을 우리가 받았다고 해도, 요셉의 일은 다른 차원의 얘기를 한다. 우리가 일하는 중에 하는 행동은 그 자체가 하나님과 다른 사람에게 극히 중요하다. 지금 우리가 하는 일이 보다 더 큰 일의 일부가 되기 때문이며 우리는 그 일의 결과를 다 보지 못하기 때문이다. 요셉은 자기 일에 대해 보다 더 넓은 시각을 가졌고, 불가피하게 다가오는 우여곡절을 만날 때도 낙담하지 않았다.

이 말은 일터에서 관계가 가장 중요하지 않다는 의미가 아니다. 아마도 크리스천들은 직장에서 사람들을 용서하는 특별한 은사를 갖고 있을 것이다. 요셉이 자기 형제를 대한 태도는 용서의 모범이 된다. 아버지의 명을 좇아서 요셉은 그 형제들을 용서했으며 그들을 죄책으로부터 해방시켜 주었다. 그러나 그의 용서는, 다른 모든 진정한 용서와 같이 말로만 한 게 아니었다. 요셉은 하나님이 관리하도록 해 주신 엄청난 애굽의 자원을 사용해서 그들을 물질적으로도 지원해 번성할 수 있게 했다. 요셉은 심판은 자기가 할 일이 아님을 인식했다. "내가 하나님을 대신하리이까"(창 50:19). 그는 하나님을 대신해 판단하지 않고 그의 형제를 구원자 하나님께 연결해 줬다.

요셉이 자기 형제와 맺었던 관계는 가족으로서 맺은 관계이자 경제적인 면에서 비롯된 관계였다. 둘 사이에 분명한 경계가 없었다. 용서는 이 둘에 다 해당됐다. 우리는 우리가 가장 소중히 여기는 신앙의 가치는 주로 지역 교회처럼 동일함을 식별할 수 있는 종교권에서 작용한다고 생각할지 모른다. 물론 우리 일의 대부분은 공적 영역에서 발생하며, 우리는 다른 사람이 기독교 신앙을 갖고 있지 못하다는 사실을 참작해야 한다. 그러나 생활의 영역을 '거룩한 것'과 '세속적인 것'으로 정확히 분리하는 것은 성경의 세계관이 아니다. 따라서 용서가 직장 내 건강한 관습이라고 주장하는 것은 편협한 생각이 아니다.

살다 보면 언제나 많은 상처와 고통을 받을 것이다. 그런 것을 당하지 않는 회사나 조직은 없다. 일반적으로 그 누구도 고의적인 언행으로 해를 주려 하는 이는 없을 것이라고 가정하는 건 순진한 생각이다. 요셉은 사람들이 그를 해하려 했다고 인정했다. 우리도 그렇게 할 수 있다. 그러나 바로 그런 판단 속에 보다 더 큰 진실이 숨어 있다. 하나님은 선을 의도하신다는 점이다. 상처받을 때 이것을 기억한다면, 고통을 감내하고 그리스도의 마음을 품는 데 도움이 될 것이다.

요셉은 자신을 사람을 위해 하나님의 일을 집행하는 도구요, 하나님의 대리자로 봤다. 그는 사람이 가할 수 있는 해악에 대해 알았으며 가끔은 사람이 가장 고약한 원수가 되기도 한다는 사실을 받아들였다. 그는 의심과 신의가 뒤엉킨 가족 이야기, 신실한 섬김과 적나라한 자기 보호가 뒤섞인 이야기, 진실과 거짓의 이야기를 알았다. 그는 하나님이 아브라함에게 하신 약속, 하나님이 그 가족을 축복하시겠다고 한 언약, 자기 백성으로 하여금 불과 물을 통과하게 하시며 단련하시는 하나님의 지혜도 알고 있었다. 요셉은 그들의 죄를 덮어 두려 하지 않고 오히려 그들을 하나님의 원대한 일 속으로 끌어들였다. 하나님의 약속은 그분의 섭리에 의해 반드시 성취될 것을 우리가 안다면, 우리의 수고는 그 대가가 무엇이든 간에 보람 있게 될 것이다.

창세기에 나오는 일에 대한 여러 교훈 중에서, 특히 이것이 유용한 것이며 구속과 영광의 주님이 십자가에 달리심에 대해서도 설명해 준다(고전 2:8-10). 우리 직장은 우리 가치관과 성격이 드러나며 우리 자신과 주변 사람에게 영향을 미치는 결정을 내리게 되는 무대다. 지혜로우시고 능력이 크신 하나님은 우리의 신실함을 사용하시고, 우리 약함을 고치시며, 우리 실패를 쇠를 벼리듯 벼리시면서 그분을 사랑하는 사람을 위해 친히 세워 놓으신 계획을 성취하실 수 있다.

○

결론

창세기 12-50장은 하나님이 전 세계에 복을 퍼뜨리시기 위해 택하신 한 가족의 처음 3대의 이야기를 전한다. 특별한 권능이나 지위, 부요, 명성, 능력, 우월한 도덕성을 갖고 있지 못하면서도, 그들은 하나님의 부르심을 받고 나서 그분이 그들을 위해 갖고 계신 위대한 꿈을 성취하시리라고 믿었다. 하나님은 모든 면에서 신실하셨지만, 그들은 변덕스럽고 적극성이 없으며 불안정했다. 여느 가정처럼 그들도 역기능 가정이었지만 그들은 하나님이 그들 속에 넣어 주신 믿음의 씨를 지켰고, 최소한 계속해서 그리로 돌아왔다.

적대적인 사람과 세력에게 둘러싸인 채 부서진 세계에서 살고 있던 그들은 믿음으로 "장차 있을 일에 대하여 …… 축복하였으며"(히 11:20) 하나님의 약속을 따라 살았다. "하나님이 그들의 하나님이라 일컬음 받으심을 부끄러워하지 아니하시고 그들을 위하여 한 성을 예비하셨느니라"(히 11:16). 그 성에서는 우리도 "아브라함과 다윗의 자손 예수 그리스도"를 따르는 자로 일하는 자다(마 1:1).

03
출애굽기 & 일의 신학

"일에서의 해방이 아니라,
제대로 일하도록 해방시키셨다"

일의 신학은 하나님께서 우리가 무엇을 하기 원하시는지, 또는 어떻게 그것을 하기 원하시는지를 우리가 이해하는 데서 출발하지 않는다. 일의 신학은 우리에게 창조주와 구세주로 자신을 계시하시고 어떻게 하면 우리가 그분을 닮고 따라갈 수 있는지 보여 주시는 하나님에게서 시작된다. 우리는 하나님이 의도하신 형상을 닮아 가면서 그분이 원하시는 일을 해 나가게 된다.

출애굽기를 읽음으로써 우리는 하나님이 보여 주시는 그분의 성품을 깨달으며, 자기 백성을 능동적으로 만들어 나가시는 하나님을 본다. 크리스천이 성령의 능력으로 그분의 아들을 통해서 특별한 구속 사역을 행하시는 특정한 하나님 안에 뿌리를 둔 진리를 이해하지 못한다면 하나님의 원칙에 따라서 일을 수행할 수 없다. 하나님의 성품은 그분이 하시는 일로 드러나며 그분이 하시는 일에 따라 우리 일도 정해진다. 일 자체가 출애굽기의 주안점인 것은 아니지만, 일을 통해서 사람이 하나님을 따르는 것은 출애굽기의 주요 주제 중 하나다.

출애굽기 속에는 일상적인 일과 관련된 내용이 많다. 그러나 이 법과 율례는 3천 년도 더 되는 시간 이전에 존재했던 일터에서 생겨난 것이다. 세월이 흘러 우리 일과 환경도 변했다. "살인하지 말라"(출 20:13) 같은 구절은 모세 시대나 현대에나 동일하게 적용될 수 있다. 그러나 "이 사람의 소가 저 사람의 소를 받아 죽이면 살아 있는 소를 팔아 그 값을 반으로 나누고 또한 죽은 것도 반으로 나누려니와"(출 21:35) 같은 구절은 이 시대 대부분의 일터에서 적용하기 어려워 보인다. 어떻게 하면 우리가 출애굽기에 나오는 하나님 말씀을 존귀하게 여기고, 말씀에 순종하고 따르면서도 율법주의나 오용의 덫에 빠지지 않을 수 있을까?

이 질문에 대한 답을 찾으려면 우리는 출애굽기가 하나의 내러티브(narrative)라는 점을 이해해야 한다. 그런 이해로 이스라엘이 하나님의 위대한 이야기 속에서 자기 위치를 찾을 수 있었던 것처럼, 그것은 오늘날 성경이라는 보다 더 완전한 이야기에서 우리 위치를 찾는 데에도 도움을 준다. 하나님 일의 목적과 형태는 그분의 백성이라는 우리 정체성을 규명해 줄 뿐만 아니라 하나님이 우리에게 맡기시는 일의 방향도 제시해 준다.

서론

출애굽기는 일하는 모습의 이스라엘로 시작되고 일하는 모습의 이스라엘로 끝난다. 첫 장부터 이스라엘 사람이 애굽 사람을 위해 일하는 모습이 나온다. 여호와의 명령에 따라 성막을 건축하는 일을 마무리 짓는 것이 끝 장면이다(출 40:33). 하나님은 이스라엘을 일로부터 해방시키지 않으셨다. 이스라엘이 일을 하도록 해방시키셨다. 애굽의 이방인 왕 치하에서 억압당하며 일하는 그들을 관대하고 경건한 하나님의 통치 아래 새롭게 일하도록 이끄신 것이다.

"출애굽기"라는 책 제목은 "출"(出, 나오다)이라는 의미를 지니지만[1] 출애굽기의 전방 진행 방향을 보면 이 책은 사실상 "입"(入, 들어가다)에 대한 것이라고 무리 없이 결론지을 수 있다. 이 책은 이스라엘이 모세의 언약 속으로 들어가는 이야기를 자세히 들려주는데, 이 언약은 그들이 시내 광야에서 방황할 때뿐 아니라 약속의 땅에서 정착된 생활을 할 때에도 그들 삶을 관장하는 것이 됐다. 이 책은 이스라엘이 그들의 하나님을 어떻게 이해해야 하며, 새로운 땅에서 어떻게 일하고 예배해야 하는지를 알려 준다. 모든 면에서 하나님의 인도를 받는 이스라엘의 삶은 가나안의 신을 좇는 사람의 삶과는 구별되고 그들보다 더 나아야 한다는 것을 이스라엘은 명심해야 했다.

오늘날에도 우리가 무슨 일을 하는지는 우리가 왜 그런 일을 하는지와 궁극적으로 누구를 위해 일을 하는지와 서로 깊은 연관성을 지닌다. 우리는 가혹하고 억압적인 일의 사례를 주변에서 쉽게 볼 수 있다. 분명 하나님은 우리가 더 나은 방식으로 사업하고, 다른 사람을 더 나은 방식으로 대하기를 원하실 것이다. 새로운 방식으로 향하는 길은 우리가 자신을 하나님의 구원을 받은 자로 보느냐, 무엇이 하나님의 일인지를 분별해 그분의 말씀을 따르도록 자신을 얼마나 잘 훈련하느냐에 달려 있다.

출애굽기는 창세기가 끝나는 시점에서 400여 년이 흘러 시작된다. 창세기에서 애굽은 살기 좋은 곳이었으며, 거기서 하나님은 섭리 가운데 요셉을 출세시켜 그로 하여금 아브라함의 후손을 구원할 수 있게 하셨다(창 50:20). 이런 역사는 아브라함의 후손을 위대한 민족으로 만들어 그들을 축복하심으로 다른 사람도 축복하고, 아브라함의 이름을 크게 만들어 그를 통해 지상 만민이 복을 받게 하겠다는 하나님의 약속(창 12:2-3)과도 일치하는 것이었다. 하지만 출애굽기에서 애굽은 이스라엘의 번성이 죽음의 위험을 키운 억압적인 곳이었다. 애굽 사람은 이스라엘을 신성한 축복으로 여기지 않았고 그들을 노예 생활에서 풀어 주는 것은 더더욱 원하지 않았다. 결국 이스라엘의 구원은 바로와 그의 많은 병사가 홍해에서 희생 제물로 바쳐지면서 이뤄졌다.

아브라함의 선택받은 가족에 대한 하나님의 약속과 그 민족을 축복하시려는 하나님의 의도에 비춰 보면, 출애굽기에 나오는 하나님의 백성은 과도기에 있었다. 늘어난 이스라엘 백성의 수는 하나님의 은혜를 나타냈지만 한편으로 그다음 세대의 남자 아이는 태어나자마자 죽임당했다(출 1:15-16). 이스라엘 민족은 하나님이 그들에게 약속하신 땅에 아직 들어가지 못하고 있었다.

모세오경 전체는 이런 언약의 부분적인 성취를 보여 준다. 하나님이 아브라함에게 하신 후손에 대한 언약, 하나님과의 좋은 관계, 들어가서 살게 될 땅은 모두 하나님의 의도를 나타냈지만, 이것은 이야기가 전개되는 내내 모두 위험에 처해 있었다.[2] 모세오경 중에서 출애굽기는 하나님과의 관계에 주목을 하는데, 특히 하나님이 백성을 애굽에서 구원해 내신 것, 시내산에서 그들에게 약속하신 하나님 언약의 성취라는 관점에서 그러하다.[3] 이것은 이 책을 읽으면서 오늘날 우리가 하는 일에 대한 통찰력을 어떻게 얻을 수 있는지에도 매우 중요하다. 예수 그리스도를 통한 우리와 하나님의 관계는 출애굽기부터 이어져 내려오고 있다는 점 때문에 이 책의 구조와 내용이 귀중하며, 이는 하나님의 의도에 맞춰 우리 삶과 일 모두의 방향을 결정짓는다.

과도기에 있는 이스라엘의 성격을 파악하려면 출애굽기를 개괄적으로 살펴보고 이 책이 일의 신학에 시사하는 바를 평가해야 한다. 애굽에서 출발해 홍해로, 또 홍해에서 시내산으로 가는 길, 마지막으로 시내산에 이른 출애굽 여정의 지리적 단계를 따라가 보자.

애굽에서의 이스라엘

출 1:1-13:16

이스라엘에 대한 애굽인들의 학대는 이스라엘 백성을 구속하는 배경과 동력을 제공했다. 바로는 이스라엘 백성이 모세를 따라 광야로 들어가 여호와를 예배하는 것을 허락하지 않았고, 그들의 종교적 자유를 인정하지 않았다. 하지만 우리의 초점은 애굽의 경제 체제에서 억압받는 노동자로서 살아가는 이스라엘인의 모습에 맞춰져 있다. 하나님은 자기 백성의 부르짖음을 들으셨고, 일을 행하셨다. 우리는 이스라엘 사람이 괴로워한 것은 통상적인 일 그 자체의 어려움보다는 그들의 일이 엄하고 가혹했기 때문이었다는 사실을 기억해야 한다. 하나님은 이스라엘을 구원해 내셨지만 이는 그들에게 완전히 안락한 삶을 주신 것이 아니라 억압으로부터 그들을 해방시키신 것이다.

▽ 출 1:8-14

가혹한 노예 노동에 시달리다

애굽이 이스라엘인에게 강요한 일은 그 동기가 악했으며 그 본질도 잔혹했다. 출애굽기의 처음은 애굽 땅에서 엄청나게 불어나고 번창한 이스라엘인의 수를 서술한다. 이는 하나님의 창조 의도와 어울렸고(창 1:28;

9:1), 아브라함과 그의 선택된 후손에게 하신 하나님의 약속에도 부합했다(창 17:6; 35:11; 47:27). 그들은 전 세계에 복의 통로가 될 민족이었다. 이전의 통치 체제에서 이스라엘은 애굽 땅에 거주하며 일할 수 있도록 왕에게 허락 받았다. 그러나 애굽의 새로운 왕은 이스라엘인의 수가 늘어나자 그들을 국가 안위의 위협으로 간주하면서 '기민하게' 대하기로 결심했다(출 1:10). 실제로 이스라엘인이 역사적으로 그런 위협이 됐는지 여부는 우리가 알 수 없다. 어쨌든 중요한 건 바로의 파괴적인 두려움은 이스라엘인의 작업 환경을 열악하게 만들었고, 영아를 살해해 이스라엘인의 인구를 통제하려는 시도로까지 이어졌다는 사실이다.

일이 사람에게 신체 및 정신적 부담을 줄 수 있는 것은 사실이지만, 그렇다고 일 자체가 나쁜 건 아니다. 애굽에서의 상황이 처절했던 것은 노예 생활 때문이기도 했지만 극도의 가혹함 때문이었다. 애굽 관리는 "엄했고"(befarekh - 출 1:13, 14) "괴로웠고"(marar - 출 1:14) "어렵고 가혹했다"(qasheh; 잔인하다 - 출 1:14; 6:9). 이스라엘은 "비참함"과 "고통"(출 3:7, NIV)과 "마음의 상함"(출 6:9) 가운데서 괴로워했다. 인간 존재의 목적과 기쁨의 주요 원천이 되어야 할 일(창 1:27-31; 2:15)이 가혹한 압제에 의해 비참한 것으로 변질된 것이다.

▽ 출 1:15-2:10

하나님을 경외한 산파와 요게벳

가혹한 대우를 받는 중에서도 이스라엘인은 하나님의 계명을 신실하게 지켰으며 그 결과 생육하고 번성할 수 있었다(창 1:28). 생육하고 번성한다는 것은 곧 자녀 출산을 말하는 것이었는데, 이는 또한 산파의 수고와 연결되어 있었다. 산파의 역할은 성경뿐만 아니라 고대 메소포타미아와 애굽의 기록에서도 충분히 입증되어 있다. 산파는 여인의 출산을 도와주었으며 영아의 탯줄을 잘라 냈고 아기를 씻긴 후 부모에게 아이를 건네주는 일까지 맡았다.

이야기 속에 나오는 산파는 하나님을 경외했기에 히브리 여인이 낳은 남자 아기를 모두 죽이라는 왕의 명령을 거역했다(출 1:15-17). 일반적으로 성경에 나오는 "여호와에 대한 경외"(fear of the Lord) 및 이와 유사한 표현은 이스라엘과 언약을 맺은 하나님(YHWH-히브리어)에 대한 건강하고 순종적인 관계를 말한다. 그들의 하나님을 향한 두려움은 애굽 왕이 그들에게 준 그 어떤 두려움보다 강했다. 그들의 용기는 그들의 일에서 우러난 것이었을 수도 있다. 새로운 생명이 태어나는 것을 매일 돕고 보살피는 사람으로서 그들은 생명을 매우 가치 있게 여겼을 터이니, 설령 왕의 명령이라 하더라도 살인이라는 건 생각할 수도 없지 않았겠는가?

모세의 어머니 요게벳(출 6:20)도 불가능해 보이는 선택의 기로에서 독창적인 해법을 창안했다. 남자 아이를 비밀리에 성공적으로 출산한 기쁨도 잠시, 생명을 건질 수 있다는 확실한 보장이 없는 상황에서 아이를 갈대 상자에 담아 강물로 떠내려 보내야만 했던 그녀의 고통은 감히 상상할 수 없다. 모세 이야기에 나오는 "상자"에 해당하는 히브리 단어는 성경에서 단 두 번, 즉 노아의 "방주"를 나타낼 때와 여기서 쓰였는데, 모세 이야기는 한 남자 아기를 구원하기 위해서만 아니라 한 민족을 구원하기 위해서, 나아가 모세와 이스라엘을 통해 모든 피조물을 구속하기 위한 하나님의 역사였다는 면에서 노아의 방주 이야기와도 일맥상통한다.

하나님은 산파에게 보상해 주셨던 것처럼 모세의 어머니 요게벳에게도 호의를 베푸셨다. 그녀는 자기 아들 모세를 되찾아 그가 바로의 딸의 양자가 될 때까지 그를 키울 수 있었다. 자녀 출산과 양육이라는 거룩한 일은 복잡하고 힘들고 칭찬을 받아 마땅한 일이다(잠 31:10-31). 출애굽기에서 우리는 무명의 여장부 요게벳이 경험했던 내적 고통에 대해서는 아무것도 알아낼 수가 없다. 모세의 삶이 이야기의 중심을 차지하기 때문이다. 그러나 모세의 부모가 어떻게 그들의 믿음을 행위로 옮겼는지에 대해서 성경은 나중에 그들을 칭찬한다(히 11:23).

출산과 양육이라는 일은 너무나 자주 경시된다. 특히 어머니들은 자녀 양육은 다른 일만큼 중요하거나 칭찬받을 만하지 못하다는 얘기를 종종 듣는다. 하지만 하나님을 따르는 법을 이야기하는 출애굽기가 우리에게 전하고자 하는 첫 번째 내용은 자녀의 출산, 양육, 자녀를 보호하고 돕는 일의 비할 데 없는 중요성이다. 용기 있는 행위로 가득 찬 출애굽기에서 첫 번째 용감한 행위는 한 어머니와 가족, 산파가 한 남자 아이를 구한 것이다.

▽ 출 2:11-3:22

모세를 부르신 하나님

모세는 히브리인이었지만 바로의 손자로 입양되어 애굽 왕족 가운데서 성장했다. 모세는 불의를 보고 참지 못했다. 그는 히브리 노동자를 때리는 애굽인의 행동을 보고 발끈해 치명적인 공격을 가했다. 결국 바로에게 들켰고 모세는 시내 반도의 반대쪽, 즉 애굽으로부터 동쪽으로 수백 마일 떨어져 있는 미디안으로 피신해 목동이 됐다. 모세가 거기서 얼마나 오랫동안 살았는지 알 수는 없지만, 그 기간 동안 그는 결혼해 아들까지 두었다.

그 사이에 두 가지 중요한 사건이 벌어졌다. 애굽 왕이 죽었고, 여호와는 억압받는 자기 백성의 호소를 들으셔서 아브라함, 이삭, 야곱과 맺으신 언약을 기억하셨다(출 2:23-25). 이 '기억하셨다'라는 말은 하나님이 자기 백성을 잊고 있었다는 말이 아니다. 이것은 하나님이 그들을 위해 곧 행동을 취하실 것을 나타낸 것이었다.[4] 그 일을 위해 하나님은 모세를 부르고자 하셨다.

하나님은 모세가 일하는 도중에 그를 부르셨다. 그 부르심은 여섯 가지 요소로 이뤄져 있는데, 이는 성경에 나오는 다른 지도자와 예언자의 삶에서 나타나는 것과 동일한 형태를 띤다. 그러므로 우리가 이 소명 이야기를 살피고 그것이 오늘날 우리에게 주는 의미를 고찰하는 것은 특히 우리 직업 현장에 비춰 볼 때 많은 도움이 될 것이다.

첫째로, 하나님은 "떨기나무"가 불타는 곳에서 모세를 만나 그의 관심을 사로잡으셨다(출 3:2-5). 광야 같은 곳에서 떨기나무에 불이 붙는 것은 특이한 현상이 아니지만, 모세는 이 현상에 끌렸다. 모세는 자기 이름을 부르는 소리를 듣고 이렇게 대답했다. "내가 여기 있나이다." 이것은 존재에 대한 언급이지 장소에 대한 언급이 아니었다. 둘째로, 여호와는 자신을 족장의 하나님으로, 자기 백성을 애굽에서 구원해 내서 그들을 아브라함에게 약속하신 땅으로 인도할 하나님으로 자신을 소개하셨다(출 3:6-9). 셋째, 하나님은 바로에게로 가서 하나님의 백성을 애굽에서 데리고 나오라고 모세에게 명령하셨다(출 3:10). 넷째, 모세는 반대했다(출 3:11). 모세는 그에게 말씀하시는 분이 누구인지에 대한 강력한 계시를 그 순간에 받았지만, 그의 우선적인 관심사는 이것이었다. "내가 누구이기에 바로에게 가며 이스라엘 자손을 애굽에서 인도하여 내리이까." 그러자 하나님은 모세에게 그분이 함께하겠다고 약속하시며 확신을 주셨다(출 3:12a). 마지막으로, 하나님은 확증의 표징을 말씀하셨다(출 3:12b).

이런 요소는 성경에 나오는 다수의 다른 부르심 속에서도 동일하게 등장한다. 예를 들면 기드온, 이사야, 예레미야, 에스겔 및 예수님의 몇몇 제자의 부르심 이야기에 나온다. 이것은 정해진 형태는 아니다. 성경에 나오는 많은 다른 소명 이야기는 상이한 형태를 띠고 있기 때문이다. 그러나 이는 하나님의 부르심이 흔히 장기간에 걸친 일련의 과정을 통해 하나님의 섭리 가운데 사람에게 나타난다는 것을 보여 준다.

	사사 기드온 (사사기)	선지자 이사야 (이사야)	선지자 예레미야 (예레미야)	선지자 에스겔 (에스겔)	예수님의 제자들 (마태복음)
대면	6:11b-12a	6:1-2	1:4	1:1-28a	28:16-17
소개	6:12b-13	6:3-7	1:5a	1:28b-2:2	28:18
명령	6:14	6:8-10	1:5b	2:3-5	28:19-20a
반대	6:15	6:11a	1:6	-	-
확신	6:16	6:11b-13	1:7-8	2:6-7	28:20b
확증의 표징	6:17-21	-	1:9-10	2:9-3:2	사도행전의 사건

이런 부르심이 회중 가운데서 행해지는 제사장 직책이나 종교적인 직업에는 있지 않았다는 사실도 짚고 넘어갈 필요가 있다. 기드온은 군사 지도자였으며 이사야, 예레미야, 에스겔은 사회 비평가였고, 예수님은 왕(전통적인 의미의 왕은 아니었지만)이셨다. 많은 교회는 오늘날 "소명"(부르심, 콜링)이라는 용어를 종교 직책에 국한하려는 경향을 보인다. 그러나 성경시대에는 그렇지 않았으며 물론 출애굽기에서도 그렇지 않았다. 모세

도 아론이나 미리암처럼 제사장이나 종교 지도자가 아니라 정치가요 행정가였다.

▽ 출 5:1-6:28

이스라엘을 구속하신 하나님의 역사

출애굽기에서 본질적 '일꾼'은 바로 하나님이셨다. 하나님 일의 본질과 의도는 모세의 일을 규정지었고 그것으로 하나님 백성의 일도 규정됐다. 하나님이 모세를 처음 부르셨을 때 이미 거기에는 하나님의 일에 대한 설명이 포함되어 있었는데, 그에 따라 모세는 바로에게 가서 "내 백성을 보내라"(출 5:1)라고 말했다. 하지만 바로는 말로만 반발하지 않았다. 그는 이스라엘인을 이전보다 한층 가혹하게 다스리며 억압했다. 이야기의 끝 무렵에서는 이스라엘인조차도 돌아서서 모세에게 반기를 들었다(출 5:20-21). 이런 위기의 순간에 이르자, 하나님은 그분의 전반적인 의도를 묻는 모세의 질문에 답하며 자신의 계획을 모세에게 상세히 설명해 주셨다. 출애굽기 6장 2-8절에 나오는 내용은 애굽에서 억압받는 이스라엘 상황에 대한 것만이 아니다. 그것은 성경에 나오는 하나님의 일 전체를 망라하는 내용이기도 했다.[5]

하나님 일의 범위를 분명하게 이해하는 것은 모든 크리스천에게 중요하다. 왜냐하면 그것은 우리가 "[하나님] 나라가 임하시오며 [그분의] 뜻이 하늘에서 이루어진 것같이 땅에서도 이루어지이다"라고 기도하는 것(마 6:10)이 무엇을 의미하는지 이해하는 데 도움이 되기 때문이다. 이러한 의도를 성취하는 것이 바로 하나님의 일(business)이다. 그 뜻이 성취되려면, '종교적' 일을 하는 사람만이 아니라 하나님의 백성 모두가 참여해야 한다. 하나님의 일을 보다 더 명확하게 이해하면 우리는 우리 일의 본질뿐 아니라 그 일을 해 나가는 하나님 방식도 더 잘 알게 될 것이다.

이 핵심 내용을 보다 더 잘 짚고 넘어가기 위해, 우리는 그것을 먼저 간단히 검토해 본 후에 어떻게 그것을 일의 신학과 연결할 수 있는지를 살펴보고자 한다. 하나님이 주신 사명을 향한 모세의 비난 섞인 질문에 우선 확신의 대답을 주신 후에(출 5:22-6:1), 하나님은 보다 더 장황한 설명을 풀어 놓으셨는데, 그 설명의 처음과 끝에는 "나는 여호와이니라"(I am the Lord)라는 표현이 첨가된다(출 6:2, 8). 이 핵심 어구는 단락에 경계를 그어 주는 한편 메시지 자체에 매우 높은 중요성을 부여한다. 영어권 독자는 이 어구가 하나님이 '무엇'인가를 나타내는 직분의 칭호가 아니라는 점에 유의해야 한다. 이것은 하나님이 자기 이름을 계시함과 더불어 그분이 '누구'신지를 나타낸다.[6] 하나님은 언약을 맺고 약속을 지키며 족장에게 나타난 분이었다. 그러므로 하나님이 자기 백성을 위해 하려고 하는 일은 하나님이 그들에게 이미 말씀하신 바 있는 그분의 작정에 근거한 것이었다. 다시 말하면, 아브라함의 후손을 번성케 하며 그의 이름을 위대하게 만들어 그를 축복함으로써 지상의 모든 족속에게 복을 내리겠다는 하나님의 작정에 근거한 것이었다(창 12:2-3).

따라서 하나님의 일은 크게 네 부분으로 나뉜다. 하나님의 이 네 가지 구속적 목적은 구약 전체를 통해서 갖가지 방식으로 재현되며 예수 그리스도를 통한 하나님의 가장 큰 구속 사역 속에서도 발견된다.

첫째는 구원 사역이다. "이스라엘 자손에게 말하기를 나는 여호와라 내가 애굽 사람의 무거운 짐 밑에서 너희를 빼내며 그들의 노역에서 너희를 건지며 편 팔과 여러 큰 심판들로써 너희를 속량하여"(출 6:6). 이 해방 사역에 필연적으로 내재된 것은 세계에는 여러 가지 억압이 존재한다는 엄연한 진실이다. 가끔 우리는 "구원"이라는 말을 사용해서 하나님의 이런 활동을 묘사하는데, 지상에서 구출해 천국으로 옮긴다거나(물질계에서 영계로 옮겨지는 것도 포함) 단지 죄의 용서를 의미하는 것만으로 그것을 이해해서는 안 될 것이다. 이스라엘 하나님은 그들의 세계 속으로 발을 들여놓으셔서, 말하자면 '그 땅 위에' 변화를 일으킴으로써 자기 백성을 구원하셨다. 출애굽기는 하나님이 이스라엘을 애굽 왕 바로에게서 구원하시는 것을 보여 줬고, 나아가 메시아시며 왕이신 예수님이 하나님의 백성을 죄에서 건져 내고 궁극적 악의 폭군인 마귀를 정복하실 여건의 토대까지도 마련했다(마 1:21; 12:28).

둘째, 여호와는 거룩한 공동체를 이루실 것이다. "너희를 내 백성으로 삼고 나는 너희의 하나님이 되리니"(출 6:7a). 하나님이 자기 백성을 구원한 것은 그들이 하고 싶은 대로 살라고 구원하신 것도 아니고 동떨어진 개인으로 살라고 하신 것도 아니었다. 하나님은 질적으로 다른 종류의 공동체를 만들고자 하셨으며, 그 안에서 사람들이 하나님과 더불어, 또 서로 신실한 언약을 맺고 살아가기 원하셨다. 고대의 모든 민족에게는 각자 '신'이 있었는데, 하나님의 백성인 이스라엘은 하나님의 규례, 명령, 율법을 전적으로 따르는 삶을 살아야 했다(신 26:17-18). 이런 가치와 행위가 그들과 하나님 및 서로 간의 거래와 관계에 (또 언약 밖의 사람과의 거래와 관계에) 깊이 스며들수록, 하나님 백성이 된다는 것이 진실로 무엇을 의미하는지가 이스라엘 족속을 통해 점점 더 증거될 것이었다. 요컨대, 이것이 예수님이 세우실 '교회', 즉 벽돌이나 돌로 지어진 물리적 구조물이 아니라 만국으로부터 선택된 제자로 구성될 새로운 공동체의 배경이 됐다(마 16:18; 28:19).

셋째, 여호와는 자기 백성과 지속적으로 이어지는 관계를 형성해 나가실 것이다. "너희는, 내가 주 곧 너희를 이집트 사람의 강제노동에서 이끌어 낸 너희의 하나님임을 알게 될 것이다"(출 6:7b, 새번역). 하나님의 목적에 대한 다른 모든 진술은 '나'라는 말로 시작되는데 여기서는 예외다. 여기서는 초점이 '너희'에게 있다(개역개정에서는 어법상 "나는"으로 문장이 시작하며 "너희가 알지라"가 처음이 아닌 끝에 나온다-옮긴이 주). 하나님은 은혜로 구원받은 자기 백성이 자신과 특별한 관계를 경험하기 원하셨다. 우리는 보통 '지식'을 '정보'와 동일한 것으로 간주하는데, 성경적 개념의 '지식'에는 이런 의미는 물론 타인을 인격적 관계로 알게 된다는 의미도 포함되어 있었다. 하나님께서 자기 자신을 아브라함에게 "LORD"로 "알려 주지" 않았다고 해서 아브라함이 "YHWH"(여호와-창 13:4; 21:33)라는 거룩한 이름을 몰랐다고 할 수 없다. 위 구절은, 아브라함과 그 일족이 자기 백성을 위해 싸우며 민족 전체를 노예 생활에서 건져 낼 약속을 지키실 하나님 이름이 갖는 의의를 아직 개인적으로 경험하지 못했다는 뜻이다.[7] 궁극적으로 이 일은 예수님에 의해 이뤄졌는데, "임마누엘"이라는 이름은 관계 속에서 "우리와 함께 계시는" 하나님을 의미했다(마 1:23).

넷째, 하나님은 자기 백성이 풍성한 삶을 경험하기 원하신다. "내가 아브라함과 이삭과 야곱에게 주기로 맹세한 땅으로 너희를 인도하고 그 땅을 너희에게 주어 기업을 삼게 하리라"(출 6:8). 하나님은 아브라함에게 가나안 땅을 주겠다고 약속하셨는데, 이 "땅"을 단순히 우리가 사용하는 '영토' 개념과 동일시하는 것은 정확한 해석이 아니다. 그것은 약속과 예비의 땅이었다. 우리가 보통 "젖과 꿀이 흐르는" 곳으로 긍정적으로 묘사하는 그 땅은, 하나님과 하나님 백성이 이상적인 조건에서 사는 곳, 즉 '풍성한 삶'을 상징했다.[8] 여기서 우리는 하나님의 구원 사역이란 그분의 창조 세계 전체 즉, 물리적 환경, 인간, 문화, 경제 등 모든 것을 올바르게 회복하는 것임을 또다시 본다. 이것 역시 온유한 자가 땅을 차지하며 영원한 생명을 경험할 하나님 나라를 이 땅에 불러오신 예수님이 하신 일이기도 하다(마 5:5; 요 17:3).[9] 이는 요한계시록 21-22장에 나오는 새로운 예루살렘에서 완성될 것이다. 따라서 출애굽기는 이후 전개될 성경 내용 전체에 대한 터를 닦는 것이다.

우리 일을 통해서 오늘날 이 네 가지 구속적 목적이 어떻게 구현될 수 있는지를 생각해 보자. 첫째, 하나님의 뜻은 사람들을 억압과 유해한 생활 환경에서 구원해 내는 것이다. 그것은 물리적인 위험으로부터 구출하는 것일 수도 있고 정신적, 정서적 고통을 줄이는 것에 초점을 둔 것일 수도 있다. 치유하는 일이란 사람을 하나하나 다루는 것인데, 정치적 해법은 그런 의미에서 사회 전체와 모든 부류의 사람에게 포괄적인 축복을 가져오기도 한다. 행정부와 사법부에서 일하는 사람은 악을 행하는 자를 제재하고 처벌하며 민중을 보호하고 피해자를 돌볼 목적으로 일해야 한다. 온 세계에 압제가 만연해 있기에, 사람을 구할 기회와 수단은 도처에 널려 있다.

두 번째와 세 번째 목적(공동체 및 관계)은 서로 긴밀하게 연관되어 있다. 천국에서 평안과 참된 조화를 증진하는 하나님의 일은 지상에서 자비와 공의도 증대시킬 것이다. 이것이 바로 바울이 고린도 사람에게 역설한 내용의 요지였다. 그리스도를 통해서 하나님은 우리와 화해하셨으며 나아가 우리에게 화해의 사명과 사역을 맡기셨다(고후 5:16-20). 하나님과 화해한 크리스천은 화해 사역을 감당할 동기와 수단을 갖게 된다. 복음 전파와 영성 개발의 일은 이런 분야의 한 축을 담당하며, 평화와 공의를 촉진하는 일은 대인관계적 차원을 다룬다. 그러나 사실상 그 두 가지는 뗄 수 없으므로 이런 분야에서 일하는 사람은 하나님께서 하시는 일의 신성한 본질을 기억해야 한다. 예수님은 우리는 세상의 빛이므로 우리 빛이 다른 사람 앞에서 빛나야 한다고 가르치셨다(마 5:14-16).

지역사회 조직가, 청소년 사역자, 행사 기획자, 소셜 미디어 종사자, 부모와 가족 구성원의 경우처럼 공동체와 관계를 구축하는 것은 우리 일의 목적이 될 수 있다. 하지만 우리 직업이 무엇이든 공동체와 대인관계의 구축은 우리 일의 구성 요소가 될 수 있다. 우리가 신입 사원을 환영하고 도와줄 때, 다른 사람의 고민거리에 관심을 가져 주고, 누군가를 시간 내서 만나고, 격려의 말을 건네고, 기념 사진을 같이 찍고, 맛난 음식을 함께 나누며, 누군가를 대화에 끼워 주는 등 다른 이에게 우호적 행동을 보일 때, 우리는 이 두 가지 일의 목적을 매일매일 성취하는 것이다.

마지막으로, 하나님의 일은 풍성한 삶을 증진시킨다. 하나님은 자기 백성을 애굽에서 인도해 내 약속된 땅으로 이끌어 그들로 하여금 정착해서 생활을 영위하며 발전할 수 있게 하셨다. 하지만 이스라엘이 그곳에서 경험한 것은 하나님의 이상과는 거리가 멀었다. 마찬가지로 크리스천이 이 세상에서 경험하는 것도 이상적이지 않다. 하나님의 안식으로 우리가 들어가게 될 것이라는 약속은 여전히 미완성인 상태다(히 4:1). 우리는 지금도 새 하늘과 새 땅을 기다리고 있다.

그러나 하나님이 모세를 통해 내려 주신 언약의 많은 부분은 사람들이 서로를 윤리적으로 대하는 것과 관련 있다. 따라서 우리가 다른 사람과 더불어 살며 일하는 가운데 하나님의 축복이 완성되는 것이 매우 중요해진다. 부정적인 측면에서 보면, 어떻게 살아야 하며 어떻게 일해야 하는지에 대한 하나님의 교훈을 우리가 무시하는데 어떻게 우리(그리스도를 믿는 아브라함 후손)를 통해서 지상의 모든 족속이 하나님의 축복을 경험할 수 있겠는가? 크리스토퍼 라이트(Christopher J. H. Wright)가 말했듯이, "신구약 속의 하나님의 백성은 열국의 빛이 되도록 부르심을 받았다. 그러나 경건한 백성의 변화된 삶 속에서 우선 빛이 나지 않는다면 열국에도 결코 빛이 비춰질 수 없는 노릇이다."[10] 따라서 여기서 말하는 '풍성한 삶'이란 절제되지 않은 이기적 번영이나 헤픈 소비가 가능한 그런 풍요가 아니다. 풍성한 삶이란 사랑과 공의와 자비가 가득한 삶, 즉 여러 측면에서 하나님이 의도하신 대로 사는 삶이다.

▽ 출 7:1-12:51

바로에게 하나님의 심판을 선포하다

하나님은 첫째 단계, 즉 구원을 시작하실 때 모세와 아론을 바로에게 보내어 '이스라엘 자손을 그 땅에서 내보내라'라고 전하게 하셨다(출 7:2). 이 임무를 위해, 하나님은 공공 연설에 능한 아론의 타고난 재능을 사용하셨다(출 4:14; 7:1). 하나님은 또한 아론에게 애굽의 고위 관료를 능가하는 능력을 부여하셨다(출 7:10-12). 하나님의 사명을 감당하려면 말과 행위가 둘 다 필요하다.

바로는 모세에게서 하나님 뜻을 전달받았다. 그러나 그는 이스라엘을 노예 생활로부터 해방시키라는 하나님의 요구를 듣지 않았다. 그러자 모세는 점차 심해지는 일련의 생태계 재앙으로 하나님의 심판을 바로에게 선언했다(출 7:17-10:29). 이 재앙은 개인적인 불행을 초래했고, 애굽 땅과 사람들의 생산 역량에 심대한 타격을 줬다. 질병으로 가축이 죽어 나갔고(출 9:6) 작물이 파괴됐으며 숲이 황폐화됐다(출 9:25). 해충이 여러 생태계를 파멸했다(출 8:6, 24; 10:13-15). 출애굽기에 나오는 생태계 재앙은 바로의 폭정과 압제를 하나님이 벌하시는 것이었다. 현대 세계에서도, 계속되는 정치 억압은 생태계 재앙과 연관이 있다. 우리가 모세처럼 그의 권위를 빌려 이런 재앙으로 하나님의 심판을 선포할 수는 없다. 그러나 우리는 경제, 정치, 문화, 사회의 구원이 환경 구원과도 깊은 연관성을 지니고 있음을 깨달을 수 있다.

각각의 경고가 실현될 때마다 바로는 이스라엘을 해방시키겠다고 공언하지만 재앙이 지나가고 나면 약속을 곧 뒤집었다. 결국 하나님은 애굽 사람의 장자와 동물의 첫 새끼를 모두 죽이는 재앙이 임하게 하셨다(출 12:29-30). 바로가 그랬듯이(출 11:10) 노예제도의 끔찍한 영향은 연민, 정의, 심지어 자기 보호에 대해 마음이 "완악"해지는 것이다. 바로는 마침내 이스라엘을 자유롭게 놓아 주라는 하나님의 요구를 받아들였다. 이스라엘 백성은 떠나면서 애굽인의 보석, 은, 금, 의류를 약탈했는데(출 12:35-36) 이것은 합법적인 것으로 노예 생활의 대가를 돌려받는 것이었다. 하나님이 사람을 해방시킬 때, 하나님은 사람이 향유할 수 있는 노동의 열매를 회복해 주신다(사 65:21-22). 일과 작업 환경은 하나님이 지대한 관심을 갖고 있는 사안이기 때문이다.

홍해를 지나
시내로 가는 도중의 이스라엘

출 13:17-18:27

하나님이 단호하게 자기 백성을 이끌어 홍해를 건너게 하고 애굽의 폭력적 속박에서 그들을 해방시키는 순간, 하나님의 근본적인 일은 극적인 열매를 거뒀다. 혼돈의 물을 거두고 마른 땅을 창조하셨던 하나님, 홍수 속에서도 노아의 가족을 이끌어 마른 땅에 도달하게 하셨던 하나님은 홍해 물을 갈라서 이스라엘로 하여금 "마른 땅"을 밟으며 건널 수 있도록 하셨다(출 14:21-22). 이스라엘의 애굽에서 시내(Sinai)까지의 여정은 하나님의 창조와 구속 이야기의 연장이었다. 모세, 아론 및 여러 사람이 열심히 일한 것은 분명했다. 하지만 진정한 일꾼은 하나님이셨다.

▽ 출 18:1-27

분쟁 해결의 권한을 위임하다

애굽으로부터 시내까지 이르는 동안에, 모세는 장인 이드로와 다시 만났다. 이스라엘인에게 이방인으로 지내 왔던 이드로는 공동체 내에서의 공의에 대해 모세에게 매우 긴요한 조언을 줬다. 하나님 백성을 위한 하나님의 구속 사역은 이제 하나님의 백성 가운데 공의로 확대됐다. 이스라엘은 이미 애굽의 십장에게 부당한 대우를 당한 적 있었다. 해방된 사람으로서 이제 그들은 그들 사이의 분쟁에 대한 하나님의 답을 온당하게 구했다. 월터 브루그만은 성경적 믿음이 단지 하나님이 행하신 일에 대해 이야기하는 것만은 아니라고 말했다. 그것은 "치유와 회복에 대한 열정을 매일 지속적으로 성장시키고 실천하는 것이며, 부정직한 이득은 끊임없이 거부하는, 힘든 것이다."[11]

분쟁에 말려든 사람 사이에서 중재자 역할을 맡는 것이 모세가 하고자 하는 일 중에 하나였음을 우리는 앞서 배운 바 있다. 처음에 그가 개입하려고 나섰을 때, 모세는 이런 항의를 받았다. "누가 너를 우리를 다스리는 자와 재판관으로 삼았느냐"(출 2:14). 그런데 이제는 정반대의 일이 벌어지고 있었다. 통치자와 재판관의 역할을 맡아 달라는 요구가 너무 많아 많은 사람이 모세의 주변으로 몰려들어 "아침부터 저녁까지" 그의 판결을 기다릴 정도였다(출 18:14; 신 1:9-18 참조).

모세의 일에는 크게 두 가지 측면이 있었던 것으로 보인다. 첫째, 그는 사람 사이의 분쟁에 합법적인 결정을 내려 줬다. 둘째, 그는 도덕 및 신앙적인 지도를 구하는 사람에게 하나님의 규례와 교훈을 가르쳐 줬다.[12] 이드로는 모세가 홀로 그런 고귀한 일을 감당하고 있음에 주목했는데, 그는 그것을 지속 가능하지 않다고 봤다. "네가 하는 것이 옳지 못하도다"(출 18:17). 더 나아가서 그것은 모세에게도 해가 되고 그가 돕고자 애쓰는 사람에게도 불만족스런 일이었다. 모세가 하나님의 대리자로서 그만이 할 수 있는 일은 계속해서 감당하되, 여타의 일은 다른 사람에게 맡기라는 것이 이드로의 해법이었다. 이는 백성을 위해 하나님께 중보하고, 백성을 가르치며, 어려운 사건을 판결하는 것은 모세가 맡고, 다른 사건은 하위 재판관이 담당하는 그런 4단계 사법 체계였다.

이런 계획을 실행하기 위한 지혜의 핵심은 재판관의 자격이었는데, 이들은 지파 구분이나 종교 성숙도에 따라 뽑히지 않고 네 가지 자격검증을 거쳐 선발됐다(출 18:21). 첫째, 그들은 유능한 자여야 했다. "chayil[하일]을 가진 자"라는 히브리어 표현은 능력, 지도력, 경영 능력, 지략을 겸비하고 존경받는 이를 뜻했다.[13] 둘째, 이들은 "하나님을 두려워"해야 했다. 출애굽기 2장에 나오는 산파의 경우처럼, 이것은 꼭 종교적인 품성만을 가리키지 않는다. 이것은 문화와 종교 경계를 넘어 통상적으로 인식되는 도덕성에 대해 분명한 이해를 가진 사람을 가리킨다. 셋째, 이들은 "진실"한 자여야 했다. '진실'이란 추상적인 개념이기도 하지만 하나의 행동 양식이기도 하므로, 이들은 행위뿐만 아니라 성품도 진실하다고 하는 객관적인 증거를 갖고 있어야 했다. 마지막으로, 이들은 부당한 이득을 미워하는 자여야 했다. 이들은 부패가 어떻게, 왜 발생하는지를 알아야 했으며 뇌물의 관행과 모든 종류의 파괴를 경멸하고 그런 악습으로부터 사법 체계를 적극적으로 수호할 수 있는 이들이어야 했다.

위임은 지도력이 요구되는 일에 있어 필수적이다. 모세가 예언자, 정치가, 재판관으로서 독보적인 은사를 지닌 것은 사실이었지만, 그의 재능이 무한한 것은 아니었다. 자기만이 하나님의 일을 잘할 수 있다고 생각하는 사람은 인간 됨이 무엇인가를 잊은 사람이다. 리더십의 은사는 궁극적으로 권력을 적절하게 나눌 줄 아는 은사다. 지도자라면, 모세처럼 필요한 자질을 분별하고 권위를 부여할 사람을 훈련하며 그들에게 책무를 지울 수단도 마련해야 한다. 지도자도 곁에서 그들의 책무를 느끼게 해 줄 사람이 있어야 한다. 모세의 경우에는 이드로가 그런 역할을 담당했는데, 이 단락은 구약의 예언자 중 가장 위대하게 여겨지는 사람도 그에게 책임을 물을 권세가 있는 누군가가 필요했음을 아주 솔직하게 보여 준다.

지혜와 과감함, 자비로움을 갖춘 리더십은 모든 공동체에 필요한 것인데, 이것은 하나님이 주시는 선물이다. 하지만 출애굽기는 은사를 지닌 지도자가 권위를 잘 발휘하는 것보다 은사 지닌 자들이 성공할 수 있는 공동체 리더십 구조가 개발되는 것이 더 중요하며, 이것이 공동체를 위한 하나님의 방법과 과정임을 보여 준다. 위임은 후임 지도자를 키우는 방법일 뿐 아니라 조직이나 공동체의 역량을 키우는 유일한 길이기도 하다.

모세가 이런 조언을 아주 신속히 그대로 받아들였다고 하는 사실은 그가 개인적으로 얼마나 다급했는지를 여실히 보여 주는 증거일 수도 있다. 그러나 보다 더 넓게 보면, 우리는 모세(히브리인이며 아브라함 언약의 상속자)가 한 미디안 제사장을 통해 그에게 제시된 하나님의 지혜를 향해 완전히 마음을 열고 있었다는 것을 알 수 있다. 특히 일 문제와 관련된 차원에서 본다면, 크리스천이 다양한 전통과 종교로부터 제공되는 정보를 받아들이고 또 존중하는 것도 권장될 수 있다. 그것은 우리가 그리스도를 따르지 않는다는 표시, 믿음이 약하다는 표시도 아니다. 그것은 종교적 다

원주의와 부적절한 타협을 하는 것도 아니다. 오히려 성경적 지혜의 인용구를 너무 자주 들이댐으로써 비신자에게 편협하고 신뢰가 안 가는 싸구려 증인으로 인식될 수가 있다. 크리스천은 우리가 받아들인 세부적인 조언이 밖에서 왔는지 아니면 안에서 왔는지를 지혜롭게 분별할 수 있도록 노력해야 한다. 그러나 궁극적으로 우리는 "모든 진리는 하나님의 진리"라고 확신한다.[14]

시내산에서의 이스라엘

출 19:1-40:38

모세는 시내산에서 여호와께 십계명을 받았다. NIV 스터디 성경의 표현대로 하면, "십계명은 하나님께서 시내에서 이스라엘과 맺은 언약의 핵심 규정이다. 십계명이 후대 역사에 미친 영향을 과소평가하는 것은 거의 불가능하다. 십계명은 서구 세계 전반에 뿌리 내린 도덕 원칙의 근간을 이루고 있으며 참되고 유일한 하나님이 자기 백성에게서 어떤 믿음, 예배, 행위를 기대하시는지를 요약해서 설명해 준다."[15] 앞으로 살펴보겠지만, 이스라엘의 율법을 크리스천이 어떻게 적용해야 하는가를 다루는 주제는 어마어마한 논쟁거리다. 그러므로 우리는 출애굽기 본문이 실제로 전하는 내용에 최대한 집중하고자 한다. 그것이 공통분모가 되기 때문이다. 동시에 우리는 크리스천이 출애굽기에서 교훈을 도출해 내는 다양한 방식도 인정하고, 또 존중하고자 한다.

▽ 출 19:1-24:18

출애굽기에 나오는 율법의 의미

우리는 먼저 출애굽기가 성경의 일부이지 독립된 법체계가 아니라는 점을 인식해야 한다. 크리스토퍼 라이트는 이렇게 말했다.

> 성경은 크리스천을 위한 도덕 법전일 뿐이라는 일반 견해는 성경의 본질과 역할을 지나치게 축소한 것이다. 성경은 근본적으로 하나님, 이 땅, 사람에 대한 이야기다. 즉 무엇이 잘못됐으며 그것을 바로잡기 위해 하나님이 어떤 일을 하셨고 하나님의 주권에 따라 미래가 어떻게 전개될 것인지를 기록한 책이 성경인 것이다. 하지만 이런 거대한 이야기 속에서, 도덕적 가르침 또한 지극히 중요한 부분을 차지한다. 성경 이야기는 하나님의 일(mission)에 대한 이야기다. 성경은 사람의 온전한 반응을 요구하며, 하나님의 사명은 사람의 반응을 요구함과 동시에 그것을 포함한다. 그리고 사람의 그런 반응에는 윤리적 차원이 엄연히 포함된다.[16]

"law"(율법)라는 영어 단어는 전통적으로 사용되어 온 말이지만 핵심 히브리 단어인 'Torah'(토라)를 정확하게 번역한 것은 아니다. 이 용어가 우리 앞에 놓인 논의 전체의 핵심을 이루기 때문에, 이 히브리 단어가 성경에서 어떤 역할을 하는지를 분명히 밝히는 것은 도움이 될 것이다. '토라'라는 말은 아브라함이 따랐던 하나님의 명령이라는 의미로 창세기에서 한 번 사용된다(창 26:5). 이 단어는 사람이 다른 사람에게 하는 명령을 가리킬 수도 있다(시 78:1). 그러나 하나님으로부터 나왔다는 의미에서의 토라는 모세오경과 나머지 구약 성경 전체에서 민사 및 사회 행위의 규범뿐 아니라 공식 예배 예식과 관련된 하나님 백성의 행동 표준을 나타낸다.[17] 토라의 성경적 개념은 '신적 권위의 명령'이라는 의미를 담고 있다. 이 개념은 현대인이 갖고 있는 입법부에서 만든 법이나 자연법 개념과는 큰 차이가 있다. 출애굽기에 나오는 율법의 풍부하고 권위적인 성격을 강조하기 위해, 우리는 때때로 별도의 번역 없이 '토라'라는 단어를 그대로 사용할 것이다.

출애굽기에서, 일련의 구체적 명령이라고 할 수 있는 토라는 언약의 일부로 간주된다. 언약이 토라의 일부인 게 아니다. 다시 말하면, 언약 전체는 그들을 해방시켜 주신 하나님의 선하심으로 하나님께서 자기 백성과 맺은 관계를 말한다(출 20:2). 언약으로 백성과 관계를 맺은 왕으로서 하나님은 이스라엘이 어떻게 예배하고 행동하기를 원하는지 율법을 통해 명시하신 것이다. 순종하겠다는 이스라엘의 서약은 언약을 주신 하나님을 향한 반응이었다(출 24:7).

이것은 일의 신학을 이해하는 데 매우 중요하다. 직장에서 우리가 우리 행위 속에서 하나님의 뜻을 찾고, 또 그것을 실천으로 옮기는 방식은 하나님과 우리의 관계에 의해 좌우된다. 크리스천 입장에서 보면, 하나님이 먼저 우리를 사랑하셨기 때문에 우리도 하나님을 사랑할 수 있는 것이고, 다른 사람을 대하는 우리 태도에서 다시 그 사랑이 드러나는 것이다(요일 4:19-21). 이웃을 사랑하라는 하나님 계명의 범위는 교회, 카페, 집, 공공장소, 일터 등 장소를 가리지 않으며, 하나님께서는 우리가 어디서나 그 계명을 적용하며 살기 원하신다.

▽ 출 20:1-24:18

크리스천을 위한 율법의 역할

한 개인이 출애굽기나 특히 레위기의 어느 구절에서 논점을 이끌어 낸 다음, 그 교훈을 현대에 적용하는 법을 제시한다는 것은 쉽지 않은 일이다. 그런 일을 시도하는 사람은 누구나 이런 반론에 부딪힌다. "좋아요. 하지만 성경은 노예제도를 허용하고 우리에게 베이컨이나 새우를 먹지 말라고 하잖아요! 게다가 내 옷에 면과 폴리에스테르가 섞여 있다고 해도 하나님이 크게 상관하지 않으실 것이라고 생각해요"(출 21:2-11; 레 11:7, 12; 19:19 참조). 이런 일은 크리스천 가운데서도 일어나기 때문에, 성경을 공적인 분야에서 '일'이라는 주제에 적용할 때 어려움이 생기는 것은 어찌 보면 당연하다.

무엇이 오늘날 적용 가능하고 불가능한지를 우리가 어떻게 알 수 있는가? 어떻게 하면 우리가 성경을 모순되게 대한다는 비난으로부터 자유로울 수 있을까? 더욱 중요한 것은, 어떻게 하면 우리가 삶의 모든 면에서 하나님 말씀을 통해 진실로 변화될 수 있을까? 출애굽기와 모세오경에 나오는 율법의 다양성은 이런 유형의 도전을 불러일으킨다. 또 다른 도전은 크리스천들이 토라와 구약을 그리스도와 신약과의 관계 안에서 이해하고 적용하는 다양한 방식에서 나온다. 기독교에서 토라 문제는 극히 중요하며, 우리가 이 문제를 해결해야만 일에 관해서 성경이 다루는 부분으로부터 뭔가를 얻을 수 있다. 다음에 나오는 간단한 정리는 과도하게 편협하지 않은 차원에서 이에 도움을 줄 것이다.

신약과 율법의 관계는 복잡하다. 그것은 "율법의 일점 일획도 결코 없어지지 아니하고 다 이루리라"(마 5:18)라는 예수님의 말씀과 "이제는 …… 율법에서 벗어났으니 이러므로 우리가 영의 새로운 것으로 섬길 것이요 율법 조문의 묵은 것으로 아니할지니라"(롬 7:6)라는 바울의 두 진술을 모두 포함한다. 이 두 가지는 서로 상반되는 구절이 아니고, 토라가 그리스도 안에서 새 삶을 얻은 사람에게 공의, 지혜, 내적 변화라는 하나님의 선물을 계속해서 계시해 준다는 하나의 공통된 사실을 두 가지 방식으로 표현할 뿐이다. 하나님은 그분의 경건한 본질에 대한 표현이자, 구원이라는 위업에 따르는 결과로서 토라를 주셨다. 토라를 읽음으로써 우리는 우리 안에 내재된 죄성을 보고 하나님 및 타인과 평화롭게 살기 위한 어떤 기준이 필요함을 깨닫는다.

하나님은 그분의 교훈을 우리가 삶의 크고 작은 실제 문제에 적용함으로써 그 교훈에 순종할 것을 우리에게 기대하신다. 몇몇 특정 율법을 보고서 우리가 하나님을 비현실적인 완벽주의자라고 여겨서는 안 된다. 우리가 부딪치는 그 어떤 문제도 하나님이 보시기에 너무 작거나 시시한 것이 아님을 율법은 우리에게 보여 준다. 그러므로 토라는 외적 행위에 대한 것만을 다루지 않는다. 그것은 탐심 같은 마음의 문제도 거론한다(출 20:17). 후에 예수님은 살인과 간음을 정죄하셨을 뿐 아니라 분노와 정욕의 뿌리도 꾸짖으셨다(마 5:22, 28).

하지만 오늘날 삶의 실제 문제에 토라를 적용하며 토라에 순종한다는 것은 이스라엘이 수천 년 전에 행했던 것을 반복하는 것과는 다르다. 율법의 일부는 영구적인 게 아니라는 점을 이미 구약은 우리에게 암시한다. 성막은 영구적인 구조물이 아니고 성전도 이스라엘 원수의 손에 무너져 버렸다(왕하 25:9). 예수님이 파괴된 "성전"을 삼일 만에 일으키시겠다고 말씀하신 것은 그분의 희생을 통한 죽음과 부활을 가리킨 것이었다(요 2:19). 어떤 면에서 예수님은 성전, 제사장 제도 및 제사장 활동이 상징하는 모든 것을 구현했다. 음식에 대해 예수님이 선언하신 내용, 즉 '사람이 불결하게 되는 것은 사람 속으로 들어가는 음식 때문이 아니다'라는 선언은 모세 언약의 특정 음식법이 더는 유효하지 않다는 것을 의미했다(막 7:19).[18] 더욱이 신약의 하나님 백성은 그들에게 토라의 제재 규정을 적용할 합법적 권한이 없는 세계 여러 국가와 문화 속에서 살았다. 이에 사도들은 성령의 인도에 따라 여러 문제를 논의했고, 유대 율법의 세부 사항이 이방 크리스천에게 일반적으로 적용되지 않는다고 결의했다(행 15:28-29).

'어떤 계명이 가장 중요합니까'라는 질문에 대한 예수님의 대답은 당시 신학에 비춰 볼 때도 논쟁의 여지가 없었다. "네 마음을 다하고 목숨을 다하고 뜻을 다하고 힘을 다하여 주 너의 하나님을 사랑하라", "네 이웃을 네 자신과 같이 사랑하라"(막 12:30-31).[19]

신약에 나오는 내용 대부분도 토라를 확증해 주는데, 거기에는 간음, 살인, 도적질, 탐심을 경계하라는 계명뿐 아니라 서로 사랑하라는 긍정적인 계명도 있다(롬 13:8-10; 갈 5:14). 팀 켈러에 따르면, "그리스도가 오신 이후, 우리가 예배하는 방식은 바뀌었지만 우리가 살아가는 방식은 바뀌지 않았다."[20] 이것이 놀라운 일이 아닌 것은, 새 언약 속에서 하나님은 그분의 백성 속에 율법을 넣어 두고 그들의 마음에 율법을 새기실 것이라고 말씀하셨기 때문이다(렘 31:33; 눅 22:20). 모세 언약의 율법에 대한 이스라엘의 신실함은 율법을 지키고자 하는 그들의 결심에 달려 있었는데, 결국 예수님만이 이를 성취하실 수 있었다. 새 언약 아래의 신자는 그런 식으로 행하지 않는다. 바울은 '우리는 성령의 새로운 방식으로 섬긴다'고 말했다(롬 7:6, NIV).

일의 신학과 관련해서는 앞서 설명한 것이 몇 가지 내용을 우리에게 시사해 주는데, 그것은 출애굽기에 나오는 율법을 직업과 관련된 현장에서 이해하고 적용하는 데 있어 도움을 줄 것이다. 노동자, 동물, 재산을 다루는 것과 관련된 율법은 하나님 본성의 영원한 가치를 나타낸다. 그것은 진지하게 받아들여져야 하지만 노예처럼 우리가 그것을 따라야 하는 것은 아니다. 한편 십계명은 일반 용어로 표현되어 있으므로 다양한 상황에서 자유롭게 적용될 수 있다. 반대로 시종(servants), 가축 및 개인 상해에 대한 율법은 고대 이스라엘의 특정 역사, 사회적 맥락, 특히 당시 논쟁 거리였던 분야에서의 적용을 예시(例示)하는 것이었다.

율법은 올바른 행위의 예를 든 것이지만 적용의 실례를 모두 총망라한 것은 아니었다. 크리스천은 행위를 스스로 통제할 뿐 아니라, 성령께서 우리의 태도, 동기, 욕구를 변화시키도록 함으로써 하나님께 영광을 돌리고 율법을 존중한다(롬 12:1-2). 그렇게 하지 않는 것은 주님과 구주의 일과 의도에 대한 회피로 귀결되게 마련이다. 우리는 언제나 사랑이 자기 방침과 행위를 주관하도록 구해야 한다.

▽ 출 20:1-17; 21:1-23:9

일에 관한 명령

이스라엘 "언약서"(출 24:7)에는 '데카로그'(Decalogue; 문자 그대로 "말씀들"- 출 20:1-17)라고도 불리는 '십계명', 출애굽기 21장 1절에서 23장 19절에 나오는 규례가 포함되어 있다. 십계명은 무엇무엇을 하라, 하지 말라 같은 일반 명령 구조로 되어 있는데, 규례는 판례법을 모아 놓은 것으로써, '만일 …… 한다면, 그때는 ……' 형태를 사용해서 십계명을 특정 상황에 적용한 것이다. 이 율법은 고대 이스라엘 사회 및 경제 세계에 맞는 것이었다. 이 법은 총괄적인 법전이 아니라 어떤 기준으로서, 극악한 행위를 저지하고 난제를 처리하기 위해 만들어진 법적 선례였다.[21]

십계명 출 20:1-17

십계명은 구약에 나오는 하나님 뜻에 대한 최상의 표현이므로 깊은 관심을 기울여야 한다. 우리는 십계명을 수백 가지 중에서 가장 중요한 열 가지 계명으로 간주할 게 아니라 토라 전체를 집대성한 것으로 봐야 한다. 모든 토라는 십계명에 근거를 두므로 실질적으로 우리는 십계명에서 모든 율법을 발견할 수 있다. 예수님이 다음과 같은 유명한 말씀으로 율법을 요약했을 때 십계명은 본질적으로 나머지 율법과 일치할 수밖에 없음을 표현하신 것이었다. "네 마음을 다하고 목숨을 다하고 뜻을 다하여 주 너의 하나님을 사랑하라 하셨으니 이것이 크고 첫째 되는 계명이요 둘째도 그와 같으니 네 이웃을 네 자신같이 사랑하라 하셨으니 이 두 계명이 온 율법과 선지자의 강령이니라"(마 22:37-40). 십계명을 나타낼 때는 언제나 모든 율법과 선지자가 지칭됐다.

십계명과 나머지 율법의 근본적인 일치와, 신약과의 연속성은 우리가 성경 전체를 조명하며 십계명을 현대 직업 현장에 적용해 보도록 초청한다. 다시 말해 십계명을 적용할 때 우리는 신구약에 나오는 관련 성구도 함께 살펴볼 것이다.

"너는 나 외에는 다른 신들을 네게 두지 말라" 출 20:3

첫째 계명은 토라에 담긴 모든 것은 하나님을 향한 우리의 사랑으로부터 흘러나온다는 점을 상기시킨다. 물론 이 사랑은 그분이 우리를 먼저 사랑하신 것에 반응한 것이다. 이 사랑은 하나님께서 이스라엘을 애굽의 '종살이'에서 구원하셨을 때 드러났다(출 20:2). 인생에서 그 어떤 욕망도 하나님을 사랑하고 하나님께 사랑받고자 하는 욕망보다 더 커서는 안 된다. 우리에게 하나님을 향한 사랑보다 더 강력한 다른 관심사가 있다면, 그것은 하나님의 규칙을 어기고 있다기보다는 우리가 진실로 하나님과의 관계 속에서 살고 있지 않다는 것을 의미한다. 그 다른 관심사가 돈, 권력, 안정, 명예, 성적 쾌락 또는 여타 어느 것이든 간에 우리의 신이 되어 버린 것이다. 이 '가짜 신'들은 그 나름의 계명을 갖고 있어서 하나님의 계명과 불화를 일으킬 것이며, 우리가 가짜 신의 요구 조건에 응하는 순간마다 반드시 토라를 위반하게 된다. 십계명을 지키는 첫 발걸음을 뗄 수 있는 것은 여호와 이외의 다른 신을 갖고 있지 않은 사람만이 가능하다.

일과 관련해서 이것이 의미하는 바는, 우리가 일이나 그 조건과 열매를 인생에서 가장 중요한 것으로 만들어 그것이 하나님을 대체하게끔 해서는 안 된다는 점이다. 데이비드 길(David Gill)이 말한 대로, "아무도, 아무것도 당신 삶 속에서 하나님이 차지한 중심적 위치를 절대 위협하지 못하게 하라."[22]

많은 사람이 돈을 벌기 위한 목적으로 일하므로, 돈에 대한 과욕은 일과 관련해서 첫째 계명을 어기게 만드는 가장 흔한 위험이 된다. 예수님도 바로 이 위험을 경고하셨다. "한 사람이 두 주인을 섬기지 못할 것이니 …… 너희가 하나님과 재물을 겸하여 섬기지 못하느니라"(마 6:24).

어쨌든 일과 관련된 거의 모든 것이 우리 욕망을 왜곡시켜 하나님을 향한 우리 사랑에 지장을 줄 수 있다. 하나님을 향한 사랑을 이루는 수단이 되어야 할 것, 즉 정치 권력, 재정 안정, 직업에 대한 헌신도, 동료 사이에서의 지위, 탁월한 성과 등이 그 자체가 목적으로 변할 때 얼마나 많은 사람이 비극적인 파국을 맞는지 모른다. 예를 들어 직장에서 인격적으로 일하는 것보다 사람에게 인정을 받는 것이 더 중요한 게 되었다면, 궁극적 관심사가 하나님 사랑이 아니라 사람의 평가로 바뀌었다는 신호가 아니겠는가?

실생활에서 우리는 이렇게 점검해 볼 수 있다. 하나님 사랑이 직장에서 사람을 대하는 내 태도로 드러나는지 여부를 스스로 물어보면 된다. "누구든지 하나님을 사랑하노라 하고 그 형제를 미워하면 이는 거짓말하는 자니 보는 바 그 형제를 사랑하지 아니하는 자는 보지 못하는 바 하나님을 사랑할 수 없느니라 우리가 이 계명을 주께 받았나니 하나님을 사랑하는 자는 또한 그 형제를 사랑할지니라"(요일 4:20-21). 만일 우리가 우리 개인 관심사를 직장 상사나 동료에 대한 관심사보다 앞세운다면, 우리는 개인 관심사를 우리 하나님으로 만들어 버린 것이다. 예컨대 우리가 다른 사람을 조종할 수 있는 대상, 극복해야 할 장애물, 원하는 것을 얻게 해 줄 수단, 우리 진로에 그저 놓여 있는 물체쯤으로 취급한다면, 우리는 하나님을 마음과 목숨과 뜻을 다해서 사랑하지 않는 것이다.

이런 맥락에서 이제 우리는 일과 관련된 행위 중에서 하나님을 향한 우리 사랑을 방해할 가능성이 높은 것을 열거해 볼 수 있다. 우리 양심에 반하는 일을 행하는 것, 성공을 위해 다른 사람을 해칠 수밖에 없는 조직 내에서 일하는 것, 너무 오래 일하다 보니 기도·예배·안식할 시간은 물론 하나님과 더 깊고 친밀한 관계를 맺을 시간이 없는 것, 우리를 부도덕하게 만들거나 하나님의 사랑으로부터 멀어지게 만드는 사람들 가운데서 일하는 것, 술·마약 남용·폭력·성희롱·부패·무례·인종 차별 또는 다른 비인간적인 대우가 우리와 직장 동료 속에 있는 하나님 형상을 파괴하는 환경 가운데서 일하는 것. 만일 이런 위험을 피할 방도를 찾을 수만 있다면 그것은 지혜로운 처신이 될 것이다. 새로운 직장을 찾아 나서는 것도 하나의 방법이다. 방도를 찾기 힘들더라도, 최소한 우리는 하나님을 향한 사랑을 우리의 일터에서 유지하기 위해 도움과 지원이 필요하다는 사실을 알 수 있다.

"너를 위하여 새긴 우상을 만들지 말고" 출 20:4

둘째 계명은 우상숭배 문제를 거론한다. 우상은 우리가 스스로 만들어 낸 신이며 우리가 고안한 것이 전부인, 우리가 통제할 수 있다고 느끼는 그런 신이다. 고대 세계에서 우상숭배는 주로 물리적 대상을 숭배하는 형태를 띠었다. 하지만 이 주제의 초점은 신뢰와 헌신에 대한 것이다. 우리는 궁극적으로 우리 자신의 안녕과 성공에 대한 소망을 어디에 두고 있는가? 하나님 외의 존재는 우리 소망을 성취할 능력이 없으며, 그것이 무엇이든 전부 우상이 될 수밖에 없다. 하나님을 조종할 의도로 우상을 만들었다가 비참한 개인적, 사회적, 경제적 결과를 얻은 한 집안의 이야기가 사사기 17-21장에 잘 나와 있다.

일의 세계에서는 돈, 명예, 권력을 잠재적 우상으로 여기는 경우가 흔한데, 거기에는 다 이유가 있다. 그것이 본질적으로 우상인 것은 아니며 하나님의 창조적이고 구속적인 일 가운데 우리 역할 속에서 사실상 필요한 것일 수도 있다. 하지만 우리가 궁극적으로 그것을 통제할 수 있다거나 그것으로 우리 안전과 번영이 확보될 것이라 여긴다면, 우리는 우상숭배에 빠져들게 된다. 동일한 상황이 준비, 각고의 노력, 창의력, 모험, 부(富), 기타 자원과 우호적인 환경 등 성공의 모든 여타 요소 가운데 있는 상태에서도 사실상 발생할 수 있다. 일터에서 우리는 이런 것이 얼마나 중요한지 인식해야 한다. 하나님의 사람으로서, 우리는 우상숭배가 시작되는 시점을 인식할 수 있어야 한다. 하나님의 은혜로 우리는 자칭 대단한 것을 예배하고자 하는 유혹을 극복할 수 있다. 모든 일에 참으로 거룩한 지혜와 기술을 개발하는 것은 우리가 "여호와를 의뢰하게 하려" 함이다(잠 22:19).

우상숭배의 특이한 점은 사람이 우상을 만든다는 것이다. 일터에서 우리가 우리 권력, 지식, 생각을 실재하는 것으로 간주할 때 우상숭배의 위험성이 발생한다. 우리가 다른 사람들에 대해 세운 기준을 우리 자신에게 더 이상 적용하지 않거나, 다른 사람의 생각에 더는 귀 기울이지 않거나, 우리와 의견이 다른 사람을 짓밟으려고 할 때, 우리는 이미 자신을 우상화하고 있는 것 아닐까?

"너는 네 하나님 여호와의 이름을 망령되게 부르지 말라" 출 20:7

셋째 계명은 글자 그대로 하나님 이름을 '그릇되게 사용하지' 말 것을 하나님 백성에게 명한다. 이것은 "여호와"(출 3:15)라는 이름에만 국한된 게 아니라 "하나님", "예수", "그리스도" 등에도 적용된다. 그릇되게 사용한다는 것은 무엇을 말하는가? 물론 여기에는 저주, 비아냥, 저속한 표현을 사용하는 것 등이 포함된다. 그러나 보다 더 중한 잘못은, 사람이 사람의 책임을 하나님에게로 거짓되게 돌릴 때다. 이는 우리가 하나님의 권위를 배재한 채 우리 자신의 행위나 결정을 정당화하게 만든다. 유감스럽게도 어떤 크리스천들은 직장에서 하나님과 함께 일한다는 것은 다른 사람을 존중하거나 자기 행위에 책임을 지는 것이 아니라, 자기 이해에 기초해서 우선적으로 하나님을 대변하는 것이라고 믿는다. "그건 하나님의 뜻이야"라든가 "그런 일을 당신이 당하는 건 하나님이 당신에게 벌을 주고 있기 때문이야"와 같은 말은 매우 위험하다. 신앙 공동체의 지지나 분별 없이 개인의 입에서 나올 경우, 대개는 근거가 전혀 없다(살전 5:20-21).

이에 비춰 보건대, 전통 유대인이 하나님(the divine)의 이름은 물론이고 그 영어식 표현인 "God"도 사용하기를 꺼려 하는 지혜는 크리스천도 일면 본받을 필요가 있다. 만일 우리가 '하나님'이라는 말을 사용함에 있어 조금이라도 더 신중하다면, 하나님의 뜻을 안다는 주장을 펼 때 더 조심하고 특히 다른 사람과의 관계 속에서는 더욱더 그럴 것이다.

셋째 계명은 사람의 이름을 존중하는 것은 하나님께도 중요하다는 점을 우리에게 상기시킨다. “자기 양의 이름을 각각 불러 인도”(요 10:3)하시는 선한 목자는 만일 다른 사람을 “바보”라고 부른다면 “지옥 불에 들어가게 되리라”(마 5:22)라고 우리에게 경고하신다. 이 말씀을 염두에 둔다면, 우리는 다른 사람의 이름을 그릇되게 사용하거나 그들을 불경스런 호칭으로 불러서도 안 된다. 다른 이에게 저주를 퍼붓거나 창피를 주거나 그들을 억압하거나 배척하거나 편취할 때 우리는 그들의 이름을 그릇되게 사용하는 것이다.

반면 다른 사람에게 용기를 주거나 고마움을 표하거나 그들과 유대감을 다지거나 환영할 때 우리는 타인의 이름을 좋게 사용하는 것이다. 누군가의 이름을 외워서 불러 주는 것만으로도 그것은 축복이 된다. 그 사람이 무명이나 보이지 않거나 하찮은 사람으로 취급될 경우에는 더더욱 그렇다. 당신은 쓰레기통을 비워 주는 사람, 고객 상담 전화를 받는 사람, 버스 운전기사의 이름을 기억하는가? 비록 이런 예가 ‘여호와’라는 이름 자체와 관련이 있는 것은 아니지만, 그들 모두는 하나님의 형상대로 지음받은 사람들이다.

“안식일을 기억하여 거룩하게 지키라 엿새 동안은 힘써 네 모든 일을 행할 것이나” 출 20:8-11

안식일은 출애굽기와 구약 성경에서만이 아니라 기독교 신학과 실생활에서도 복잡한 문제다. 이 계명의 앞부분은 일주일에 하루는 노동하기를 쉬라고 명령한다. 출애굽기 중 안식일에 관한 내용은 16장(만나를 거두러 나감), 23장 10-12절(안식년 및 매주 안식의 목적), 31장 12-17절(안식일을 어길 때의 형벌), 34장 21절과 35장 1-3절에 나와 있다. 고대 세계에서 안식일은 이스라엘만의 독특한 것이었다. 한편으로 이것은 이스라엘 백성에게 비교할 수 없는 선물이었다.

다른 고대 국가 사람은 일주일에 하루씩 쉴 수 있는 특권을 누리지 못했다. 또 다른 한편으로 안식일을 지키려면 하나님이 공급해 주실 것을 온전히 신뢰하는 게 필요했다. 이는 곡식을 심고 거두고 물을 긷고 길쌈을 하고 각종 양식으로부터 식량을 얻어 내는 모든 작업을 6일 만에 끝내야 한다는 것을 의미했다. 이스라엘이 일주일에 하루씩 안식하는 동안 주변 나라는 계속 칼을 만들고 화살을 제작하고 병사를 훈련했다. 이스라엘은 안식일을 지키는 것이 경제 및 군사 재난으로 이어지지 않도록 하나님이 지켜 주실 것이라고 하나님을 신뢰해야만 했다.

오늘날 우리도 하나님이 공급해 주실 것이라고 믿어야 하는 각종 문제와 씨름한다. 하나님께서 정하신 바를 따라 일과 안식의 순환을 지키면서도, 과연 우리는 현대 경제 사회에서 뒤처지지 않을 수 있을 것인가? 둘 혹은 셋 이상의 직업을 유지하고 집 청소를 하고 식사를 준비하고 세차를 하고 공과금을 제때 내고 학교 공부를 하고 시장을 보는 데 7일이 다 필요한가? 아니면 매주 하루씩 쉬어도 하나님께서 우리를 부양해 주시리라고 신뢰할 수 있을까? 만일 우리가 예배하고 기도를 드리며 다른 사람과 어울려 성경공부를 하고 서로를 격려하는 데 시간을 쓴다면, 우리 생산성이 전반적으로 더 떨어질까 아니면 더 높아질까? 넷째 계명은 이 모든 문제를 하나님께서 어떻게 해결해 주실 것인지 설명하지 않는다. 단지 우리에게 일주일에 하루는 안식을 취할 것을 말할 뿐이다.

크리스천은 안식일을 "주일"(일요일, 그리스도가 부활하신 날)로 바꿔 부르고 있으나, 안식일의 본질은 일주일 중 특정한 어떤 날을 다른 날보다 더 낫게 여기는 게 아니다(롬 14:5-6). 안식일이 정말로 강조하는 두 가지 사항은 일과 안식이다. 일과 안식이 둘 다 제4계명에 포함되어 있다. 일하는 6일도 안식하는 하루만큼이나 이 계명 속에서 큰 비중을 차지한다. 많은 크리스천이 일하는 시간을 짜내어 안식에 할애해야 하는 처지에 놓여 있지만, 그와 반대로 한가로운 여가와 낭비를 위해 일을 최대한 축소하려는 사람도 적지 않게 존재한다. 이것은 안식일을 무시하는 것보다 더 악하다. "누구든지 자기 친족 특히 자기 가족을 돌보지[부양하지, NIV] 아니하면 믿음을 배반한 자요 불신자보다 더 악한 자니라"(딤전 5:8).

우리에게 필요한 것은 일과 안식의 적절한 조화다. 그것이 우리 자신과 가족, 동료 근로자와 고객 모두에게 다 좋기 때문이다. 그 조화에는 일요일 또는 토요일 24시간 동안 푹 쉬는 것이 포함될 수도 있고 안 될 수도 있다. 안식의 시간적 비율은 일시적인 필요(안식일에 소를 우물에서 건져 내는 일과 비슷한 현대의 일-눅 14:5)나 때에 따른 삶의 필요에 의해 변할 수도 있을 것이다.

만일 과로가 우리의 주된 위험이라면, 우리는 신령한 것(일요일에 진행되는 예배)과 세속적인 것(월요일부터 진행되는 노동)을 대립시키는 새로운 거짓 율법주의를 창안해 내지 않으면서도 제4계명을 지킬 방도를 찾아내야 한다. 만일 일을 회피하는 것이 우리 위험이라면, 우리는 하나님과 우리 이웃을 위해 봉사하며 일하는 것의 기쁨과 의미를 배우고 찾을 수 있도록 노력해야 한다(엡 4:28).

"네 부모를 공경하라" 출 20:12

부모를 공경하거나 공경하지 않을 방법에는 여러 가지가 있다. 예수님 시대에, 바리새인은 이 계명의 의미를 부모에 대해 좋게 말하고 칭찬하는 것에 국한하고 싶어 했다. 그러나 예수님은 이 계명을 지키려면 부모를 봉양하는 일이 필요하다고 지적하셨다(막 7:9-13). 우리는 누군가의 선을 위해 일함으로써 그 대상을 향한 공경심을 표현한다.

부모와 좋은 관계를 맺는 것은 많은 사람에게 인생의 커다란 기쁨 중 하나다. 부모를 사랑으로 섬기는 것은 즐거움이며, 이 계명을 따르는 것도 쉽게 다가온다. 그러나 부모를 위해 일하는 것이 짐처럼 느껴질 경우 우리는 이 계명으로 시험을 받는다. 어떤 사람은 부모로부터 홀대를 받거나 냉대를 받았을 수 있다. 부모로부터 통제나 간섭을 심하게 받으며 자랐을 수도 있다. 부모와 엮이는 것이 자아를 무너뜨리거나 배우자에 대한 헌신(셋째 계명에 따른 우리의 책임 포함), 심지어는 하나님과의 관계까지도 망치는 것으로 다가오는 사람도 있을 수 있다. 비록 현재 부모와 좋은 관계를 유지한다고 해도, 부모를 돌보는 일에 시간과 수고가 많이 든다는 것 자체가 나중에 큰 짐으로 느껴질 수도 있다. 만일 늙거나 치매에 걸려서 부모의 기억력, 능력, 좋은 성품이 사라질 경우, 부모를 돌보는 일은 깊은 슬픔으로 변할 수도 있다.

하지만 다섯째 계명에는 "그리하면 너의 하나님 나 여호와가 네게 준 땅에서 네 생명이 길리라"라는 약속이 들어 있다. 실질적인 방식으로 부모를 공경하면 하나님 나라에서 더 오래 살게 되는 (아마도 더 충만하다는 의미에서) 유익을 누리게 된다는 약속이다. 우리는 어떻게 이런 일이 가능할지 알 수 없지만, 이 말씀은 그런 기대를 우리에게 안겨 준다. 그리고 그런 기대를 바라본다면 우리는 하나님을 신뢰해야 한다(제1계명 참조).

부모의 유익을 위해 일하라는 것이 이 계명의 바탕이기에, 이것은 본질상 일의 현장에서의 명령이 되기도 한다. 일터는 우리가 부모를 봉양하기 위해 돈을 버는 곳일 수도 있고, 일상적인 수발로 그분을 돕는 곳이 될 수도 있다. 두 가지가 다 일이다. 부모와 더 가까이 살기 위해, 혹은 부모에게 돈을 보내거나, 부모가 물려준 가치관이나 재능을 가지고 일하거나, 부모가 중요하다고 여긴 일을 해 나가기 위해 우리가 일할 때, 우리는 그분들을 공경하는 것이다. 마찬가지로 우리가 그분들과 함께 거하기 위해, 혹은 그분들을 위해 청소를 하고 식사를 준비하고 부모를 목욕시켜 드리거나 안아 드리고, 좋아하는 장소로 모시고 간다거나 부모의 두려움을 덜어 드리기 위해 직장활동을 역으로 제한한다면, 그것 역시 부모를 공경하는 일이 된다.

직장에서 우리는 스스로 다섯째 계명을 지킬 뿐 아니라 다른 사람으로 하여금 그것을 지킬 수 있도록 도울 수도 있다. 우리는 종업원, 고객, 동료, 상사, 거래처 및 다른 모든 사람에게도 가족이 있다는 것을 기억하고 우리 기대를 조절함으로써 그들이 자기 가족을 돌볼 수 있도록 지원해 줄 수 있다. 사람들이 그들과 부모 사이의 갈등에 대해 말하거나 불평할 때, 우리는 그들의 말에 연민을 갖고 귀를 기울이거나 실질적으로(가령 근무 시간대를 교대해 부모와 시간을 보낼 수 있게 도와줌으로써) 지원해 줄 수 있다. 그들에게 성경적인 시각에 근거한 어떤 견해를 피력할 수도 있을 것이다.

"살인하지 말라" 출 20:13

안타깝게도 여섯째 계명은 현대인의 직장생활에 너무나도 실질적으로 잘 적용될 수 있는 계명이다. 직업과 연관된 사망 사고의 10퍼센트(미국 기준)가 살인이기 때문이다.[23] '직장에서 절대로 살인하지 말라'라고 이 글을 읽는 독자에게 권고한다고 해도 이런 통계치는 크게 변하지 않을 것이다.

살인은 유일한 형태의 직장 폭력은 아니며, 단지 그것의 가장 극단적인 형태일 뿐이다. 더욱 실질적인 폭력은 분노인데, 예수님은 분노를 발하는 것도 여섯째 계명을 어기는 것이라고 말씀하셨다(마 5:21-22). 바울이 말한 대로, 분노의 감정을 금할 수는 없을지 모르지만 분노를 다스리는 방법을 배울 수는 있다. "분을 내어도 죄를 짓지 말며 해가 지도록 분을 품지 말고"(엡 4:26). 따라서 여섯째 계명이 일의 현장에서 갖는 가장 큰 의미는 아마도 이런 것일 것이다. '만일 당신이 일터에서 분노 문제를 겪는다면, 분노 조절에 관한 도움을 받도록 하라.' 많은 고용주, 교회, 국가, 자치단체, 비영리 조직이 분노 관리에 대한 교육과 상담을 제공하는데, 이런 것을 이용하면 여섯째 계명을 지키는 데 크게 효과를 볼 수 있을 것이다.

살인은 사람을 의도적으로 죽이는 것이지만, 여섯째 계명으로부터 파생된 판례법에 의하면 우리에게는 의도적이지 않은 죽음을 막을 의무도 있다. 아주 명료한 한 예는 소(일을 하는 동물)가 사람을 받아 사망에 이르게 한 경우다(출 21:28-29). 만일 그 사건이 예측 가능한 사고였다면, 그 소의 주인이 살인 책임을 물게 되어 있다. 다시 말하면, 주인이나 관리자는 직장 내의 안전을 적절하게 유지할 책임을 지니고 있는 것이다. 이 원칙은 대부분의 국가에서 법으로 잘 확립되어 있는데, 작업 현장의 안전은 정부 정책, 산업체 내규, 조직체 정책과 관습의 중요한 주제이기도 하다. 하지만 많은 직장이 근로자로 하여금 안전하지 못한 환경에서 계속 일하도록 요구하거나 묵인한다. 작업 여건을 조성하거나 근로자를 감독하거나 직장 관습을 형성하는 데 일익을 담당하는 크리스천이라면 여섯째 계명을 상기해 안전한 근무 환경이 그들이 책임져야 할 가장 큰 것 중 하나라는 점을 명심해야 한다.

"간음하지 말라" 출 20:14

직장은 간음이 가장 흔히 발생하는 환경 중 하나다. 간음이 직장 내에서 많이 발생해서라기보다 근무 환경, 직장 동료끼리 인간관계 등이 간음이 발생할 환경을 쉽게 조성하기 때문이다. 따라서 직장에서 이 계명은 우선 문자 그대로 적용된다. 결혼한 사람은 직장과 연관해 배우자 이외의 사람과 어떤 이유에서라도 성(性)적 교제를 해서는 안 된다. 물론 이것은 성매매, 포르노그래피 산업 종사자, 섹스 대리모 같은 직업적 성행위를 하는 사람은 일단 제외하고, 적어도 선택권을 지닌 대다수의 직장인을 향해서 하는 말이다.

결혼 서약에 흠집을 내는 행위는 그 어떤 것이든 모두 일곱째 계명을 어기는 것이다. 이런 일은 여러 환경에서 발생할 수 있다. 병원, 회사, 연구소와 교회 등 직장 동료 간의 강한 감정적 유대관계가 요구되면서도 배우자와 서약한 것은 충분히 지지해 주지 못할 수 있는 환경. 장시간 신체적으로 가까이 하는 직업이라든지 합리적인 한계 내에서 퇴근 후의 만남을 제한하지 못하는 장기 출장 같은 작업 조건. 성희롱을 당하게 하거나 압력에 굴복해 권력자와 성행위를 할 수밖에 없게 만드는 근무 환경도 있을 수 있다. 허영심이나 선망에 둘러싸이는 연예인, 스타 운동선수, 대기업 사업가, 정부 고위 관료나 극히 부유한 사람 사이에서도 간음이 흔히 발생할 수 있다. 직장 일에 너무 많은 시간을(신체적, 정신적, 감정적으로) 소비하다가 배우자와의 관계가 침식당하기도 한다. 크리스천이라면 이 모든 상황에서 드러나는 위험들을 알아보고 피하거나, 개선하거나, 경계해야 할 것이다.

간음이 불법 성적 접촉이기 때문이 아니라 그것이 하나님과의 언약을 파괴하는 것이기 때문에 우리는 일곱째 계명을 심각하게 받아들여야 한다. 하나님은 남편과 아내를 창조하실 때 "한 몸"(창 2:24)이 되도록 만드셨으며, 일곱째 계명에 대한 예수님의 설명 역시 결혼 언약에서의 하나님 역할을 강조한다. "하나님이 짝지어 주신 것을 사람이 나누지 못할지니라"(마 19:6). 그러므로 간음을 저지르는 것은 사람과 더불어 죄를 짓는 것일 뿐 아니라 여호와 하나님과 맺은 언약을 어기는 것이다.

사실 구약에서는 종종 "간음"이란 말과 간음을 둘러싼 비유가 성적인 죄가 아닌 우상숭배를 가리키는 것으로도 사용된다. 이사야 57장 3절,

예레미야 3장 8절, 에스겔 16장 38절 및 호세아 2장 2절 등에서 볼 수 있는 바와 같이, 예언자는 이스라엘이 하나님만 예배하겠다는 언약을 어긴 것을 종종 "간음"이나 "통간"이라고 질책한다. 그러므로 이스라엘 하나님과의 신의를 저버리는 것은 불법적인 성행위 유무와 관계없이 모두 간음에 비유된다. '간음'이란 단어의 이런 용례는 첫째, 둘째 및 일곱째 계명을 하나로 묶는 것이다. 따라서 우리는 십계명이란 그저 중요한 상위 열 가지 규칙을 모아 놓은 목록이 아니라 하나님과 맺은 단일한 언약의 표현이라는 것을 알아야 한다.

그러므로 우리는 우상숭배를 요구하거나 그런 쪽으로 우리를 이끄는 직장은 피해야 한다. 크리스천이라고 말하면서 타로 카드로 사람들에게 점괘를 봐 주거나, 우상숭배와 관련된 미술이나 음악에 종사하거나, 외설 도서를 출판하는 일을 한다는 건 상상하기 어렵다. 마찬가지로 신앙을 가진 배우가 음란하거나 불경건하거나 영적으로 혼란시키는 역할을 맡는 것도 어려운 일일 것이다. 살아가면서 우리가 행하는 모든 것은 아무리 작은 것처럼 보여도 어떻게든 우리와 하나님과의 관계를 좋게 하기도 하고 나쁘게 하기도 한다. 그리고 시간이 흐름에 따라 우리에게 영적으로 해가 되는 스트레스성 일이 계속 쌓인다면, 결국 그것은 치명적인 결과를 가져올 것이다. 그러므로 직업을 결정할 때 우리는 선택권이 있는 범위 내에서 그런 요소를 최대한 염두에 두어야 한다.

간음으로 깨지는 언약의 특이한 점은 그것이 대부분 하나님과 우리가 맺은 언약이기도 하다는 점이다. 크리스천이 맺는 모든 약속이나 합의가 다 은연중에 하나님과 맺은 언약이 아닌가? 사도 바울은 우리에게 이렇게 권고한다. "무엇을 하든지 말에나 일에나 다 주 예수의 이름으로 하고"(골 3:17). 계약, 약속, 합의는 우리가 흔히 구두나 행위로 맺는다. 우리가 그것을 모두 주 예수 이름으로 행한다고 치면, 어떤 약속은 하나님과 맺은 언약이므로 지켜야 하고 어떤 것은 사람과 맺은 것이므로 어겨도 된다고 할 수 없을 것이다. 우리는 그런 모든 유형의 합의를 지켜야 하며 다른 사람으로 하여금 그들의 합의를 깨도록 유도해서도 안 된다. 출애굽기 20장 14절에 들어 있든지 이 구절에서 파생된 신구약 가르침이든지 간에, '당신의 약속을 지키고 다른 사람도 그들의 약속을 지킬 수 있게 도우라'라는 말은 직업 세계에서 일곱째 계명을 명석하게 해석한 설명이 될 것이다.

"도둑질하지 말라" 출 20:15

여덟째 계명 역시 일터를 주요 배경으로 삼고 있는 또 다른 계명이다. 도둑질은 피해자로부터 노동의 대가를 빼앗는 것이기 때문에 정당한 일을 모독하는 것이 된다. 대부분 도둑질은 정직한 노동을 피하려는 편법의 일환으로 저질러지기 때문에, 그것은 6일 동안은 힘써 일하라는 계명을 어기는 것도 된다. 여기서도 우리는 십계명끼리의 연관성을 본다. 그러므로 일터에서 도둑질하지 말라는 계명을 하나님의 말씀으로 받아들여도 좋다.

도둑질은 다른 사람의 것을 훔치는 것 외에 다른 형태를 취할 수도 있다. 타인의 귀한 어떤 것을 소유주의 동의 없이 취득하는 순간 그것은 도적질이 된다. 자원이나 자금을 개인 용도로 착복하는 것도 도둑질이다. 판매 실적을 올리고 시장 점유율을 높이기 위해 사기를 치거나 가격을 올리는 것 역시 도둑질이다. 구매자가 실제와 다른 상황 속에서 구매를 하게 되기 때문이다.● 마찬가지로 사람의 두려움, 취약점, 무력감, 절박함을 이용해 이득을 취하는 것도 도둑질의 한 형태다. 그들이

● 이 주제를 더 자세히 알고 싶다면 TOW 웹사이트 핵심 주제 코너에서 '진실과 거짓'의 "과대광고/과장" 부분을 보라.

동의한 것은 진정 자발적으로 한 것이 아니기 때문이다. 저작권이나 지적 재산권을 침해하는 것도 창안한 사람에게서 그들이 마땅히 받아야 할 민법상의 이윤을 빼앗는 행위이기 때문에 도둑질이다.

안타깝게도, 많은 직업이 사람의 무지나 궁지에 몰린 선택권 없는 상황을 이용해 사람으로 하여금 원치 않는 거래를 하게 만드는 특성을 지니고 있다. 회사, 정부, 개인, 조합 및 기타 조직은 흔히 그들의 힘을 이용해 사람에게 불공정한 임금, 가격, 재무 조건, 근무 여건이나 근로 시간 등을 강요한다. 은행을 털거나 고용주의 것을 훔치거나 상점에서 들치기 하지는 않는다 할지라도, 불공정하거나 비윤리적인 관행을 따라 다른 사람에게서 그들의 당연한 권리를 빼앗는 일에 우리가 알게 모르게 동참할 가능성은 농후하다. 이런 관행을 거부하기 어려울 수도 있고 심지어 경력에 큰 제한이 될 수도 있겠지만, 우리는 올바른 행동을 해야 할 소명을 받은 자라는 사실을 기억해야 한다.

"네 이웃에 대하여 거짓 증거하지 말라" 출 20:16

아홉째 계명은 자기 평판에 대한 권리의 중요성을 다룬다.[24] 이것은 사람의 증언에 따라 인생 행로가 갈리는 법정 현장에서 뚜렷하게 적용될 수 있는 계명이다. 사법 판정과 소송 과정 속에 담겨진 힘은 실로 대단하다. 그런 힘을 가지고 노는 것은 사회의 윤리 체계를 어그러뜨리는 일이며 결과적으로 매우 심각한 범죄를 저지르는 일이 된다. 월터 브루그만은 이 계명이 다음 사실을 드러낸다고 지적했다. "사회적 실상이 신빙성 있게 묘사되며 알려진다고 대중이 확신하지 못한다면 공동체적 삶은 실현 불가능하다."[25]

법정 용어로 표현되기는 했지만, 이 아홉째 계명은 사실상 삶의 모든 국면에 해당하는 다양한 상황에 적용된다. 우리는 누군가에 대한 오해를 불러일으키거나 잘못 대변하는 말이나 행동을 결코 해서는 안 된다. 브루그만은 다음과 같은 통찰도 제시했다.

> 정치인은 네거티브(부정적) 선거 운동으로 경쟁자를 음해하려고 애쓴다. 가십 기고가들은 중상모략으로 돈을 번다. 그리고 크리스천은 거실에서 멋진 커피잔에 곁들인 다과를 먹으면서 남을 비방하고 교묘하게 악평을 일삼는다. 사실상의 법정 행위가 정당한 사법적 절차 없이 이렇게 도처에서 자행된다. 비난이 가해지고 소문이 전파되며 비방, 위증 및 명예훼손 발언이 여과 없이 유포된다. 여기에는 증거도 없고 변론도 없다. 크리스천은 이런 대화에 가담하거나 그런 대화를 용인하는 것을 거부해야 하며 자신을 변호할 수 있는 당사자 본인이 없는 상황에서 절대 누군가를 비방하거나 폄하해서는 안 된다. 아무리 기도 요청이나 목회자적 관심에 의한 것이라 해도, 동기가 무엇이든 어떤 형태로든 근거 없는 소문을 퍼뜨리는 것은 잘못된 행동이다. 단순히 거기에 동참하지 않는 것만으로는 부족하다. 크리스천에게는 소문을 멈추게 하고 소문을 퍼뜨리는 사람을 막아야 할 의무도 있다.[26]

이 계명은 직장에서 하는 잡담도 심각한 범죄가 될 수 있다는 점을 암시한다. 직장 밖의 개인 영역에서 파괴력을 발휘하는 잡담도 그 자체로 악하지만, 한 직원이 다른 직원의 평판을 깎아내리는 경우에는 어떤가? 당사자가 현장에 없는 상황에서 진실이 규명될 수 있을까? 근무 태도를 평가하는 것은 또 어떤가? 공정하고 정확한 평가가 이뤄지려면 어떤 안전장치가 필요한가? 대체로 마케팅이나 광고 산업은 단체와 개인이 섞인 공공영역에서 전개된다. 이때 자사 제품이나 서비스를 가장 돋보이게 하려고 할 경우, 편견이 배제된 객관적 시각으로 경쟁자 제품의 하자나 약점을 어느 정도까지 지적하는 것이 가능하겠는가? 당신이나 이웃의 권리만큼 다른 회사의 권리도 똑같이 중요하지 않겠는가? 세계 경제 규모를 감안할 때, 이 계명의 적용 범위는 엄청나게 넓다. 인식이 종종 실재를 대신하는 현 세상에서, 효과적인 언변의 수사학이 참된 진실과 일치할 수도 있고 그렇지 않을 수도 있다.

하나님으로부터 나온 이 계명으로 우리가 알 수 있는 것은, 다른 사람에 대한 우리 평가가 정확할 수도 있고 그렇지 않을 수도 있지만, 하나님만큼은 속일 수가 없다는 사실이다. 지켜보는 이가 아무도 없을지라도 옳은 일을 하는 게 좋다. 이 명령을 들으면서 우리는, 듣는 이가 한 명이라도 있으면 항상 진실을 말하도록 노력해야 한다는 것으로도 이 계명을 이해해야 한다.●

"네 이웃의 집을 탐내지 말라 …… 무릇 네 이웃의 소유를 탐내지 말라" 출 20:17

시기와 탐심은 삶의 여러 현장에서 언제나 발생할 수 있다. 많은 시간을 함께 보내는 사람들과의 관계에서 '직위와 급여와 권력'이 주요 요소가 되는 직장에서도 그렇다. 우리가 직장에서 성과, 진급 또는 보상을 원하는 데는 정당한 이유가 많을 것이다. 그러나 시기는 그런 이유 중 하나가 될 수 없으며 사회적 지위를 탐해 집착적으로 일하는 것도 마찬가지로 이유가 될 수 없다.

예컨대 우리는 직장에서 다른 사람을 밟고 올라서면서까지 우리 업적을 과대 포장하려는 유혹을 받는다. 이를 예방하는 방법은 단순하지만 실천하기란 쉽지 않다. 일관된 자세로 다른 사람이 성취한 결과를 알아주고 그들에게

● 이 주제를 더 자세히 알고 싶다면 TOW 웹사이트 핵심 주제 코너에서 '진실과 거짓' 부분을 보라.

돌아가야 할 공로를 인정하는 것이다. 만일 우리가 타인의 성공을 기뻐해 주거나 최소한 알아주기라도 하는 법을 배워 나간다면 우리는 직장에서 발생하는 시기와 탐심의 명맥을 끊어버리게 되는 것이다. 더 나아가 만일 우리가 자신의 성공과 더불어 다른 사람의 성공도 이뤄질 수 있게끔 노력한다면, 탐심은 협력으로, 시기는 화합으로 바뀔 것이다.

레이스 앤더슨(Leith Anderson)은 미네소타주 에덴 프레리 우드데일교회에서 목회할 당시 이런 말을 했다. "담임목사로서 저는 주머니 속에 동전을 무한히 가지고 있는 것처럼 느낍니다. 교회 임원이 내놓은 좋은 방안이나 자원봉사자의 수고를 칭찬하거나 다른 누군가에게 감사를 표할 때마다, 제 주머니 속 동전이 그들 주머니 속으로 흘러들어가는 것 같은 느낌을 받아요. 리더인 제가 할 일은 그거죠. 동전을 제 주머니로부터 그들의 주머니로 넣어 주는 것. 그럼으로써 다른 사람이 그들에게 건넬 칭찬을 저도 한쪽에서 거들어 주는 것입니다."[27]

▽ 출 21:1-23:33

"언약서"에 나오는 판례법

십계명으로부터 판례법전이 파생되어 그 뒤에 이어진다. 세부 원칙을 열거하는 대신, 이 판례법은 일상생활 가운데서 통상적으로 발생하는 여러 사건의 경우에 어떻게 하나님의 율법을 적용할 것인지에 대한 예를 보여 주는데, 사건 사례는 모두 이스라엘 사람이 직면했던 상황을 나타낸다. 실제로 모세오경(토라) 전체 가운데서 특정 율법을 상황적 이야기와 권고로부터 따로 구별해 떼어 내기가 어려울 수도 있다. 판례법의 네 가지 부분에서 우리는 현대 직장에 특별히 적용 가능한 부분을 찾아낼 수 있다.

노예 생활 혹은 계약 봉사 출 21:1-11

하나님이 비록 히브리인을 애굽 노예 생활로부터 해방시키기는 하셨지만, 노예 생활이 전면적으로 성경시대에 금지된 것은 아니었다. 노예가 공동체의 완전한 일원으로 인정되거나(창 17:12) 일반 사람과 동일한 휴식 시간과 휴일을 누리면서(출 23:12; 신 5:14-15; 12:12) 인간적인 대우를 받는(출 21:7, 26-27) 상황 하에서 노예제도가 허용될 수 있었다. 중요한 것은, 노예 생활이 영구적인 것은 아니었으며 궁핍 속에서 고생하는 사람의 자발적이면서도 일시적인 피난처가 되기도 했다는 점이다. "네가 히브리 종을 사면 그가 여섯 해 동안 섬길 것이요 일곱째 해에는 몸값을 물지 않고 나가 자유인이 될 것이며"(출 21:2). 노예 학대가 발생했을 경우 주인은 즉각 그 노예를 자유롭게 풀어 줘야 했다(출 21:26-27). 따라서 히브리인의 노예제도는 개인 간에 이루어지던 장기 근로 계약에 가까웠고 현대 사람이 정의하는 그런 영구적인 인종·계층·종족 착취 같은 것과는 사뭇 달랐다.

또한 일반적으로 노예끼리의 결혼을 금지했던 미국 노예제도와는 대조적으로, 출애굽기 규정은 노예 가족의 온전한 보존을 지향했다. "만일 그가 단신으로 왔으면 단신으로 나갈 것이요 장가들었으면 그의 아내도 그와 함께 나가려니와"(출 21:3). 출애굽기 21장 7-11절에 나오는 여성 노예 규정은 노예 주인과 노예 사이의 전반적인 평등도 강조했다. 여성 노예를 사들이는 사실상 유일한 목적은 그 여성 노예를 주인 혹은 주인 아들의 아내로 삼고자 할 때뿐이었다(출 21:8-9). 여성 노예는 소유주와 사회적으로 동등한 사람이 됐으며, 그 구매 행위는 혼인 지참금을 주는 것과 흡사한 역할을 했다. 실제로 이 여성은 해당 규정(출 21:9)에 따라 "아내"로 불리기도 했다. 예컨대, 만일 소유주가 여성 노예를 통상적인 아내가 갖는 모든 권리를 지닌 사람으로 대우하지 않으면, 그는 그녀를 자유롭게 풀어 줘야 했다. "여자는 속전을 내지 않고 거저 나가게 할 것이니라"(출

21:11). 이런 규정이 있음에도 불구하고, 소유주나 소유주 아들을 위한 게 아니라 종종 남성 노예를 위해 소녀나 성인 여성이 노예로 구매되는 경우가 있었고, 이는 복잡한 상황을 낳기도 했다(출 21:4).

그렇다고 해서 이것이 노예제도를 옹호하는 것을 암시하는 것은 아니다. 노예는 노예로 있는 기간 동안 단지 하나의 '재산'처럼 취급을 받았다. 규정이야 어떻든 간에, 실제로는 혹사를 방지하는 보호체계가 다소 미흡했을 것이고, 학대는 분명 일어났을 것이다. 이방인에게서 태어난 노예에 대한 안전장치는 히브리인 종을 보호하는 것처럼 엄격하지 않았고(레 25:44-46), 앞서 언급한 것처럼 여성에 대한 보호는 남성을 보호하는 것보다 약했다. 성경의 전반적인 가르침과 마찬가지로, 출애굽기에 나오는 하나님 말씀은 새로운 형태의 사회 및 경제 체제를 몰고 온 것이 아니라, 주어진 상황 속에서 하나님 백성으로서 사람이 공의와 긍휼을 가지고 살아갈 것을 가르칠 뿐이었다.

어쨌든 우리는 냉정한 마음으로 선진국은 물론 세계 전역의 가난한 사람들에게 팽배해 있는 열악한 노동 환경에 대해 생각해 봐야 한다. 가족의 생계를 위해 두세 개 직장에서 쉼 없이 일하는 노동자, 권력자에 의한 학대와 무분별한 권력 행사, 불법 사업가와 부패한 관료 및 정치적 줄을 대고 있는 사장에 의한 노동력 착취. 오늘날 모세의 율법에 나오는 규정의 혜택을 받지 못하면서 일하는 노동자는 수백만 명에 달한다. 이스라엘을 노예 생활의 착취로부터 보호하려는 것이 하나님의 뜻이었다면, 하나님은 오늘날 그와 동일하거나 그보다 더 고약한 억압을 당하는 사람을 위해 그리스도를 따르는 우리가 무엇하기를 바라시겠는가?

상업적 배상 출 21:18-22:15

결의론적인 율법은 특히 손해나 상해를 배상하는 책임 등 상업과 직접 연관된 여러 위법행위에 대한 형벌을 규정하고 있다. 소위 복수법(lex talionis)이 레위기 24장 17-21절과 신명기 19장 16-21절에도 나오는데, 이 개념의 핵심은 보복이다.[28] 글자 그대로, 이 율법은 생명은 생명으로, 눈은 눈으로, 이는 이로, 손은 손으로, 발은 발로, 화상은 화상으로, 상해는 상해로, 타박상은 타박상으로 갚으라고 말한다(출 21:23-25). 이 목록은 눈에 띄게 구체적이다. 이스라엘 재판관이 판결을 내릴 때, 그들이 정말로 이런 방식으로 벌을 내렸을 것이라고 우리가 믿을 수 있을까? 타인의 과실로 화상을 입은 고소인이 상대방도 동일하게 화상 당하는 것을 보고 정말 흡족해 했을까?

흥미롭게도 출애굽기의 이 부분은 그런 식으로 복수법이 적용되는 모습을 우리에게 보여 주지 않는다. 대신 다투는 중 다른 사람에게 심한 상해를 입힌 자가 피해자의 시간 손실을 배상하고 치료비를 물어 주는 내용이 나온다(출 21:18-19). 피해자가 대중 앞에서 가해자를 똑같이 자신이 당한 것만큼 채찍질을 가하는 장면은 본문 어디에도 나오지 않는다. 복수법은 중한 범죄에 대한 표준 형벌이 아니라 청구 가능한 손해 배상의 최대 상한선이었던 듯하다. 고든 웬함(Gordan J. Wenham)은 이렇게 말했다. "구약 시대에는 경찰이나 변호사가 없었기 때문에, 모든 기소와 처벌은 피해자와 그 가족이 시행해야 했다. 따라서 피해자 측이 복수법에 따른 권리를 다 행사하지 않고 합의를 하거나 심지어는 범죄자를 완전히 용서하기도 했을 가능성이 농후하다."[29]

이런 복수법은 현대인의 시각에서 볼 때 야만적으로 보일 수도 있지만, 알렉 모타이어(Alec Motyer)는 이렇게 말한다. "양을 한 마리 훔친 사람을 영국이 법에 따라 교수형에 처한 적이 있는데, 이는 '눈에는 눈으로'라는 원칙이 너무 가혹해서가 아니라 사람들이 그 원칙을 잊어버렸기 때문에 벌어진 일이었다."[30]

이 복수법 해석의 문제는 성경이 말한 내용을 문자적으로 해석해 실천하는 것과 성경이 가르치는 바를 적용하는 것 사이에는 차이가 있다는 것을 보여 준다. 우리 문제에 대해 성경적 해법을 얻는 것은 늘 딱 떨어지지 않는다. 크리스천은 성숙함과 분별력을 발휘해야 한다. 특히 행악자에게 복수법을 적용치 말고 그것을 '앞지르라'라는 예수님의 가르침에 비춰 볼 때 그것은 더욱 자명해진다(마 5:38-42). 그분이 개인 윤리 영역에서만 그렇게 하라고 말씀하셨던 것일까? 아니면 우리가 이 원칙을 사업 현장에도 적용하기를 바라셨을까? 이 원칙이 작은 죄에는 잘 적용되지만 큰 죄에는 잘 적용될 수 없는 것일까? 악을 품는 이로 인해 피해를 입은 사람을 우리가 방어해 주고 보호해 줘야 한다는 사실만큼은 분명하다(잠 31:9).

도둑질의 보응과 형벌에 대한 구체적 가르침은 두 가지 목적을 달성했다. 첫째, 이 가르침은 도둑에게 피해자를 원상태로 회복시키거나 그가 입은 손실을 충분히 보상할 책임이 있음을 알게 해 줬다. 둘째, 이 가르침은 도둑으로 하여금 피해자에게 준 만큼의 고통을 경험하게 함으로써 그를 처벌하고 교육하는 기능을 했다. 이런 가르침은 오늘날 민법과 형법의 기독교적 기반이 될 수도 있다. 오늘날의 사법 체계는 국가가 정한 특정 규례와 지침에 따라 움직인다. 그렇다 하더라도, 재판관에게는 판결을 내리고 형을 선고할 일말의 재량권도 있다. 법정 밖에서 이뤄지는 분쟁과 관련해 변호사는 의뢰인의 합의를 중재한다. 최근에는 "회복적 사법"(restorative justice)이라 불리는 게 생겨났는데, 이는 피해를 원상 복구하는 것뿐만 아니라 가능한 범위 내에서 범죄자까지도 사회의 떳떳한 일원으로 회복시키고자 하는 데 초점을 맞춘다. 그런 접근법을 자세하게 설명하고 분석하는 것은 여기서 우리가 논하는 주제의 범주를 벗어나는 것이지만, 우리는 성경이 이 점과 관련해 현대 사법 체계에 제시할 게 많다는 사실에 주목하고자 한다.

사업 현장에서, 리더는 일과 관련해 심각한 문제를 안고 있는 직원 사이에서 때때로 중재자 역할을 맡아야 한다. 옳고 그름을 판정한 결과는 분쟁에 휘말린 직원뿐만 아니라 조직 전체의 분위기에도 영향을 미칠 것이고, 앞으로 직원이 어떻게 처신해야 하는지를 정의하는 선례의 본보기가 될 수도 있다. 사건이 회사 전체에 미치는 영향이 매우 클 수도 있다. 더욱이 만일 크리스천 중재인으로서 그런 결정을 내려야 한다면, 보는 사람은 기독교인이 갖고 있는 믿음의 진정성에 대한 결론도 그 중재자를 보며 내릴 것이다. 우리는 분명 모든 상황을 다 예상하며 삶을 살 수는 없다(출애굽기도 그럴 수는 없다). 그러나 우리는 하나님께서 우리가 그분의 교훈을 적용하며 살기를 기대하신다는 걸 알고 있고, 어떻게 이웃을 내 몸같이 사랑할 수 있는지를 하나님께 묻는 것이 가장 좋은 출발점이 된다는 것을 확신할 수 있다.

가난한 자를 위한 생산 기회 출 22:21-27; 23:10-11

가난한 사람에게 기회를 주시는 하나님의 생각은 이방인, 과부, 고아에게 도움이 되는 규정 속에 나타나 있다(출 22:21-22). 이 세 집단의 공통점은 먹고살 자원이 되는 땅을 갖고 있지 않다는 점이다. 그래서 그들은 대개 가난했고 이방인, 과부, 고아는 구약에서 "가난한 사람"이 언급될 때마다 주요 대상이 된다. 신명기에서, 이 세 부류의 취약계층에게 관심을 가지신 하나님은 그런 사람에게 공의(신 10:18; 27:19)와 음식(신 24:19-22)을 베풀 것을 이스라엘에게 요구했다. 이 문제에 대한 판례법은 이사야 1장 17절과 23절, 10장 1-2절, 예레미야 5장 28절, 7장 5-7절, 22장 3절, 에스겔 22장 6-7절, 스가랴 7장 8-10절, 말라기 3장 5절에도 나와 있다.

이런 규정에서 가장 중요한 것 중 하나는 가난한 사람으로 하여금 수확한 후 떨어져 있는 것을 "줍고" 묵힌 밭에서 자생하는 모든 작물을 추수할 수 있게끔 허용하는 것이었다. 이 이삭줍기 관행은 곡식을 그냥 나눠 주는 게 아니라 가난한 사람에게 자력의 기회를 제공해 주는 것이었다. 땅 주인은 7년에 한 해씩 밭, 포도원, 과수원을 묵혀야 했고, 가난한 사람은 거기서 자생하는 것은 무엇이든 수확할 수 있었다(출 23:10-11). 경작 중인 밭에서도 주인은 작물을 말끔히 거두어 가지 않고 떨어진 곡식의 일부를 가난한 사람이 수확할 수 있도록 그대로 내버려 두었다(레 19:9-10). 예를 들어, 감람원이나 포도원은 매 계절 단 한 번씩만 수확이 허용됐다(신 24:20). 그 후에는 가난한 사람이 남아 있는 품질이 열등한 작물이나 늦게 여문 것을 거둬 갈 수 있었다. 이런 관습은 친절을 표현하는 행위이기도 했지만 공의로운 행위이기도 했다. 룻기서에서는 이삭줍기를 둘러싼 배경을 중심으로 이야기가 전개된다.●

오늘날에도 농업 종사자, 음식 제조자와 유통업자가 가난한 사람과 나눌 수 있는 방법은 많다. 나이 든 사람이 취약계층에 속해 있거나 가난할 가능성이 크기에 식당이 노인에게 음식 값을 할인해 주는 통상적 전통은 이스라엘의 이런 율법과 그 궤를 같이 한다. 그러나 대부분의 사람은 최소한 선진국에서는, 더는 생계를 농업에 의존하지 않는다. 현대 산업 및 기술 사회에서는, 자원의 효율적인 활용이 성공적인 생산의 기반이 된다. 주식거래소, 조립 공장이나 프로그램 설계실 바닥에는 주워 담을 수 있는 '이삭' 같은 게 아무것도 없다. 그러나 취약계층 근로자에게 생산적인 일을 제공해 줄 수 있다는 원칙은 여전히 유효하다. 정부 보조 유무와 관계없이 회사는 정신 및 신체 장애가 있는 사람을 고용할 수 있다. 불우한 환경의 사람, 사회로 복귀한 재소자 및 통상적인 직업을 찾지 못하는 사람도

● 이삭줍기에 관한 더 자세한 내용은 이 책 8장의 "룻 2:17-23" 부분을 보라.

훈련과 지원만 있다면 생산적인 사회의 일꾼으로서 돈을 벌 수 있을 것이다. 경제적으로 어려운 그 외의 사람은 일할 기회보다는 금전적 기부에 의존할 수밖에 없을 것이다.

여기서 또다시 언급하지만, 현대 상황은 너무 복잡해 우리가 성경적 율법을 단순하게 적용할 수만은 없다. 그러나 율법의 근간이 되는 가치는 공공복지, 개인 자선, 기업의 사회적 책임에 대한 제도를 고안하고 집행하는 데 크게 기여할 수 있을 것이다. 근로자 고용을 책임지거나 고용 정책을 입안하는 중요한 자리에 있는 사람 중에는 크리스천도 많을 것이다. 출애굽기는 취약계층의 사람을 고용하는 것이 하나님의 언약 아래에서 살고 있는 사람이 해야 할 일의 필수적인 부분임을 우리에게 상기시켜 준다. 비록 꼭 같은 형태는 아니지만, 옛날 이스라엘 사람과 함께 크리스천들은 하나님의 구속을 경험했다. 우리가 입은 하나님의 은혜에 감사하는 마음이야말로 주변의 궁핍한 사람에게 도움을 줄 수 있는 창조적인 방법을 찾아야 할 명백하고도 강력한 동기가 된다.

대여와 담보 출 22:25-27

또 다른 부류의 판례법은 금전 및 담보를 다룬다(출 22:25-27). 두 가지 상황을 가정해 볼 수 있다. 첫 번째 사례에서는 금전 대부를 필요로 하는 궁핍한 하나님의 백성이 등장한다. 이때 대부는 통상적 표준에 따라서 이뤄져서는 안 된다. "이자" 없이 대부가 이뤄져야 한다. 히브리어 'neshek[네쉐]'(어떤 상황에서는 '물어뜯다' 의미로 사용된다)은 학계의 비상한 관심을 받아 왔다. 네쉐이 금전적 대부 사업을 유지하는 데 필요한 합리적인 이자에 '추가'된 과도한, 즉 불공평한 이자를 의미했는가? 아니면 그것은 모든 이자를 총칭하는 말이었는가? 본문에는 이 문제를 명확하게 밝혀 줄 내용이 나와 있지 않다. 그러나 후자의 견해가 옳을 가능성이 더 크다. 왜냐하면 구약에서 네쉑은 언제나 비참하거나 취약한 상황에 처한 사람에게 돈을 빌려 주는 것과 관련되는데, 그런 사람에게는 이자가 큰 부담이 됐을 것이기 때문이다.[31] 그렇지 않아도 가난한 사람을 영구적인 재정 악순환 속으로 몰아넣는 이자는 이스라엘 하나님의 진노를 살 게 분명했다. 이 율법이 사업에 좋았는지 나빴는지 여부는 여기에서의 고려 대상이 아니다. 월터 브루그만은 이렇게 말했다. "이 율법은 그런 관습의 경제적 실용성을 논의하지 않는다. 율법은 (취약계층에게) 관심을 가져야 할 필요성을 명확하게 강조할 뿐이며 세부 사항은 공동체가 알아서 해결할 것을 기대한다."[32]

또 하나의 상황은 어떤 사람이 자기의 유일한 외투를 담보로 내놓고 대부를 신청한 경우다. 그 외투는 밤이 되면 본래 옷 주인에게로 되돌려져야 한다. 그래서 옷 주인은 건강을 해치지 않고 잠을 잘 수 있어야 한다(출 22:26-27). 그렇다면 이 경우, 부채가 다 청산될 때까지 채권자는 아침마다 옷 주인을 방문해 그 외투 회수하기를 무한 반복해야 하는 것일까? 채무자가 처해 있는 명백히 궁핍한 상황 속에서, 하나님을 믿는 채권자라면 그런 의미 없는 짓을 반복하기보다는 차라리 아예 담보를 잡지 않는 길을 택할 것이다.

이런 규정은 오늘날 은행 체계보다는 가난한 사람을 위한 보호 시스템과 구호 체계에 더 잘 적용될 수 있을 것이다. 예컨대 개발도상국의 경우 신용 대부를 받을 길이 없는 가난한 사람의 필요에 맞게 고안된 이자율과 담보 정책에 따라 마이크로파이낸스(microfinance, 소액금융)가 개발됐다. 그 목표는 적어도 1970년대 초기에는 대부업자의 이윤을 극대화하는 게 아니라 궁핍한 사람이 가난을 탈피할 수 있도록 돕기 위한 지속 가능한 대부기관을 유지하는 것에 있었다. 어쨌든 마이크로파이낸스가 대출 기관의 지속 가능한 대부 수익 및 연체율, 채무자가 지불할 수 있는 이자율

및 제한 없는 담보 조건 간의 균형을 맞추기 위해 갈등 속에 놓이는 것은 사실이다.[33]

십계명에 이어 구체적인 규정이 등장하는 것은, 하나님께서 자기 백성이 그분의 교훈을 실천으로 옮겨 진실로 어려운 사람을 도움으로써 그분을 영화롭게 하기 원하신다는 것을 의미한다. 능동적인 행동이 따르지 않는 동정적인 관심은 가난한 사람에게 큰 도움이 되지 못한다. 사도 야고보가 말했듯이, "행함이 없는 믿음은 죽은 것"(약 2:26)이다. 이 율법이 고대 이스라엘에 어떻게 적용됐는가를 살펴봄으로써 우리는 오늘날 어떻게 행동해야 하는가에 대해서도 많은 점을 배운다. 그러나 그 당시에도 이 율법은 실례에 지나지 않았음을 우리는 기억해야 한다. 테렌스 프레다임(Terence Fretheim)은 이렇게 결론을 내렸다. "율법을 적용하는 것에는 개방된 가능성의 측면이 있다. 출애굽기 본문은 불의가 판치는 삶의 모든 영역에 이 구절을 확대할 것을 듣는 자와 독자 모두에게 권고한다. 다시 말하면, 율법은 율법의 범위를 넘어설 것을 우리에게 권고하는 것이다."[34]

출애굽기를 유심히 읽다 보면, 하나님께서 우리가 왜 이 율법을 지켜야 하며 왜 우리가 새로운 상황에 그것을 적용하도록 노력해야 하는지 말해 주시는 세 가지 이유를 본다.[35] 첫째, 이스라엘인은 애굽에서 이방인으로서 억압을 당했다(출 22:21; 23:9). 이 역사 이야기를 복습하는 것은 하나님의 구속적 은혜를 우리에게 상기시켜 주는 역할만을 하지 않는다. 그 기억은 우리가 대접받고 싶어 하는 대로 남을 대접하게 만드는 동기를 우리에게 불어넣는다(마 7:12). 둘째, 우리가 나서지 못하거나 나서지 않을 때에도 하나님은 억압받는 자의 부르짖음을 들으시고 그에 대한 조치를 취하신다(출 22:22-24). 셋째, 우리는 거룩한 하나님의 백성이 되어야 한다(출 22:31; 레 19:2).

▽ 출 25:1-40:38

성막 건축

성막 건축은 그것의 예배(禮拜)적 요소 때문에 일의 신학의 범위에 들지 않는 것처럼 보일 수 있다. 현대인인 우리는 그렇게 구분하는 습관을 가지고 있지만, 출애굽기 당시의 이스라엘은 삶을 거룩한 삶과 세속적 삶으로 구분해 다루지 않았다. 이스라엘의 예배 활동과 예배 외의 활동을 우리가 구분 짓는다 해도, 출애굽기에는 하나가 다른 것보다 더 중요하다는 것을 암시하는 내용이 전혀 없다.

게다가 성막 안에서 발생한 일을 우리가 오늘날 기준에 따른 '교회 일'과 동일시할 수는 없다. 이스라엘 시대 성막 건축과 현대 교회 건물 건축 간에 유사한 점이 있다고 할 수도 없다. 출애굽기에 나오는 성막 부분은 모두 유례없는 특정 시설을 확립하는 내용을 다룬다. 비록 성막 일은 해를 거듭하며 이어졌고 나중에는 성전에 속하게 됐지만, 성막 건축물 하나하나는 그 설계상 중심적이고 독립적이었다. 그것은 이스라엘인이 거주하는 곳이라면 어디에서나 복제할 수 있는 모형 같은 게 아니었다. 오히려 영토 도처에서 건축되고 운영되던 지방 신당은 이스라엘의 영적 건강에 해가 됐다.

마지막으로, 성막의 목적은 이스라엘에게 허가된 공식 예배 장소를 제공하고자 함이 아니었다. 그들 가운데 하나님의 임재를 나타내기 위함이었다. 이는 하나님의 말씀 속에서 처음부터 분명하게 드러났다. "내가 그들 중에 거할 성소를 그들이 나를 위하여 짓되"(출 25:8). 오늘날 크리스천은 하나님께서 아들을 통해 우리 가운데 거하셨다는 것을 알고 있다(요 1:14). 예수님의 일을 통해 신자 안에 하나님의 영이 거하게 됐고 이제는 공동체 전체가 하나님의 성전이 됐다(고전 3:16). 이런 관점에서 볼 때, 우리는 일과 관련해 두 가지 주장을 펼칠 수 있다. 첫째, 하나님은 건축가이시다. 둘째, 하나님은 우리로 하여금 그분의 일을 할 수 있도록 준비시켜 주신다.

출애굽기에 나오는 성막에 관한 긴 부분은 하나님의 계명(출 25:1-31:11)과 이스라엘의 반응(출 35:4-40:33)을 따라 구성되어 있다. 그러나 하나님은 단순히 이스라엘로부터 무엇을 원하는지 말씀하시는 것에서 그치지 않고 거기에서 한 단계 더 나가셨다. 하나님은 성막 자체를 설계하셨다. 이것은 하나님이 모세에게 하신 말씀에서도 분명하게 드러난다. "무릇 내가 네게 보이는 **모양대로** 장막을 짓고 기구들도 그 **모양을 따라** 지을지니라"(출 25:9). 여기서 "모양"(pattern)에 해당하는 히브리 단어(tabnith)는 건물 및 그와 연관된 품목을 가리킨다. 오늘날 건축가는 청사진을 사용해 건축을 감독하는데, 이스라엘에도 어떤 원형이 있었을 가능성이 있다.[36] 성전은 종종 하늘의 성소를 지상에 복제한 장소로 묘사되었다(사 6:1-8). 성령을 통해 다윗 왕은 성전 '모양'을 얻었고 그것을 다윗으로부터 건네받은 아들 솔로몬은 그것을 바탕으로 성전을 건축했다(대상 28:11-12, 19).

이어지는 구절을 보건대, 하나님의 설계 디자인은 정교하고 절묘했음이 분명하다. 건축에 앞서 하나님의 설계도가 있어야 한다는 원칙은 이스라엘의 성소뿐 아니라 신약의 크리스천 공동체에서도 지켜졌다(고전 3:5-18). 장차 나타날 새 예루살렘은 하나님만이 설계할 수 있는 도시인 것이다(계 21:10-27). 건축가로서 하나님의 경력은 그 건물에 대한 위엄도 한층 덧입혀 준다. 그러나 넓은 의미에서 본다면, 하나님의 자녀라면 누구나 자기 일이 무엇이든 간에 그 속에 하나님의 설계가 있다는 확신을 가질 수 있다. 이어서 살펴보겠지만, 하나님의 계획 속에는 우리가 메워야 할 세부 내용도 있지만, 성령은 그것에 대해서도 우리에게 도움을 주신다.

브살렐과 오홀리압 및 성막 일꾼 모두를 둘러싼 이야기는 일과 관련된 용어로 꽉 차 있다(출 31:1-11; 35:30-36:5). 브살렐과 오홀리압은 성막 일과 관련해서만 중요한 사람이 아니라 성전을 건축한 솔로몬과 후람 왕의 역할 모델로서도 중요했다.[37] 그들이 다뤘던 일련의 기술에는 금, 은, 동을 가지고 하는 금속세공뿐만 아니라 돌과 나무를 가지고 하는 석공과 목공 일도 포함되어 있었다. 의상 제작에는 양털을 구입해 실을 잣고 물들이고 직조하는 일과 의상을 설계, 제조 및 재단하는 일과 수를 넣는 일이 필요했을 것이다. 장인은 관유와 향료를 준비하는 일까지도 맡았을 것이다. 이 모든 실무를 하나로 묶는 것은 일꾼에게 성령을 부으시는 하나님이셨다. 본문에 나오는 "능력"과 "기능"을 의미하는 히브리어 단어(hokhmah)는 대개 "지혜"로 번역되는데, 이것은 우리로 하여금 말의 사용과 판단을 생각하게 만든다. 여기서 그것은 명백히 직접 하는 실제의 일을 의미하지만, 한편으로는 넓은 신학적 의미에서 영적인 것을 의미하기도 한다(출 28:3; 31:3, 6; 35:26, 31, 35; 36:1-2).

이 구절이 보여 주는 광범위한 건축 활동은 고대 근동 지역 건축에 수반되던 것을 설명해 주지만 모든 것을 다 보여 주지 않는다. 하나님이 그들에게 영감을 부어 주셨으므로, 우리는 하나님께서 그들을 원하셨고 그들을 축복하셨을 것이라고 무난하게 가정한다. 하지만 이런 본문이 꼭 있어야만 우리는 하나님께서 이런 종류의 일을 축복하심을 확신할 수 있는 것일까? 여기서 언급되지 않은 그 외의 작업은 어떻게 봐야 할까? 약간 농담조로 얘기를 한다면, 만일 성막에 에어컨 장치가 필요했다면 하나님은 아마도 그것에 대해서도 좋은 계획을 세워 두셨을 것이라고 우리는 확신할 수 있다.

로버트 뱅크스(Robert Banks)는 지혜로운 통찰을 나눈다. "성경에 나오는 기록을 보면서 우리는 [현대적] 건축 과정과 비교해 너무 좁게 바라보거나 특정 직업만을 분석하는 방식으로 비교 해석해서는 안 된다. 가끔 맞을 수도 있겠지만 대개의 경우는 그렇지 않을 것이다."[38] 하나님이 어떤 유형의 노동은 가치 있는 것으로 보고 어떤 노동은 하찮게 여기셨다는 것이 여기 논점이 아니다. 특정 일이 하나님의 일이라는 것을 우리에게 알려 주기 위해 성경이 모든 고상한 직업을 일일이 나열해야 하는 것은 아니다. 사람이 안식일을 위해 창조된 게 아니고 안식일이 사람을 위해 만들어졌듯이(막 2:27), 건물과 도시도 사람을 위해서 만들어지는 것이다. 평평한 지붕 주변에는 보호 난간이 설치되어 있어야 한다는 고대의 법(신 22:8)은 사람에게 진정 이로우며 사람을 안전하게 해 줄 책임 있는 건축에 대한 하나님의 관심을 반영한다. 하나님이 성막 일꾼에게 성령을 부으신 것의 요점은 하나님께서 특정 목적을 가지고 특정 프로젝트에 관심을 기울이셨다는 점이다.

하나님의 일이 무엇이든지 간에 하나님은 그분의 위대한 일을 우리의 서툰 손에 내맡기지 않으신다. 직업의 다양한 수만큼 그분이 우리를 준비시키는 방식도 다양할 수 있다. 그분의 신실하심에 따라, 하나님은 우리에게 힘이 되는 영적 은사를 나눠 주실 것이고, 우리는 그것을 통해 하나님의 일을 세상 끝나는 날까지 해 나갈 것이다(고전 1:4-9). 그분은 우리에게 온갖 은혜를 넘치게 하셔서 우리로 하여금 모든 착한 일을 넘치게 하도록 하실 것이다(고후 9:8).

○

결론

출애굽기에서 우리는 하나님이 자기 백성을 억압적 노동에서 구원해 하나님의 자녀로서 영광스러운 자유로 나아가게 하시는 모습을 본다. 그것은 일로부터의 자유가 아니라, 삶의 모든 일을 통해 여호와를 사랑하고 섬길 수 있게 하는 자유다. 하나님은 이스라엘을 복되게 하고 하나님께 영광이 될 삶과 노동으로 인도하셨다. 그리고 그분의 임재를 위한 처소를 제공해, 사람이 하는 모든 일이 복을 받을 수 있게 하셨다.

04
레위기 & 일의 신학

"세속적인 일터에서 거룩이 가능한가"

○

서론

레위기는 일에 대한 안내를 구하는 사람에게 위대한 원천이 된다. 비록 오늘날 우리 대부분이 경험하는 것과는 매우 다른 직장 얘기긴 하지만, 레위기는 직접적이고 실용적인 교훈으로 가득 차 있다. 더욱이 레위기는 하나님이 자기 자신을 계시하시며 우리 삶과 일에 대한 그분의 목적을 드러내시는 핵심 부분 중 하나다. 이 책은 구약의 담화와 신학적 기초를 형성하는 모세오경 중 세 번째 책으로서, 오경의 중심에 자리 잡고 있다. 두 번째 책 출애굽기가 하나님께서 자기 백성을 어디에서 인도해 내셨는지 말한다면, 레위기는 하나님이 그 백성을 어디로 인도해 들이시는지를 말한다.[1] 그것은 바로 하나님 임재로 충만한 삶이다. 레위기에서 일터는 하나님이 이스라엘과 함께하시는 가장 중요한 무대 중 하나이며, 오늘날에도 하나님은 여전히 우리 일터에서 자기 백성과 함께하신다.

레위기는 또한 예수님의 가르침 및 신약의 안식과 관련해서도 중심적인 위치를 차지한다. 예수님이 가르치신 위대한 계명(막 12:28-31)은 레위기 19장 18절로부터 인용된 것이다. "네 이웃을 네 몸과 같이 사랑하라." 레위기 25장에 나오는 "희년"은 예수님의 사명을 진술하는 중에서도 핵심이 된다. "주의 성령이 내게 임하셨으니 이는 가난한 자에게 복음을 전하게 하시려고 내게 기름을 부으시고 나를 보내사 포로 된 자에게 자유를, 눈먼 자에게 다시 보게

함을 전파하며 눌린 자를 자유롭게 하고 주의 은혜의 해를 전파하게 하려 하심이라 하였더라"(눅 4:18-19). 예수님이 율법의 "일점이나 일획도" 없어지지 아니하리라고 말씀하셨을 때(마 5:18), 레위기에는 그런 점과 획이 많이 들어 있었다. 예수님은 율법에 대해 새로운 견해를 제시하셨는데, 율법을 성취하는 방법은 규정을 준수하는 게 아니라 하나님이 율법 만드신 목적을 따르는 데서 발견된다고 말씀하셨다. 우리는 율법을 "제일 좋은 길"(고전 12:31)로 성취해야 하며 율법의 일점일획을 무시하는 게 아니라 초월하는 방식으로 성취해야 한다. 만일 우리가 예수님이 하셨던 것처럼 율법의 정신을 성취하기 원한다면, 우리는 율법이 말하는 내용을 배움으로써 시작해야 한다. 율법의 대부분은 레위기에서 발견되며, 그것의 대부분은 일터에 적용된다.

레위기가 일에 대한 예수님 가르침에서 중심이 되기 때문에, 예수님을 따르는 우리는 일에 대한 하나님 뜻을 알기 위해 레위기로 향하는 게 옳다. 물론 우리는 레위기에 나오는 법전을 이해해야 하며, 그것을 매우 상이한 오늘의 경제 및 사회 상황에 적용해야 한다는 점을 명심해야 한다. 현대 사회는 사회 구조나 언약 관계에서 볼 때 고대 이스라엘 사회와 유사하지 않다. 예를 들어, 오늘날 직장인 대부분은 야생 동물에 의해 찢긴(레 7:24) 소나 양을 가지고 무엇을 해야 할지 알아야 할 필요를 느끼지 못할 것이다. 이 책의 대부분이 관련되어 있는 레위 제사장, 즉 이스라엘의 하나님께 동물 희생 제사를 드리던 사람은 더 이상 존재하지 않는다. 게다가 그리스도 안에 있는 우리는 고대 이스라엘이 이해했던 것과는 다른 방식으로 율법이 하나님 은혜에 대한 도구가 된다고 이해하고 있다.

따라서 우리는 세상에 변한 게 하나도 없는 것처럼 생각하면서 레위기를 단순히 인용만 할 수는 없다. 우리는 우리와 의견이 다른 사람을 향해 성구 한 절을 읽으면서 "여호와께서 이렇게 말씀하셨다"라고 심판을 선언할 수는 없다. 오히려 우리는 레위기에 나타난 하나님의 의도와 목적과 의향을 이해한 다음에 레위기를 오늘에 적용하기 위해 하나님의 지혜를 구해야 한다. 그럴 때에만 우리 삶은 그분의 거룩하심을 반영하며 그분의 의도를 존중하고 천국의 통치를 이 땅에서 펼칠 수 있을 것이다.

레위기에 나오는 '거룩'(성결)의 기본 개념

'레위기'라는 책은 '하나님은 거룩하시다'라는 진리에 기초한다. '거룩'(qodesh)이라는 말은 레위기 히브리어 원문에서 100회 이상이나 등장한다. 하나님은 거룩하시다고 말하는 것은 그분이 모든 악이나 흠으로부터 완전히 구별되어 계시다는 의미다. 달리 말하면, 하나님은 완벽하면서도 온전하게 좋으신 분이라는 것이다. 여호와는 전적인 충성과 하나님만을 향한 예배, 사랑에서 비롯된 순종을 받기에 합당하시다.

이스라엘의 정체성이 드러나게 된 연유는 하나님의 행위에 의해 그들이 거룩해졌기 때문이기도 하지만, 또한 이스라엘이 매우 실질적인 방식으로 거룩하게 행동하기를 여호와께서 기대하시기 때문이다. 여호와 자신이 거룩하시므로 이스라엘도 거룩한 백성이 되도록 부르심을 받은 것이다(레 11:44, 45; 19:2; 20:7; 21:8). 레위기에 나오는 판이해 보이는 율법은 삶의 의식적, 윤리적, 상업적, 형법적 국면을 다루고 있으며, 이 모든 율법은 거룩하심에 대한 이런 핵심 개념에 근거한다.

알렉산더 힐(Alexander Hill)은 하나님의 거룩, 공의 및 사랑에 기초해 크리스천의 기업 윤리에 대한 논의를 전개했다. "만일 어떤 기업의 행위가 하나님의 거룩하고 공의롭고 애정이 깊은 품성을 반영한다면 그것은 윤리적인 것이다."[2] 힐은 사업을 하는 크리스천은 하나님을 향한 열정을 품을 때 하나님의 거룩을 반영하는 것이며, 그 하나님은 그들의 궁극적인 최우선의 대상이시자 순결과 책임감과 겸손함을 가지고 행동하는 분이시다. 이런 품성은 농경 사회를 위해 제정된 상법을 재연하려는 노력의 일환이기보다, 오늘날 레위기를 따라 사는 것이 무엇인지를 보여 준다. 이는 율법의 이런저런 규정을 무시하는 게 아니라 오늘의 상황에서 율법을 성취하기 위해 하나님께서 우리를 어떻게 인도하시는지 분별하는 것이다.

거룩에 대한 이스라엘의 외적 관습은 두 가지 분야로 표현된다. 첫째로, 하나님은 복합적이고 종합적인 규정에 따라 서로에게 거룩함을 실천하라고 이스라엘 백성에게 명령하셨다. 예를 들어, 인류학자인 메리 더글러스는 레위기에 나오는 음식법이 제멋대로 제정된 것도 아닐뿐더러, 주로 사람의 건강을 염두에 두고 제정된 것도 아님을 밝혀냈다. 이스라엘이 매일 먹는 음식은 구별되었다는 의미에서 하나님의 거룩을 강력하게 상기시키고 강화하는 역할을 한 것이었다.[3] 이것은 '구별된 백성'이라는 이스라엘의 정체성을 보여 주는 데 필수적이었다. 우리는 십자가 위에서 예수님이 유대인과 이방인의 구별을 철폐하셨으며(엡 2:14-16) 따라서 그분의 제자는 모두 거룩하게 될 수 있다고 생각한다. 크리스토퍼 라이트가 지적했듯이, "그리스도 안에서는 더 이상 유대인과 이방인 사이의 구별이 없으므로, 크리스천에게는 더는 그런 구분을 상징하는 음식들이 존재할 필요가 없다."[4] 이 원리는 상이한 종류의 동물을 교배하지 못하게 하는 율법, 상이한 종자를 동일한 밭에다 혼작하지 못하게 하는 율법, 상이한 직물로 만든 옷을 입지 못하게 하는 율법(레 19:19)뿐만 아니라 이발이나 문신을 금지하는 율법(레 19:27-28)에 대해서도 마찬가지로 적용된다.

여호와께서 이스라엘에게 거룩하라고 요구하신 두 번째 분야는 다른 나라와의 관계였다. “너희는 나에게 거룩할지어다 이는 나 여호와가 거룩하고 내가 또 너희를 나의 소유로 삼으려고 너희를 만민 중에서 구별하였음이니라”(레 20:26). 모세의 말을 빌리자면, 이스라엘이 하나님의 율법을 따른다면 위대한 지혜와 지식을 소유하게 되므로, 여호와께서 자기 백성에게 가까이 계신다는 사실을 열국이 인식하게 될 것이라고 말했다(신 4:6-8). 하나님의 백성이 일상생활을 통해서 하나님의 거룩을 드러내야 하는 강력한 이유가 바로 이것이었다. 라이트는 이런 사명에 대한 동기를 다음과 같은 말로 확증했다. “종교적 구별은 윤리적 구별을 통해 구현되어야 하며, 이 두 가지는 다 넓은 의미의 거룩에 포함된다. 그런데 윤리적인 하나님 여호와(YHWH)께서 이스라엘 가운데 임재해 계신다는 사실을 보여 주는 것이 바로 이스라엘의 윤리적 구별이었을 것이다.”[5]

따라서 레위기에서 ‘거룩’은 구별 자체가 목적이 아니라 하나님 백성의 공동체를 번영시키기 위한 것이며, 나아가 각 구성원이 하나님과 화해하기 위한 것이다. 거룩은 규정을 따르는 개인 행위와 관련 있을 뿐만 아니라, 각자의 행위가 하나님 나라의 대리자인 하나님 백성 전체의 삶과 일에 어떤 영향을 미치는가 하는 문제와도 관련이 있다. 이에 비춰 볼 때, 예수님이 하나님의 백성을 향해 이방인에게 “소금”과 “빛”이 되라고 하신 요구(마 5:13-16)는 충분히 이해가 간다. 거룩하라는 말은 이웃을 사랑하고 원수도 사랑하며 “그러므로 너희의 하늘 아버지께서 완전하신 것과 같이 너희도 완전하여라”(마 5:48; 레 19:2, 18 참조)라고 한 율법을 초월하는 것이다.

요컨대 고대 이스라엘이 레위기를 따랐던 것은 그것이 일련의 특이한 규정이어서가 아니라 그들 가운데 계시는 하나님 임재를 표현한 것이기 때문이었다. 레위기는 오늘날 하나님 백성에게도 중요하다.

이스라엘 희생제사 제도

레 1-10장

레위기는 이스라엘의 희생제사 제도에 대한 규정과 함께 시작되는데, 제사 제도를 바라보는 데는 두 가지 관점이 있다. 첫째는 희생제물을 가지고 와서 제사에 참여하는 평신도의 관점이다(1-5장). 둘째는 제사를 집전하는 제사장의 관점이다(6-7장). 이어서 어떻게 제사장이 임직을 받으며 성막에서 사역을 시작하는지를 배울 것이다(8-9장). 그다음 하나님이 예전(禮典) 책임과 관련된 하나님의 명령을 어김으로 인해 나답과 아비후라는 제사장을 죽이신 사건에 비춰서, 제사장에 대한 추가 규정이 나온다(10장). 이 자료가 현대 일의 세계와는 무관한 공허한 예전이라고 생각하지 말라. 오히려 우리는 이스라엘 백성들이 자기 문제를 어떻게 처리했는지를 '살펴봐야' 한다. 그리하여 우리가 사업장과 일터에서 직면하는 여러 가지 난제들을 크리스천으로서 어떻게 처리할 것인지를 알아봐야 한다.

▽ 레 1-10장

공동체 가운데 거하시는 하나님

희생제사의 목적은 때때로 발생하는 정결의 문제를 치유하기 위한 것만이 아니었다. 희생제물을 '드린다'는 히브리어 동사는 문자대로 하면 '(그것을) 가까이 가지고 오다'라는 의미다. 희생제물을 성소 가까이로 가지고 오려면 예배자가 하나님께로 가까이 다가가야 했다. 예배자의 개인 비행의 정도는 주요 사항이 아니었다. 불결로 인한 오염은 고의적이든 아니든 간에 죄를 저지른 비교적 소수인 사람과 그런 악행이 그들 중에서 횡행하도록 허용한 침묵하는 다수로 구성된 전체 공동체에 영향을 미쳤다. 사회를 부패시킨 책임을 백성 전체가 집단적으로 져야 했으며, 국가 파멸에 준하는 사건이라 할 수 있는 하나님의 성소를 벗어난 것에 합당한 이유를 하나님께 아뢰어야 했다.[6] 하나님께 가까이 다가가는 것은 예수님을 임마누엘('하나님께서 우리와 함께 계심')이라 부르는 사람들의 여전한 목적이기도 하다. 하나님이 자기 백성과 함께 거하신다는 건 참으로 중차대한 문제다.

직장에서 크리스천은 세상이 도대체 무엇을 '성공'이라고 정의하는지 알아보기 위해 거룩한 조언을 구하는 것 이상을 추구해야 한다. 하나님은 거룩하시며 그분이 우리 삶 가운데 거하기 원하신다는 사실을 안다면, 하나님의 부르심에 따라 우리가 무슨 일을 하든지 우리가 지향하는 바는 성공에서 거룩으로 바뀔 것이다. 이것은 일터에서 종교 행위를 하는 것을 의미하는 게 아니라 우리 모두가 하나님께서 원하시는 방식으로 우리 일을 하는 것을 말한다. 우선 일은 우리 노동의 열매를 향유하는 한 방식이 아니라 하나님의 임재를 경험하는 하나의 방식이다. 이스라엘이 드린 희생제물이 여호와께 드려진 "향기로운 제물"(레 1:9, 16)이었듯이, 바울은 크리스천에게 "주께 합당하게 행하여 범사에 기쁘시게 하고"(골 1:10)라고 일렀는데 이는 "우리는 하나님 앞에서 그리스도의 향기"(고후 2:15)이기 때문이었다.

만일 우리가 우리 직장 내에서 두루 다니며 '어떻게 하면 이 직장이 하나님께서 거룩하게 임재하실 장소가 될 수 있을까?'라는 근본적인 질문을 던진다면 어떤 결과가 일어나겠는가? 우리가 몸담은 직장은 하나님께서 사람에게 부여하신 것 중에서 가장 선한 것이 무엇인지 표현할 수 있도록 권장하는가? 그곳에는 모든 이를 공정하게 대우하는 특징이 있는가? 근로자들을 해(harm)로부터 보호해 주는가? 우리의 직장은 지역사회를 더욱 충만하게 번창하도록 하는 데 도움 될 물자와 용역을 생산해 내는가?

▽ 레 1-10장

공동체 전체를 포용하는 태도

레위기는 가끔 서로 대립하는 두 집단, 즉 제사장과 백성의 관점을 하나로 묶는다. 레위기의 목적은 하나님의 전체 백성을 그들의 신분상 차이에 상관없이 하나로 묶는 것이다. 오늘날 직장에서, 크리스천은 재물이나 직위와 상관없이 사람 사이의 반목을 어떻게 다뤄야 할 것인가? 우리는 권력 남용이 출세에 유리하게 작용할 것처럼 보일 경우 그것을 용인하는가? 혹은 잡담이나 빈정거림으로 직장 동료를 판단하는 데 일조하는가? 아니면 편향되지 않은 체계를 통해 고충을 해소하려고 애쓰는가? 직장에서의 따돌림과 편애로 발생하는 해악에 관심을 가지는가? 긍정적인 문화를 조장하고 다양성을 촉진하며 건전한 조직을 건설해 나가는가? 개방적이고 신뢰할 수 있는 방식으로 의사소통을 하며 은밀한 정치 공작을 최소화하고 최고의 성과를 얻으려고 노력하는가? 직장 내에서 의견을 자유롭게 제시하고 고려할 수 있는, 가장 좋은 의견이 실천에 옮겨질 수 있는 분위기를 조성하는가? 우리는 지속 가능한 성장에 초점을 맞추는가?

이스라엘의 희생제사 제도는 사람의 종교적인 필요를 다뤘을 뿐 아니라 그들의 심리적이며 정서적인 필요도 다루었다. 따라서 모든 사람과 공동체 전체를 포용했다. 크리스천들은 사업이란 본질상 대개 종교적이지 못하다는 점을 잘 알고 있다. 하지만 우리는 또한 사람의 존재를 그들의 직업이나 제품과 동등하게 취급해서는 안 된다는 점도 알고 있다. 그렇다고 해서 생산적인 사람이 되어야 한다는 우리 다짐이 줄어드는 게 아니라 오히려 우리는 다음과 같은 사실을 기억해야 한다. 하나님이 우리를 용서로 감싸 안으셨으므로 우리는 모두를 배려하고 모두에게 공정하고 관대해야 할 이유가 다른 사람에 비해서 더 많다(눅 7:47; 엡 4:32; 골 3:13).

▽ 레 6:1-7

속건제의 의미

이스라엘의 희생제사 제도에 속한 각각의 제사는 그 나름대로 다 필요성이 있으나, 속건제(배상 제사)는 그 특성으로 보건대 일의 세계와 특히 관련 있다. 레위기에 나오는 속건제는 회개에 대한 성경적 교리의 기원이 된다(민수기 5장 5-10절이 그 직접적인 병행 구절이다).[7] 레위기에 따르면, 다른 사람이 맡겨 둔 물건이나 전당물과 관련해서 다른 사람을 속였을 때, 도둑질이나 착취를 저지르고도 사실을 부인했을 때, 남이 잃은 물건을 줍고도 거짓말을 하거나 거짓 맹세했을 때 하나님은 언제나 제사를 요구하셨다(레 6:2-3). 그것은 법원에서 부과한 형벌이 아니라 범과를 저지른 후 무사히 지내오다가 나중에 자기 범과를 '깨닫자' 죄의식을 느낀 자가 바치는 배상금이었다(레 6:4, 5). 당국에 의한 기소가 아니라 죄지은 자의 회개가 속건제의 기초가 됐다.

종종 그런 죄가 상거래나 다른 업무적인 상황에서 저질러졌을 것이다. 속건제는 가책을 느낀 죄인에게 그릇되게 취한 것에다가 20퍼센트를 추가해 돌려줄 것을 요구했다(레 6:4-5). 인간적 차원에서 문제를 해결한 다음에야 비로소 그 죄인은 제사장에게 제물을 가져가 제사장의 제사로 하나님으로부터 용서받을 수 있었다(레 6:6-7).

속건제는 재정 오용으로 파괴된 대인관계를 치유하는 것과 관련된 몇 가지 원칙을 특히 강조한다.

1. 사과하는 것만으로는 그릇된 관계를 바로잡는 데 충분하지 못했으며 취한 것을 전부 반환하는 것도 충분하지 못했다. 따라서 오늘날 징벌에 의한 손해 배상 개념과 유사한 것이 추가됐다. 그러나 속건제를 드릴 때는 법원에서 부과하는 징벌에 의한 손해 배상과는 다르게 제물을 드리는 자가 능동적으로 해당 손실에 참여함으로써 피해자가 입은 고통에 동참하게 되어 있었다.
2. 다른 사람에게 끼친 피해를 바로잡는 데 필요한 모든 사항은 피해자에게만 공평한 것이 아니었다. 그것은 가해자에게도 유익했다. 속건제는 자기 범죄와 그 파괴적인 효과를 인식한 사람의 양심을 사로잡는 고통을 인정했다. 그러므로 속건제에서는 죄를 진 사람이 그 문제를 충분하고도 완벽하게 처리해 종결짓고 평안을 얻을 수 있도록 방책을 마련해 놓았다. 이 제사는 하나님의 긍휼을 나타내 보이는 조치였다. 고통과 상처가 중화됨으로써 곪거나 폭발해 보다 더 심각한 범죄가 되지 않도록 한 것이었다. 그것은 또한 피해자(또는 피해자의 가족)로 하여금 그 문제에 대해 보상을 받기 위해 스스로 문제 제기를 해야 할 필요성을 없애는 조치기도 했다.
3. 십자가 위에서 이룬 예수님의 구속 사역에, 오늘날 하나님의 백성들

이 보상을 하지 않아도 된다는 내용은 포함되어 있지 않다. 예수님은 제자들에게 이렇게 가르치셨다. "그러므로 예물을 제단에 드리려다가 거기서 네 형제에게 원망 들을 만한 일이 있는 줄 생각나거든 예물을 제단 앞에 두고 먼저 가서 형제와 화목하고 그 후에 와서 예물을 드리라"(마 5:23-24). 이웃을 우리 자신처럼 사랑한다는 것이 율법의 요구의 핵심이며(레 19:18; 롬 13:9), 보상해 준다는 것은 진정한 사랑에 필수적인 표현이다. 예수님은 율법이 요구한 것보다 더 많이 보상해 준 부요한 세리장 삭개오에게 구원을 허락하심으로써, 용서가 무엇인지를 이해한 사람의 실례로 그를 내세우셨다(눅 19:1-10).

4. 마태복음 5장 23-24절에 나오는 예수님 말씀도 사람과의 문제를 해결하는 것이 하나님과 올바른 관계를 맺는 필수 선결 조건이라고 우리에게 가르친다. 하나님으로부터 용서받는 것은 보상을 초월하는 구속의 단계지만, 그것이 보상을 대치할 수는 없다.

속건제는 하나님이 우리의 비행으로 손해를 입거나 피해를 당한 사람을 희생시키면서까지 용서의 권한을 행사하지는 않으실 것임을 강력하게 보여 주는 제도였다. 하나님은 우리가 끼친 손해와 손상을 보상해 주기 위해 값싼 대체물을 바침으로써, 심리적인 죄책감으로부터 벗어나도록 우리를 내버려두지 않으신다.

부정한 것과 정한 것

레 11-16장

레위기 11장 45절은 레위기 11-16장의 주제가 되는 논리를 전개한다. “나는 너희의 하나님이 되려고 너희를 애굽 땅에서 인도하여 낸 여호와라 내가 거룩하니 너희도 거룩할지어다”(레 11:45). 하나님은 이스라엘을 불러 삶의 모든 국면에서 그분의 거룩하심을 반영하라고 말씀하셨다. 레위기 11-16장은 “정한” 음식과 “부정한” 음식을 분류하는 것(11장) 및 정결 예식(12-15장)을 다룬다. 그것은 백성과 하나님의 성소를 정결케 하기 위한 속죄일 행사 절차(16장)로 끝을 맺는다.

크리스천들도 우리 삶의 모든 측면이 우리 가운데 계신 하나님의 거룩한 임재에 대한 반응이 되어야 한다는 것을 인정한다. 그러나 레위기 율법이 다루는 주제와 범위는 오늘날을 사는 우리에게는 당황스럽다. 여기에 담긴 구체적 규정에 우리가 찾아내야 할 영구적인 윤리적 원리가 담겨 있을까? 예를 들어 왜 하나님께서 이스라엘에게 어떤 동물을 먹는 것은 허락하시면서 다른 것들은 먹지 못하게 하셨는지 그 이유를 알기 어렵다. 왜 피부 질병(우리가 오늘날 확실히 규명하기조차 힘든 질병)에 대해서는 그렇듯 우려하면서 보다 더 심각한 다른 질병은 우려하지 않는 것일까? 사회가 직면한 모든 질병 중에서, 곰팡이 문제가 정말로 그렇게 중요한 것인가? 일의 문제에 관심을 집중하고 있는 우리가 본문에서 음식 산업, 의학, 집이나 직장에서의 환경 오염에 적용 가능한 내용을 얻으리라고 기대해도 되겠는가?

앞에서 언급했듯이 우리는 상이한 상황에서 만들어진 규정을 따라야 하는지 여부를 물어서는 그 해답을 얻지 못한다. 이 단락이 우리 공동체의 복리를 어떻게 구현하는지를 탐구할 때 비로소 그 해답을 발견할 것이다.

▽ 레 11장

특정 동물 먹는 것을 허용하다

레위기 11장에서는 사람이 먹을 수 있는 동물의 분류에 관한 핵심 논리를 제공하고자 여러 가지 그럴 듯한 이론이 전개된다. 그 각각의 이론에는 뒷받침하는 증거가 있지만 전체적으로 일치를 본 이론은 없다.

가장 최근에 이 논리에 대한 광범위한 해석이 랍비 야곱 밀그롬(Jacob Milgrom)으로부터 나왔는데 그는 이스라엘 음식법을 윤리 체계로 제시했다.[8] 그는 세 가지 주요한 요소에 주목했다. 하나님은 이스라엘이 선택할 식용 동물을 엄격하게 제한하셨고, 그들에게 특별한 도살 규칙을 주셨으며, 그들이 피를 먹지 못하도록 하셨다. 피는 생명을 대표하는 것이기에 하나님께만 속한 것이기 때문이었다. 이 요소에 비추어, 밀그롬은 '이스라엘의 음식 체계는 인간의 살해 본능을 통제하기 위한 한 방도였다'라는 결론을 내렸다. 요컨대 "음식을 취해 식욕을 충족할 수는 있으나, 힘에 대한 굶주림은 자제해야 했다. 생명은 침해할 수 없는 것이므로 생명에 무분별하게 손을 댈 수는 없었을 것이다."[9]

만일 하나님이 어떤 동물을 죽여도 되는지, 어떻게 죽여야 되는지에 대해 세부 사항을 정해 놓으셨다고 한다면, 인간을 살해하는 것은 한층 제한적이며, 하나님께서 더 세밀하게 감찰하고 계신다는 사실을 우리가 어떻게 간과할 수 있겠는가? 이런 견해를 뒷받침할 적용 사례는 오늘날 더 많이 찾아볼 수 있다. 예를 들어, 만일 모든 농업, 동물 사육, 식품 기업 시설에서 그곳에 수용된 동물에 대한 대우와 조건에 대해 매일 하나님께 의무를 다하듯 책임을 진다면, 그곳 일꾼의 안전과 노동 조건에는 한층 큰 관심을 기울이지 않겠는가?

성경에서 지속적으로 음식을 논의하는 레위기에 아주 세부적인 사항이 나와 있음에도 불구하고, 음식의 제공, 마련, 소비와 관련해서 모든 신자가 무엇을 해야 하며 무엇을 하지 말아야 하는지를 정하려고 애쓴다면 그것은 부적절한 태도일 것이다. 그렇지만 데릭 팃볼(Derek Tidball)은 우리가 무엇을 먹든 안 먹든, 크리스천에게 성결의 핵심 사항을 올바르게 상기시켜 줬다. 이 복잡한 문제에 대한 혹자의 입장이 무엇이든지 간에, 그것을 거룩에 대한 크리스천의 다짐으로부터 분리해 고찰할 수는 없다. 거룩은 우리에게 "하나님의 영광을 위하여" 먹고 마시라고 권하기까지 한다.[10] 이 같은 권고는 음식과 음료를 생산하고 조리하고 소비하는 일에도 적용된다.

▽ 레 13-14장

피부 질병 및 곰팡이 감염 다루기

음식법과는 달리, 질병 및 환경 오염에 대한 율법은 주로 건강에 관련된 것처럼 보인다. 건강은 오늘날에도 극히 중요한 문제이며 만일 레위기라는 책이 성경 속에 없다 하더라도, 그것은 여전히 고귀하고 신성한 관심사일 것이다. 그러나 레위기가 전염병과 환경 오염을 다루기 위한 교훈을 제공하며, 그것을 오늘날에도 그대로 적용할 수 있다고 주장하는 것은 지혜롭지 못해 보인다. 그 당시와는 수천 년의 시간적 간격이 있으므로, 이 단락이 무슨 질병을 언급하고 있는지 정확히 추정하기 어렵다.

레위기의 영구적인 메시지는 주님이 생명의 하나님이시고, 그분이 사람들을 치료하고 환경을 개선하는 일을 하는 모든 이를 인도하시고, 존중하시고, 귀하게 여기신다는 것이다. 레위기의 구체적인 규정이 우리에게 치료와 환경 보호의 일을 어떻게 하라고 지시하지 않는다 해도, 더 큰 이 메시지가 분명히 그런 역할을 감당한다.

거룩에 대한 이해

레 17-27장

거룩(성결)에 관한 교훈 중 일부는 고대 이스라엘 세계에만 국한된 것처럼 보이나, 다른 교훈들은 시간에 제약받지 않는 듯하다. 레위기는 사람에게 수염 끝을 손상하지 말라고 명하기도 하지만(레 19:27), 재판관에게는 법정에서 불공정한 판결을 내려서는 안 되고 모든 사람에게 공의를 행해야 한다고 명하기도 한다(레 19:15). 이 중 어느 것이 오늘날 직접 적용되는지를 우리가 어떻게 알 수 있는가? 메리 더글라스(Mary Douglas)는 거룩을 도덕적 명령으로 분명하게 이해한다면 이런 교훈이 하나님께 근거한다는 것을 알게 되고 그것의 다양성도 이해할 수 있게 된다고 설명했는데, 이 설명이 도움이 될 것이다.

거룩에 대한 생각을 혼란을 주는 것으로 보지 않고 명령으로 이해한다

> 면, 우리는 청렴과 올곧은 거래를 거룩으로 장려하게 되고 모순과 이중 거래를 성결에 반대되는 것으로 볼 것이다. 도적질, 거짓말, 거짓된 증인, 저울과 되를 속이는 것, 귀먹은 자를 욕하면서 그들 앞에서는 미소 짓는 것, 마음으로는 형제를 미워하면서도 친절하게 가장해 말하는 것 등 모든 종류의 기만 행위는 분명히 겉과 속이 다른 처신이다.[11]

미풍양속에 속하는 몇몇 관행(수염을 깎는 것 등)은 어떤 상황에서는 중요할 수 있으나 다른 상황에서는 그렇지 않을 수도 있다. 반면 어떤 관행은 모든 상황에서 절대적으로 중요하다. 우리가 처한 특정 상황에서 미풍양속에 기여하는 것이 무엇인지를 물음으로써 우리는 그런 국면을 분별해 낼 수 있다. 여기서는 일과 경제의 문제를 직접 다루는 단락을 탐구하고자 한다.

▽ 레 19:9-10

이삭줍기

고대의 추수 방법이 오늘날처럼 효율적이지는 않았지만, 레위기 19장 9-10절은 이스라엘 사람에게 이보다 더 효율적이지 못한 추수 방법을 가르쳤다. 첫째, 밭의 가장자리를 수확하지 않은 채 남겨 둬야 했다. 그 가장자리 넓이는 밭의 소유주가 정하도록 되어 있었던 것처럼 보인다. 둘째, 그들은 땅에 떨어진 곡식은 무엇이든지 줍지 말아야 했다. 이 규칙은 수확하는 사람이 곡식 단을 들어 올릴 때와 낫으로 곡식을 벨 때도 적용됐으며 잘라낸 포도 뭉치에서 포도송이가 떨어질 때도 그랬을 것이다. 셋째, 그들은 포도원을 단 한 번만 수확해야 했는데, 아마도 잘 익은 포도송이만 취하고 나중에 익을 것들은 가난한 사람과 그들 중에 거주하는 이민자에게 남겨 줬을 것이다.[12]

이 가난한 사람과 이방인 거주자들은 자기 땅을 소유하지 못하고 있었으며, 따라서 그들 자신의 노동력에 의지해 먹고살아야 한다는 면에서 동일했다. 가난한 사람에게 적용되는 법은 고대 근동 지역에서 통상적인 것이었으나, 이스라엘이 갖고 있던 규정에서만은 이런 대우를 확대해 이방인 거주민에게까지 적용했다. 이것은 하나님 백성이 주변 나라로부터 구분될 수 있었던 또 하나의 이유였다. 다른 성경 본문은 과부와 고아를 이런 부류의 사람으로 구분하기도 한다. (이삭줍기에 관한 다른 성경 구절은 다음과 같다. 출 22:21-27; 레 23:33; 신 24:19-21; 삿 8:2; 룻 2:17-23; 욥 24:6; 사 17:5-6; 24:13; 렘 6:9; 49:9; 옵 1:5; 미 7:1).

우리는 이삭줍기를 긍휼이나 공의의 표현으로 볼 수도 있겠으나, 레위기에 따르면 다른 사람이 우리 재산을 주워 가도록 허용하는 것은 성결의 열매이기도 하다. 우리가 이런 일을 하는 것은 하나님께서 "나는 너희의 하나님 여호와이니라"(레 19:10)라고 말씀했기 때문이다. 바로 이것이 자선과 이삭줍기를 확연히 구분 짓는 것이기도 하다. 자선을 행하는 사람은 궁핍한 사람에게 자발적으로 나눠 준다. 이는 좋고 고상한 일이지만, 그것은 레위기가 말하는 내용이 아니다.

이삭줍기는 지주의 의무로서, 가난한 사람과 소외된 사람에게 생산수단(레위기에 의하면, 땅)을 제공해 주고 일거리를 제공하는 하나의 과정이다. 자선과는 다르게, 이것은 지주의 관대한 성격에 달린 문제가 아니었다. 이런 의미에서, 그것은 자선을 통한 기여보다는 오히려 세금에 더 가깝다 할 것이다. 또한 자선 행위와 다르게, 그것은 가난한 사람에게 무상으로 지불하는 일종의 생활보조금이 아니었다. 이삭줍기에서, 가난한 사람은 그들 자신의 노동으로 생계를 해결했는데 이는 지주가 생계를 유지하는 것과 같은 방식이었다. 그것은 모든 사람이 하나님께서 창조하신 생계 수단에 접근할 권리를 가져야 한다는 명령에 따르는 것에 지나지 않았다.

이삭줍기의 원칙을 현대 사회에서 어떻게 적용해야 하는지 분간하기는 쉽지 않을 것이다. 많은 나라에는, 부정한 방법으로 토지를 소유한 변덕스러운 정부 관리나 지주가 토지를 관리하도록 하기보다는 토지를 농부에게 안정적으로 공급하기 위해 토지 개혁이 분명히 필요할 것이다. 보다 더 산업화되고 지식 기반의 경제권에서는, 토지가 생산의 주요 요인이 되지도 못할 것이다. 가난한 사람이 생산적인 일을 하기 위해 필요한 것에는 교육 기회, 자본, 제품 및 고용 시장, 운송 체계, 차별 없는 법규가 포함될 것이다. 어떤 해법이 가장 효과적일 것인지 크리스천들이 다른 사람들보다 더 정확하게 판단할 수 있다고 볼 수 없으므로, 해법은 사회 전 분야에서 도출되어야 한다.

분명 레위기에는 오늘날 경제에 대한 맞춤형 체계가 담겨져 있지 않다. 그러나 레위기에 나오는 이삭줍기 제도는 자본을 소유한 사람들에게 한 가지 의무를 지워 준다. 그것은 궁핍한 사람에게 일할 기회를 주어 그들로 하여금 생계를 해결하도록 해야 한다는 것이다. 물론 고대 이스라엘에 거주하던 지주 한 사람이 이삭줍기 기회를 전 지역에서 허용할 수 없었던 것처럼, 오늘날 그 어떤 부자도 모든 실업자나 반실업자에게 고용의 기회를 제공할 수는 없을 것이다. 그러나 가진 자들은 고용의 기회를 창출하기 위한 선봉대로 부르심을 받았다. 일반적으로 크리스천 기업가는 그들이 속한 사회에서 일자리 창출의 역할을 다하도록 부르심을 받은 사람이다.●

● 성경에 나오는 이삭줍기에 관해서는 이 책 3장의 "출 22:21-27", 8장의 "룻 2:17-23" 부분을 보라.

▽ 레 19:11-12

정직하게 행동하기

도둑질하지 말라, 거짓으로 거래하지 말라, 거짓말하지 말라, 거짓된 맹세를 함으로써 하나님 이름을 망령되이 일컫지 말라 등 레위기에 나오는 계명 모두에 대해서는 출애굽기 20장에 나오는 십계명을 살필 때 더 낯익은 표현을 만난다.● 하지만 레위기에서 특이한 점은 "**서로** 거짓말하지 말며"(레 19:11) 배후에 있는 히브리어 표현이다. 문자적으로 하면, 이 구절은 '사람은 자기 amit[아밋]에게 거짓말을 해서는 안 된다'라고 말하는 것이다. 여기서 '아밋'은 '동료', '친구', '이웃'을 의미한다. 여기에는 분명히 이스라엘 공동체의 동료 구성원이 포함되지만, 레위기 24장 17-22절 중 19절 상황에 의하면, 거기에는 이방인 거주자도 포함되는 듯이 보인다. 이스라엘의 윤리와 도덕은 주변국보다 분명하게 더 나았으며, 그들은 외국에서 이주한 사람도 자국에서 태어난 시민과 꼭 같은 방식으로 대우해야 했다.

어쨌든 여기서 말하고자 하는 요점은 진실을 말하는 것과 거짓을 말하는 것의 관계적 측면이다. 거짓은 엄정한 사실을 허위로 진술하는 것이기도 하지만, 동료, 친구, 이웃을 배반하는 행위이기도 하다. 우리가 서로에게 주고받는 말은 단지 빤한 거짓말을 피하기 위한 기술적 분석에서가 아니라 우리 안에 있는 하나님의 거룩함으로부터 흘러나와야 한다. 전 미국 대통령 빌 클린턴이 "나는 그 여자와 성관계를 갖지 않았다"라고 말했을 때, 그는 마음속에 솔직하지 못한 논리를 품고 엄밀히 따지면 거짓말은 아닌 진술을 했을

● 정직에 대해 더 알고 싶다면 TOW 웹사이트 핵심 주제 코너에서 '진실과 거짓'의 "성경의 진실 말하기"와 "직장에서의 진실 말하기에는 예외가 있을 수 있다" 부분을 보라.

지 모른다. 그러나 그의 동료인 시민들은 그가 신의를 배반했다고 느꼈고, 나중에 그는 이런 평가를 인정하고 받아들였다. 그는 다른 사람에게 거짓말을 하지 말아야 한다는 의무를 어겼던 것이다.

직장에서는 제품, 봉사, 사람, 조직, 상황의 긍정적인 측면이나 부정적 측면을 홍보해야 할 필요가 있다. 크리스천은 어떤 주장을 역설해야 할 때 거부할 필요가 없다. 그러나 그들이 다른 사람에게 전하는 내용이 거짓말이 돼서는 안 될 것이다. 엄밀히 따지면 참된 말이라고 해도 다른 사람 마음속에 거짓된 인상을 줬다면, 진실을 말해야 할 의무를 지키지 못한 것이다. 실제로 진실성에 대한 논의가 표현법에 대한 기술적 논쟁으로 변질될 때마다 우리는 그 논의가 다른 사람에게 거짓을 말하려 했던 것의 문제인지 스스로에게 물어보는 게 현명할 것이다.

▽ 레 19:13

피고용인을 공평하게 대하기

"너는 네 이웃을 억압하지 말며 착취하지 말며 품꾼의 삯을 아침까지 밤새도록 네게 두지 말며"(레 19:13). 일용직 노동자는 일반적으로 농사지을 땅이 없는 더욱 가난한 사람이다. 그들은 특히 노동의 대가를 즉시 지불받아야 생존할 수 있으므로 하루 일이 끝날 때마다 임금을 지불해 줘야 한다(신 24:14-15). 우리가 사는 세계에서도 고용주가 노동 조건을 정하며 피고용인의 노동력을 착취하기 때문에 비슷한 상황이 발생한다. 예를 들어, 종업원에게 압력을 가해 그들로 하여금 사장이 정치적으로 호감을 갖고 있는 후보에게 기부를 하게 하거나 퇴근 시간 이후에도 계속 일하도록 하는 사례가 발생한다. 이런 관행은 대부분 불법적이지만 불행하게도 통상적으로 발생한다.

보다 더 문제 되는 상황은 법적으로 고용 허가를 내 줄 서류를 갖추지 못한 일용직 노동자다. 그런 사람은 주로 농업, 조경업 등 작은 사업체에서 일한다. 왜냐하면 고용주나 종업원이나 모두 불법으로 일하기 때문이다. 그런 피고용인은 고용 계약서나 정부가 규정한 보호를 거의 받지 못한다. 고용주가 노동자의 상황을 악용해 그들에게 합법적 노동자에게 미치지 못하는 시급을 지불한다거나 수당을 주지 않는다거나 열악하고 위험한 노동 조건을 제시할 수도 있을 것이다. 학대와 성적 괴롭힘에 노출될 수도 있다. 고용주가 피고용인을 그렇게 대우하는 게 합법적인가? 물론 아니다.

그러나 그런 상황에 처한 사람이 자원해 열악한 고용 조건에 응한 것처럼 보일 경우는 어떤가? 많은 불법 노동자가 야외 정원과 건축 자재상, 농산물 시장과 다른 집하장에서 일한다. 그런 사람들을 고용하는 것이 옳은가? 만일 그럴 경우, 최저 임금, 건강 수당, 은퇴 자금, 병가, 퇴직 수당 등 정규직 직원이 당연히 받아야 할 것을 제공하는 게 고용주의 의무인가? 크리스천들은 그런 고용의 법적 요건을 엄격하게 지켜야 하는가 아니면 법적 제도와 실제는 차이 있는 법이라는 구실로 융통성 있게 처신해야 하는가? 사려 깊은 크리스천이라면 이에 대한 그들의 결론에 필연적으로 의견이 다를 것이다. 그래서 '모든 상황에 광범위하게 적용되는' 해법을 찾기란 쉽지 않다. 크리스천이 이 문제를 어떤 식으로 처리하든 간에, 레위기는 우리에게 거룩함(실용적 편의가 아님)이 우리 생각의 중심을 차지해야 한다는 사실을 상기시켜 준다. 노동 문제와 관련된 거룩함은 가장 취약한 일꾼에게 무엇이 필요한지에 대한 관심에서 생겨난다.

▽ 레 19:14

신체장애가 있는 사람의 권리

"너는 귀먹은 자를 저주하지 말며 맹인 앞에 장애물을 놓지 말고 네 하나님을 경외하라 나는 여호와이니라"(레 19:14). 이 명령은 신체장애가 있는 사람에 대한 잔인한 처우를 생생하게 묘사한다. 청각장애인은 저주를 들을 수 없으며 시각장애인은 장애물을 볼 수 없다. 이런 이유로 레위기 19장 14절은 이스라엘 사람에게 일터에서 모든 사람을 어떻게 대우하는지 들으시며 보고 계시는 '너희의 하나님을 경외하라'라고 말한다.

신체장애가 있는 근로자에게는 신체장애가 없는 사람이 필요로 하는 사무실 집기와 장비가 꼭 필요하지 않을 수 있다. 그러나 그들도 다른 모든 사람처럼 고용의 기회는 필요하며 그들의 생산성을 최대한 발휘할 필요도 있다. 많은 경우에 신체장애가 있는 사람이 가장 필요로 하는 바는 그들이 감당할 수 있는 직무에서 배제되지 않는 것이다. 다시 말하지만, 레위기에 나오는 명령은 하나님의 백성이 다른 사람에게 자선을 베풀어야 한다는 차원이 아니라, 하나님 형상을 닮은 모든 사람에게는 하나님의 거룩하심을 기반으로 해서 적절한 고용 기회가 당연히 주어져야 한다는 것이다.

▽ 레 19:15-16

일터에서 공의를 행한다는 것

> 너희는 재판할 때에 불의를 행하지 말며 가난한 자의 편을 들지 말며 세력 있는 자라고 두둔하지 말고 공의로 사람을 재판할지며 너는 네 백성

중에 돌아다니며 사람을 비방하지 말며 네 이웃의 피를 흘려 이익을 도모하지 말라 나는 여호와이니라(레 19:15-16).

이 짧은 구절은 공의에 대해 잘 알려진 성경적 가치를 지지하며 그것을 상당히 확장한다. 첫째 구절은 재판장에 대한 말로 시작되지만 모두에게 적용되는 말로 끝난다. 소송 사건을 편파적으로 판결하지 말며 우리 이웃을 불공평하게 판결하지 말라는 것이다. 히브리어 표현은 사람이나 사건을 겉으로 보이는 모습으로 판단하지 말라는 점을 부각한다. 직역하면 레위기 19장 15절은 이런 뜻이다. '심판할 때 불공정을 행치 말라. 가난한 사람의 얼굴이라고 들지 말고 위대한 사람의 겉모양이라고 두호하지 말라. 이웃을 재판할 때 올바르게 하라.' 재판관은 문제를 공평하게 이해하기 위해 자신의 선입관(자신이 인지한 '겉모양')을 검토해야 한다.

직장, 학교 및 사회에서 맺는 우리 관계에도 적용되는 말이다. 전반적인 맥락에서 볼 때, 어떤 사람은 특권을 누리며 다른 누군가는 온갖 종류의 사회적 편견 때문에 억압을 받고 있다. 우리가 사람과 그들의 상황을 깊숙이 알기 전까지 판단을 보류하는 일이 얼마나 엄청난 차이를 만들지 상상해 보라. 만일 우리가 우리 팀에서 골치 아프게 하는 사람을 뒤에서 험담하는 대신에 시간을 내서 그 사정을 알아보려 한다면 어떨까? 학교나 사회에서 우리를 껄끄럽게 만드는 사람과 더불어 시간을 보내 본다면 어떨까? 신문, 텔레비전, 잡지 등을 뒤져서 우리와 다른 관점을 가진 경우를 찾아내 본다면 어떨까? 피상적으로가 아니라 더 깊숙이 알아본다면 우리에게 더 큰 지혜가 생겨서 맡은 일을 공정하게 더 잘할 수 있지 않겠는가?

레위기 19장 16절 후반부는 사회적 편견이 결코 작은 일이 아니라는 점을 우리에게 상기시킨다. 문자적으로 하면, 히브리 원어는 '네 이웃의 피를 방관하며 그냥 있지 말라'라는 의미가 된다. 앞의 절에 나오는 법정 용어로 하면, 편향된 증언("증상")은 피의자의 생명("피")을 위험에 처하게 한다는 뜻이다. 그런 경우, 편향된 말을 하는 것도 그릇된 행동이지만, 억울하게 잘못 기소된 피의자를 대신해 증언하는 일을 자원하지 않은 채 가만히 있는 것은 더욱 그릇된 행동이다.

직장 내 리더들은 종종 중재자 역할을 해야 할 때가 있다. 근로자들은 직장에서 불공정한 증인이 될 수 있고, 또 그렇게 개입하는 것이 합당한지 의문이 들 때도 있을 것이다. 레위기는 학대당하는 자를 위해 분연히 일어서는 것은 하나님의 경건한 사람이 갖춰야 할 필수 품성이라고 주장한다.

보다 더 넓은 시각에서 보면, 레위기는 거룩에 대한 신학적 시각을 전체 공동체에 적용한다. 우리가 몸담은 지역사회의 건강과 우리가 공유하는 경제가 위기에 처해 있다. 한스 큉(Hans Küng)은 사업, 정치, 종교의 필연적인 상호 관계를 다음과 같이 지적했다.

> 경제 사상과 행위도 가치가 개입되지 않거나 가치중립적인 게 아니라는 사실을 잊어서는 안 된다. 기업의 사회적 책임과 생태계적 책임을 정치가에게 전가한다고 되는 게 아니듯이, 도덕적 책임과 윤리적 책임도 종교에 떠맡길 수는 없는 법이다. …… 윤리적 행위는 마케팅 계획, 판매 전략, 생태계적 부기(簿記) 및 사회적 대차대조표에 첨가되는 민간 부문의 지표가 되어서는 안 되고, 인간의 사회적 행위를 위한 자연적 틀을 형성해야 한다.[13]

가정, 기업, 정부, 학계, 의료계, 농업 등 모든 종류의 일터에는 각자 감당해야 할 독특한 역할이 있다. 하지만 그곳은 모두 거룩하도록 부르심을 받은 곳이다. 레위기 19장 15-16절에 의하면, 성결은 겉으로 드러난 가치에 가려져 있는 이면에 초점을 맞추는 깊은 통찰력을 가지고 다른 사람을 주시하는 데서 시작된다.

▽ 레 19:17-18

네 이웃을 네 몸같이 사랑하라

레위기에서 가장 잘 알려진 성구는 "네 이웃 사랑하기를 네 자신과 같이 사랑하라"(레 19:18)라는 명령일 것이다. 이 계명은 너무도 유명한 것이어서 예수님과 랍비들도 그것을 두 개의 지상대계명 중 하나로 간주했다. 다른 하나는 "이스라엘아 들으라 우리 하나님 여호와는 오직 유일한 여호와이시니"(신 6:4; 막 12:29-31)다. 레위기 19장 18절을 인용하면서 사도 바울은 "사랑은 율법의 완성"(롬 13:10)이라고 말했다.

나를 위해서 하듯 다른 사람을 위해 일하기

이 명령의 핵심은 "네 몸처럼"이란 말 속에 있다. 적어도 어느 정도는, 우리 대부분은 자신을 위해서 일한다. 일하는 데는 자기 이익이 강력한 요소가 된다. 우리는 일하지 않으면 먹을 것도 생기지 않는다는 것을 잘 알고 있다. 성경도 이런 명령으로 동기 부여를 한다(살후 3:10). 하지만 레위기 19장 18절에 나오는 "네 몸처럼"이란 말은 우리가 우리 일을 통해서 다른 사람을 섬기는 것도 동일한 동기가 되어야 한다는 의미를 담고 있다. 이것은 매우 고귀하고 중요한 부르심이다. 자신의 필요뿐 아니라 다른 사람을 섬기기 위해서도 일해야 한다는 말이다. 만일 우리가 이 계명을 성취하기 위해 두 배로 일해야 한다면 즉, 자신을 위해서 하루를 일하고 이웃을 위해서 또 하루를 더 일해야 한다면 그것은 거의 불가능할 것이다.

하나님의 섭리로, 동일한 일을 통해서 우리 자신을 사랑하고 동시에 이웃도 사랑하는 게 가능해졌다. 적어도 우리 일이 고객, 시민, 학생, 가족 및 다른 고객에게 가치 있는 어떤 것을 제공해 주는 한 그게 가능해졌다. 교사는 월급을 받지만 동시에 학생에게 월급 못지않게 귀중한 지식과 기술을 전달한다. 호텔 종업원은 급료를 받는 대신에 손님에게 청결하고 위생적인 방을 제공한다. 대부분의 직업에서 우리가 만일 받는 급료 이상의 가치를 다른 사람에게 제공하지 못한다면 우리는 그곳에 오래 머무르지 못할 것이다. 그러나 만일 우리가 자신을 위해 이득을 편취할 수 있는 상황에 놓인다면 어떻게 될까? 실제로 어떤 사람은 그들이 제공하는 가치를 초과하는 월급과 상여금을 내놓으라고 명령할 힘을 가질 수도 있다. 정치적으로 연계되거나 부패한 사람은 다른 사람을 위해서는 거의 가치 있는 일을 하지 않으면서도 계약, 보조금, 상여금, 불요불급한 직책의 형태로 커다란 보상을 짜낼 수도 있다. 거의 모두에게 우리 의무를 태만히 하면서도 급료를 받을 수 있는 순간이 발생할 수 있다.

보다 더 넓게 생각해서, 만일 우리 일에 대해 선택할 여지가 아주 많다고 치자. 그럴 때 우리가 직업을 결정하는 데 다른 사람에 대한 섬김 요소가 얼마나 큰 역할을 차지할 것인가? 거의 모든 종류의 일은 다른 사람을 섬기면서도 동시에 하나님을 기쁘시게 할 수 있다. 그러나 그렇다고 해서 모든 직업이나 일할 기회가 다른 사람에게 동일한 봉사가 되는 것은 아니다. 우리가 높은 급여, 명성, 안정감, 위로, 쉬운 일감을 가져다주는 일을 선택한다면 그것은 우리 자신을 사랑하는 것이다. 그리고 필요한 재화와 서비스, 어려운 사람을 위한 기회, 하나님의 피조물에 대한 보호, 공의와 민주주의, 진리, 평안, 아름다움을 가져다주는 일을 선택할 때 다른 사람을 사랑하는 것이다. 레위기 19장 18절은 우리에게 후자도 전자만큼 중요하다는 것을 가르쳐 준다.

좋게 대하라?

우리는 이 고귀한 부르심에 응답하는 대신에, '네 이웃을 네 몸같이 사랑하라'에 대한 우리 이해를 완화해서 그 계명을 '좋게 대하라' 정도의 진부한 표현으로 바꾸기 십상이다. 그러나 좋게 대한다는 것은 종종 우리 주변 사람과 관계를 맺지 않는 것에 대한 면피(面皮)나 구실과 다를 바 없다. 레위기 19장 17절은 우리에게 그 반대가 되라고 명령한다. "네 이웃을 반드시 견책하라 그러면 네가 그에 대해 죄를 담당하지 아니하리라"(레 19:17). 이 두 가지 명령 '네 이웃을 사랑하라'와 '견책하라'는 어울릴 것 같지 않은 한 쌍이지만 이 구절은 잠언에서 하나로 합쳐졌다. "면책은 숨은 사랑보다 나으니라"(잠 27:5).

유감스럽게도 우리가 교회에서 받는 교훈은 언제나 좋게 대하라는 것뿐이다. 만일 이것이 직장에서 우리 규칙이 된다면, 그것은 개인에게나 직장에나 재앙이 될 수 있다. 좋게만 대하는 태도는 불량배나 약탈자가 크리스천을 학대하거나 조종하도록 내버려 둘 수 있으며 다른 사람에게 동일한 짓을 하도록 놔둘 수도 있다. 그런 태도는 크리스천 경영자로 하여금 직원의 성과를 검토할 때 결점을 눈감아 주도록 할 수 있는데, 이는 그 직원이 자기 분야에서 롱런하는 직업인이 될 동기를 빼앗는 것일 수도 있다. 좋게만 대하는 태도는, 때로 분노를 오래 간직하고 적의를 품으며 보복하고자 하는 마음을 갖게 한다.

레위기는 사람을 사랑하는 것은 가끔 정직한 견책을 하는 것을 의미한다고 가르쳐 준다. 이것은 무감각에 대한 면허장이 아니다. 면책할 때 우리는 겸손함과 긍휼함으로 면책해야 하며, 그런 상황에서 우리도 견책

을 받아야 할 경우도 있을 것이다.●

▽ 레 19:33-34

누가 내 이웃인가

레위기는 이스라엘 사람에게 이방인 거주자를 "억압"(NRSV)해서는 안 된다고 가르친다(레 19:33). (동일한 히브리어 동사가 레위기 25장 17절에서도 나온다. "너희 각 사람은 자기 이웃을 속이지 말고.") 이 명령은 계속해서 이렇게 말한다. "너희와 함께 있는 거류민을 너희 중에서 낳은 자같이 여기며 자기같이 사랑하라 너희도 애굽 땅에서 거류민이 되었었느니라 나는 너희의 하나님 여호와이니라"(레 19:34). 이 성구는 레위기에 나오는 율법의 도덕성('이방인을 네 자신처럼 사랑하라')과 하나님 되심('나는 여호와 너희 하나님이다') 사이의 깨뜨릴 수 없는 연관성을 보여 주는 대단히 강력한 실례가 된다. 이방인을 억압하지 말아야 하는 이유는 당신이 거룩한 하나님께 속해 있기 때문이다.

과부 및 가난한 사람들과 함께(레위기 19장 9-10절을 보라) 이방인 거주자는 힘없는 국외자의 대표였다. 오늘날 직장에서, 권력 차별은 국적 및 성별 차이에서 발생할 뿐 아니라 그 외의 다양한 요인으로 발생하기도 한다. 이유가 무엇이든, 대부분 직장에는 공개적으로 인정하지는 않아도 모든 사람이 잘 알고 있는 권력의 계층구조가 발달되어 있다. 레위기 19장 33-34절로부터, 하나님을 진지하게 예배할 때처럼 일터에서

● 직장에서 "네 이웃을 네 몸같이 사랑"하는 것이 어떤 의미인지에 대한 심도 있는 논의는 TOW 웹사이트 핵심 주제 코너에서 '윤리'의 "직업 윤리에 대한 개요" 부분의 "실생활에서의 명령 접근법"과 "인격 접근법"을 보라.

도 크리스천은 다른 사람을 공평하게 대우해야 한다는 결론을 내릴 수 있다.

▽ 레 19:35-36
공평하게 거래하기

이 단락에서는 길이, 무게 또는 품질을 거짓으로 측정함으로써 사업상 속이는 것을 금지하며, 저울, 저울추 및 표준 거래 장비를 들어 보다 더 구체적으로 지적하고 있다. 여기서 언급된 갖가지 도량형 기구는 이 규칙이 토지 거래부터 마른 상품과 젖은 상품에 대한 극히 세밀한 측정에 이르기까지 다양한 분야에 적용된다는 것을 나타낸다. 레위기 19장 36절에서 네 번씩이나 언급된 히브리어 'tsedeq[체데크]'(NRSV에는 "honest")는 정직하고 흠이 없다는 면에서 올바른 품성을 나타낸다. 모든 저울추와 측량 도구는 정밀해야 한다. 요컨대 구매자는 자신이 지불한 값에 해당하는 만큼 물건을 얻을 수 있어야 한다.

판매자는 아주 다양한 수단을 동원해서 구매자가 예상하는 것보다 적게 상품을 제공할 수 있다. 이것은 무게, 면적, 부피 등을 엉터리 기구로 측정하는 일에 국한되지 않는다. 과장된 청구, 그릇된 통계치, 부적절한 비교, 지킬 수 없는데 하는 약속, 실제로는 실현 불가능한 거품 섞인 선전, 숨겨진 조건도 빙산의 일각일 뿐이다.●

대형 신용카드사에서 일하는 한 여성이 이와 관련된 충격적인 이야기를 들려주었다.

● 여러 직장에서의 적용 사례를 보려면, TOW 웹사이트 핵심 주제 코너에서 '진실과 거짓'의 "직장에서의 진실 말하기" 부분을 보라.

우리가 하는 일은 신용 이력이 열악한 가난한 사람에게 신용 카드를 발급해 주는 것이다. 우리가 고율의 이자를 부과하지만, 고객들의 채무 불이행 비율이 너무 높아서 단지 이자만 부과해서는 이윤을 남길 수 없다. 우리는 비용을 벌충할 방법을 찾아야 한다. 하나의 난제는 고객들은 빚을 두려워하므로 월별 수지 차액을 제때에 갚아 버린다는 점이다. 그런 식으로는 우리 비용이 충당될 수 없다. 따라서 우리에게는 그들의 경계심을 늦추게 할 책략이 필요하다. 처음 6개월 동안은 매달 15일에 다음 달 15일이 변제일인 청구서를 그들에게 보낸다. 청구 형태를 알고 난 그들은 매달 14일에는 틀림없이 입금한다. 일곱째 달 12일이 될 때 우리는 그들에게 다음 달 12일이 만기인 청구서를 보낸다. 그들은 바뀐 내용을 눈치 채지 못하고 평소처럼 14일에 우리에게 돈을 보낸다. 이제 우리는 그들을 포착해서 연체 수수료로 30불을 청구할 수 있게 된다. 또한 채무 불이행을 이유로 그들의 이자를 높일 수 있게 된다. 다음 달이 되면 그들은 이미 연체 상태에 있기 때문에 매달 우리에게 연체 수수료를 물어야 하는 악순환이 지속된다.[14]

사람들을 속이거나 오도(誤導)하는 방법에 의지해 이윤을 남기는 거래나 사업이, 어떻게 하면 거룩한 하나님을 따르도록 부르심을 받은 사람들에게 적합한 직장이 될 수 있는지 알기란 참으로 쉽지 않다.

안식년과 희년
레 25장

레위기 25장에는 이스라엘의 내부 경제를 성별(聖別)하는 제도로서 7년에 한 번씩 돌아오는 안식년(레 25:1-7)과 50년에 한 번씩 돌아오는 희년에 대한 이야기가 들어 있다. 안식년을 맞이하면 각각의 농토를 묵혀둬야 했는데, 이는 건전한 영농 관습처럼 보인다.

희년은 훨씬 더 급진적인 것이었다. 임대되거나 담보 잡힌 땅은 50년마다 모두 원 소유주에게로 돌려주어야 했으며, 모든 종과 매어 있는 노동자를 해방해야 했다(레 25:10). 이는 자연스레 은행 거래와 토지 거래에 지장을 초래했으며, 그런 어려움을 경감하기 위해 특별한 조치가 고안됐는데(레 25:15-16), 그에 대해서는 뒤에서 고찰할 것이다. 희년법의 근본 의도는 이삭줍기법에 나와 있는 것과 동일한 것으로써(레 19:9-10), 가족 농장이든 아니면 단순히 자기 노동력의 열매가 됐든 모든 사람이 생계 수단을 가질 수 있도록 하기 위함이었다.

이스라엘이 실제로 희년이나 희년과 연관된 반(反)노예제도 규정(레 26:25-28, 39-41)을 준수했는지에 대해서는 확실한 증거가 없다. 그럼에도 불구하고 레위기 25장의 세부 사항은 그런 율법을 이스라엘이 실행에 옮겼을 가능성을 강력하게 시사한다. 희년을 문학적으로 가공(架空)된 이상향적인 제도로 보기보다는 이스라엘이 희년을 소홀히 했다고 보는 게 오히려 낫다. 그러나 그것은 희년법이 실행 불가능했기 때문이 아니라, 부자들이 비용과 손실을 초래할 희년의 사회·경제적 파장을 받아들이려 하지 않았기 때문이었을 것이라고 보는 게 더 일리 있을 것이다.[15]

궁핍한 자에 대한 보호

민수기 26장 및 여호수아 15-22장에 기술되어 있듯이 이스라엘이 가나안을 정복한 후, 그 땅은 이스라엘 부족과 가족에게 할당됐다. 이 땅은 영구히 팔 수 없었는데, 이는 그것이 사람 소유가 아니라 여호와의 소유였기 때문이다(레 25:23-24).[16] 희년의 효과는 분할된 땅의 매각, 담보 또는 영구적인 임대를 통해서 땅을 영구적으로 빼앗기는 가족이 없도록 하는 것이었다. 본질적으로 땅을 매각하는 것은 한시적 임대와 다름없어서 다음에 돌아오는 희년을 넘어서까지 팔 수는 없었다(레 25:15). 이것은 궁핍한 자가 후손들로부터 생계 수단을 빼앗지 않으면서도 (땅을 임대 주고) 돈을 마련할 수 있는 수단이 됐다. 레위기 25장에 나오는 규칙은 이해하기 쉽지 않으나, 밀그롬은 빈곤의 점진적 단계를 셋으로 나누어 설명함으로써 그 규칙에 대한 이해를 도왔다.[17]

1. 1단계는 레위기 25장 25-28절에 나와 있다. 한 사람이 가난해졌다고 하자. 가령, 어떤 농부가 종자를 구매하기 위해 돈을 빌렸는데 대부금을 갚을 만큼 충분한 수확을 얻지 못했을 수 있다. 그러므로 그는 땅의 일부를 구매자에게 팔아넘기고 빚을 갚은 후 다음 해에 심을 종자를 사야만 했을 것이다. 만일 그 농부의 친족 중에 '기업 무를 자'(redeemer) 역할을 하고자 하는 사람이 있다고 하면, 땅이 농부에게 귀속될 희년이 되기까지 그는 나머지 수확물을 미리 계산해 구매자에게 돈을 갚을 수 있었다. 그때까지 그 땅은 그 무른 자에게 속해 있었으며, 농부는 거기서 경작을 할 수가 있었다.
2. 2단계는 보다 더 심각한 경우다(레 25:35-38). 땅을 되찾아오지 못하고 농부는 갚지 못한 빚에 재차 휘말려서 그 땅 모두를 채권자에게 빼

앗기게 됐다고 가정해 보자. 이 경우에 채권자는 그 농부에게 자금을 대 주어서 그로 하여금 자기 땅에서 소작인으로 계속 일할 수 있게 해 줘야 했는데, 이자는 받을 수 없었다. 농부는 수확한 곡식을 처분해서 이 대부금을 상환하고자 할 것이며 아마도 빚을 다 갚게 될 수도 있었을 것이다. 그럴 경우, 그 농부는 자기 땅을 되찾을 것이다. 만일 희년이 돌아오기 전까지 대부금을 다 상환하지 못해도, 희년이 됐을 때 그 땅은 농부나 농부의 상속자에게로 돌아갈 것이다.

3. 3단계는 한층 심각한 경우다(레 25:39-43). 농부가 이전 단계에서 말한 대부금을 갚지 못하거나 그와 그의 가족을 부양하기조차 어려울 경우를 가정해 보자. 그는 일시적으로 채권자의 가속(家屬)이 될 수밖에 없을 것이다. 속박(束縛)된 노동자가 된 그는 임금을 바라고 일할 것인데, 그 돈은 전액 빚을 갚는 데 사용될 것이다. 희년이 되면 그는 자기 땅과 자유를 되찾을 것이다(레 25:41). 그때까지 채권자는 그를 종처럼 부려서는 안 되며 그를 종으로 팔아서도 안 되고 가혹하게 다뤄서도 안 됐다(레 25:42-43). 채권자는 하나님의 백성들이 모두 애굽에서 은혜로 건져 낸 하나님의 종이라는 사실을 받아들임으로써 '하나님을 두려워해야' 했다. 하나님께서 이미 그들을 소유하셨으므로 그분 외의 그 누구도 그들을 소유할 수 없었다.

이 규칙의 핵심은 이스라엘 사람은 다른 이스라엘 사람의 종이 될 수 없다는 것이다. 하지만 가난해진 이스라엘 사람이 그 땅에 살고 있는 부요한 이방인 거주자에게 종으로 팔릴 수 있다는 사실은 상정할 수가 있었다(레 25:47-55). 만일 그런 일이 발생한다고 해도, 그런 매매는 영구적일 수 없었다. 종으로 팔린 사람은 돈이 생기면 자기 자신을 스스로 속량할 권리가 있었다. 만일 여력이 없을 경우에는, 가까운 친족이 가난해진 이스라엘 사람을 해방시켜야 하는 희년이 되기까지의 햇수를 미리 계산해 이방인에게 돈을 지불하고 '기업 무를 자' 역할을 할 수가 있었다. 그때까지 그들을 가혹하게 대우해서는 안 되고 다만 고용된 일꾼으로 간주해야 했다.

희년은 오늘날 무엇을 의미하는가

희년은, 그 백성이 조상의 땅에서 일할 수 있는 양도 불가한 권리를 보호하기 위해서 이스라엘 친족 체계 내에서 운영됐다. 그들은 그 땅을 하나님의 소유로 알았으며, 하나님과 맺은 관계 덕분으로 그 땅을 향유할 수 있는 것으로 이해했다. 이런 사회 및 경제 조건은 이제 존재하지 않으며, 성경적 견지에서 볼 때 하나님은 더 이상 한 국가를 통해서는 구속을 베풀지 않으신다. 우리는 희년을 우리에게 유리한 현재적 관점에서 봐서는 안 된다.

크리스토퍼 라이트는 구약 율법의 기독교적 적용에 대해 긴 글을 썼다.[18] 그는 이 고대 율법 속에 암시된 원칙을 찾아내서 오늘날에 적용할 수 있는 윤리적 의미를 포착했다. 그에 따르면, 희년은 신학적, 사회적, 경제적 시각 등 세 가지 기본 각도에서 취급되어야 한다.[19]

신학적으로 볼 때, 희년은 여호와께서 이스라엘의 땅을 소유한 하나님이라는 사실뿐 아니라 모든 시간과 자연의 주권자라는 사실을 확인해 주는 제도다. 백성을 애굽에서 구속해 내신 행위는 그들에게 모든 면에서 공급해 주시겠다는 하나님의 다짐이었다. 이스라엘은 그분의 소유이기 때문이다. 그러므로 이스라엘이 안식일, 안식년 및 희년을 지키는 것은 순종과 신뢰의 표시였다. 실용적 입장에서 볼 때 희년은 모든 이스라엘 사람이 갖고 있는 신뢰, 즉 하나님께서 그들이 당면한 필요와 그들 가족이 당할 앞날의 필요를 다 채워 주실 것이라는 신뢰를 구체화하는 것이다. 동시에, 그것은 부자들에게 채무자를 불쌍히 여긴다면 장차 적절한 보상이 주어질 것을 신뢰하라고 요구한다.

사회적 각도에서 보면, 이스라엘 친족 구조의 최소 단위는 서너 세대가 포함된 가족이었다. 희년은 경제적 재난 가운데서도 그 가족을 온전하게 보존하기 위한 사회 및 경제적 해법이었다. 오늘날에도 그렇지만 가족의 채무는 고대 시대에서도 엄연한 현실이었으며, 그것의 결과로 무서운 사회적 질병을 앓았다. 희년은 이런 부정적인 사회적 결과의 존속 기간을 제한함으로써 그 영향을 저지하고자 하는 제도였다. 그리하여 후손으로 하여금 그들의 먼 조상이 물려준 짐을 떠맡지 않게 하고자 하는 데 의의가 있었다.[20]

경제적 각도에서 보면, 오늘날에 적용 가능한 두 가지 원칙이 드러난다. 첫째, 하나님은 땅이라는 자원이 공평하게 분배되기를 원하신다. 하나님의 계획에 따라, 땅은 사람들에게 공평하게 할당됐다. 희년은 재분배에 대한 것이 아니라 복구에 관한 것이다. 라이트의 말을 빌리자면, "그러므로 희년은 개인이 대량으로 땅과 관련한 재물을 축적하는 것에 대한 비판일 뿐 아니라, 개인이나 가족 소유권의 의미를 파괴하는 거대 규모의 집단주의나 국유주의에 대한 비판이기도 하다."[21] 둘째, 가족 단위들은 스스로를 부양할 수 있는 기회와 자원을 소유해야만 한다.

오늘날 입장에서 볼 때, 파산법도 그런 목적의 상당 부분을 성취하고자 하는 의도로 만들어졌다. 일반적으로 사람을 노예로 팔아 빚을 갚을 수 없다. 후손이 조상의 빚까지 갚을 책임은 없다. 생존에 필요한 기본 재산이 압류되지 않도록 보호할 수 있다. 그렇지만 레위기 25장은 현대 파산법보다 더 광범위한 기초를 제공하는 듯하다. 그것은 어려운 사람의 개인적 자유와 약간의 재산을 보호할 뿐 아니라 모두가 생계 수단을 소유하고 대대로 내려오는 가난을 모면하게 하려는 조치에 기반을 두고 있다. 레위기에 나오는 이삭줍기법이 보여 주는 것처럼, 해법은 재산 분배나 대량 전용(轉用)에 있는 게 아니라 모든 사람에게 생산적인 일을 할 수 있는 기회를 제공해 줄 사회적 가치관과 사회 구조다. 이 점에서 현대 사회가 고대 이스라엘 사회를 실제로 능가하고 있는가? 참된 해법을 제시하기 위해 신앙인인 우리는 어떻게 해야 하는가?

결론

레위기에서 도출할 수 있는 가장 중요한 결론은, 우리가 하나님의 백성으로 부르심을 받은 것은 일터에서 하나님의 거룩하심을 나타내기 위함이라는 사실이다. 그러므로 우리는 하나님의 방식에 반대하는 주변 사람의 행위로부터 우리 스스로를 구별해야 한다. 우리가 일터, 가정, 교회, 사회에서 하나님의 거룩을 나타낼 때, 하나님 임재 속에 있는 우리 자신을 발견하게 된다.

성경 구절을 차에 달고 다닌다든가 기도문을 줄줄 왼다든가 십자가 목걸이를 하고 다닌다든가 또는 사람들에게 친절하게 군다고 해서 우리가 하나님의 거룩을 나타내는 것은 아니다. 직장 동료, 고객, 학생, 투자자, 경쟁자, 적수 및 우리가 만나는 모두를 우리 자신처럼 사랑할 때 하나님의 거룩을 나타내는 것이다. 실제 상황에서 이것은 우리 일을 통해서 자신에게 하듯 다른 사람에게 선을 행하는 것을 의미한다. 이것은 우리의 동기 부여, 근면, 권한 행사, 역량 개발, 어쩌면 직업의 선택까지도 활기를 띠게 할 것이다. 이것은 할 수만 있다면 공동체 전체의 유익을 위해 일하고, 다른 사회 구성원과 조화를 이루며 일하는 것이며, 이스라엘을 노예 생활과 억압에서 건져 내신 하나님의 거룩하심을 나타내고자 사회 구조와 체계를 변화시키기 위해 일하는 것이다.

우리가 이런 일을 할 때, 하나님의 은혜로 우리는 그분의 말씀이 성취되는 것을 발견할 것이다. "내가 내 성막을 너희 중에 세우리니 내 마음이 너희를 싫어하지 아니할 것이며 나는 너희 중에 행하여 너희의 하나님이 되고 너희는 내 백성이 될 것이니라"(레 26:11-12).

05

민수기 & 일의 신학

"우리가 임무에 성공하든 실패하든

하나님은 신의를 지키신다"

○

서론

민수기는 우리가 일을 이해하고 실천하는 데 엄청난 기여를 한다. 이 책은 하나님의 백성인 이스라엘이 어려운 시대에 하나님 목적에 따라 일하려고 애쓰는 모습을 우리에게 보여 준다. 그렇게 일하고 애쓰면서 광야를 지나 하나님의 약속된 땅을 향해 나아가는 중에, 그들은 정체성, 권위, 지도력을 두고 갈등을 경험한다. 우리가 일에 대해 얻을 수 있는 통찰의 대부분은 일련의 명령을 통해서가 아니라 무엇이 하나님을 기쁘시게 하며 무엇이 그렇지 않은지에 대한 실례를 통해서 얻게 된다.

이 책은 "민수기"(民數記, Numbers)라 불리는데, 이는 모세가 이스라엘 족속을 몇 차례 인구 조사한 기록이 담겨 있기 때문이다. 병역(민 1:2-3; 26:2-4), 종교적 의무(민 4:2-3, 22-23), 세금 납부(민 3:40-48) 및 농업(민 26:53-54) 등 경제 문제와 정치 문제에 사용될 인적 자원과 자연 자원의 분량을 측정하기 위해서 인구 조사가 실시됐다. 이런 인구 조사는 단순히 수를 세서 보고하는 것 이상이었으며, 이야기를 전개하는 틀을 형성했다. 그 이야기 중에서 통계의 오용(誤用)은 종종 분란과 반란과 사회 불안으로 이어졌다. 수량적 추론 자체가 문제는 아니었다. 하나님이 친히 인구 조사를 명하셨기 때문이다(민 1:1-2). 그러나 이스라엘이 주님의 말씀 대신에 수치적 분석에 의존했을 때 재난이 따라왔다(민 14:20-25). 온전한 도덕적 추론 대신에 제멋대로 장부에 의존하던 습관은 오랜 세월이 지난 오늘날에도 회계 추문과 재정 위기까지 영향을 미칠 수가 있다.

민수기는 애굽도 약속된 땅도 아닌 광야에서 발생한 사건을 기록했다. 민수기의 히브리어 제목은 'bemidbar[베미드바르]'인데, 이는 "시내 광야에서"(민 1:1)를 줄여서 표현한 말로써, 이 책에 나오는 주요 행위인 광야를 통과해 나아가는 이스라엘의 여행을 가리킨다. 이스라엘 민족은 시내부터 약속의 땅을 향해 진행하다가 요단강 동편 지역에 도착했다. 그들이 이곳으로 온 것은 하나님의 "강력한 손"(출 6:1)이 그들을 애굽 노예 생활로부터 해방시켰기 때문인데, 이게 바로 출애굽기라는 책에 담긴 이야기다. 사람들을 노예 신분에서 건져 낸 것은 하나의 중요한 사안이었으나, 그 사람들에게서 노예 의식을 제거하는 것은 전혀 다른 문제였음이 드러났다. 요컨대 민수기는 하나님이 약속하신 목적지까지 여행하는 동안 겪은 하나님과 함께하는 생활을 기록한 책인데, 하나님 백성인 우리는 지금도 그런 여행을 하고 있다. 우리는 이스라엘이 광야에서 경험한 것으로부터 오늘날 삶과 일에서 만나는 도전을 이길 힘을 발견한다. 하나님이 언제나 도와주심으로 우리는 용기를 가질 수 있다.

이스라엘 민족의 수를 세다

민 1:1-2:34

출애굽 이전에는 이스라엘이 한 번도 나라를 이룬 적이 없었다. 이스라엘은 아브라함과 사라의 가족과 그들의 후손으로부터 시작됐으며, 요셉이 이끌 때 하나의 종족이 됐지만, 애굽에서는 소수 민족으로서 노예 생활을 했다. 애굽에서는 이스라엘 사람의 인구가 증가해 하나의 나라만큼 커졌지만(출 12:37) 노예 생활을 하던 그들은 나라의 체제나 조직을 가질 수가 없었다. 그들은 간신히 조직을 유지하는 난민으로서 애굽을 떠났는데(출 12:34-39) 이제는 나라 기능을 하는 조직을 갖추게 됐다.

하나님은 모세에게 그들의 인구를 조사하고(첫 번째 인구 조사, 민 1:1-3) 지파별 우두머리가 이끄는 임시 정부를 구성하라고 명령하셨다(민 1:4-16). 하나님의 추가 지시에 따라, 모세는 종교 직분자, 즉 레위인을 임명하고 그들에게 성막을 지을 재료를 공급해 줬다(민 1:48-54). 모세는 모든 사람을 위해 진영을 구축한 다음 전쟁에 나갈 만한 나이의 남자로 군대를 조직하고 지휘관을 임명했다(민 2:1-9). 그는 관료 제도를 창안했고 자격 있는 지도자에게 권위를 부여했으며 민사 법정과 항소 법정을 만들었다(출 18:1-27). 이스라엘이 약속의 땅을 차지하고(창 28:15) 모든 나라에 복의 통로가 될 사명을 완수하기(창 18:18) 이전에, 그 나라는 먼저 효율적으로 조직될 필요가 있었다.

조직, 지도력, 통치, 자원 개발을 위한 모세의 활동은 기업, 정부, 군사, 교육, 종교, 비영리, 근린 협회, 가족에 이르기까지 오늘날 사회의 전 부문에 사실상 거의 그대로 적용된다. 이런 의미에서, 모세는 모든 경영인, 회계사, 통계학자, 경제학자, 군인 장교, 정치가, 판사, 경찰, 교장, 공동체 지도자, 기타 수많은 사람의 대부라 할 수 있을 것이다. 노동자 조직, 지도자 훈련, 민간 기관의 설립, 논리적 역량의 개발, 요새의 구축, 회계 제도 개발과 관련해 민수기에 나오는 세부 기술은 하나님이 지금도 오늘날 사회 구조의 정돈과 관리와 자원 공급과 유지를 위임하시고 지도하신다는 것을 시사한다.

레위인과 하나님의 일

민 3-8장

민수기 3장부터 8장에서는 제사장과 레위인의 일에 초점이 맞춰진다. 레위 족속에 속한 남자는 제사장으로 봉직했다. 대체로 민수기에서는 이 두 용어가 상호 교환적으로 사용된다. 그들은 하나님의 구속을 모든 사람에게 전달해 주는 중요한 역할을 했다(민 3:40-51). 다른 사람처럼, 그들의 수(數)도 계수됐으며 그들이 병역 의무에서는 면제됐지만 작업 단위 조직은 갖고 있었다(민 4:2-3; 22-23). 그들의 일은 다른 일보다 독특했으며 더 고상한 것으로 간주됐던 것처럼 보이는데 이는 "지성물"(민 4:4)에 대한 일이었기 때문이었을 것이다. 회막(會幕)과 그 기구에는 독특하면서도 세밀하게 관심을 기울였는데 이는 제사장 역할을 다른 사람의 일보다 우월하게 여기도록 만들었다.

그러나 본문은 그들의 일이 다른 모든 이스라엘 사람의 일과 얼마나 긴밀히 연관되어 있는지를 사실적으로 그린다. 레위인은 모든 사람의 삶과 일이 하나님의 율법 및 목적과 합치되도록 하기 위해서 사람을 도왔다. 더욱이 레위인이 회막에서 하는 일은 이스라엘 사람 대부분의 일과 아주 흡사했다. 그들은 진영을 파(破)하거나 옮기거나 세우고 불을 피우고 세마포 옷을 빨고 동물을 도살하고 곡식을 가공했다. 따라서 강조점은 레위인의 일을 다른 모든 사람의 일과 통합하는 데 있었다. 민수기는 하나님의 임재를 사람들에게 인식시켜 주고, 사람들과 하나님 사이에서 중재자로 서 있는 제사장의 일에 깊은 관심을 기울이는데, 이는 종교적인 일이 가장 중요하기 때문이 아니라 하나님이 모든 직업의 구심점이시기 때문이다.

하나님께 우리 노동력의 열매를 드리다

민 4, 7장

주님은 자신이 이스라엘 가운데 임재하시는 곳인 회막의 건축에 대해 세세하게 명령하셨다. 회막을 짓는 데는 일꾼들이 생산해 낸 아주 다양한 재료가 필요했다. 고급 가죽, 청색 천, 홍색 천, 자색 천, 휘장, 채와

틀, 대접, 숟가락, 주발, 붓는 잔, 등잔, 등잔대, 불 집게, 불똥 그릇, 기름 및 기름 그릇, 금제단, 불 옮기는 그릇, 고기 갈고리, 부삽, 대야 및 향료(민 4:5-16).● 예배를 드리는 중에 사람들은 전제(부어 드리는 제물-민 4:7 등), 곡식(4:16 등), 기름(7:13 등), 숫양(6:12 등), 염소(7:16 등) 및 귀금속(7:25 등) 같은 노동력의 산물을 추가적으로 가져왔다. 회막에서 하나님을 향한 예배가 이뤄지려면 사실상 이스라엘에 있는 모든 직업, 모든 사람이 필요했다.

레위 사람은 대개 희생제물을 가지고 자기 식구를 먹여 살렸다. 제물은 레위 사람에게 할당된 것이었는데, 다른 족속과는 달리 그들에게는 경작할 땅이 주어지지 않았기 때문이다(민 18:18-32). 레위 사람이 희생제물을 먹은 것은 그들이 거룩했기 때문이 아니라, 희생 제사를 집전하면서 모든 사람으로 하여금 하나님과 거룩한 관계를 맺도록 하는 일을 했기 때문이었다. 레위 사람이 아니라 백성이 희생제사의 최우선적인 수혜자였다. 사실상 희생제사 제도 자체는 이스라엘 음식 공급 제도의 일부였다. 제단 위에서 불사른 일부 제물과 앞서 언급한 레위 사람의 할당량 외에, 곡식 제사와 동물 제사의 대부분은 제물을 바친 사람이 먹게 되어 있었다.[1] 따라서 이스라엘 모든 사람이 그 제도를 통해 제물에 참여하게 되어 있었다. 종합적으로 보면, 희생제사 제도는 사람이 생산한 다른 것으로부터 몇 가지 거룩한 것들을 구별하기 위함이 아니라, 하나님의 임재를 그 민족의 전반적인 삶과 일 속에 전달하기 위함이었다.

마찬가지로 오늘날에도, 모든 하나님 백성의 재화와 용역은 일터에서 역사하시는 하나님 권능의 표현이다. 적어도 그래야 한다. 구약에서보다 신약에서는 이 주제가 명시적으로 전개된다. "너희는 택하신 족속이요 왕 같은 제사장들이요 거룩한 나라요 그의 소유가 된 백성이니 이는 너희를 어두운

● 이와 유사한 표현이 출애굽기 31장 1-12절에도 나온다. 이 책 3장의 "출 25:1-41:38" 부분을 보라.

데서 불러 내어 그의 기이한 빛에 들어가게 하신 이의 아름다운 덕을 선포하게 하려 하심이라"(벧전 2:9).

우리가 하는 모든 일이 하나님의 선하심을 선포할 때 그것은 제사장의 일이 된다. 우리가 생산하는 가죽과 천, 접시와 대접, 건축 자재, 학습 계획안, 재무 예측 등은 제사장의 품목이다. 우리가 하는 일, 의복을 세탁한다든지 곡식을 재배한다든지 자녀를 키운다든지 하는 다른 모든 형태의 합당한 일은 제사장으로서 하나님을 섬기는 봉사다. 우리 모두는 이렇게 질문해 봐야 한다. '내 일이 하나님의 선하심을 나타내며, 그분을 인식하지 못하는 이에게 그분을 보여 주며, 세상에서 그분의 목적을 달성하게 만드는가?' 민수기에 따르면, 목회자만이 아니라 모든 신자가 매일 하나님의 일을 하는 제사장 및 레위 사람의 후손이다.

죄의 자백과 손해 배상

민 5:5-10

하나님 백성이 반드시 해야 할 역할은 갈등과 학대가 있는 곳에 화해와 정의를 가져다주는 일이다. 비록 이스라엘 사람이 하나님의 계명에 순종하겠다고 맹세했지만, 그들은 오늘날 우리가 그런 것처럼 늘 그 맹세에 미치지 못했다. 그 행위는 종종 다른 사람을 혹사하는 형태로 나타나기도 했다. "남자나 여자나 사람들이 범하는 죄를 범하여 여호와께 거역함으로 죄를 지으면"(민 5:6). 레위 사람의 일을 통해, 하나님은 그런 죄악의 행위와 관련된 회개, 손해 배상, 화해의 수단을 제공해 주셨다. 핵심 요소는 죄 있는 쪽이 그가 끼친 손실을 보상해 줄 뿐 아니라 20퍼센트를 더 얹어 줘야 했다는 것인데(민 5:7), 피해자와 동일한 심정으로 손실을 겪는다는 의미에서 그리 했을 것이다.(이 단락은 레위기에 나오는 속건 제사와 병행되는 내용이다.)●

일터에서 이 원칙을 적용하기 위한 생생한 실례가 신약에 나온다. 세리장 삭개오가 그리스도 안에서 구원을 발견했을 때, 그는 자신이 사람들에게 과도하게 부과한 금액의 네 배나 갚겠다고 말씀드렸다. 보다 더 현대적인 실례를 들어 보겠다. 명시적으로 성경에 근거한 것은 아니지만, 병원 중에서 실수를 인정하고 사과하며 직접 재정적 손해를 배상해 주고 관련된 환자와 그 가족에게 도움을 제공하는 곳이 점점 늘어나고 있다는 사실이다.[2] 그러나 실수를 만회하기 위해서 우리가 꼭 세리나 의료진이 될 필요는 없다. 실수를 자백하고 그에 대해 배상할 수 있는 변상의 기회가 우리 모두에게 얼마든지 있다. 이런 기회의 대부분은 일터에서 얻는다. 우리는 실제로 그런 일을 실천에 옮기고 있는가? 아니면 약점을 덮으면서 우리 책임을 최소화하려고 애쓰는가?

백성을 향한 아론의 축복

민 6:22-27

레위 사람의 주된 역할 중 하나는 하

● 이 책 4장의 "레 6:1-7" 부분을 보라.

나님의 축복을 비는 것이었다. 하나님은 제사장이 축복할 말을 다음과 같이 정해 주셨다.

> 여호와는 네게 복을 주시고 너를 지키시기를 원하며 여호와는 그의 얼굴을 네게 비추사 은혜 베푸시기를 원하며 여호와는 그 얼굴을 네게로 향하여 드사 평강 주시기를 원하노라 할지니라 하라(민 6:24-26).

하나님은 사람을 여러 가지 방법으로 즉 영적, 정신적, 감정적, 물질적인 방법으로 축복하신다. 그러나 여기서의 초점은 사람을 말로 축복하는 것이다. 우리의 선한 말은 사람의 삶 속에서 하나님께서 내려주시는 은혜의 순간이 된다. "그들은 이같이 내 이름으로 이스라엘 자손에게 축복할지니 내가 그들에게 복을 주리라"(민 6:27)라고 하나님은 약속하셨다.

우리가 일터에서 사용하는 말에는 축복하거나 저주하는 능력이 담겨 있으며 다른 사람을 세우거나 무너뜨리는 능력도 있다. 우리가 선택해 쓰는 말은 종종 우리가 깨닫는 것 이상의 권능을 발휘한다. 민수기 6장 24-26절에 나오는 축복의 말씀은 하나님이 우리를 "지키실" 것이며 우리에게 "은혜를 베푸실" 것이며 "평안을 주실" 것이라고 선언한다.

일터에서 우리가 쓰는 말이 다른 사람을 "지킬" 수 있다. 즉 안심시키고 보호해 주고 지원해 줄 수 있다. '만일 도움이 필요하다면 내게로 오세요. 나는 당신을 도울 것입니다.' 우리는 은혜로 충만한 말을 할 수 있으며 상황을 더 나은 방향으로 반전시킬 수도 있다. 예를 들어, 우리 역할을 최소화시킴으로써 책임을 전가하는 대신에 오류에 대한 책임을 나누어질 수도 있을 것이다. 우리 말은 깨진 관계를 회복하고 화평을 가져올 수 있다. 예를 들어, "나는 우리 사이에 뭔가가 틀어졌다는 것을 깨달았습니다. 하지만 나는 다시 한 번 좋은 관계를 회복할 기회를 찾고 싶어

요"라고 말할 수 있다.

물론 일을 하다 보면, 우리가 다른 사람을 대적하거나 비평하거나 꾸짖거나 때로는 심지어 벌을 줘야 할 때도 있을 것이다. 그럴 때에도 우리는 문제가 된 행동만을 비난할 것인지 아니면 그 사람 전체를 정죄할 것인지를 선택할 수 있다. 반대로 다른 사람이 훌륭한 행동을 했을 때, 우리 평판이나 체면이 약간 구겨질 위험이 있음에도 불구하고 침묵을 지키는 대신그들을 칭찬해 줄 수 있을 것이다.

은퇴의 문제

민 8:23-26

민수기에는 성경에서 유일하게 일할 연령 제한을 언급한 단락이 등장한다. 레위인은 젊은 나이에 일하기 시작했는데, 이는 성막과 그 모든 성구를 설치하고 이동시킬 만큼 충분한 체력이 필요했기 때문이었을 것이다. 민수기 4장에 나오는 인구 조사에는 50세가 넘은 레위인의 이름이 들어 있지 않으며 민수기 8장 25절에서는 나이가 50세가 되면 레위인은 현역에서 은퇴해야 한다고 규정한다.

무거운 성막을 옮기는 일 외에도, 레위인의 일에는 피부 질병을 세밀히 조사하는 일도 포함되어 있었다(레 13장). 돋보기가 없던 시대에는, 사실상 50세가 넘으면 대부분의 사람이 근거리에서 무엇을 정확히 볼 수 없지 않았을까? 요점은 50세가 만국에 적용되는 은퇴 연령이라는 게 아니라, 누구나 몸이 늙음에 따라 일을 효과적으로 할 수 없는 때가 온다는 점이다. 하지만 은퇴가 레위인에게 있어 일의 끝은 아니었다. 은퇴한 후에도 그들은 여전히 "그의 형제와 함께 회막에서 돕는 직무를 지킬" 수 있었다(민 8:26).

오늘날 선진국에서는 전업 주부나 왕성하게 활동하는 정치가 같은 두드러진 예외의 경우를 빼고는 은퇴가 대부분의 직업에 있어서 삶의 기정사실이 되어 버렸다. 은퇴에 대한 현대적 개념은 종종 현역에서 물러나 여가를 즐기는 것으로 대표된다. 레위인의 경우에서 보듯, 그 근본적인 은퇴 이유는 (비록 그 과정은 개인과 직업에 따라 크게 차이가 나긴 하지만) 우리의 신체 및 정신 역량은 나이가 들면 결국 쇠퇴한다는 사실 때문이다. 모세는 80세가 됐을 때 이스라엘 지도자로서 임무를 시작했다(출 7:7). 레위인은 일정한 나이가 되면 은퇴했는데, 현대 시각으로 보면 매우 젊은 나이였다. 하지만 그 목적은 생산적인 일꾼을 직무에서 제거하고자 한 게 아니라 직업 특성상 그들의 직무를 보다 더 성숙한 방향에서 재편하려는 것이었다.

나이와는 상관없이 은퇴한 후에는 한가롭게 지내야 한다는 견해를 민수기는 지지하지 않는다. 레위인처럼 우리도 나이가 들었다고 해서 의미 있는 일로부터 전적으로 쉬고자 해서는 안 될 것이다. 우리가 우리 직책을 포기하기 원하거나 포기할 필요가 있을지 모르지만 우리 역량과 지혜는 여전히 가치 있다. 우리는 무역 협회, 시민 단체, 이사회 및 인허가 발급 기관의 리더로서 맡은 일을 통해서 계속 다른 이를 섬길 수 있을 것이다. 고문, 훈련관, 코치로서 일할 수도 있고, 노년에 교회, 특정 활동이나 스포츠를 위한 클럽, 또는 봉사 기관에서 마음껏 봉사하는 시간을 가질 수도 있다. 가족을 위해 더 많은 시간을 투자할 수 있으며, 그러기에 때가 너무 늦었다면 다른 아이들이나 젊은이들의 삶을 위해 봉사할 수도 있다. 종종 우리가 하는 가장 귀중하고 새로운 봉사는 젊은 일꾼을 지도하거나 용기를 북돋워 주고 축복하는 일이다(민 6:24-27).

이런 가능성을 고려한다면, 노년이 인생에서 가장 만족스런 기간이 될 수도 있다. 그들이 가진 은사, 자원, 시간, 경험, 관계망, 영향력 및 지혜가 다른 사람에게 가장 도움이 될 수 있는 순간에 은퇴를 하게 되어 도태되는 이들이 많다. 애석한 일이 아닐 수 없다. 어떤 이는 여가나 여흥만을 추구하거나 기어이 삶을 포기하기도 한다. 또 어떤 이는 나이와 관련된 규정 및 사회적 무시가 그들로 하여금 마음껏 일하지 못하게 한다는 사실을 발견한다. 성경에는 은퇴 신학을 도출할 만한 자료가 거의 없다. 그러나 나이가 들어 감에 따라 우리 각자는 일하기 위해 준비했던 것 이상으로 은퇴도 대비하는 게 좋을 것이다. 나아가 아직 우리가 젊다면 우리보다 경험이 많은 사람으로부터 배우거나 그들을 존중할 수 있다. 나이와 상관없이 우리는 남녀노소를 위한 보다 더 공평하고 생산적인 은퇴 정책과 관습을 확립하기 위해 일할 수 있다.

모세의 권위에 도전하다

민 12장

민수기 12장을 보면, 모세의 형과 누이인 아론과 미리암이 모세의 권위에 도전하려고 시도한다. 그들의 불평은 합리적인 것처럼 보인다. 모세는 이스라엘 사람에게 이방인과 혼인하지 말라고 가르쳤지만(신 7:3),

정작 모세 자신은 이방인을 아내로 맞아들였다(민 12:1). 만일 이런 불평거리가 그들의 진정한 관심사였다면, 그들은 모세 앞에서 또는 그가 최근에 조직한 장로회 앞에서 그 문제를 제기해서 해결을 볼 수 있었을 것이다(민 11:16-17). 하지만 아론과 미리암은 그들 스스로가 민족의 지도자인 모세의 자리를 차지하려고 선동했다. 사실상 그들의 불평은 자신들이 최고위직을 차지할 목적으로 대중의 봉기를 선동한 구실에 지나지 않았다.

하나님은 모세를 대신해서 그들에게 심한 형벌을 내리셨다. 하나님은 그들에게 이스라엘 대표자로 모세를 선택했으며 모세와는 "대면하여" 얘기했으며 그에게 그분의 "온 집"을 맡겼음을 상기시키셨다(민 12:7-8). 그분은 물으셨다. "너희가 어찌하여 내 종 모세 비방하기를 두려워하지 아니하느냐"(민 12:8). 그에 대한 대답이 없자 민수기에 의하면, 여호와께서 그들을 향하여 진노하시고 떠나셨다(민 12:9). 그분이 내린 형벌은 먼저 미리암에게 미쳐서 그녀는 나병이 들어 죽음 직전까지 가게 되었으며 아론은 모세에게 용서를 빌었다(민 12:10-12). 하나님이 선택하신 지도자의 권위는 존중돼야 한다. 그런 지도자에게 항거하는 것은 하나님께 항거하는 것이기 때문이다.

우리가 권위자에게 불만을 품을 때

하나님은 모세의 리더십 안에 특별히 함께하셨다. "그 후에는 이스라엘에 모세와 같은 선지자가 일어나지 못하였나니 모세는 여호와께서 대면하여 아시던 자요"(신 34:10). 오늘날 지도자 중에는 모세가 했던 것처럼 하나님의 권위를 대면해 목격한 사람이 없다. 하지만 하나님은 우리에게 모든 지도자의 권위를 존중하라고 명령하셨다. "권세는 하나님으로부터 나지 않음이 없나니"(롬 13:1-3). 이 말씀은 지도자에게 질문을 던져서는 안 된다거나 책임을 물어서는 안 된다거나 그들을 폐해서도 안 된다는 의미가 아니다. 이 말씀은, 우리가 모세처럼 합당한 권위를 지닌 사람에게 불평을 품을 때마다 우리 임무는 그들의 리더십이 하나님의 권위를 나타내는 방식들을 분별하는 것을 의미한다. 그들에게 참으로 주어진 하나님의 권위가 어떤 것이든 우리는 그들을 존중해야 한다. 그들의 잘못을 지적하거나 그들의 권위를 제한하거나 심지어 그들을 권좌에서 끌어내리려 할 때도 말이다.

이 이야기를 구체적으로 살피면, 아론과 미리암의 목적이 그들 자신이 권좌에 앉으려는 것이었다는 점이 밝혀진다. 권력에 목말라하는 것은 권위에 도전하는 봉기의 합당한 동기가 결코 될 수 없다. 만일 우리가 상사에게 불평을 품게 됐다면, 우리의 첫 번째 희망사항은 그에 대한 불평을 해결하는 것이어야 한다. 만일 그 상사의 권력 남용이나 무능력이 업무 수행에 장애가 된다면, 우리의 다음 목표는 청렴함과 능력을 갖춘 누군가로 그를 대체하는 일이 될 것이다. 그러나 만일 우리의 목적이 우리 권력을 확장하는 것이라면, 그 목적은 진실하지 못하며 우리는 그 상사가 합당하게 행동하는지 여부를 판단할 자격도 없다. 그런 상황에서 우리는 욕망 때문에 하나님의 권위를 인식할 수 없게 된다.

누군가가 나의 권위에 반대할 때

비록 매우 힘이 있고 대단히 옳기도 했지만 모세는 그의 리더십에 도전하는 이에게 온유함과 겸손함으로 대응했다. "이 사람 모세는 온유함이 지면의 모든 사람보다 더하더라"(민 12:3). 그는 이 사건이 진행되는 동안 내내 아론, 미리암과 함께 있었으며 그들이 정당한 형벌을 받을 때도 그리했다. 그는 미리암의 건강을 회복시켜 달라고 하나님께 간청했으며, 그녀가 받을 형벌을 '사망'에서 '7일간 진영에서 추방되는 것'으로 줄이는 데 성공했다(민 12:13-15). 모세는 그들을 나라의 고위 지도자 위치에 그대로 뒀다.

만일 우리가 권세 있는 위치에 있다면, 우리는 모세가 행한 것과는 반대로 행할 가능성이 있다. 모세처럼 우리가 합당하게 권세를 얻었다 해도 반대에 부딪칠 수 있으며, 그것을 우리를 향한 하나님의 목적에 어긋나는 것이라고 인식할 수 있을 것이다. 우리가 우리 지위를 변호하고 그에 대해 공격하는 사람을 물리치려 시도할 경우, 당연히 그 일이 옳을 수도 있다. 하지만 모세처럼 우리는 반대자를 포함해 하나님께서 우리 권위 아래 두신 사람을 먼저 생각해야 한다. 그들이 우리에게 품은 불평이 합당할 수도 있고 때로는 그들이 횡포를 부리고자 했을 수도 있다. 우리는 그들의 도전을 성공적으로 저지할 수도 있고 그렇지 못할 수도 있을 것이다. 우리가 계속해서 조직 속에 머물러 있을 수도 있고 그렇지 못할 수도 있으며 그들 또한 그럴 것이다. 반대자와 공통분모를 찾아낼 수도 있고 반대로 상호 간에 좋은 업무 관계를 회복하는 게 불가능함을 깨달을 수도 있다.

하지만 어떤 상황에서도, 우리에게는 겸손해야 할 의무가 있다. 이 말은 우리의 안락, 권세, 위신, 자아상에 손상이 간다 할지라도 하나님께서 우리에게 맡겨 주신 사람들의 선을 위해 행동해야 한다는 의미다. 모세가 미리암에게 그랬던 것처럼 우리에게 반대하는 사람들을 옹호하고 나설 때 그런 의무를 성취하고 있다는 사실을 깨달을 것이다.

지도자가 인기를 잃을 때

민 13-14장

모세의 권위에 대한 또 다른 도전이 민수기 13-14장에서 발생했다. 주님이 모세에게 가나안 땅 정복을 준비하기 위해 정탐꾼을 가나안으로 들여보내라고 말씀하셨다. 정탐꾼은 군사 정보와 경제 정보를 수집해야 했다. 그들은 모든 족속으로부터 정탐꾼을 선발했다(민 13:18-20). 이는 정탐꾼의 보고가 토지 정복 계획을 위해 쓰일 뿐만 아니라 이스라엘 족속에게 토지를 분배하고자 논의할 때도 사용될 수 있다는 의미였다. 정탐꾼들의 보고는 그 땅이 매우 좋다는 내용이었다. "그 땅에 젖과 꿀이 흐르는데"(민 13:27). 하지만 그들은 이런 보고도 했다. "그러나 그 땅 거주민은 강하고 성읍은 견고하고 심히 클 뿐 아니라 거기서 아낙 자손을 보았으며"(민 13:28).

모세와 그의 부관 여호수아는 이 정보를 기반으로 정복 계획을 세웠다. 그러나 정탐꾼들은 겁을 먹고서 그 땅을 정복할 수 없다고 주장했다(민 13:30-32). 이스라엘 백성들은 정탐꾼을 따라 주님의 계획에 항거했으며 새로운 지도자를 세운 후 노예 생활을 하던 애굽으로 돌아가기로 작정했다. 아론과 갈렙과 젊은 지도자 여호수아만이 모세와 함께했다.

그러나 정복 계획이 인기가 없음에도 불구하고 모세의 입장은 굳건했다. 사람들은 그를 갈아 치우려 했지만 모세는 주님께서 그에게 정당하다고 계시해 주신 것을 고수했다. 모세와 아론은 사람들에게 반역을 그만두라고 호소했으나 소용이 없었다. 마침내 주님은 신의를 저버린 이스라엘을 징계하셨으며 그들을 치명적인 질병으로 칠 것이라고 선언하셨다(민 14:5-12). 주님의 계획을 던져 버린 그들은 한층 열악한 상황으로 빠져들었다. 처절한 파멸이 임박했다. 주님의 본래 목적에 충실한 모세만이 재앙을 회피할 방도를 알았다. 모세는 이전에도 그랬던 것처럼 주님께 그들을 용서해 달라고 구했다(민수기 12장에서 볼 수 있듯이, 모세는 자신에게 손해가 되더라도 언제나 하나님 백성의 복리를 앞세울 준비가 되어 있었다). 주님은 분노를 가라앉히셨으나 그 사람들에게는 피할 수 없는 결과가 있을 것이라고 선언하셨다. 반역에 동참했던 이는 모두 약속의 땅으로 들어갈 수 없게 됐다(민 14:20-23).

모세의 행동은, 리더란 인기에 영합할 게 아니라 단호한 결단을 내리기 위해 선택된 사람이라는 것을 보여 준다. 리더는 고독한 자리이며, 리더 위치에 있는 이들은 대중의 의견에 영합하라는 유혹을 크게 받기 마련이다. 물론 훌륭한 리더는 다른 이의 의견을 경청한다. 하지만 만일 어떤 리더가 가장 좋은 행동 방향을 알았고 자기 능력을 최대한 발휘해 그 정보를 시험해 봤다면, 그는 가장 인기 있는 방안이 아니라 가장 유익한 방안을 실행에 옮길 책임이 있는 것이다.

모세가 처했던 상황에서, 최선의 행동 방향이 무엇인지는 의심의 여지가 없었다. 주님은 약속의 땅을 정복하라고 모세에게 이미 명령하셨다. 우리가 봐 온 대로, 모세의 품행은 겸손했지만 추진력은 흔들림이 없었다. 그는 사실상 그 명령을 실행하는 부분에서 성공하지 못했다. 사람이 좇아오지 않으려 한다면, 리더 혼자서는 사명을 성취하지 못하는 법이다. 이 경우에 사람들에게 미칠 영향은 하나님이 그들에게 선택해 주신 땅을 잃는 것이었으므로 모든 세대에게 재앙이었다. 그러나 모세는 사람의 의견에 따라 계획을 변경하지 않았고, 그런 재난에 조금도 기여하지 않았다.

현대인의 삶은 여론에 굴복한 지도자의 실례로 가득 차 있다. 우선

영국 수상 네빌 체임벌린(Neville Chamberlain)이 1938년에 뮌헨에서 히틀러의 요구에 굴복한 사건이 떠오른다. 그에 반해 에이브러햄 링컨(Abraham Lincoln)은 나라의 분열을 받아들임으로써 미국의 내전을 종식하라는 여론에 굴복하기를 끈질기게 거부했기에 미국의 가장 위대한 대통령이 됐다. 그는 자신이 잘못 판단할 가능성을 겸손히 인정하면서도, 굴복하라는 엄청난 압력을 이겨 내고 자신이 옳다고 생각하는 바를 시행할 불굴의 용기를 갖고 있었다. 로널드 헤이페츠(Ronald Heifetz)와 마티 린스키(Marty Linsky)가 쓴 *Leadership on the Line*(도전받는 리더십)[3]은 다른 사람들의 의견에 열려 있으면서도 시련의 시기에 굳건히 리더십을 지키는 문제를 탐구한 저서다.●

하나님께 첫 열매를 드리다

민 15:20-21; 18:12-18

민수기 4장과 7장에 나오는 희생제사 제도에 근거해서 볼 때, 민수기 15장과 18장에 나오는 두 단락은 노동의 첫 소산과 땅의 첫 열매를 하나님께 드리는 제사를 설명한다. 앞에서 설명한 제사에 덧붙여서 이스라엘 사람은 "그 땅의 처음 익은 모든 열매"(민 18:13)를 하나님께 드려야 했다. 하나님이 그 모든 것을 소유한 주권자이시며 그 땅과 사람의 소산물 전체는 실제로 이미 하나님께 속해 있기 때문이었다.

● 이 주제를 더 알고 싶다면, 이 책 6장의 "신 1:19-45" 부분을 보라.

사람이 첫 열매를 제단으로 가져올 때, 그들은 그들 자신의 필요를 충족한 후에 남은 것이 아니라 모든 것에 대한 하나님의 소유권을 인정하는 것이었다. 그들은 소출을 사용하기 전에 먼저 첫 열매를 드림으로써, 하나님께서 그들의 노동력과 자원의 지속적인 생산성을 축복해 주실 것이라는 절박한 소망과 하나님의 주권에 대한 존중을 표시했다.[4]

이스라엘 희생제사 제도에서 언급된 제사와 희생제물은 오늘날 하나님의 역사(役事)와 관련해서 우리가 드리는 헌물이나 제물과는 다르지만, 하나님께 우리 첫 열매를 드린다는 개념은 여전히 유효하다. 첫 열매를 하나님께 드릴 때, 우리는 하나님이 우리가 쓰고 남은 자원을 부수적으로 받으실 분이 아니라 우리가 갖고 있는 모든 것의 주인이라는 사실을 인정하는 것이다. 이런 방식으로 첫 열매를 드릴 때 우리는 고대 이스라엘 사람들이 땅의 소산의 첫 열매를 드렸을 때 받았던 하나님의 축복과 유사한 축복을 받는다.

언약을 기억하는 습관

민 15:37-41

민수기 15장에 나오는 한 짧은 단락은 이스라엘 백성에게 옷 가장자리에 청색 줄이 달린 술을 달라고 명령한다. '이 술은 너희가 보고 여호와의 모든 계명을 기억하여 준행하게 하기 위함이라.' 다른 모든 곳에서도 그렇지만 직장에서 우리는 언제나 "방종하게 하는 자신의 마음과 눈의 욕심을 따라 음행"(민 15:39)하고자 하는 유혹을 받기 쉽다. 사실상 당신의 일(당신 "눈")에 관심을 기울이면 기울일수록, 직장에서 '주님으로부터 기원하지 않은 것'이 당신(당신 "마음")을 사로잡을 가능성이 더 커진다.

일에 관심을 기울이지 않거나 덜 기울이는 게 대책이 아니다. 하나님과 그분의 길을 생각나게 만들 장치를 마련해 놓는 것이 좋은 방책일 수 있다. 그게 옷 가장자리에 다는 술이 아니어도 상관없다. 눈이 잘 띄게 놓은 성경, 주기적으로 기도 시간을 일러 주는 알람, 수시로 당신의 이목을 끌 수 있는 장신구, 혹은 주목을 끄는 곳에 놓인 부착물이 될 수도 있다. 이것들의 목적은 다른 사람에게 보여 주는 게 아니라 '당신의 마음'을 하나님께로 향하게 하는 것이다. 비록 작다 할지라도 그것은 상당한 영향을 미친다. "너희가 내 모든 계명을 기억하고 행하면 너희의 하나님 앞에 거룩하리라"(민 15:40).

하나님을 끝까지 신뢰할 것

민 20:2-13

모세가 저지른 가장 큰 실수의 순간은 이스라엘 백성들이 불평을 재개했을 때였는데, 이번에는 음식과 물에 대한 불만이 터져 나왔다(민 20:1-5). 모세와 아론은 그 불평을 하나님께 고했다. 하나님은 지팡이를 들고 가 그들 앞에 서서 바위에게 명해 그 사람들과 가축에게 충분한 물을 내라고 명령하라고 시키셨다(민 20:6-8). 모세는 주님의 지시대로 했으나 두 가지를 스스로 부풀려서 실행했다. 하나는 "반역한 너희여 들어라"라고 말한 것이며 다른 하나는 "우리가 너희를 위하여 이 반석에서 물을 내랴" 라고 부언하면서 반석을 지팡이로 두 번 친 것이다. 물은 과연 엄청나게 솟아나왔지만(민 20:9-11), 주님은 모세와 아론에게 극히 불쾌해하셨다. "너희가 나를 믿지 아니하고 이스라엘 자손의 목전에서 내 거룩함을 나타내지 아니한 고로 너희는 이 회중을 내가 그들에게 준 땅으로 인도하여 들이지 못하리라 하시니라"(민 20:12). 형벌은 가혹했다. 모세와 아론은, 이전에 하나님의 계획에 항거했던 모든 사람처럼(민 14:22-23), 약속의 땅에 들어가지 못하게 됐다.

모세 행동의 어떤 부분이 하나님을 향한 신뢰가 부족한 것을 나타냈으며, 그리하여 그가 형벌을 받게 됐는지는 그리 명쾌하지 못하다. 모세가 사람들의 불평을 주님께 전달하면서 그들의 불신에 동참했을 수도 있고 그가 사람들을 꾸짖으면서 반석을 지팡이로 쳤던 것일 수도 있는데, 그 어떤 것도 주님이 명하신 바는 아니었다. 아마도 모세가 물을 주신 주님의 응답이 자기 덕분이라고 주장했을 수도 있는데, 그가 반석으로부터 물을 "우리가 …… 내랴?"라고 물은 것을 보면 그런 추측이 가능하다. 이 점에 대한 학문적 논쟁은 일반 주석서에서 찾을 수 있을 것이나, 민수기 20장 12절은 근본적이고 직접적인 범과는 '너희가 나를 믿지 아니한 것' 이었다고 지적한다. 모세가 하나님 신뢰하기를 멈추고 자신의 충동에 따라 행동하기 시작한 위기의 순간에 그의 리더십은 흔들리기 시작했다.

모든 영역에서 활약하는 크리스천 리더들은 하나님을 대리해야 하는 엄숙한 책임을 맡고 있다. 기업, 학급, 구호 조직, 가정 또는 다른 어떤 조직을 이끌든지 우리는 하나님의 권위를 내 것처럼 여기지 않도록 유의해야 한다. 우리가 무슨 일을 하면 하나님께 순종하는 데 도움이 되겠는가? 책임을 맡은 (또는 "또래") 집단과 정기 모임 갖기, 리더로서의 임무를 위해 매일 기도하기, 하나님의 임재 안에서 쉬기 위해 매주 안식일 지키기, 하나님의 인도에 대해 다른 사람들의 생각 구하기 등은 몇몇 리더들이 사용하는 방법이다.

그렇다고 하더라도, 전적으로 하나님께 의지하며 굳건한 리더십을 유지하는 일이란 사람의 능력을 벗어나는 일이다. 지상에서 가장 겸손했던 사람(민 12:3, NIV)조차 이 일에서 실패했다고 한다면, 우리 역시 별수 없을 것이다. 하나님의 은혜로 말미암아, 결과적으로 재난을 가져왔던 실착, 즉 모세가 므리바에서 저지른 것과 같이 큰 실착도 하나님 약속의 궁극적인 성취로부터 우리를 떼어놓을 수 없을 것이다. 모세는 약속의 땅에 들어가지 못했지만, 신약은 그를 "하나님의 온 집에서 신실한 사람"이라고 전하고 있으며, 그리스도 안에서 성취된 구속에 대해 하나님의 집의 모든 사람이 갖고 있는 확신을 우리에게 상기시켜 준다(히 3:2-6).

뜻밖의 출처를 통해 말씀하시는 하나님

민 22-24장

민수기 22-24장의 주인공은 모세가 아니라 발람이었다. 발람은 이스라엘이 천천히 약속의 땅을 향해 가는 길목에 살던 사람이었다. 이스라엘 사람은 아니었지만, 그는 선지자였다. 모압 왕은 발람의 말 속에 담긴 하나님의 권능을 인식하고는 이렇게 말했다. "그대가 복을 비는 자는 복을 받고 저주하는 자는 저주를 받을 줄을 내가 앎이니라." 이스라엘 사람의 힘을 두려워한 모압 왕은 사신을 발람에게 보내어 모압으로 와서 이스라엘 백성들을 저주해서 눈에 보이는 위협을 제거해 달라고 청했다(민 22:1-6).

하나님은 이스라엘이 축복을 받도록 선택된 나라라고 발람에게 말씀하셨다. 따라서 모압으로 가지도 말고 이스라엘을 저주하지도 말라고 그에게 명령하셨다(민 22:12). 하지만 모압 왕이 다수의 사신을 보내오자 발람은 모압으로 가기로 동의했다. 사신이 발람을 매수해 이스라엘을 저주케 하려고 노력했으나 발람은 자기는 주님께서 명령하신 것만을 행할 것이라고 그들에게 경고했다(민 22:18). 하나님은 그의 이런 계획에 동의하셨다. 그렇지만 발람이 나귀를 타고 모압으로 가는 동안 "여호와의 사자"가 그의 길을 세 번씩이나 막아섰다. 발람에게는 그 사자가 보이지 않았으나 나귀는 여호와의 사자를 보고 매번 달아났다. 발람은 그런 나귀를 보고 화가 나서 지팡이로 때리기 시작했다. "여호와께서 나귀 입을 여시니 발람에게 이르되 내가 당신에게 무엇을 하였기에 나를 이같이 세 번을 때리느냐"(민 22:28).

발람은 나귀와 말을 주고받는 동안 나귀가 자기보다 훨씬 더 분명하게 주님의 인도를 받고 있다는 사실을 깨달았다. 발람의 눈이 열리자 그는 여호와의 사자를 인식했으며 이어지는 하나님의 명령을 받아들여서 모압 왕의 요청에 대처할 가르침으로 삼았다. "그 사람들과 함께 가라 내가 네게 이르는 말만 말할지니라"라고 주님은 그에게 말씀하셨다(민 22:35). 23-24장에서, 모압 왕은 이스라엘을 저주해 달라고 계속해서 발람에게 청했으나 그때마다 발람은 주께서 이스라엘에게 축복을 선언하셨다고 대답했다. 결국 발람은 그 왕을 설득해 이스라엘을 공격하지 못하게 하는 데 성공했으며(민 24:12-25) 주님께서 내리시는 임박한 파멸을 모압이 받지 않도록 했다.

발람은 여러 번 실패했음에도 불구하고 기어이 주님의 인도를 따랐는데 이런 점에서 그는 모세와 닮았다. 모세처럼 그는 이스라엘을 약속의 땅으로 인도하고자 하신 하나님의 계획을 성취하는 데 매우 중대한 역할을 했다. 그러나 발람은 모세와 달랐으며 히브리서에 나오는 다른 신앙 영웅들과도 매우 달랐다. 발람은 우선 이스라엘 사람이 아니었다. 그리고 그의 주된 목적은 모압을 구원하려는 것이지 이스라엘이 파멸되는 걸 막는 게 아니었다. 이런 이유 때문에 하나님이 이스라엘의 선지자 및 제사장에게 하신 것처럼 분명하고도 직접적으로 발람에게 말씀하셨다는 얘기를 듣고 이스라엘 백성은 크게 놀랐을 것이다. 더 놀라운 것은 (이스라엘에게도 그랬고 발람에게도 그랬겠지만) 하나님의 인도가 위기의 순간에 한 비천한 동물인 나귀의 입을 통해 주어졌다는 사실이다. 이런 두 가지 놀라운 방식을 통해서, 우리는 하나님의 인도가 사람이 가장 선호하는 방식으로 주어지는 게 아니라 하나님이 선택하시는 방식에 의해 주어진다는 사실을 깨닫는다. 하나님이 잠재적 원수나 심지어는 들판의 짐승을 통해서도 말씀하고자 하실진대, 우리는 관심을 기울이지 않을 수 없다.

이 단락은 하나님의 음성에 귀를 기울이는 방식에 통찰을 준다. 우리가 통상적으로 아는 방식으로 전달되는 하나님의 음성에 귀를 기울이는 것은 쉽다. 종종 이것은 우리와 같은 방식으로 생각하는 사람, 우리와 동일한 사회적 부류에 속한 사람, 또는 우리처럼 말하거나 행동하는 사람을 통해서 전달되는 음성에만 귀 기울이는 것을 의미한다. 이것은 우리와 입장이 다른 사람에게는 결코 관심을 기울이지 않는다는 의미일 수 있다. 그리하여 우리가 이미 생각하던 바로 그것을 하나님이 우리에게 말씀하신다고 믿기 쉽다. 이것은 실제로 많은 리더들이 자신과 같은 마음을 품은 부관과 자문관 몇몇 사람만 주변에 두는 모습으로도 증명

된다.

우리는 우리가 생각하는 것보다 더 발람을 닮았을지도 모른다. 그러나 하나님의 은혜로, 우리가 신뢰하지 않는 사람이나 우리가 동의하지 않는 방식으로 하나님께서 우리에게 말씀하시는 것에 귀 기울이는 법을 배울 수 있을 것이다.

토지 소유권과 재산권

민 26-27장; 36:1-12

시간이 지나고 인구 구조가 변하자, 새로운 인구 조사가 필요하게 됐다(민 26:1-4). 이 조사의 최우선 목적은 새로운 나라에 맞는 사회 및 경제 구조를 개발하는 것이었다. 경제적 생산과 정부의 조직은 지파를 중심으로, 종족 및 가구의 하부 단위를 중심으로 전개되어야 했다. 땅은 인구에 비례해 종족 간에 분배되어야 했으며(민 26:52-56) 제비를 뽑아 할당되어야 했다. 그 결과로, 각 가구(대가족)마다 가족 부양에 충분한 필지의 땅이 주어졌다. 애굽에서와는 다르게 (나중에 로마 제국이나 중세 유럽과도 다르게) 귀족 계층이 땅을 소유하고 서민이나 종이 땅을 일궈서는 안 됐다. 각 가족이 제각기 농업 생산의 수단을 소유했다. 무엇보다 중요한 것은, 빚이나 세금 또는 심지어 자발적인 매매 행위에 의해서도 그 가족은 땅을 영구적으로 처분할 수 없었다는 점이다(가족이 그들의 땅을 지킬 수 있게 하는 법적 보호 장치에 대해서는 레위기 25장을 보라). 비록 가족 한 세대가 농사에 실패해 빚에 허덕인다고 해도, 그다음 세대는 생계를 유지하도록 그 땅을 소유할 수 있었다.

이 인구 조사는 지파의 우두머리와 종족의 남자 우두머리에 따라 남자들의 수를 세는 것이었으며, 각 가구주에게는 땅이 할당됐다. 그러나 가구주가 여자일 경우에는(예를 들어, 땅을 분배받기 전에 그들의 아버지가 죽었을 경우에는) 그 여인이 땅을 소유했다가 후손에게 물려주는 것이 허용됐다(민 27:8). 하지만 이 제도는 이스라엘의 질서를 어지럽힐 수 있었는데, 여자가 다른 지파의 남자와 결혼할 수 있었기 때문이다. 그렇게 되면 그 여자의 땅이 아버지의 지파로부터 남편의 지파로 이전되어서 사회 구조가 어그러질 수가 있었다. 이런 현상을 방지하기 위해, 주님은 이렇게 규정하셨다. 즉, 여자는 "마음대로 시집가려니와"(민 36:6), "그 기업이 이 지파에서 저 지파로 옮기게 하지 아니하고 이스라엘 자손 지파가 각각 자기 기업을 지키리라"(민 36:9). 이 규례는 사회 구조를 보존할 필요성과 더불어 여인을 포함한 모든 사람이 재산을 소유하고 원하는 대로 결혼할 수 있는 권리를 보장했다. 족속은 구성원의 권리를 존중해야 했고, 가구주는 그 사회의 필요를 존중해야 했다.

오늘날 대부분의 경제권에서는 땅의 소유가 주요 생계 수단이 되지는 않으며 사회적 구조가 지파 및 종족을 중심으로 확립되어 있지도 않다. 그러므로 민수기와 레위기에 나오는 규정이 오늘날에 직접 적용되지는 않는다. 오늘날 상황은 상이한 해법을 필요로 한다. 재산의 구조와 경제 구조, 개인 권리와 공동선(善)을 존중하는 현명하고 공정하며 공평하게 적용되는 법이 모든 사회에 필수적이다. 개발 프로그램에 따르면, "국가 및 국제적 수준에서 법적 통치의 발전은 지속적이고 통합적인 경제적 성장, 지속 가능한 개발, 가난과 기아의 박멸, 모든 인권과 근본적 자유의 완전한 실현에 있어 필수적이다."[5]

기독교인들은 사회의 선한 통치에 많은 기여를 할 수 있다. 법을 통해서도 그리할 수 있지만, 기도와 변화된 삶을 통해서도 할 수 있다. 뿐만 아니라, 우리가 함께 일함으로써 불우한 사람들이 경제 번영에 필요한 자원을 영구적으로 소유할 수 있는 효과적인 기회를 제공할 수 있다는 사실을 깨닫는 기독교인이 많아지고 있다. '국제 영농인'(Agros International)이라는 단체가 그 실례다. 이 조직은 주로 남미에 사는 가난한 사람과 농민이 땅을 취득해 성공적으로 경작하도록 돕기 위해 "도덕적 나침반" 역할을 하는 크리스천들에게 지도를 받는다.[6]

리더십 승계 계획

민 27:12-23

지속 가능한 조직(이 경우에는 이스라엘 민족)을 설립하는 데는 권위의 질서 있는 이양(移讓)이 요구된다. 승계가 제대로 이뤄지지 않으면, 백성은 "목자 없는 양과 같이"(민 27:17) 혼란과 두려움을 겪게 되고, 작업 구조가 와해되며, 일꾼들은 무력해진다. 후계자를 세우는 데는 시간이 필요했다. 실력 없는 지도자는 승계할 역량이 있는 사람을 준비시키기 두려워할지 모르나, 모세같이 위대한 지도자는 은퇴 시기가 도래하기 오래전부터 후계자를 키우기 시작한다. 성경은 모세가 하나님의 인도하심을 위해 기도했다(민 27:15-17)고만 말할 뿐 그가 어떤 과정을 거쳐 여호수아를 발굴해 준비시켰는지에 대해서는 아무런 설명이 없다. 다만 모세가 여호수아를 공표하고 지지하기 위해 필요한 조치를 취했으며 여호수아의 권위를 확증하기 위해 인증된 절차를 따랐다고 민수기는 밝힌다(민 27:18-23).

민수기 27장 21절에서 볼 수 있듯이, 승계 계획을 세우는 것은 (모세처럼) 현재 집행력을 가진 사람과 (엘르아살과 회중 지도자처럼) 보완적 권위를 가진 사람의 공동 책임이다. 큰 조직이든 작은 조직이든 간에 조직이라면 모두 효과적인 훈련과 승계의 과정이 필요하다.

매일의 제사 : 다른 사람을 위해 기도하기

민 28-29장

비록 사람이 정해진 시기에 개인 제사와 가족 제사를 드렸지만, 매일 전 민족을 위해 드리는 희생제사도 있었다(민 28:1-8). 추가 제사는 안식일(민 28:9-10), 초하루(민 28:11-15), 유월절(민 28:16-25), 칠칠절(민 28:26-31), 나팔절(민 29:1-6), 속죄일(민 29:7-10), 장막절(민 29:12-40)에 드렸다. 사람들이 개인 예배에는 참석지 않았다 할지라도 이런 공동체 제사를 통해 주님의 임재와 축복을 받아 누릴 수 있었다.[7]

이스라엘 희생제사 제도는 더는 실시되고 있지 않으며, 오늘날 삶과 일에 직접 적용할 수도 없다. 그러나 다른 이의 유익을 위한 희생, 제사와 예배의 중요성은 지금도 유효하다(롬 12:1-8). 일부 신자들, 특히 몇몇 유명 수도회와 수녀회는 스스로 예배하거나 기도하지 않는, 또는 그렇게 할 수 없는 이를 위해 기도하며 하루의 대부분을 보낸다. 일터라는 핑계로 기도할 의무를 게을리하는 것은 옳지 않다. 기도 시간에 우리는 같이 일하는 사람을 위해 기도할 수 있다. 특히 그들을 위해 기도하는 사람이 아무도 없을 경우에는 더욱 그렇다. 우리는 우리 주변 사람에게 축복을 가져다주기 위해 부르심을 받았다(민 6:22-27). 매일 기도하는 중에 우리는 민수기 28장 1-8절을 읊조릴 수 있을 것이다. 매일 기도하거나 하루에도 여러 차례 기도한다면 우리는 하나님의 임재와 아주 가까워질 것이다. 신앙은 안식일만을 위한 게 아니다.

약속 존중하기

민 30장

민수기 30장은 약속, 서원, 서약의 유효성을 결정하기 위해 마련된 정교한 제도를 설명한다. 하지만 그 기본 입장은 간단하다. '행하겠다고 말한 대로 행하라'.

> 사람이 여호와께 서원하였거나 결심하고 서약하였으면 깨뜨리지 말고 그가 입으로 말한 대로 다 이행할 것이니라(민 30:2).

여기서는 자기 권한을 초월하는 약속을 했을 때 규칙에 대한 예외를 다루는 데 공을 들인다. (본문에 나오는 규정은 여자가 어떤 남자의 권위 아래 있는 경우를 다룬다.) 비록 처음에 약속을 한 사람이 권위가 없는 사람일 경우 그 약속은 집행이 불가하다는 예외가 유효하긴 하지만, 예수님이 이 단락을 설명하시면서 훨씬 더 단순한 경험의 법칙을 하나 제안하셨다. 지킬 능력이나 의사가 없는 약속은 하지 말라는 것이다(마 5:33-37).

일과 관련된 계약이나 합의는 약속을 어긴 것에 대한 핑곗거리, 조건, 예외, 합리화를 자꾸 만들어 내도록 우리를 유혹한다. 물론 그중 여러 가지가 계약의 불가항력 조항처럼 합리적이고, 그런 경우에 법원 판결, 자연재해 같은 것에 의해 의무를 이행하지 못할 때 용서를 받을 수도 있다. 그렇다고 해서 계약서를 존중하지 않아도 된다는 뜻은 아니다. 많은 합의가 악수함으로써 성립된다. 가끔 허점이 발견되기도 한다. 우리는 단지 법조문이 아니라 합의의 의사를 존중하는 법을 배울 수 있을까? 신뢰는 직장을 돌아가게 만드는 요소인데, 만일 우리가 이행 가능한 것 이상의 약속을 하거나 약속한 것에 못 미치게 이행한다면 신뢰하기가 어렵다. 신뢰는 삶의 한 단면일 뿐 아니라 주님의 명령이기도 하다.

레위인 성읍을 위한 도시계획

민 35:1-5

레위 지파 사람은 나머지 지파와 달리 백성에게 율법을 가르치고 지역 법정에서 그것을 적용할 수 있도록 약속의 땅 전역에 흩어진 성읍에서 살아야 했다. 민수기 35장 2-5절은 각 성읍에 할당된 목초지의 크기를 자세히 규정한다. 목초지의 영역은 성읍 둘레부터 재어서 동서남북 각 방향으로 1,000규빗에 이르렀다.

야곱 밀그롬은 이 지리적 배치가 현실적인 성읍 설계임을 보여 줬다.[8] 도표는 성읍의 지름 너머 사방으로 목초지가 뻗어 가는 모습을 보여 준다. 성읍의 직경이 커지고 가까운 목초지를 흡수함에 따라 성읍 둘레 사방으로 1,000규빗의 목초지가 유지될 수 있게 땅이 추가됐다. (도표에서 네 귀퉁이에 해당하는 영역은 성읍이 커짐에 따라 바깥으로 밀려나도 크기를 유지하지만, 색이 칠해진 십자 모양의 영역은 성읍의 중심이 넓어짐에 따라 함께 넓어진다.)

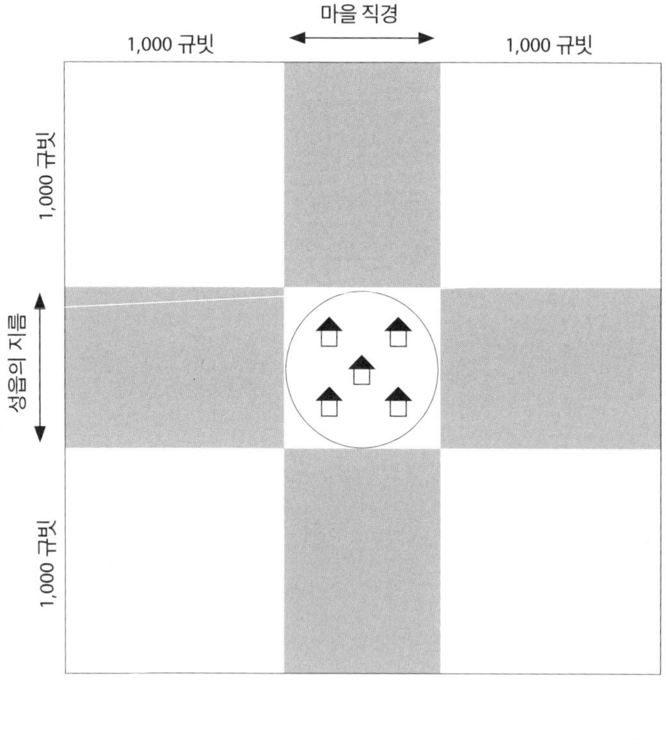

"성을 중앙에 두고 성 밖 동쪽으로 이천 규빗, 남쪽으로 이천 규빗, 서쪽으로 이천 규빗, 북쪽으로 이천 규빗을 측량할지니 이는 그들의 성읍의 들이며"(민 35:5).

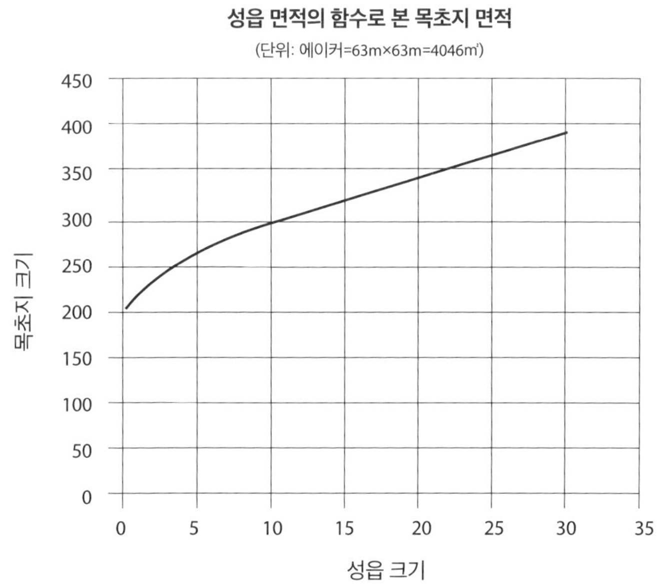

수학적으로, 성읍이 성장함에 따라 목초지의 크기도 커지지만 사람이 사는 성읍보다는 성장 속도가 느리다. 이것은 성읍의 인구가 농업 지역보다 빨리 늘어난다는 뜻이다. 이 비율이 유지되려면 평방미터당 농업생산성이 증가해야 한다. 목자 한 사람 한 사람이 더 많은 식량을 공급해서 성읍의 더 많은 사람이 산업 및 서비스업에 종사할 수 있게 해 줘야 한다. 이것은 경제와 문화 발전에 필요한 일이다. 도시계획은 생산성 증가를 초래하지는 않지만, 생산성 증가에 알맞은 사회경제 구조를 만들어

낸다. 이것은 지속가능한 경제성장의 조건을 만들어 내는 도시 정책의 주목할 만큼 세련된 사례다.

민수기 35장 5절의 이 대목은 사람들을 부양하고 경제적 복지를 이루는 사람의 일에 하나님이 세밀한 관심을 기울이심을 다시 한 번 보여 준다. 하나님이 모세에게 목초지의 준지리적 성장에 근거한 도시계획을 지시하시는 수고를 감수하신 것은, 오늘날 하나님의 사람이 공동체와 나라의 보존과 번영에 필요한 여러 전문직, 기술, 예술, 학계와 학문 분야의 일을 적극 추진해야 한다는 의미가 아니겠는가? 교회와 크리스천은 여러 활동 분야에서 그 구성원의 탁월함을 더 많이 격려하고 칭찬할 수 있을 것이다. 크리스천 직장인들은 우리 주님을 섬기는 방편으로 각자의 일에서 탁월해지기 위해 더욱 노력할 수 있다. 탁월한 도시계획, 경제학, 보육, 고객 서비스가 진심 어린 예배와 기도, 성경공부보다 하나님께 영광을 돌리지 못한다고 생각할 이유가 과연 있을까?

○

결론

민수기는, 새로운 이스라엘 민족의 질서를 세우고 조직하는 모세의 모습을 통해 일터에 계시는 하나님을 보여 준다. 이 책의 전반부는 예배에 초점을 맞추는데, 예배는 각 분야에 종사하는 노동자와 협력하는 제사장의 일에 달려 있다. 하나님의 백성을 대표하는 사람들의 본질적인 일은 의식을 집전하는 게 아니라 하나님과 화해시키는 사랑을 가지고 모든 사람을 축복하는 것이다. 우리가 자신을 제사장으로 생각하든 안 하든 우리는 누구나 우리 일을 통해 축복과 화해를 가져다줄 기회를 갖고 있다.

민수기 후반부는 사람들이 약속된 땅을 향해 나아가는 동안 사회의 질서를 갖추는 모습을 추적한다. 민수기에 나오는 단락은 하나님께 드리는 노동의 열매, 분쟁 해결, 은퇴, 지도력, 재산권, 경제적 생산성, 승계 계획, 사회적 관계, 약속의 이행, 도시계획 등 현대의 일 문제에 대해 경건한 관점을 얻을 수 있도록 우리를 돕는다.

민수기에 나오는 지도자, 특히 모세는 하나님의 인도를 따르는 것이 무엇이며 따르지 않는 게 무엇인지에 대해 실례를 제공한다. 리더는 다른 사람들에게서 나오는 지혜뿐 아니라 놀라운 근원에서 나오는 지혜에도 마음이 열려 있어야 한다. 하지만 그들이 이해하는 한 가장 좋은 방식을 좇아 하나님의 인도를 따름에 굳건해야 한다. 리더는 왕에게도 대항할 만큼 담대해야 하지만 들판의 짐승으로부터도 배울 만큼 겸손해야 한다. 민수기에 나오는 그 누구도 이 일에서 완전히 성공하지는 못했다. 그러나 하나님은 하나님의 백성이 성공할 때나 실패할 때나 변함없이 그들에게 신의를 지키셨다. 우리 실수는 실질적이며 부정적인 결과를 가져오지만 영속적이지는 않다. 그러므로 우리는 자신을 뛰어넘어 우리를 위해 하나님의 사랑이 성취되는 소망을 바라봐야 한다. 우리는 하나님의 영이 모세를 인도하셨음을 알고 있으며 모세 이후에 나온 지도자들에게 하나님의 영을 부어 주시겠다는 하나님의 약속을 들었다. 이를 통해 우리도 용기를 내 우리 일터에서 기회와 도전을 놓고 하나님의 인도를 구할 수 있게 됐다. 우리가 하는 일이 무엇이든지 우리가 일할 때 하나님께서 우리와 함께 계신다는 것을 확신할 수 있다. 그분이 "나 여호와는 이스라엘 자손 중에 있음이니라"(민 35:34)라고 말씀하셨고, 우리는 이스라엘의 발자취를 따라가기 때문이다.

06

신명기 & 일의 신학

"더 일하라는 채찍이 아니라
살아 있는 관계로의 초청이다"

○

서론

일은 신명기의 주요 주제다. 그중에서도 두드러진 이슈는 다음과 같은 것들이다.

- ○ 일의 의미와 가치: 다른 사람을 위해 일하라는 하나님의 명령. 개인과 공동체를 위해 일하는 축복. 실패의 결과와 성공의 위험. 다른 사람 앞에서 하나님을 대리해야 할 책임.
- ○ 일터에서의 관계: 좋은 인간관계의 중요성. 다른 사람의 위엄과 존엄성 개발. 일터에서 타인을 해하거나 그들에 대해 부당한 말을 하지 말아야 할 필요성.
- ○ 리더십: 리더십과 권위의 현명한 행사. 승계 계획과 훈련, 다른 사람을 위해 일해야 할 지도자의 책임.
- ○ 경제적 정의: 재산과 노동자 권리와 법원 존중. 자원의 생산적인 사용. 대부와 차용, 정직한 상업적 계약 및 공정한 거래.
- ○ 일과 안식: 일해야 할 의무. 휴식의 중요성. 일하든 쉬든 우리를 보살펴 주시는 하나님을 신뢰하는 것.

상업과 직업이 수 세기를 두고 변했다고 해도, 신명기는 우리가 하나님 사랑에 반응해 어떻게 우리 일을 통해 다른 사람을 섬길 수 있는지를 더 잘 이해하는 데 도움을 줄 수 있다.

이 책의 극적이고 통일된 설명 때문에라도 신명기는 특히 돋보인다. 예수님은 신명기를 대대적으로 인용하셨다. 사실 예수님이 최초로 인용한 성구는 신명기로부터 나온 세 단락이었다(마 4:4, 7, 10). 신약은 신명기를 50번 이상 언급하는데, 이는 시편과 이사야서 다음으로 많은 인용 횟수다.[1] 그리고 신명기에는 저 위대한 계명의 최초 형태가 담겨 있다. "이스라엘아 들으라 우리 하나님 여호와는 오직 유일한 여호와이시니 너는 마음을 다하고 뜻을 다하고 힘을 다하여 네 하나님 여호와를 사랑하라"(신 6:4-5).

신명기에 나오는 이 모든 주제 근저에는 이스라엘과 진실하신 하나님 한 분과의 언약이 자리 잡고 있다. 이 책에 나오는 모든 것은 다음 언약으로부터 흘러나온다. "나는 너를 애굽 땅, 종 되었던 집에서 인도하여 낸 네 하나님 여호와라 나 외에는 다른 신들을 네게 두지 말지니라"(신 5:6-7). 사람들이 주님만을 예배할 때 좋은 통치, 생산적인 일, 윤리적 상업, 공공선 및 모든 이에 대한 공정한 처우가 일반적으로 뒤따른다. 반면 사람이 다른 동기, 가치, 관심사를 하나님보다 앞세울 때 일과 삶은 고통으로 채워진다.

신명기는 다른 율법서(출애굽기, 레위기, 민수기)와 동일한 내용을 다루지만, 특별히 십계명을 통해 일에 대한 관심을 집중시킨다. 다른 책에 나오는 사건과 가르침을 반복해 말하면서 모세는 하나님 백성의 삶 속에서 일의 중요성을 강조해야 할 필요를 느꼈던 듯하다. 이것이 마치 전조라도 되는 듯, 크리스천들은 오늘날 일에 대해 점점 더 많은 관심을 기울이고 있다. 성경을 새로운 눈으로 바라볼 때, 우리는 하나님이 우리가 이전에 짐작했던 것보다 일을 더 중요시하신다는 것과 하나님 말씀은 우리가 생각했던 것보다 일에 대해 더 많은 방향을 제시해 준다는 것을 발견한다.

반역과 안일

신 1:1-4:43

신명기는 이스라엘이 최근에 겪은 주요 사건을 되새기는 모세의 연설로 시작된다. 모세는 그 사건으로부터 교훈을 도출했으며, 하나님을 신뢰하고 그분께 순종함으로써 하나님의 신의에 응답할 것을 이스라엘에게 권고했다(신 4:40). 반역이나 안일 때문에 하나님과의 신뢰가 깨지는 것은 일의 신학을 살펴볼 때 특히 중요하다.

▽ 신 1:19-45

약속의 땅으로 들어가길 거부한 이스라엘

광야에서, 사람의 두려움은 하나님을 향한 신뢰의 실패로 이어졌다. 그 결과 그들은 아브라함과 이삭과 야곱에게 약속해 주신 땅으로 인도하겠다는 하나님의 계획에 반기를 들었다(신 1:7-8). 하나님은 이스라엘을 애굽의 노예 생활에서 건지셨으며, 호렙(시내)산에서 그들에게 율법을 주셨고, 그들을 약속하신 땅의 변경으로 신속히 인도하셨다(신 1:19-20). 그러자 모세는 그 땅으로 들어갈 때가 됐다고 선언하지만 백성은 그 지역을 점령한 아모리 사람을 보고 두려워했다. 그들은 계획을 신중히 세우자는 일환으로 먼저 정탐 분대를 보내자고 모세를 설득했다. 정탐 분대는 그 땅에 대한 좋은 보고를 들고 돌아왔다. 이때 백성의 진짜 마음이 드러났다. 그들은 두려웠던 것이다. 사람들은 '그 백성은 우리보다 장대하며 그 성읍들은 크고 성곽은 하늘에 닿았다'라고 모세에게 말하며 '낙심이 된다'(신 1:28)고 했다. 이스라엘 백성은 하나님께서 약속하신 바를 성취하시리라고 신뢰하지 못했고, 결국 그분의 명령 따르기를 거부했다.

하나님의 반응은 엄중했다. "이 악한 세대 사람들 중에는 내가 그들의 조상에게 주기로 맹세한 좋은 땅을 볼 자가 하나도 없으리라"(신 1:35). 가나안에 입성하는 것은 자녀 세대로 미뤄졌으며 그 부모들은 영구히 기회를 잃고 말았다. 모세조차도 그 땅에 들어가지 못했는데, 아마도 정탐꾼을 보내기로 동의했을 때 하나님을 향한 그의 신뢰도 적었음이 드러났기 때문이었을 것이다. 이후 백성들은 하나님께서 예비하신 "좋은 땅"을 차지하는 대신 평생 광야에서 살다 가야만 하는 저주를 받았다는 사실을 깨달았다(신 1:25). 그들은 뒤늦게 아모리 사람을 공격할 계획을 세운다. 그러나 하나님은 이렇게 선언하셨다. "너희는 올라가지 말라 싸우지도 말라 내가 너희 중에 있지 아니하니 너희가 대적에게 패할까 하노라"(신 1:42). 하나님의 약속을 신뢰하지 못함으로써 이스라엘은 하나님이 마련해 놓은 축복을 놓치고 말았다.

무엇이 옳은지를 알면서도 그것을 어기고 싶은 유혹을 받을 때, 하나님을 향한 신뢰만이 우리를 하나님의 길을 이탈하는 데서 지켜 줄 수 있다. 이것은 도덕적인 성품의 문제가 아니다. 모세조차도 하나님을 완전히 신뢰하는 데 실패했는데, 우리가 성공하리라고 진실로 자신할 수 있겠는가? 이것은 사실 하나님 은혜에 달린 문제다. 옳은 것을 위해 분연히 일어설 때, 우리는 우리를 강하게 해 달라고 하나님께 기도할 수 있으며, 실패할 때도 우리는 하나님께 용서를 구할 수 있다. 모세와 이스라엘 백성처럼 하나님을 신뢰하지 못해 인생에서 커다란 대가를 치를 수도 있겠지만, 궁극적으로는 우리 실패도 하나님의 은혜로 만회될 수 있다.●

▽ 신 4:25-40

성공이 안일로 이어질 때

광야에서, 이스라엘이 하나님을 향한 신뢰를 저버린 일은 두려울 때뿐 아니라 성공했을 때도 발생했다. 첫 번째 연설에서 모세는 약속의 땅에 들어갈 새로운 세대를 기다리는 번영에 대해 묘사했다. 모세는 성공이 실패보다 훨씬 더 위험한 영적 안일을 초래할 수 있다고 지적했다. "네가 그 땅에서 아들을 낳고 손자를 얻으며 오래 살 때에 만일 스스로 부패하여 무슨 형상의 우상이든지 조각하여 네 하나님 여호와 앞에 악을 행함으로 그의 노를 일으키면 …… 너희가 요단을 건너가서 얻는 땅에서 속히 망할 것이라"(신 4:25-26). 신명기 5장 8절에서 우상숭배에 대해 살펴보겠지만, 여기서 초점은 안일에 의해 초래되는 영적인 위험에 있다. 사람은 성공하면 하나님을 더 이상 경외하지 않고 성공이 타고난 권리라고 믿기 시작한다. 감사하는 대신에 마땅한 권리라고 주장한다.

우리가 성공을 위해 노력하는 것은 잘못이 아니지만 도덕적으로는 위험할 수가 있다. 우리가 달성한 성공은 실은 약간의 기술과 수고에 행운과 하나님이 통상적으로 내려 주시는 은혜가 가미된 것이다. 실제로 우리에게는 우리 자신의 필요, 욕망, 안정에 대해 내세울 게 하나도 없다. 성공은 영구적인 것이 아니다. 성공이 진정한 만족을 가져다주는 것도 아니다. 이 사

● 이 주제에 대해 더 자세히 알고 싶다면, 이 책 5장의 "민 13-14장" 부분을 보라.

실을 극적으로 보여 주는 것이 역대하에 나오는 웃시야 왕의 삶이다. "또 예루살렘에서 재주 있는 사람들에게 무기를 고안하게 하여 망대와 성곽 위에 두어 화살과 큰 돌을 쏘고 던지게 하였으니 그의 이름이 멀리 퍼짐은 기이한 도우심을 얻어 강성하여짐이었더라 그가 강성하여지매 그의 마음이 교만하여 악을 행하여"(대하 26:15-16). 하나님 안에서만 우리는 진정한 안정과 만족을 발견할 수 있다(시 17:15).

안일해진 결과가 무신론이 아니라 우상숭배라는 것은 놀라운 사실이다. 사람들이 주님을 저버리면 영적으로 자유로운 존재가 되지 못할 것이라고 모세는 예견했다. "사람의 손으로 만든 바 보지도 못하며 듣지도 못하며 먹지도 못하며 냄새도 맡지 못하는 목석의 신들을 섬기리라"(신 4:28). 모세 시대에는 아마도 '종교 없는 삶'이라는 개념이 없었는지도 모른다. 그러나 우리 시대에는 '종교와 분리된 삶'이라는 개념이 있다. 점점 더 커지는 세속주의의 물결이 '부패한 종교 제도, 신념, 관습에 지배되는 족쇄처럼 보이는 것'(틀린 지적은 아니다)을 던져 버리려 한다. 그러나 종교를 거부한다고 해서 인간이 진정한 자유를 얻겠는가? 아니면 하나님을 향한 예배가 '인간이 날조한 신'을 위한 예배로 대체될 것인가?

이 질문이 추상적인 것처럼 보이긴 해도, 이것은 일, 직장과 직접 연결되어 있다. 예를 들어, 20세기 후반 전후만 해도 기업 윤리 문제를 해결하는 것은 일반적으로 성경에 근거를 두고 이루어졌다. 이런 관행이 완벽과는 거리가 멀지만, 일과 관련된 권력 투쟁에서 밀리는 측 사람에게 상당한 힘이 됐던 것은 사실이다. 가장 극적인 경우는 종교에 근거해서 영국과 미국에서 벌어졌던 노예제도 반대 투쟁일 것이다. 결국 그것으로 노예 거래와 노예제도 자체가 모두 성공적으로 폐지될 수 있었다. 세속화된 조직 내에서는 그 누구도 어떤 뚜렷한 도덕적 권위에 호소할 수 없다. 그 대신 밀턴 프리드먼이 말한 대로, 윤리적인 결정이 법과 "윤리적 관습"에 기초해서 내려질 수밖에 없다.[2] 법과 윤리적 관습은 사람이 만든 것이므로, 기업 윤리는 점차 힘 있고 인기 있는 자의 지배하에 놓인다. 누구도 종교 지도자에게 지배받는 직장을 원하지는 않겠지만, 완전히 세속화된 직장은 그저 다른 종류의 착취에 문을 열어 주는 것일 뿐이지 않을까? 신자라면 하나님의 신실함이라는 축복을 직장에 가져다주면서도 그들 자신의 특권은 주장하지 않는 방법을 찾을 수 있을 것이다.

성공이 반드시 안일로 이어진다는 얘기가 아니다. 만일 하나님의 은혜, 하나님의 말씀, 하나님의 인도가 우리가 얻는 모든 성공의 뿌리라는 것을 우리가 기억하기만 한다면, 우리는 자기만족이 아닌 감사를 드릴 수 있다. 그럴 때 우리가 경험하는 성공은 하나님을 영화롭게 하며 우리에게 기쁨을 가져다줄 것이다. 여기서 경고하는 것은, 역사적으로 봤을 때 역경보다 도리어 성공이 영적으로 더 위험한 것처럼 보인다는 것이다. 모세는 더 나아가 신명기 8장 11-20절에서 이스라엘에게 번영의 위험성을 경고했다.●

하나님의 율법과 그 적용

신 4:44-30:20

신명기는 이 책의 중심부를 이루는 두 번째 연설로 계속 이어진다. 이 부분은 이스라엘과 맺은 하나님의 언약을 중심으

● 이 장의 "신 8:11-20" 부분을 보라.

로 전개된다. 특히 율법, 즉 이스라엘 삶의 기준이 되는 원칙과 규칙을 다룬다. 서사적 도입부(신 4:44-49) 이후에 나오는 연설은 세 부분으로 구성되어 있다. 첫 번째 부분에서 모세는 십계명을 강론한다(신 5:1-11:32). 두 번째 부분에서 그는 이스라엘이 따라야 할 "규례와 법도"를 상술한다(신 12:1-26:19). 세 번째 부분에서 모세는 이스라엘이 언약을 지킬 때 경험할 축복과 어길 때 받을 저주에 대해 설명한다(신 27:1-28:68). 따라서 제2연설은 먼저 전반적인 원칙(신 5:1-11:32)을 기술한 뒤 특정 규칙(신 12:1-26:19)이 이어지고, 그다음에는 순종이나 불순종의 결과가 나오는 구조를 띤다(신 27:1-28:68).

▽ 신 5:6-21

십계명

십계명은 일의 신학에서 커다란 비중을 차지한다. 십계명은 이스라엘이 하나님과 맺은 언약의 필수 요건을 기술하며 이스라엘 백성과 그들의 일을 지배하는 핵심 원칙을 묘사한다. 모세의 설명은 이 책에 나오는 진술 중에서 가장 기억할 만한 것으로부터 시작된다. "이스라엘아 들으라 우리 하나님 여호와는 오직 유일한 여호와이시니 너는 마음을 다하고 뜻을 다하고 힘을 다하여 네 하나님 여호와를 사랑하라"(신 6:4-5). 수 세기 후에 예수님이 지적하신 것처럼, 이것은 성경 전체를 통틀어 가장 으뜸이 되는 계명이다. 그때 예수님은 레위기 19장 18절을 인용하시며 이렇게 덧붙이셨다. "둘째도 그와 같으니 네 이웃을 네 자신같이 사랑하라"(마 22:37-40). 이 '두 번째로' 가장 큰 계명은 신명기에 명시적으로 기술되지 않았지만, 우리는 십계명이 진실로 하나님 사랑과 이웃 사랑을 가르친다는 사실을 볼 것이다.

넷째(안식일 지키기), 다섯째(부모 공경하기), 열째(탐내지 말기) 계명들 내의 근소한 차이를 제외하면, 이 단락은 문법적 차이만 약간 보일 뿐 사실상 출애굽기 20장 1-17절과 동일하다. 이 계명들 중 차이를 보이는 부분이 특히 일에 대한 내용을 다룬다는 점은 흥미롭다. 우리는 이제 이 책 3장의 내용을 반복해 살펴보면서 추가적으로 출애굽기와 신명기 서술 간의 차이도 탐구해 볼 것이다.

"나 외에는 다른 신들을 네게 두지 말지니라" 신 5:7; 출 20:3

첫째 계명은 토라 속에 담긴 모든 것은 하나님을 향한 우리의 사랑으로부터 흘러나온다는 점을 상기시킨다. 물론 이 사랑은 그분이 우리를 먼저 사랑하신 것에 반응한 것이다. 이 사랑은 하나님이 이스라엘을 애굽의 '노예 생활로부터' 구원하셨을 때 드러났다(신 5:6). 인생에서 그 어떤 욕망도 하나님을 사랑하고 그분께 사랑받고자 하는 욕망보다 더 커서는 안 된다. 만일 우리에게 하나님을 향한 사랑보다 더 강력한 다른 관심사가 있다면, 그것은 우리가 하나님의 규칙을 어기고 있다기보다는 우리가 진실로 하나님과 관계 맺으며 살고 있지 않다는 것을 의미한다. 그 다른 관심사가 돈, 권력, 안정, 명예, 성적 쾌락, 여타 어느 것이든 간에 우리의 신이 되어 버린 것이다. 이 '가짜 신'들은 그 나름의 계명을 갖고 있어서 참된 하나님의 계명과 불화를 일으킬 것이며, 우리가 그 '가짜 신'의 요구 조건에 응하는 순간마다 반드시 토라를 위반하게 된다. 십계명을 지키는 첫 발걸음을 떼는 것은 여호와 이외의 다른 신을 갖고 있지 않은 사람만이 가능하다.

일과 관련해서 이것이 의미하는 바는, 우리가 일이나 그 조건과 열매를 인생에서 가장 중요한 것으로 만들어 그것이 하나님을 대체하게끔 해서는 안 된다는 점이다. 데이비드 길이 말한 대로, "아무도, 아무것도 당신 삶 속에서 하나님이 차지한 중심적 위치를 절대 위협하지 못하게 하라."[3]

많은 사람이 돈을 벌기 위한 목적으로 일하므로, 돈에 대한 과욕은 일과 관련해서 첫째 계명을 어기게 만드는 가장 흔한 위험이 된다. 예수님도 바로 이 위험을 경고하셨다. "한 사람이 두 주인을 섬기지 못할 것이니 …… 너희가 하나님과 재물을 겸하여 섬기지 못하느니라"(마 6:24).

어쨌든 일과 관련된 거의 모든 것이 우리 욕망을 왜곡해 하나님을 향한 우리 사랑에 지장을 줄 수 있다. 하나님을 위한 사랑을 성취하는 수단이 되어야 할 것, 즉 정치 권력, 재정 안정, 직업에 대한 헌신도, 동료 사이에서의 지위, 탁월한 성과 등이 그 자체가 목적으로 변할 때 얼마나 많은 사람이 비극적인 파국을 맞는지 모른다. 예를 들어 직장에서 인격적으로 일하는 것보다 사람에게 인정받는 것이 더 중요한 게 되었다면, 궁극적 관심사가 하나님 사랑이 아니라 사람의 평가로 바뀌었다는 신호가 아니겠는가?

"너는 자기를 위하여 새긴 우상을 만들지 말고" 신 5:8; 출 20:4

둘째 계명은 우상숭배 문제를 거론한다. 우상은 우리 스스로 만들어 낸 신이며, 우리가 원하는 것을 얻게 해 줄 것이라고 믿게 만드는 신이다. 고대 세계에서 우상숭배는 주로 물리적 대상을 숭배하는 형태를 띠었다. 하지만 이 주제의 초점은 신뢰와 헌신이다. 우리는 궁극적으로 자신의 안녕과 성공에 대한 소망을 어디에 두고 있는가? 우리 소망을 성취할 능력이 없는 하나님 외의 존재는 그것이 무엇이든 전부 우상이 될 수밖에 없다. 하나님을 조종할 의도로 우상을 만들었다가 개인적, 사회적, 경제적으로 비참한 결과를 얻은 한 집안의 이야기가 사사기 17-21장에 잘 나와 있다.

일의 세계에서는 돈, 명예, 권력을 잠재적 우상으로 여기는 경우가 흔한데, 거기에는 다 이유가 있다. 그것이 본질적으로 우상인 것은 아니며 하나님의 창조적이고 구속적인 일 가운데의 우리 역할 속에서 사실상 필요한 것일 수 있다. 하지만 그것을 성취함으로써 우리 안전과 번영이 확보될 것이라고 상상한다면, 우상숭배에 빠져들게 된다. 우리의 신뢰와 소망을 하나님보다 그런 것들에 둘 때 우상숭배가 시작된다. 준비, 각고의 노력, 창의력, 모험, 부(富), 기타 자원 심지어 행운까지 사실상 성공의 모든 요소 가운데에서 우상숭배가 발생할 수 있다. 우상숭배가 시작되는 시점을 우리가 인식할 수 있을까? 하나님 은혜를 통해서만 우리는 하나님 대신 가짜들을 숭배하려는 유혹을 이겨 낼 수 있다.

"너는 네 하나님 여호와의 이름을 망령되이 일컫지 말라" 신 5:11; 출 20:7

셋째 계명은 글자 그대로 하나님 이름을 '그릇되게 사용하지' 말 것을 하나님 백성에게 명한다. 이것은 "여호와"(신 5:11)라는 이름에만 국한된 게 아니라 "하나님", "예수", "그리스도" 등에도 적용된다. 그릇되게 사용한다는 것은 무엇을 말하는가? 물론 여기에는 저주, 비아냥거림 및 저속한 표현을 사용하는 것 등이 포함된다. 그러나 보다 더 큰 잘못은, 사람이 사람의 책임을 하나님께로 거짓되게 돌릴 때다. 이는 우리가 하나님의 권위를 배재한 채 자신의 행위나 결정을 정당화하게 만든다. 유감스럽게도, 어떤 크리스천은 직장에서 하나님과 함께 일한다는 건 다른 사람을 존중하거나 자기 행위에 책임을 지는 게 아니라, 자기 이해에 기초해 우선적으로 하나님을 대변하는 것이라고 믿는다. "그건 하나님의 뜻이야"라든가 "그런 일을 당신이 당하는 건 하나님이 당신에게 벌을 준 거야"와 같은 말은 매우 위험하며 신앙 공동체의 지지나 분별 없이 개인의 입에서 나올 경우, 대개 거기에는 근거가 전혀 없다(살전 5:20-21).

이에 비춰 보건대, 전통 유대인이 ("하나님"의 이름은 물론이고) 그 영어식 표현인 "God"도 입에 담기조차 어려워하는 지혜는 크리스천도 일면 본받을 필요가 있다. 만일 우리가 "하나님"이라는 말을 사용함에 있어 조금이라도 더 신중하다면, 우리는 하나님의 뜻을 안다는 주장을 펼 때 더 조심하고 특히, 다른 사람과의 관계 속에서는 더욱더 그럴 것이다.

셋째 계명은 사람의 이름을 존중하는 것은 하나님께도 중요하다는 점을 우리에게 상기시킨다. "자기 양의 이름을 각각 불러 인도하시는"(요 10:3) 선한 목자는 만일 다른 사람을 "바보"라고 부른다면 "지옥 불에 들어가게 되리라"(마 5:22)라고 우리에게 경고하신다. 이 말씀을 염두에 둔다면, 우리는 다른 사람의 이름을 그릇되게 사용하거나 그들을 불경스런 호칭으로 불러서도 안 된다. 다른 이에게 저주를 퍼붓거나 창피를 주거나 그들을 억압하거나 배척하거나 편취할 때 우리는 그들의 이름을 그릇되게 사용하는 것이다.

반대로 다른 사람에게 용기를 주거나 감사를 표하거나 그들과 유대감을 다지거나 그를 환영할 때 우리는 타인의 이름을 좋게 사용하는 것이다. 누군가의 이름을 외워서 불러 주는 것만으로도 그것은 축복이 된다. 그 사람이 무명이거나 하찮은 사람으로 취급될 경우에는 더더욱 그렇다. 당신은 쓰레기통을 비워 주는 사람, 고객 상담 전화를 받는 사람, 버스 운전기사의 이름을 기억하는가? 사람들의 이름이 하나님의 이름인 것은 아니지만, 그들이 모두 하나님의 형상대로 지음받은 사람들임을 기억해야 한다.

"안식일을 지켜 거룩하게 하라" 신 5:12; 출 20:8-11

안식일은 신명기, 출애굽기와 구약 성경뿐만 아니라 기독교 신학과 실생활에서도 복잡한 문제다. 안식일을 지키라는 넷째 계명을 이방인 신자에게도 그대로 적용해야 하는지를 두고 논쟁한 것은 신약 시대 이후로 줄곧 이어져 왔다(롬 14:5-6). 하지만 일이라는 문제만큼은 안식일의 일반 원칙이 직접적으로 적용된다.

안식일과 '우리가 하는 일'

이 넷째 계명의 앞부분은 일주일에 하루는 노동을 하지 말라는 명령을 한다. 한편으로 이것은 이스라엘 백성에게 비교할 데 없는 선물이었다. 다른 고대 국가 사람들은 일주일에 하루씩 쉴 수 있는 특권을 누리지 못했다. 또 다른 한편으로, 안식일을 지키려면 하나님이 공급해 주실 것을 온전히 신뢰해야 했다. 이는 곡식을 심고 거두고 물을 긷고 길쌈을 하고 각종 양식으로부터 식량을 얻어 내는 모든 작업을 6일 만에 끝내야 한다는 것을 의미했다. 이스라엘이 일주일에 하루씩 안식하는 동안 주변 나라는 계속 칼을 만들고 화살을 제작하고 병사들을 훈련했다. 이스라엘은 안식일을 지키는 것이 경제 및 군사적 재난으로 이어지지 않도록 하나님이 지켜 주실 것이라고 하나님을 신뢰해야만 했다.

오늘날 우리도 하나님이 공급해 주실 것이라고 믿어야 하는 문제와 씨름한다. 과연 우리는 하나님께서 정하신 바를 따라 일과 안식의 순환을 지키면서도, 현대 경제 사회에서 뒤처지지 않을 수 있을 것인가? 둘 혹은 셋 이상의 직업을 유지하고 집 안 청소를 하고 식사를 준비하고 세차를 하고 공과금을 제때에 내고 학교 공부를 하고 시장을 보는 일에 7일이 다 필요한가? 아니면 매주 하루씩 쉬어도 하나님이 우리를 부양해 주시리라고 신뢰할 수 있을까? 만일 우리가 예배하고 기도하며 다른 사람과 어울려 성경공부를 하고 서로를 격려하는 데 시간을 쓴다면, 우리 생산성은 전반적으로 더 떨어질까 아니면 더 높아질까? 넷째 계명은 이 모든 문제를 하나님이 어떻게 해결해 주실 것인지는 설명하지 않는다. 단지 우리에게 일주일에 하루는 안식을 취하라고 말할 뿐이다.

크리스천은 안식일을 "주일"(일요일, 그리스도가 부활하신 날)로 바꿔 부르지만, 안식일의 본질은 일주일 중 특정한 어떤 날을 다른 날보다 더 낫게 여기는 게 아니다(롬 14:5-6). 안식일이 정말로 강조하는 두 가지 사항은 일과 안식이다. 일과 안식이 둘 다 제 4계명에 포함된다. "엿새 동안은 힘써 네 모든 일을 행할 것이나"(신 5:13). 일하는 6일도 안식하는 하루만큼이나 이 계명에서 큰 비중을 차지한다. 많은 크리스천이 일하는 시간을 짜내어 안식에 할애해야 하는 처지에 놓여 있지만, 그와 반대로 한가로운 여가와 낭비를 위해 일을 최대한 축소하려는 사람도 적지 않게 존재한다. 이것은 안식일을 무시하는 것보다 더 악하다. "누구든지 자기 친족 특히 자기 가족을 돌보지[부양하지, NIV] 아니하면 믿음을 배반한 자요 불신자보다 더 악한 자니라"(딤전 5:8).

우리에게 필요한 것은 일과 안식의 적절한 조화다. 그것이 우리 자신과 가족, 동료 근로자, 고객 모두에게 다 좋기 때문이다. 그 조화에는 일요일(또는 토요일) 24시간 동안 푹 쉬는 게 포함될 수도 있고 안 될 수도 있다. 안식 시간 비율은 일시적인 필요나 때에 따른 삶의 필요로 변할 수도 있을 것이다.

만일 과로가 주된 위험이라면, 우리는 신령한 것(일요일에 진행되는 예배)과 세속적인 것(월요일부터 진행되는 노동)을 대립시키는 새로운 거짓 율법주의를 창안해 내지 않으면서도 제4계명을 지킬 방도를 찾아내야 한다. 만일 일을 회피하는 게 우리의 위험이라면, 우리는 하나님과 우리의 이웃을 위해 봉사하며 일하는 것의 기쁨과 의미를 배우고 찾을 수 있도록 노력해야 한다(엡 4:28).

안식일과 '우리를 위해 일하는 사람들'

십계명에 대한 두 가지 역본(譯本)은 약간의 차이를 보인다. 그중 대다수는 특히 신명기에 나오는 넷째 계명에 대한 첨가 문구에서 발생한다. 첫째, 안식일에 일을 시킬 수 없는 것들에 대한 목록이 확대되어 "소나 네 나귀나 네 모든 가축"(신 5:14a)까지 포함됐다. 둘째, 안식일에 왜 종에게 일을 시킬 수 없는지에 대한 이유가 주어져 있다. "네 남종이나 네 여종에게 너같이 안식하게 할지니라 너는 기억하라 네가 애굽 땅에서 종이 되었더니"(신 5:14b-15a). 마지막으로 이스라엘이 다른 나라와 군사 및 경제적으로 경쟁하는 가운데서도 편안히 안식을 취할 수 있음은 "강한 손과 편 팔"(신 5:15b)로 보호하시는 하나님의 선물이라는 점을 신명기는 상기시켰다.

이 계명을 두고 출애굽기와 신명기가 차이를 보이는 주요 부분은 각각 창조 및 구속에 있다. 출애굽기에 의하면, 안식일은 6일간의 창조와 뒤이어지는 하루 동안의 안식으로부터 기인한다(창 1:3-2:3). 신명기에서는 하나님의 구속이라는 요소가 첨가된다. "너는 기억하라 네가 애굽 땅에서 종이 되었더니 네 하나님 여호와가 강한 손과 편 팔로 거기서 너를 인도하여 내었나니 그러므로 네 하나님 여호와가 네게 명령하여 안식일을 지키라 하느니라"(신 5:15). 이 두 가지를 합쳐 보면, 안식일을 지키는 근거는 하나님이 우리를 만드신 것과 우리를 구속하신 사실에서 온다는 것을 알 수 있다.

추가된 이런 요소는 다른 사람 밑에서 일하는 이를 향한 하나님의 관심을 대변한다. 당신뿐만 아니라 당신을 위해 일하는 노예, 다른 이스라엘 백성, 동물에게도 안식이 주어져야 한다는 것이다. 당신이 '애굽에서 종 됐던 것을 기억한다면' 자기 안식을 특권으로 생각할 게 아니라 주님이 당신에게 그러셨던 것처럼 다른 이에게도 안식을 베풀어야 한다. 그들이 어떤 종교를 갖고 있는지 혹은 그들이 안식 시간에 무엇을 하는지는 중요하지 않다. 그들은 일꾼이며, 일하는 이에게 안식을 제공하라고 하나님은 우리에게 명령하셨다. 우리는 자신의 휴식을 위해 안식일을 지키려는 생각은 하겠지만, 우리를 위해 일하는 사람들을 쉬게 할 의무에 대해서는 얼마나 많이 생각하는가? 많은 사람이 다른 이들의 편의를 위해 자신의 대인관계나 수면 리듬, 교제 기회를 깨뜨리는 시간대에 근무한다.

과거에 사람들을 보호했던 (혹은 보는 관점에 따라 '일하지 못하게 했던' 것으로 볼 수도 있는) 소위 "엄격한 법률"(blue laws; 일요일에 일과 오락을 금하는 18세기 청교도적 법률 - 편집자 주)이라는 것은 이제 대부분의 선진국에서 사라져 버렸다. 분명히 이것은 노동자와 그들이 섬기는 사람에게 새로운 많은 기회를 열어 줬다. 그러나 거기에 언제나 우리가 동참해야 하는 것일까? 우리가 밤늦게 쇼핑을 하거나 일요일 아침에 골프를 즐기거나 자정이 지나도록 계속되는 스포츠 경기를 관람할 경우, 그것이 그 시간에 일하는 사람에게 미치는 영향에 대해 잠깐이라도 생각하는가? 어쩌면 우리 행동이 고용 기회를 창출하는 데 도움이 될 수도 있을 것이다. 하지만 다른 한편으로, 우리는 다른 시간에 해도 될 일을 누군가에게 괴로운 시간에 시키고 있는지도 모른다.

패스트푸드 식당 체인인 칙필레(Chick-fil-A)는 일요일에 문을 닫는 것으로 유명하다. 그것은 창립자인 트루엣 캐시(Truett Cathy)가 십계명의 제4계명을 독특하게 해석한 탓에서 기인한다고 사람들은 종종 주장한다. 그러나 그 회사의 웹사이트에서는 이렇게 설명한다. "그의 결정은 영적이었을 뿐만 아니라 실질적인 것이었습니다. 모든 칙필레 운영자와 식당 종업원은 그들의 선택에 따라 휴식할 시간, 가족이나 친구와 함께할 시간, 예배할 시간이 있어야 한다고 그는 믿었습니다." 물론 제4계명을 부하 직원을 배려하는 하나의 방식으로 보는 것은 종파적이거나 율법주의적인 해석은 아니다. 특이한 해석임에는 틀림없지만 이 문제는 복잡해서 모든 사람을 만족시키는 해답을 찾기란 어렵다. 어쨌든 소비자 또는 (경우에 따라) 고용주인 우리 선택은 다른 사람의 안식과 근무 시간 및 조건에 영향을 미친다는 사실을 알아야 한다.

"네 부모를 공경하라" 신 5:16; 출 20:12

제5계명은 우리가 사람의 가장 기본 권위, 즉 부모가 자녀에게 가지는 권위를 존중해야 한다는 명령이다. 달리 말하면, 자녀 양육은 이 세상에서 가장 중요한 일 중 하나여서 깊은 공경과 인정을 받아 마땅하다는 것이다. 부모를 공경하거나 공경하지 않을 방법에는 여러 가지가 있다. 예수님 시대에, 바리새인들은 이 계명의 의미를 부모에 대해 좋게 말하고 칭찬하는 것에 국한하고 싶어 했다. 그러나 예수님은 이 계명을 지키려면 부모를 봉양하는 일이 필요하다고 지적했다(막 7:9-13). 우리는 누군가의 선을 위해 일함으로써 그 대상을 향한 공경을 표현한다.

많은 사람에게 있어서, 부모와 좋은 관계를 맺는다는 것은 인생의 커다란 기쁨 중 하나다. 부모를 사랑으로 섬기는 것은 즐거움이다. 따라서 이 계명을 따르는 것은 이들에게 쉽게 다가온다. 그러나 부모를 위해 일하는 것이 짐처럼 느껴질 경우 우리는 이 계명으로 시험을 받는다. 어떤 사람은 부모로부터 홀대나 냉대를 받았을 수도 있다. 또 부모에게 통제나 간섭을 심하게 받으며 자랐을 수도 있다. 부모와 엮이는 것이 자아를 무너뜨리거나 배우자에 대한 헌신(셋째 계명에 따른 우리 책임 포함), 심지어는 하나님과의 관계까지도 망치는 것으로 다가오는 사람도 있을 수 있다. 비록 현재 부모와 좋은 관계를 유지한다고 해도, 부모를 돌보는 일에 시간과 수고가 많이 든다는 것 자체가 나중에 큰 짐으로 느껴질 수도 있다.

만일 부모가 늙거나 치매에 걸려서 기억력, 능력, 좋은 성품을 상실할 경우, 부모를 돌보는 일이 깊은 슬픔으로 변할 수도 있다.

하지만 5계명은 약속이 딸린 계명이다. "그리하면 네 하나님 여호와가 네게 준 땅에서 네 생명이 길고 복을 누리리라"(신 5:16). 부모를 올바르게 공경하는 것을 통해, 자녀는 장래 직장과 다른 모든 종류의 대인관계에서 남을 올바르게 존중하는 법을 배운다. 이 명령에 순종하는 것은 우리의 장수와 번영을 돕는다. 공경과 권위를 기반으로 한 올바른 인간관계를 맺는 것은 개인이 성공하고 사회 질서를 세우는 데 필수적이기 때문이다.

부모의 유익을 위해 일하라는 것이 이 계명의 바탕이기에, 이것은 본질상 일의 현장에서의 명령이 되기도 한다. 일터는 우리가 부모를 봉양하기 위해 돈을 버는 곳일 수도 있고, 일상적인 수발을 통해 그분들을 돕는 곳이 될 수도 있다. 두 가지가 다 일이다. 부모와 더 가까이 살기 위해, 혹은 부모에게 돈을 보내거나 부모가 물려준 가치관이나 재능을 가지고 일하거나 부모가 중요하다고 여긴 일을 해 나가기 위해 우리가 일할 때, 우리는 부모를 공경하는 것이다. 마찬가지로 우리가 부모를 위해 청소를 하고 식사를 준비하고 부모를 목욕시켜 드리거나 안아 드리고, 좋아하는 곳에 모시고 간다거나 그분들의 두려움을 덜어 드리기 위해 직장활동을 역으로 제한한다면, 그것 역시 부모를 공경하는 일이 된다.

그러므로 부모는 신뢰와 공경과 순종을 받을 만한 사람이 되어야 한다. 자녀 양육도 일종의 일이며 그 어느 직장도 그보다 더 높은 수준의 신뢰, 긍휼, 정의 및 공정(公正)을 요구하지 않는다. 사도 바울도 다음과 같이 말했다. "아비들아 너희 자녀를 노엽게 하지 말고 오직 주의 교훈과 훈계로 양육하라"(엡 6:4). 하나님 은혜로만 부모 역할을 제대로 할 수 있는데, 이는 하나님을 예배하고 그분의 길을 따르는 것이 신명기 전체의 근간임을 알리는 또 다른 지표가 되기도 한다.

직장에서 우리는 스스로 다섯째 계명을 지킬 뿐 아니라 다른 사람으로 하여금 그것을 지킬 수 있도록 도울 수도 있다. 우리는 종업원, 고객, 동료, 상사, 거래처 및 다른 모든 사람에게도 가족이 있다는 것을 기억하고 우리의 기대를 조절함으로써 그들이 자기 가족을 돌볼 수 있도록 지원해 줄 수 있다. 사람들이 그들과 부모 사이의 갈등을 말하거나 불평할 때에, 우리는 연민을 갖고 그들의 말에 귀를 기울이거나 그들을 실질적으로 지원해 줄 수 있다. 가령 근무 시간대를 교대해 부모와 시간을 보낼 수 있게 도와줌으로써 말이다. 그들에게 성경적인 시각에 근거한 어떤 견해를 피력할 수도 있을 것이다. 예를 들어, 직장생활에만 몰두하는 동료가 자신의 가족 위기에 대해 털어놓을 때, 우리는 그의 가족을 위해 기도해 주고 그에게 직장생활과 가정생활의 균형을 재조정하도록 권고할 수 있다.

"살인하지 말지니라" 신 5:17; 출 20:13

안타깝게도 여섯째 계명은 현대 직장에 너무나도 실질적으로 잘 적용될 수 있는 계명이다. 직업과 연관된 사망 사고의 10퍼센트(미국 기준)가 살인이기 때문이다.[4] '직장에서 절대로 살인하지 말라'라고 이 글을 읽는 독자에게 권고한다고 해도 이런 통계치는 크게 변하지 않을 것이다.

살인은 직장 폭력의 유일한 형태는 아니며, 단지 가장 극단적인 형태일 뿐이다. 더욱 실질적인 폭력은 분노인데, 예수님은 분노를 터뜨리는 것도 여섯째 계명을 어기는 것이라고 말씀하셨다(마 5:21-22). 바울이 말한 대로, 분노의 감정을 금할 수 없을지 모르지만 분노를 다스리는 방법을 배울 수는 있다. "분을 내어도 죄를 짓지 말며 해가 지도록 분을 품지 말고"(엡 4:26). 따라서 여섯째 계명이 일의 현장에서 갖는 가장 큰 의미는 아마도 이런 것일 것이다. '만일 당신이 일터에서 분노 문제를 겪는다면, 분노 조절을 위한 도움을 받도록 하라.' 많은 고용주, 교회, 국가 및 자치단체, 비영리 조직이 분노 관리에 대한 교육과 상담을 제공하는데, 이런 것을 이용하면 여섯째 계명을 지키는 데 크게 효과를 볼 수 있을 것이다.

살인은 사람을 의도적으로 죽이는 것이지만, 여섯째 계명으로부터 파생된 판례법에 의하면 우리에게는 의도적이지 않은 죽음을 막을 의무도 있다. 아주 명료한 한 예는 소(일하는 동물)가 사람을 받아서 사망에 이르게 한 경우다(출 21:28-29). 만일 그 사건이 예측 가능한 사고였다면, 그 소의 주인이 살인에 대한 책임을 지게 되어 있다. 다시 말해 주인이나 관리자는 직장 내의 안전을 적절하게 유지할 책임을 지니는 것이다. 이 원칙은 대부분의 국가에서 법으로 잘 확립되어 있는데, 직업 현장의 안전은 정부 정책, 산업체 내규, 조직체 정책과 관습의 중요한 주제이기도 하다. 하지만 여전히 많은 직장들이 근로자가 안전하지 못한 조건에서 계속 일하도록 요구하거나 묵인한다. 작업 여건을 조성하거나 근로자를 감독하거나 직장 관습을 형성하는 데 일익을 담당하는 크리스천이라면 여섯째 계명을 상기해 안전한 근무 환경이 그들의 가장 큰 책임 중 하나임을 명심해야 한다.

"간음하지 말지니라" 신 5:18; 출 20:14

직장은 간음이 아주 흔하게 발생하는 환경 중 하나다. 간음이 직장 내에서 많이 발생해서라기보다 근무 환경과 직장 동료의 인간관계 등이 간음이 발생할 분위기를 쉽게 조성하기 때문이다. 따라서 직장에서 이 계명은 우선 문자 그대로 적용된다. 결혼한 사람은 직장과 연관해 배우자 이외의 사람과 어떤 이유에서라도 성(性)적 교제를 해서는 안 된다. 성매매나 포르노그래피 산업 종사자는 언제나 이 계명을 어기는데, 이런 직업은 거의 항상 기혼자 간의 성적 접촉을 요구하기 때문이다. 결혼 서약에 흠집을 내는 행위는 그 어떤 것이든 모두 일곱째 계명을 어기는 것이다.

이런 일은 여러 가지 환경에서 발생할 수 있다. 병원, 회사, 연구소와 교회 등 직장 동료 간의 강한 감정적 유대관계가 요구되면서 배우자와 서약한 것은 충분히 지지해 주지 못할 수 있는 환경. 장시간 신체적으로 가까이 하는 직업이라든지 합리적인 한계 내에서 퇴근 후의 만남을 제한하지 못하는 장기 출장 같은 작업 조건. 성희롱을 당하게 하거나 압력에 굴복해 권력자와 성행위를 할 수밖에 없게 만드는 근무 환경도 있을 수 있다. 허영심이나 선망에 둘러싸이는 연예인, 스타 운동선수, 대기업 사업가, 정부 고위 관료나 극히 부유한 사람과의 사이에서도 간음이 흔히 발생할 수 있다. 직장 일에 (신체적, 정신적, 감정적으로) 너무 많은 시간을 소비하다가 배우자와의 관계가 망가지기도 한다. 이런 모든 것은 7계명을 손상할 수 있으므로, 크리스천은 그런 환경을 피하거나 변화시키기 위해 진지하게 생각하고 행동해야 한다.

"도둑질하지 말지니라" 신 5:19; 출 20:15

여덟째 계명 역시 일터를 주요 배경으로 삼는 또 다른 계명이다. 도둑질은 피해자로부터 노동의 대가를 빼앗는 것이기 때문에 정당하게 일한 것을 모독하는 것이 된다. 대부분의 경우 도둑질은 정직한 노동을 피하려는 편법의 일환으로 저질러진다. 때문에 그것은 6일 동안은 힘써 일하라는 계명을 어기는 것도 된다. 여기서 또 우리는 십계명끼리의 연관성을 본다. 그러므로 우리는 일터에서 도둑질을 하지 말라는 계명을 하나님의 말씀으로 받아들여도 좋을 것이다.

'도둑질'이라는 개념이 있다는 것 자체가 재산과 재산권이 존재한다는 것을 의미한다. 물건을 취득하는 방법에는 세 가지가 있다. 스스로 만들어 내거나, 자발적으로 재화와 용역을 교환하거나(거래나 선물로), 탈취하는 길이다. 도둑질은 가장 노골적인 형태의 탈취로서, 타인에게 속한 것을 빼앗아 달아날 때 발생한다. 그러나 기업이 고객을 속이거나 정부가 국민에게 부당한 세금을 매길 때처럼, 탈취는 보다 더 크고 더 복잡한 규모로 발생하기도 한다. 그런 집단이나 기관은 재산권을 존중하지 않는 것이다. 공정한 상업 거래와 독점적 상업 거래를 비교하거나 합당한 세금과 과도한 세금을 견주어 보는 것이 여기서 우리 목표는 아니지만, 여덟째 계명은 개인, 범죄 집단, 기업, 정부가 재산권을 무시하면서도 무사하다면 그 어떤 사회도 번성할 수 없다는 사실을 우리에게 말해 준다.

실질적으로 도둑질은 다른 사람 것을 훔치는 것 외에 다른 형태를 취할 수도 있다. 타인의 귀한 어떤 것을 소유주 동의 없이 취득하는 순간 그것은 도둑질이 된다. 자원이나 자금을 개인 용도로 착복하는 것도 도둑질이다. 판매 실적을 올리고 시장 점유율을 높이기 위해 사기를 치거나 가격을 올리는 것 역시 도둑질이다. 구매자가 실제와 다른 상황 속에서 구매를 하기 때문이다.● 마찬가지로 사람의 두려움, 취약점, 무력감, 절박함을 이용해 이득을 취하는 것도 도둑질의 한 형태다. 왜냐하면 그들의 동의는 진정 자발적인 게 아니기 때문이다. 저작권이나 지적 재산권을 침해하는 것도 창안한 사람이 마땅히 받아야 할 민법상의 이윤을 그들에게서 빼앗는 행위이기 때문에 도둑질이다.

타인의 재산과 권리를 존중한다는 것은 우리가 그들의 것을 취하려 하지 않고 그들의 일에 참견하지 않는다는 것을 의미한다. 그렇다고 해서 그것이 우리가 우리 자신만을 돌봐야 한다는 것을 의미하는 건 아니다. 신명기 22장 1절은

● TOW 웹사이트 핵심 주제 코너에서 '진실과 거짓'의 "과대광고/과장" 부분을 보라.

이렇게 말한다. "네 형제의 소나 양이 길 잃은 것을 보거든 못 본 체하지 말고 너는 반드시 그것들을 끌어다가 네 형제에게 돌릴 것이요." '그건 나랑 상관이 없는 일이에요'라는 변명은 우리 무관심을 정당화하지 못한다.

안타깝게도 많은 직업이 사람의 무지나 궁지에 몰린 선택권 없는 상황을 이용해 그들에게 원치 않는 거래를 하게 만드는 특성을 지닌다. 회사, 정부, 개인, 조합 및 기타 조직은 그들의 힘을 이용해 사람들에게 불공정한 임금, 가격, 재정 조건, 근무 여건이나 근로 시간 등을 흔히 내세운다. 은행을 털거나 고용주의 것을 훔치거나 상점에서 들치기하지는 않는다 할지라도, 불공정하거나 비윤리적인 관행을 따라 다른 사람에게서 그들의 당연한 권리를 빼앗는 일에 우리가 알게 모르게 동참할 가능성은 농후하다. 이런 관행을 거부하기 어려울 수도 있고, 심지어 경력에 큰 제한이 될 수도 있겠지만, 우리는 올바른 행동을 해야 할 소명을 받았다는 사실을 기억해야 한다.

"네 이웃에 대하여 거짓 증거하지 말지니라" 신 5:20; 출 20:16

아홉째 계명은 자신의 평판에 대한 권리의 중요성을 다룬다.[5] 이것은 사람의 증언에 따라 인생행로가 갈리는 법정에서 뚜렷하게 적용될 수 있는 계명이다. 사법적 판정과 소송 과정 속에 담겨진 힘은 실로 대단하다. 그런 힘을 가지고 장난치는 것은 사회의 윤리 체계를 어그러뜨리는 일이며 결과적으로 매우 심각한 범죄를 저지르는 일이 된다. 월터 브루그만은 이 계명이 "사회적 실상이 신빙성 있게 묘사되며 알려진다고 대중이 확신하지 못한다면 공동체적 삶은 실현 불가능하다"[6]라는 사실을 드러낸다고 지적했다.

법정 용어로 표현되기는 했지만, 이 아홉째 계명은 사실상 삶의 모든 국면에 해당하는 다양한 상황에 적용된다. 우리는 누군가에 대한 오해를 불러일으키거나 잘못 대변하는 말이나 행동을 결코 해서는 안 된다. 브루그만은 다음과 같은 통찰도 제시했다.

> 정치인은 네거티브(부정적) 선거 운동으로 경쟁자를 음해하려고 애쓴다. 가십 기고가는 중상모략으로 돈을 번다. 그리고 크리스천은 거실에서 멋진 커피잔에 곁들인 다과를 먹으면서 남을 비방하고 평판을 파괴한다. 사실상 법정 행위가 정당한 사법 절차 없이 이렇게 도처에서 자행된다. 비난이 가해지고 소문이 전파되며 비방, 위증 및 명예훼손 발언이 여과 없이 유포된다. 여기에는 증거도 없고 변론도 없다. 크리스천은 이런 대화에 가담하거나 그런 대화를 용인하는 것을 거부해야 하며 자신을 변호할 수 있는 당사자 본인이 없는 상황에서 절대 누군가를 비방하거나 폄하해서는 안 된다. 아무리 기도 요청이나 목회적 관심에 의한 것이라 해도, 동기가 무엇이든 어떤 형태로든 근거 없는 소문을 퍼뜨리는 것은 잘못된 행동이다. 단순히 거기에 동참하지 않는 것만으로는 부족하다. 크리스천에게는 소문을 멈추게 하고 소문을 퍼뜨리는 사람을 막아야 할 의무도 있다.[7]

이 계명은 직장에서 하는 잡담도 심각한 범죄가 될 수 있다는 점을 암시한다. 직장 밖의 개인 영역에서 파괴력을 발휘하는 잡담도 그 자체로 악하지만, 한 직원이 다른 직원의 평판을 깎아내리는 경우에는 어떤가? 당사자가 현장에 없는 상황에서 진실이 규명될 수 있을까? 근무 태도를 평가하는 말은 또 어떤가? 공정하고 정확한 평가가 이뤄지려면 어떤 안전장치가 필요한가? 마케팅이나 광고 산업은 대체로 단체와 개인이 섞인 공공영역에서 전개된다. 이때 자사 제품이나 서비스를 가장 돋보이게 하려고 할 경우, 편견이 배제된 객관적인 시각으로 경쟁자 제품의 하자나 약점을 어느 정도까지 지적하는 게 가능하겠는가? 당신이나 '이웃'의 권리만큼 다른 회사의 권리도 똑같이 중요하지 않겠는가? 세계 경제 규모를 감안할 때, 이 계명의 적용 범위는 엄청나게 넓다고 할 수 있다.

이 계명은 다른 사람에 대해 거짓 증언하는 것을 구체적으로 금하나, 우리가 어떤 상황에서든 진실만을 말해야 하는지를 문제로 대두시킨다. 거짓된 혹은 오도(誤導)하는 재무제표를 발행하는 것은 아홉째 계명을 어기는 것인가? 경쟁자를 거짓되게 폄하하지 않는다 하더라도, 과장된 광고는 잘못된 것인가? 해고가 임박해 있는 상태인데도 경영자가 직원들에게 거짓된 확신을 심어 줄 때는 또 어떠한가? 인식이 실재를 종종 대신하는 세상에서, 그럴듯한 언변은 참된 진실을 가린다. 그러나 아홉째 계명은 하나님만큼은 우리가 속일 수 없다는 사실을 상기시킨다. 한편 속임수는 가끔 성경에서도 저질러지고, 받아들여지고, 심지어는 승인되기도 한다는 사실을 우리는 본다. 진실과 거짓에 대한 신학의 출처는 아홉째 계명을 포함한 성경 여러 군데에서 찾을 수 있다.●

"네 이웃의 모든 소유를 탐내지 말지니라" 신 5:21; 출 20:17

열째 계명은 '이웃에게 속한 무엇이든지' 탐내지 말 것을 우리에게 명한다(신 5:21). 이웃에게 속한 물건을 눈여겨보는 것이나 그런 것을 우리가 합당하게 얻고 싶다는 욕망을 갖는 것조차 잘못이라는 말은 아니다. 탐심은 타인의 번영, 성취나 재능을 보고 그것을 불쾌하게 여기거나 그것을 빼앗기 원할 때, 또는 성공한 사람을 응징하고 싶어질 때 발생한다. 금지되는 것은 다른 사람, 즉 "이웃"에게 해를 끼치고자 하는 마음이지 뭔가를 갖고자 하는 욕망 그 자체가 아니다.

우리는 다른 이가 성공한 것을 보고

● 보다 심층적인 논의는 TOW 웹사이트 핵심 주제 코너에서 '진실과 거짓' 부분을 보라.

영감을 얻을 수 있지만 탐심을 가질 수도 있다. 전자의 태도는 각고의 노력과 신중함을 불러일으킨다. 후자의 태도는 게으름을 유발하고 자기 실패에 핑계를 대도록 만들고 탈취하고픈 마음을 불러일으킨다. 만일 삶을 점유율 쟁탈전으로 여겨 다른 사람이 잘 나가는 만큼 내가 해를 입는다고 믿는다면, 우리는 결코 성공하지 못할 것이다. 열심히 일하는 대신에 다른 사람의 성취를 우리 자신의 성취로 여기는 공상에 빠진다면 우리는 결코 위대한 일을 해내지 못할 것이다. 여기서 다시 한 번 강조되지만, 이 계명의 궁극적인 기초는 하나님만을 예배하라는 명령이다. 만일 하나님이 우리 예배의 핵심이라면, 하나님을 향한 갈망이 이웃의 소유물 등 다른 모든 것에 대한 불경건하고 탐심 섞인 욕망을 대신할 것이다. 사도 바울이 말했듯이, "어떠한 형편에든지 나는 자족하기를 배웠노니"(빌 4:11)가 되는 것이다.

신명기는 우리가 탐내서는 안 되는 이웃의 소유물에 대한 출애굽기 목록에다가 "밭"을 덧붙이고 있다. 신명기의 십계명에 추가된 다른 내용과 마찬가지로, 이 계명도 직장에 대한 관심을 증폭시킨다. 밭은 직장이며, 밭을 탐내는 것은 다른 사람이 갖고 있는 생산 자원을 탐내는 것이다.

삶의 여러 현장에서 시기와 탐심은 언제나 발생할 수 있다. 많은 시간을 함께하는 사람들 사이에서 '지위나 급여나 권력'이 인간관계의 주요 요소가 되는 직장도 마찬가지다. 우리가 직장에서 성과, 진급 또는 보상을 원하는 데는 정당한 이유가 많을 수 있다. 그러나 시기는 그런 이유가 될 수 없으며 사회적 지위를 탐해 집착적으로 일하는 것도 마찬가지로 이유가 될 수 없다.

예컨대, 우리는 직장에서 다른 사람을 밟고 올라서면서까지 우리 업적을 과대 포장하고픈 유혹을 받는다. 이를 예방하는 방법은 단순하지만 실천하기란 쉽지 않다. 일관된 자세로 다른 사람이 성취한 결과를 알아주고 그들에게 돌아가야 할 공을 인정하는 것이다. 만일 우리가 타인의 성공을 기뻐해 주거나 최소한 알아주기라도 하는 법을 배워 나간다면 우리는 직장에서 발생하는 시기와 탐심의 명맥을 끊어 버리는 것이다. 더 나아가 만일 우리가 우리 자신의 성공과 더불어 다른 사람의 성공도 이뤄질 수 있게끔 노력한다면, 탐심은 협력으로 대체되고 시기는 화합으로 대체될 것이다.

미네소타주 에덴 프레리의 우드데일교회에서 담임목사로 목회할 당시 레이스 앤더슨은 이렇게 말했다. "담임목사로서 저는 주머니 속에 동전을 무한히 가지고 있는 것처럼 느낍니다. 교회 임원이 내놓은 좋은 방안이나 자원봉사자의 수고를 칭찬하거나 다른 누군가에게 감사를 표할 때마다, 제 주머니 속 동전이 그들 주머니 속으로 흘러들어가는 것 같은 느낌을 받아요. 리더인 제가 할 일은 그거죠. 동전을 제 주머니로부터 그들의 주머니로 넣어 주는 것. 그럼으로써 다른 사람이 그들에게 건넬 칭찬을 저도 한쪽에서 거들어 주는 것입니다."[8]

▽ 신 4:44-28:68

규례와 법도

제2연설의 두 번째 부분에서 모세는 하나님께서 이스라엘에게 순종하라고 주신 '규례와 법도'를 상세히 묘사했다(신 6:1). 이 규정은 전쟁, 노예제도, 십일조, 종교적 축제, 희생제물, 정결한 음식, 예언, 군주제, 중앙 성소 등 아주 다양한 문제를 다루고 있다. 그 내용 속에는 일의 신학과 직접적으로 연결된 다수의 단락이 들어 있다. 우리는 성경에 나와 있는 순서대로 그것을 살펴보고자 한다.

하나님의 언약에 순종하는 복 신 7:12-15; 28:2-14

하나님의 언약에 담긴 명령과 규례와 법도가 이스라엘에게 짐으로밖에 보이지 않을 우려가 있기에, 모세는 그것의 주된 목적은 사람에게 복을 주기 위함이라는 것을 상기시켰다.

> 너희가 이 모든 법도를 듣고 지켜 행하면 네 하나님 여호와께서 네 조상들에게 맹세하신 언약을 지켜 네게 인애를 베푸실 것이라 곧 너를 사랑하시고 복을 주사 너를 번성하게 하시되 네게 주리라고 네 조상들에게 맹세하신 땅에서 네 소생에게 은혜를 베푸시며 네 토지소산과 곡식과 포도주와 기름을 풍성하게 하시고 네 소와 양을 번식하게 하시리니(신 7:12-13).

> 네가 네 하나님 여호와의 말씀을 청종하면 이 모든 복이 네게 임하며 네게 이르리니 성읍에서도 복을 받고 들에서도 복을 받을 것이며 네 몸의 자녀와 네 토지의 소산과 네 짐승의 새끼와 소와 양의 새끼가 복을 받을 것이며 네 광주리와 떡 반죽 그릇이 복을 받을 것이며 네가 들어와도 복을 받고 나가도 복을 받을 것이니라 여호와께서 너를 대적하기 위해 일어난 적군들을 네 앞에서 패하게 하시리라 그들이 한 길로 너를 치러 들어왔으나 네 앞에서 일곱 길로 도망하리라 여호와께서 네게 주리라고 네 조상들에게 맹세하신 땅에서 네게 복을 주사 네 몸의 소생과 가축의 새끼와 토지의 소산을 많게 하시며 여호와께서 너를 위하여 하늘의 아름다운 보고를 여시사 네 땅에 때를 따라 비를 내리시고 네 손으로 하는 모든 일에 복을 주시리니 네가 많은 민족에게 꾸어줄지라도 너는 꾸지

아니할 것이요(신 28:2-7; 11-12).

언약에 따르는 것은 하나님 백성에게 축복, 번영, 기쁨, 건강의 근원이 됐을 것이다. 바울이 말했듯이 "율법은 거룩하고 계명도 거룩하고 의로우며 선하도다"(롬 7:12), "사랑은 율법의 완성"(롬 13:10)이다.

이것을 소위 "번영 복음"과 혼동해서는 안 된다. '하나님께서는 그분이 총애하는 사람에게 필연적으로 재물과 건강을 가져다주신다'라는 번영 복음의 주장은 그릇된 것이다. 본문은 만일 하나님의 백성이 그분의 언약에 따라 살면 세계는 모든 사람에게 더욱더 살기 좋은 곳이 될 것이라는 의미를 담고 있다. 물론 크리스천의 증언은 우리 힘으로는 율법을 이행할 수 없다는 것이다. 그래서 그리스도 안에서 새 언약이 주어진 것이며 하나님의 은혜가 우리의 순종 여부에 따라 제한되기보다 그리스도의 사망과 부활을 통해 우리에게 베풀어지는 것이다. 그리스도 안에서 살아감으로써 우리는 하나님을 사랑하며 섬길 수 있고 결국 모세가 묘사한 모든 복을 받을 수 있다. 현세에서는 그 복을 부분적으로 받지만 그리스도로 인해 하나님 나라가 성취될 때에는 온전하게 받는 것이다.

그 어떤 경우든, 하나님의 언약에 대한 순종은 신명기 전체를 꿰뚫는 중요한 주제다. 이런 세 개의 주요 단락 외에도 이 주제는 신명기 전체에 걸쳐 두루 언급되며, 모세는 그의 인생을 마치기 전 최후의 연설에서 이 주제를 반복하는데, 그 내용이 신명기 29-30장에 기록되어 있다.

번영의 위험성 신 8:11-20

하나님께 즐겁게 순종하는 것에 반대는 거만인데, 이는 종종 번영에 뒤따라온다. 이것은 모세가 신명기 4장 25-40절에서 경고한 안일이 몰고 오는 위험과 유사한데, 그 초점은 수동적인 권리 주장이 아니라 능동적인 거만에 맞춰져 있다.

> 네가 먹어서 배부르고 아름다운 집을 짓고 거주하게 되며 또 네 소와 양이 번성하며 네 은금이 증식되며 네 소유가 다 풍부하게 될 때에 네 마음이 교만하여 네 하나님 여호와를 잊어버릴까 염려하노라 여호와는 너를 애굽 땅 종 되었던 집에서 이끌어 내시고(신 8:12-18).

오랜 세월 동안 땀을 흘린 후에 사업, 경력, 연구 과제, 자녀 양육, 기타 일들이 성공으로 열매 맺을 경우 우리는 종종 정당한 자부심을 갖는다. 그러나 기쁨에 찬 자부심은 자칫 교만으로 변질될 수 있다. 신명기 8장 17-18절은 "네가 마음에 이르기를 내 능력과 내 손의 힘으로 내가 이 재물을 얻었다 말할 것이라 네 하나님 여호와를 기억하라 그가 네게 재물 얻을 능력을 주셨음이라 이같이 하심은 네 조상들에게 맹세하신 언약을 오늘과 같이 이루려 하심이니라"라고 우리에게 경고한다. 자기 백성과 맺은 언약의 일부로써 하나님은 경제적 생산에 참여할 수 있는 능력을 우리에게 주셨다. 하지만 우리는 그것이 하나님의 선물임을 기억해야 한다. 우리의 성공이 전적으로 우리 능력과 노력 덕이라고 말할 때, 우리는 하나님께서 우리에게 생명뿐 아니라 능력도 주셨다는 점을 잊고 있는 것이다. 우리는 스스로 창조된 자가 아니다. 자급자족에 대한 환상은 우리 마음을 완악하게 만든다. 언제나 그렇듯 올바른 예배와 하나님을 의지해야 함을 깨닫는 것이 그 대안일 것이다(신 8:18).

관대함(너그러움) 신 15:7-11

'관대함'이란 주제는 신명기 15장 7-8절에서 나타난다. "가난한 형제가 너와 함께 거주하거든 …… 그 가난한 형제에게 네 마음을 완악하게 하지 말며 네 손을 움켜쥐지 말고 반드시 네 손을 그에게 펴서 그에게 필요한 대로 쓸 것을 넉넉히 꾸어 주라." 관대함과 긍휼은 언약의 본질이다. "너는 반드시 그에게 줄 것이요, 줄 때에는 아끼는 마음을 품지 말 것이니라 이로 말미암아 네 하나님 여호와께서 네가 하는 모든 일과 네 손이 닿는 모든 일에 네게 복을 주시리라"(신 15:10). 우리 일은 그것이 다른 사람에게 축복이 될 경우에만 완벽한 축복이 된다. 바울이 말한 바처럼, "사랑은 율법의 완성"(롬 13:10)이기 때문이다.

우리 대부분이 마찬가지겠지만, 일해서 번 돈은 우리를 너그럽게 만들어 줄 수 있는 수단이 된다. 그렇지만 우리가 돈을 너그럽게 쓰는가? 더욱이 일 자체를 통해서 우리가 너그러워질 수 있는 방법은 없을까? 이 단락은 일("네가 하는 모든 일", 10절)의 한 국면으로서의 관대함을 특별히 언급한다. 만일 한 직장 동료가 기술이나 능력을 개발하는 과정에서 도움을 필요로 할 때, 우리에게 정직한 충고의 말을 원할 때, 또는 자신의 부족한 점을 참아 줄 인내심을 요청할 때, 이런 순간들이 관대함을 베풀 기회가 되지 않겠는가? 이런 류의 관대함을 베풀려면 시간과 돈이 들 수도 있고, 우리의 자아상을 재검토하거나 우리가 누구 편인지 스스로 살피고 자신의 동기를 물어봐야 할 수도 있다. 만일 우리가 자진해서 이런 희생을 감내할 수 있다면, 일을 통해서 하나님의 축복을 다른 이와 나눌 수 있는 새로운 문이 우리에게 열리는 것 아니겠는가?

노예제도 신 15:12-18

신명기에서 논란을 일으키는 주제 중 하나는 노예제도다. 구약에서 허용된 노예제도는 커다란 논쟁거리가 되는데, 우리는 여기서 그 모든 의문점을 다룰 수 없다. 하지만 우리는 이스라엘 백성의 노예제도를 미국 남북전쟁 당시 노예제도를 포함한 현대 노예제도와 동일시해서는 안 된다. 후자는 그들의 고국인 서부 아프리카에서 노예를 납치해 매매한 경우와 그들의 후손을 영구적인 종으로 삼은 경우를 포함한다. 구약은 이런 종류의 노예제도를 정죄했으며(암 1:6) 적발 시 사형까지 가능했다(신 24:7; 출 21:16). 이스라엘 백성이 다른 사람의 노예가 된 것은 납치나 불운한 태생 때문이 아니라 빚이나 가난 때문이었다(신 15:12, NRSV 각주 a). 노예 신세가 되는 게 굶어죽는 것보다는 나았으므로 사람들은 자신을 노예로 팔아 빚을 갚거나 최소한 잠잘 곳을 얻고자 했다. 그러나 이 노예제도는 종신(終身)적인 게 아니었다. "네 동족 히브리 남자나 히브리 여자가 네게 팔렸다 하자 만일 여섯 해 동안 너를 섬겼거든 일곱째 해에 너는 그를 놓아 자유롭게 할 것이요"(신 15:12). 놓이면, 종이었던 사람은 그들이 일해서 마련한 부의 일정 몫을 차지했다. "그를 놓아 자유하게 할 때에는 빈손으로 가게 하지 말고 네 양 무리 중에서와 타작마당에서와 포도주 틀에서 그에게 후히 줄지니 곧 네 하나님 여호와께서 네게 복을 주신 대로 그에게 줄지니라"(신 15:13-14).

세계의 어느 지역에서는 사람이 아직도 빚 때문에 대개 부모에 의해 강제 노역 노동자로 팔린다. 이것은 사실상 노예제도인 셈이다. 성 밀매(密賣)로부터 벗어나기란 더더욱 어렵거나 불가능하다. 몇몇 지역의 기독교인이 그런 관습을 뿌리 뽑는 데 앞장서고는 있지만, 훨씬 더 많은 노력이 이뤄져야 할 것이다. 한층 많은 교회와 크리스천들이 이런 일을 선교 및 사회활동의 높은 우선순위에 올려놓는다면, 어떤 변화가 일어날지 한번 상상해 보라.

보다 더 발전한 나라에서는, 아주 궁색한 노동자라고 해도 팔려가서 비자발적인 노동에 시달리는 게 아니라 그들이 기꺼이 원하고 또 감당할 수 있는 직업을 얻는다. 신명기에 노예에 대한 보호 규정까지 담겨 있다고 한다면, 이런 보호 장치가 일반 노동자에게도 적용되어야 하지 않겠는가? 신명기는 정해진 해방일, 음식과 주거 제공, 작업 조건에 대한 책임 등 계약 조건과 노동 규정을 지킬 것을 주인에게 요구했다. 근무 시간은 합리적으로 제한되어야 하며 일주일에 하루는 쉬게 해야 했다(신 5:14). 가장 의미심장한 것은, 주인이 종을 하나님의 눈으로 보아 동일한 인간으로 취급하며 하나님 백성을 모두 구원받은 종으로 여겨야 한다는 사실이었다. "너는 애굽 땅에서 종 되었던 것과 네 하나님 여호와께서 너를 속량하셨음을 기억하라 그것으로 말미암아 내가 오늘 이같이 네게 명령하노라"(신 15:15).

현대의 고용주가 고대의 주인이 그랬던 것과 유사한 방식으로 힘없는 노동자를 학대하는 경우도 있을 것이다. 오늘날의 노동자가 실제로 노예가 아니라는 이유만으로 그런 보호를 받지 못할 이유가 어디에 있단 말인가? 고용주에게는 노동자를 적어도 노예보다는 더 잘 대우해 줘야 할 최소한의 의무가 있는 것이다. 오늘날 취약한 노동자는 초과 수당도 없이 연장 근무를 하거나, 팁을 매니저에게 넘겨주고, 근무 시간을 조절하기 위해 뇌물을 바치고, 성희롱이나 비열한 처우를 당하고, 불리한 혜택을 받아들이고, 불법적 차별과 다른 형태의 혹사를 견디도록 요구받을 수도 있다. 부유한 노동자조차도 자신이 제공한 노동의 열매에 합당하지 못한 불공정한 처우를 당할 수도 있다.

고대 노예제도가 16-19세기 노예제도와 동일한 것은 아니라고 할지라도, 현대의 독자들은 성경에서 일시적인 노예제도를 수용한 것을 받아들이기 어려울 수도 있다. 적어도 오늘날 모든 곳에서 노예제도가 최소한 법적으로 불법이라는 사실에 우리는 감사한다. 노예제도에 대한 성경의 가르침을 폐지된 것으로 간주하기보다, 현대적 형태의 비자발적 강제노동을 없애는 한편 경제적으로 불우한 사회 구성원을 보호해 주는 성경지침을 따르는 게 우리가 해야 할 일이다.

뇌물과 부패 신 16:18-20

재산권 및 노동자 보호의 실효성은 종종 법률의 집행과 사법 제도에 달려 있다. 모세가 재판장과 지도자들에게 명한 내용은 일에 관해 특히 중요하다. "너는 재판을 굽게 하지 말며 사람을 외모로 보지 말며 또 뇌물을 받지 말라 뇌물은 지혜자의 눈을 어둡게 하고 의인의 말을 굽게 하느니라"(신 16:19). 공정한 사법 제도가 없다면, "네가 살겠고 네 하나님 여호와께서 네게 주시는 땅을 차지하리라"(신 16:20)라는 약속이 성취되는 것은 불가능할 것이다.

현대의 직장과 사회는 뇌물, 부패, 부정과 관련해서 고대 이스라엘 못지않게 취약하다. 유엔이 조사한 바에 따르면, 개발도상국에서 가장 큰 경제성장의 장애물은 공정한 법 집행의 실패다.[9] 부패가 만연한 곳에서는, 뇌물을 주지 않고는 생계를 유지하거나 마을을 돌아다니거나 평안히 거주하는 게 불가능할 것이다. 본문의 규정은 일반적으로 뇌물을 요구하는 자가 순순히 뇌물을 바치는 자보다 더 큰 잘못을 저지르고 있다는 사실을 인식한 것처럼 보인다. 금지의 초점이 뇌물을 주는 쪽보다 뇌물을 받는 쪽에 있기 때문이다. 그렇다고 하더라도 (뇌물을 주는 쪽이든 받는 쪽이든) 부패를 줄이기 위해 크리스천들이 하는 모든 노력은 "공의로 백성을 재판"(신 16:18)하는 데 도움이 되며, 주님께 영광이 된다.●

법원 판결을 따르는 것 신 17:8-13

모세는 현대 법원의 구조와 놀랍도록 유사한 사실심 법정과 상소 법원 제도를 설립했다. 그는 백성에게 법원 결정에 순종하라고 명령했다. "그들이 네게 가르치는 율법의 뜻대로, 그들이 네게 말하는 판결대로 행할 것이요 그들이

● 법 규범의 경제적 적용에 대한 보다 심층적인 내용은 이 책 6장의 "민 26-27장; 36:1-12" 부분을 보라.

네게 보이는 판결을 어겨 좌로나 우로나 치우치지 말 것이니라"(신 17:11).

오늘날 일터는 법, 규정, 관습에 의해 지배를 받으며 그것의 적절한 해석 및 적용을 위한 절차, 법원, 상소 과정을 통해서 통제된다. 사도 바울도 언급했듯이(롬 13:1), 우리는 이런 법적 구조에 따라야 한다. 어떤 나라에서는, 권세를 가진 자가 법과 규정을 흔히 무시하거나 뇌물, 부패, 폭력을 일삼는다. 또 어떤 나라에서는, 기업과 직장 조직이 의도적으로 법을 어기는 일은 거의 없어도 방해 소송, 정치적 이해 활동, 또는 공공선에 반하는 로비 활동으로 법을 위반하려는 노력이 자행된다. 그러나 기독교인은 법 규범을 존중하고, 거기에 따르고, 지지하고, 강화하기 위해 부름받았다. 시민의 불복종이 무조건 나쁘다는 얘기가 아니다. 일부 부당한 법은 변경이 불가능하다면 폐기해야 한다. 그러나 이런 경우는 드물며, 대개 공동선을 추구하기 위해 개인적 희생이 뒤따른다. 하지만 개인 이익을 목적으로 법을 전복(顚覆)하는 일은 결코 정당화될 수 없다.

권세를 정당하게 사용하는 것 신 17:14-20

사람과 기관이 합당한 권위에 도전하지 말아야 하듯이, 높은 위치에 있는 사람도 그들의 권세를 불법적으로 사용해서는 안 된다. 모세는 특별히 왕의 경우를 다뤘다.

> 그는 병마를 많이 두지 말 것이요 …… 그에게 아내를 많이 두어 그의 마음이 미혹되게 하지 말 것이며 자기를 위하여 은금을 많이 쌓지 말 것이니라 그가 왕위에 오르거든 이 율법서의 등사본을 레위 사람 제사장 앞에서 책에 기록하여 평생에 자기 옆에 두고 읽어 그의 하나님 여호와 경외하기를 배우며 이 율법의 모든 말과 이 규례를 지켜 행할 것이라(신 17:16-19).

이 본문에서 우리는 권세를 사용하는 것과 관련된 두 가지 제약을 발견한다. 권세 있는 자가 법 위에 있는 게 아니므로 그들도 법을 준수하고 법을 지지해야 한다. 권세자는 자신의 권세를 악용하거나 남용해서는 안 된다.

오늘날 경찰과 법원 직원이 자기나 친구가 받은 교통 위반 딱지를 '해결'하거나 고위 공무원이 특별 대우를 받으려는 예에서 보듯, 권력을 쥔 자가 자신을 법 위에 두려고 하는 경우가 있다. 마찬가지로 관리가 자기 권세를 이용해 뇌물을 받는다거나 차별 및 예외를 불법적으로 적용하거나 비밀 정보에 접속하거나 공적 자산이나 사적 자산을 개인 용도로 유용함으로써 이익을 취할 수도 있을 것이다. 가끔 권력자에게 정책상으로나 법적으로 특혜가 주어지기도 하나, 그렇다고 해서 범죄가 무효화되는 것은 아니다. 모세가 왕들에게 준 명령은 무절제를 정당화하기 위해 그들의 법적인 권세를 사용하라는 게 아니고 무절제를 전적으로 피하라는 것이었다. 권세 있는 자가 권력을 사용해 특권을 얻을 뿐 아니라 친구에게 독점권을 주고 거대한 땅과 자산을 전용하고 반대자를 투옥하거나 고문하거나 죽인다면, 그 결과는 치명적인 것이 된다. 권력을 조금 남용하든 전체주의적으로 압박을 가하든 간에, 그 본질에는 차이가 없고 정도 차이만 있을 뿐이다.

공공선을 위한 자산 사용 신 23:1-24:13

신명기는 생산물의 주인들에게 공동체의 유익을 위해 자산을 사용할 것을 명료한 방식으로 요구한다. 예를 들어, 지주는 그들의 땅을 이웃의 급박한 필요를 위해 내놓을 수 있어야 했다. "네 이웃의 포도원에 들어갈 때에는 마음대로 그 포도를 배불리 먹어도 되느니라 그러나 그릇에 담지는 말 것이요 네 이웃의 곡식밭에 들어갈 때에는 네가 손으로 그 이삭을 따도 되느니라 그러나 네 이웃의 곡식밭에 낫을 대지는 말지니라"(신 23:24-25). 이것은 예수님의 제자들이 길을 가다가 길옆의 밭에서 곡식을 잘라 먹는 것을 가능하게 했던 그 율법이었다(마 12:1). 이삭 줍는 자는 자신을 위해 곡식을 수확해 음식을 조달할 책임이 있었고 지주는 그들에게 그렇게 하도록 허용할 책임이 있었다.● 마찬가지로 자본을 빌려주는 사람도 채무자의 건강이나 생계를 위험에 빠뜨릴 만한 조건을 요구해서는 안 된다(신 23:19-20; 24:6, 10-13). 어떤 경우에는 이웃의 필요가 너무 커서 잃어버릴 가능성이 있어도 그들에게 돈을 빌려줄 의사가 있어야 한다(신 15:7-9).●●

하나님은 우리가 우리 자원을 궁핍한 사람에게 개방하기를 요구하시는 한편, 그분이 맡겨 주신 자원을 선하고 충성스럽게 관리하는 청지기 역할도 감당하기를 요구하신다. 우리가 가진 모든 것은 하나님께 속한 것이므로, 하나님은 우리에게 그분의 것을 가지고 공동체의 선을 위해 쓰라고 명령하신다(신 15:7). 다른 한편으로, 신명기는 어떤 사람의 밭을 공동 재산으로 여기지 않았다. 외부인은 남의 밭을 마음대로 취급할 수 없었다. 공공선에 대한 기여 요건은 생산의 주요 수단인 사적 소유권 제도 내에서 성립됐다. 오늘날 사회에서 사적 소유권과 공적 소유권 사이의 균형 및 다양한 경제 제도의 적절성은 논쟁거리가 되는데, 그에 대해 성경은 원칙과 가치를 제공하지만 규정을 제시하지는 않는다.

경제 정의 신 24:14-15; 25:19; 27:17-25

계층과 부의 격차가 불공정의 여지를 만들어 낼 수 있다. 공의(公義)는 노동자를 공평하게 대우할 것을 요구한다. 신명기 24장 14절에는 다음 내용이 나온다.

● 이 관습에 대해서는 이 책 4장의 "레 19:9-10" 부분을 보라.

●● 더 자세히 알고 싶다면 이 책 3장의 "출 22:25-27" 부분을 보라.

"곤궁하고 빈한한 품꾼은 너희 형제든지 네 땅 성문 안에 우거하는 객이든지 그를 학대하지 말며." 가난한 자나 이방인은 공동체 내에서 부유한 지주에게 맞서 법정에 설 수 없었으므로 학대에 노출되어 있었다. 야고보서 5장 4절에도 유사한 메시지가 담겨 있다. 고용주는 가장 말단 직원에 대한 그들의 의무를 신성하고 구속력 있는 것으로 간주해야 했다.

또한 공의는 고객을 공정하게 대할 것을 요구한다. "너는 네 주머니에 두 종류의 저울추 곧 큰 것과 작은 것을 넣지 말 것이며"(신 25:13). 이 저울추는 매매할 때 곡식이나 다른 상품을 계량하는 데 사용되는 것이었다. 판매자에게는, 공시했던 것보다 가벼운 저울추를 사용해서 곡식 무게를 재는 것이 이득이었을 것이다. 구매자는 거짓된 무거운 추를 사용할 경우 이득이 됐을 것이다. 그러나 신명기는 팔 때나 살 때나 언제나 동일한 저울추를 사용할 것을 요구한다. 사기 방지책은 비단 고객과 거래할 때만 국한된 게 아니라 주변 모든 사람과 이뤄지는 모든 형태의 거래에 해당됐다.

> 그의 이웃의 경계표를 옮기는 자는 저주를 받을 것이라(신 27:17).
>
> 맹인에게 길을 잃게 하는 자는 저주를 받을 것이라(신 27:18).
>
> 객이나 고아나 과부의 송사를 억울하게 하는 자는 저주를 받을 것이라(신 27:19).
>
> 무죄한 자를 죽이려고 뇌물을 받는 자는 저주를 받을 것이라(신 27:25).

원칙적으로 이런 규칙은 모든 종류의 사기를 금지한다. 현대적 비유를 들어 본다면, 도덕적 관련성은 무시한 채 하자 있는 제품을 고의로 판매하는 회사를 예로 들 수 있다. 그런가 하면 고객은 사용하던 제품을 반환해 주는 상점의 정책을 악용할 수 있다. 회사는 일반적으로 받아들여지는 회계 원칙을 어겨 가면서 재무제표를 발행할 수 있다. 노동자는 근무 시간 중에 개인 업무를 보거나 맡은 일을 게을리할 수 있다. 이런 관습은 부당할 뿐 아니라, '우리를 우리 하나님 여호와의 성민이 되게 하시려는'(신 26:19) 하나님만을 예배하겠다는 다짐에 어긋나는 것이다.

▽ 신 29:1-30:20

하나님께 순종하라, 모세의 마지막 호소

모세는 하나님의 언약을 따르는 것이 번영을 가져올 것이라는 마지막 호소를 함으로써 그의 세 번째 연설을 마쳤다. 이것은 앞서 신명기 7장 12-15절과 28장 2-12절에서 권면한 내용을 강조하는 것이었다. 신명기 30장 15절에서는 그것이 이렇게 요약된다. "보라 내가 오늘 생명과 복과 사망과 화를 네 앞에 두었나니." 하나님 앞에서 순종하는 것은 축복과 생명의 길로 이어지지만, 불순종은 저주와 사망으로 이어질 것이다. 이 상황에서 '하나님께 순종하는 것'은 시내산 언약을 지키는 것을 의미했으며, 그것은 이스라엘에게만 해당되는 의무였다. 하지만 축복으로 이어지는 하나님에 대한 순종은 시대를 초월하는 원칙으로서 고대 이스라엘에만 국한된 게 아니고 오늘날 일과 생활에도 적용된다.

만일 우리가 하나님을 사랑하고 그분이 명령하신 대로 살아간다면, 우리는 그것이 우리 삶과 일을 위한 최선의 계획임을 발견하게 된다. 이 말은 그리스도를 따른다면 결코 고난과 궁핍이 뒤따르지 않을 것이라는 의미가 아니다. 기독교인도 핍박을 받거나 추방당하고 투옥을 당한다. 그것은 진정한 경건과 순수성을 유지하면서 사는 사람은 품성이 좋아서 이기도 하겠지만 하나님의 복을 받고 있어서도 잘될 것이라는 의미다. 하나님께 순종하는 것이 박해로 이어질 수 있는 악한 시대에도, '하나님의 축복에서 오는 달콤한 열매'가 '악에 연루되어 누리는 냄새 나는 찌꺼기'보다 낫다. 큰 그림에서 보면, 하나님의 길을 따르는 이들은 언제나 다른 사람보다 더 복되다.

모세의 일의 종국

신 31:1-34:12

▽ 신 31:1-32:47

승계 계획

연설이 다 끝나고 나서, 여호수아가 모세의 뒤를 이어 이스라엘 지도자가 된다. "모세가 여호수아를 불러 온 이스라엘의 목전에서 그에게 이르되 너는 강하고 담대하라 너는 이 백성을 거느리고 여호와께서 그들의 조상에게 주리라고 맹세하신 땅에 들어가서 그들에게 그 땅을 차지하게 하라"(신 31:7). 모세가 승계를 공개적으로 실시한 데는 두 가지 이유가 있었다. 첫째, 여호수아는 모든 백성 앞에서 자기에게 주어지는 임무를 수용하겠다는 것을 인정해야 했다. 둘째, 온 백성이 여호수아가 모세의 유일하고 합당한 후계자라는 사실을 인정해야 했다. 이 일 후에, 모세는 가능한 한 가장 완벽한 방식으로 물러났다. 그는 죽었다. 합법적인 승계 문제가 불명확하거나 미해결 상태일 경우에는 국가든 학교든 교회든 기업이든 그 어떤 조직이라도 혼란에 빠질 것이다.

여호수아가 마지막 순간에 아무렇게나 갑자기 뽑힌 사람이 아니었다는 점에 우리는 주목해야 한다. 하나님의 지시에 따라 모세는 여호수아를 그의 후계자로 오랫동안 준비해 왔다. 신명기 1장 38절부터, 하나님은 여호수아를 모세의 "보좌관"(새번역)으로 언급하셨다(NIV에는 "assistant"). 모세는 애굽에서 나온 후 얼마 되지 않아서 여호수아의 군사적 역량을 알아보기 시작했으며 시간이 흐름에 따라 군사 지휘권을 그에게 위임했다(신 31:3). 모세는 여호수아가 사물을 하나님의 관점에서 볼 능력을 가지고 있고 안전의 위험을 무릅쓰고 옳은 것을 위해 분연히 일어설 의지를 지니고 있음에 주목했다(민 14:5-10). 모세는 아모리 왕들과의 사건을 통해서 여호수아의 정치 수완을 훈련시켰다(신 3:21). 여호수아를 위해 하나님께 기도하는 것은 모세의 훈련 계획에서 중요한 요소였다(신 3:28). 여호수아가 모세로부터 지도권을 인수받을 때쯤 되자 그는 지도자로서 아주 성숙해져 있었으며 백성도 그를 따를 준비가 충분히 되어 있었다(신 34:9).

또한 모세는 마지막 노래를 불렀는데(신 32:1-43), 그 내용은 백성이 언약에 순종하지 않을 것이며 무시무시한 고난을 겪을 것이나 마침내 하나님의 강력한 손으로 구속을 경험할 것이라는 경고의 예언적 가사였다. 끝으로 모세는 백성에게 율법을 진지하게 따를 것을 한 번 더 권고했다(신 32:46-47).

▽ 신 32:48-34:12

모세의 마지막 활동

이스라엘과 이 세상을 떠나기 전 모세의 마지막 행동은 신명기 33장 1-29절에 나오는 노래를 통해 이스라엘을 지파(족속)별로 축복한 것이었다. 이 노래는 야곱이 그가 세상을 떠나기 전에 족속을 축복했던 것(창 49:1-27)과 유사했다. 야곱이 열두 지파의 친아버지였던 것처럼 모세는 그 민족의 영적 아버지였기 때문에 이것이 적절했다. 또한 이 노래에서 모세는 책망과 권면의 말이 아니라 축복의 말을 남기고 이스라엘을 떠났다. “이에 여호와의 종 모세가 여호와의 말씀대로 모압 땅에서 죽어”(신 34:5). 성경은 겸손하고 존귀한 “여호와의 종”이라는 칭호로 모세를 높인다. 모세는 완벽하지 못했고 그의 지도를 받던 이스라엘도 완벽하지 못했으나 그는 분명 위대한 사람이었다.

어쨌든 모세를 대체할 만한 사람이 없는 것은 아니었다. 이스라엘 역사는 계속 이어졌으며, 그의 뒤를 이은 지도자도 저마다 성공과 실패를 거듭했다. 어떤 조직의 사람이라도 자신의 리더를 대체 불가한 사람으로 생각한다면, 그들은 이미 위기에 봉착한 것이다. 마찬가지로 어떤 리더가 스스로를 대체 불가한 사람으로 생각한다면, 그것은 모든 이에게 재앙이 될 수 있다.

○

결론

이스라엘 초기 역사와 하나님의 율법을 재론하면서 신명기는 하나님이 자기 백성과 맺은 언약의 성취 속에서 일의 중요성을 생생하게 묘사한다. 이 책의 중요한 주제는 하나님을 신뢰하고 그분의 계명을 따르면서 그분의 도움을 구해야 할 필요성이다. 이중 그 어떤 것이든 저버린다면 우상숭배, 즉 우리가 스스로 만든 거짓 신을 예배하는 데 빠지게 된다. 비록 이런 주제가 처음에는 추상적이거나 철학적으로 보일지 모르지만 그것은 일상의 노동과 삶 속에서 구체적이고 실질적인 방식으로 발현된다.

우리가 하나님을 신뢰할 때, 우리는 생산 능력을 주신 그분께 좋은 것을 주신 것에 감사를 드린다. 우리는 우리 한계를 인정할 때 하나님 앞에서 그분의 인도를 구하며 다른 이를 존중하게 된다. 또한 일과 안식의 리듬을 준수하는 것을 통해 우리 자신 및 우리를 위해 일하는 사람에게까지 모두에게 유익을 준다. 우리는 권한을 행사하고, 분명한 정의감을 가지고 권위 앞에 순종하며, 공공선을 위해 권세를 지혜롭게 행사해야 한다. 우리는 다른 이를 해하기보다는 남을 섬기는 일, 가족과 공동체를 무너뜨리기보다는 세우는 일을 택해야 한다. 우리는 하나님께서 우리에게 맡기신 자원을 너그럽게 사용해야 하며 다른 사람에게 속한 자원을 탈취해서는 안 된다. 우리는 다른 사람과 거래할 때 정직해야 하고, 우리 자신을 잘 다스려 하나님께서 우리에게 주신 일을 행하며 즐거워하고 다른 사람을 시기하지 말아야 한다.

감사를 표하고 직장에서 너그럽게 처신하고 직장을 보다 더 공평하고 보다 더 자유롭게 만들며 보람 있게 공공선을 위해 일할 수 있는 기회가 매일매일 우리 앞에 주어진다. 우리는 각자 나름대로 우리 자신뿐만 아니라 우리 가족, 공동체, 전 세계를 변화시켜 노동자 착취, 부정부패 및 가난한 사람들이 겪는 자원 부족에 대한 무관심 등 우상숭배적 관습을 뿌리 뽑을 기회를 (크든 작든) 가진다.

그러나 만일 신명기가 우리 일에 적용될 '할 것과 하지 말 것'의 길고 시시콜콜한 목록에 지나지 않는다면, 그 짐을 우리가 어떻게 감당하겠는가? 일의 영역 하나만이라고 해도, 누가 과연 율법을 완전히 지킬 수 있겠는가? 신명기의 핵심은 사실 규칙과 규정의 나열이 아니라 하나님의 은혜로 하나님과 관계를 맺으라는 초청이다. "네가 거기서 네 하나님 여호와를 찾게 되리니 만일 마음을 다하고 뜻을 다하여 그를 찾으면 만나리라"(신 4:29). "너는 여호와 네 하나님의 성민이라 네 하나님 여호와께서 지상 만민 중에서 너를 자기 기업의 백성으로 택하셨나니"(신 7:6). 만일 우리 일이 신명기의 그림에 전혀 못 미친다는 사실이 밝혀진다면, 우리는 어떻게 반응할 것인가? 더 열심히 일하기로 굳게 다짐할 게 아니라, 하나님과 좀 더 친밀한 관계를 맺으라는 초청을 새롭게 받아들이는 것이어야 할 것이다. 하나님과 맺는 살아 있는 관계만이 그분의 말씀대로 살 수 있는 힘을 얻는 희망이 된다.

이것이 바로 예수님께서 전하신 복음이며 신명기라는 책에 깊이 뿌리를 내리고 있는 내용이다. 예수님 말씀대로, '내 멍에는 쉽고 내 짐은 가볍다'(마 11:30). 불가능한 요구를 나열한 목록이 아니라 하나님께로 가까이 다가서라는 초청인 것이다. 이 초청 속에서 예수님은 모세의 권고를 되풀이하신다. "이스라엘아 네 하나님 여호와께서 네게 요구하시는 것이 무엇이냐 곧 네 하나님 여호와를 경외하여 그의 모든 도를 행하고 그를 사랑하며 마음을 다하고 뜻을 다하여 네 하나님 여호와를 섬기고"(신 10:12).

THEOLOGY OF WORK
BIBLE COMMENTARY
1

Part 2

일하는 크리스천을 위한 역사서

KEEP
SMILING

07

여호수아·사사기 & 일의 신학

"비옥한 자원을 우상에게 탕진하지 말라"

○

서론

여호수아서와 사사기는, 이스라엘이 하나님께서 약속하신 땅을 정복하고 국가 정부를 형성하는 이야기를 들려준다. 이 두 책의 전반적인 대 주제는, 만약 하나님의 백성이 그분의 계명과 인도하심 안에 거한다면 그들이 하는 일은 형통하고 평안과 기쁨을 경험하지만, 만약 그들의 본성대로 행하고 그들 스스로에게 모든 권위가 있는 것처럼 행동할 때는 궁핍과 다툼과 온갖 종류의 악이 슬픔과 고난을 안겨 준다는 것이다.

영토를 정복하고 정착하고 다스리는 것은 하나님께서 이스라엘 지도자와 선지자와 군대와 모든 백성에게 맡겨 주신 일이었다. 이 책들이 성경적 관점에서 본 일에 대한 우리 이해에 기여할 것이라고 기대할 이유가 얼마든지 있지만, 여호수아와 사사기에서 보는 일을 오늘날 일터 상황에 어떻게 적용해야 하는지를 알아내기 위해서는 우리 노력이 필요하다. 자세히 살펴보면 우리는 리더십 개발과 관리, 우리의 목표를 달성하기 위한 각고의 노력과 하나님의 인도하심 간의 상호 관련성, 자원을 두고 벌이는 갈등, 성공을 추구하는 것과 다른 사람을 섬기는 것 사이의 긴장 상태, 우리가 하는 일에 대한 하나님의 인도하심, 항상 존재하는 일을 우상화할 위험 등과 같은 오늘날 쟁점에 대한 통찰을 찾아볼 수 있다.

여호수아서와 사사기의 사건들은 직장 내 갈등이나 분쟁을 해

소하고, 근로자들에게 동기부여하고, 선출직의 과제를 해결하고, 은퇴하거나 이직하는 사람을 대신할 새로운 리더를 위한 계획을 수립하는 데 좋든 나쁘든 우리에게 본을 보여 준다. 이 책들에 나오는 여러 인물은 여성 리더십의 놀라운 가치, 전쟁이 경제에 미치는 영향과 권력자가 일터에서 취약계층을 학대하는 공범임을 예시해 준다.

여호수아서와 사사기의 기본 줄거리는 하나님의 택함받은 백성이 거듭해서 하나님을 거역하고, 다른 신들을 섬기며, 그들과 맺은 하나님의 언약을 망각해 버리지만, 그럼에도 불구하고 하나님은 그들이 위기에 처했을 때 항상 응답하시고, 그들을 건져 주실 준비를 하신다는 것이다. 그들이 하나님의 축복조차 바라지 않을 때가 되고 나서야 그들은 불행해지고 사회적 황폐함을 겪는다. 이것은 오늘날에도 똑같이 놀라운 메시지다. 우리도 우리가 하는 일에서 제기되는 많은 기회와 어려움을 어떻게 처리해야 할지 결정할 때 종종 하나님을 떠나지 않았는가. 우리도 그분의 사랑을 받고 우리 일을 통해 그분을 사랑하고 섬기기보다 다른 것을 우선시해 왔다. 하나님은 우리가 지금 이 자리에서 그분께로 돌아가 우리 삶과 일에서 복을 받아 누리길 기다리신다는 것이 여호수아서와 사사기의 메시지다.

우리는 정복, 협력, 언약, 혼돈의 4개의 큰 주제로 나눠서 여호수아서와 사사기를 볼 텐데, 이 주제들이 이야기 흐름에도 얼추 들어맞는다.[1]

정복

수 1-12장

여호수아서는 약속의 땅을 향한 여정의 재출발과 하나님의 임재로 시작한다.

> 내 종 모세가 죽었으니 이제 너는 이 모든 백성과 더불어 일어나 이 요단을 건너 내가 그들 곧 이스라엘 자손에게 주는 그 땅으로 가라 내가 모세에게 말한 바와 같이 너희 발바닥으로 밟는 곳은 모두 내가 너희에게 주었노니 곧 광야와 이 레바논에서부터 큰 강 곧 유브라데 강까지 헷 족속의 온 땅과 또 해 지는 쪽 대해까지 너희의 영토가 되리라(수 1:2-4).

앞으로 우리가 살펴볼 여호수아, 땅, 하나님의 임재는 주목할 가치가 있는 것들이다.

▽ 수 1장

여호수아

여호수아는 모세의 계승자로 이스라엘의 지도자였다. 그는 왕은 아니었지만, 어떤 면에서 그는 앞으로 올 세기에 이스라엘을 다스릴 왕의 그림자 역할을 했다. 여호수아는 국가 전투를 이끌었고, 필요할 때 재판을 했으며, 시내산에서 하나님과 맺은 언약에 백성을 붙들어 두려고 애썼다.

오늘날의 용어를 빌려 말한다면, 우리는 모세에서 여호수아로 이양한 것을 훌륭한 승계 계획의 사례로 볼 수 있다. 모세는 하나님께 충성한다는 모세 자신의 성품에 딱 맞는 지도자로서 하나님의 인도를 받아 여호수아를 임명했다. 여호수아는 용기와 배움, 강함과 담대함(수 1:6-7)이 있던 사람으로 묘사되어 있으며, 하나님 율법에 정통하며 순종했다(수 1:8-9). 더욱 중요한 것은 그가 영적인 사람이었다는 것이다. 결과적으로 여호수아 리더십의 토대는 여호수아 자신의 힘도 모세의 후견도 아닌, 하나님의 인도하심과 능력이었다. 하나님은 그에게 "네가 어디로 가든지 네 하나님 여호와가 너와 함께하느니라"(수 1:9)라고 약속하셨다.●

오늘날 지도자에 대한 예로써 가장 주목해 봐야 할 여호수아의 성품은 평생에 걸쳐 덕을 쌓아 가려는 그의 열망이라고 할 수 있을 것이다. 유치한 고집에 발목 잡힌 것같이 보이는 삼손과 달리, 여호수아는 성미급한 청년에서(민 14:6-10) 군대 총사령관으로(수 6:1-21), 국가 최고 행정수반으로(수 20장), 마침내 예언적 선각자(visionary)로 변모해 갔다(수 24장). 여호수아는 모세 밑에서 오랜 세월 동안 훈련받기를 자청했고, 자기보다 경험이 많은 사람으로부터 기꺼이 배우고자 했다(민 27:18-23; 신 3:28). 여호수아는 행동해야 할 때에 명령 내리길 두려워하지 않았으나, 그러면서도 그는 제사장 엘르아살과 열두 지파 장로를 포함한 팀과 계속해서 리더십을 공유했다(수 19:51). 그는 인품을 성장시키거나 다른 사

● 모세의 뒤를 잇기 위해 여호수아가 한 준비는 이 책 5장의 "민 27:12-23"과 6장 "신 31:1-34:12" 부분을 보라.

람의 지혜에서 유익을 얻을 기회가 생기면 한 번도 그것을 거부한 적이 없는 듯하다.

▽ 수 2-12장

땅

여호수아서와 사사기 모두에서 땅은 그 자체가 하나의 주요한 특징이 될 만큼 중요하다. "그 땅이 …… 평온(rest, NIV)하였더라"(삿 3:11, 30 등). 여호수아서의 주된 활동은, 이스라엘이 하나님께서 그의 조상에게 주겠다고 약속하셨던 땅을 정복하는 것이다(수 2:24; 1:6). 땅은 하나님이 이스라엘과 함께 공연해 나가시는 드라마의 중심 무대이며, 하나님이 그 나라에 하신 약속의 핵심이다. 모세의 율법조차 그 땅과 뗄 수 없게 얽혀 있다. 율법의 주요 조항 중 많은 것이 그 땅 안에서 이스라엘에게 의미 있으며, 그 언약 아래서 가해지는 가장 무거운 벌이 그 땅에서 쫓겨나는 것이었다.

> [내가] 그 땅을 황무하게 하리니 거기 거주하는 너희의 원수들이 그것으로 말미암아 놀랄 것이며 내가 너희를 여러 민족 중에 흩을 것이요 내가 칼을 빼어 너희를 따르게 하리니 너희의 땅이 황무하며 너희의 성읍이 황폐하리라(레 26:32-33).

그 땅, 우리가 밟고 서 있는 흙은 우리 실존이 이루어지는 곳이다. (심지어 바다로 나가거나 하늘로 나가는 사람도 대부분의 시간은 땅에서 보낸다.) 자기 백성에게 하신 하나님의 약속은 실체 없는 추상이 아니라, 그분의 의지가 실현되고, 그분의 임재가 보이는 아주 명확한 장소다. 매 순간 우리가 있는 그 장소가 바로 우리가 하나님을 만나는 장소요 우리가 그분의 일을 해 나가야 하는 유일한 곳이다. 창조는 선 아니면 악이 거하는 장소가 될 수 있다. 우리가 할 일은, 실제 창조물들과 문화 안에서 선하게 일하는 것이다. 여호수아는 하나님의 언약에 충실함으로써 가나안 땅을 거룩한 땅으로 만들라는 사명을 받았다. 우리도 하나님의 언약에 합당하게 일함으로써 우리 일터를 거룩하게 만들라는 똑같은 사명을 받았다.

땅을 경작하다 수 5장

그 땅은 고대 근동의 기준에 의하면 당연히 윤택한 땅이었다. 그러나 그 땅의 축복은 창조주의 손길로 공급되던 온화한 기후, 풍부한 물, 그 외 천연 혜택을 넘어섰다. 이스라엘은 가나안 사람들이 잘 갖춰 놓은 사회 기반시설도 물려받을 것이다. "내가 또 너희가 수고하지 아니한 땅과 너희가 건설하지 아니한 성읍들을 너희에게 주었더니 너희가 그 가운데에 거주하며 너희는 또 너희가 심지 아니한 포도원과 감람원의 열매를 먹는다 하셨느니라"(수 24:13; 신 6:10-11 참조). 심지어는 그 땅을 묘사하는 표시도 일정 수준의 가축 관리와 양봉업을 짐작하게 하는 "젖과 꿀이 흐르는 땅"(수 5:6; 출 3:8)으로 되어 있다.

따라서 땅과 노동 간에는 뗄 수 없는 연결 고리가 있다. 우리 생산 능력은 우리 자신의 능력이나 근면함에서만 나오는 게 아니라, 우리가 쓸 수 있는 자원에서도 나온다. 반대로 땅은 그 자체가 일하지는 않는다. 우리는 땀을 흘리면서 빵을 생산해 내야 한다(창 3:19). 이 점은 여호수아 5장 11-12절에 아주 자세하게 나와 있다. "유월절 이튿날에 그 땅의 소산물을 먹되 그날에 무교병과 볶은 곡식을 먹었더라 또 그 땅의 소산물을 먹은 다음 날에 만나가 그쳤으니 이스라엘 사람들이 다시는 만나를 얻지 못하였고 그해에 가나안 땅의 소출을 먹었더라." 이스라엘은 광야 유랑 기간 동안 하늘로부터 온 선물인 만나로 살아남았으나, 하나님은 이것을 식량 공급을 위한 항구적 해결책으로 삼으실 의도가 전혀 없으셨다. 이제는 땅에서 일해야 했다. 풍부한 자원과 결실을 맺게 하는 노동은 약속의 땅의 빠질 수 없는 구성 요소였다.

그 요점은 아주 당연해 보이지만 그럼에도 불구하고 그것을 강조할 가치가 있다. 하나님은 때로 기적적인 방법으로 우리 물리적 필요를 공급해 주실 수도 있으시지만, 기본적으로는 우리가 노동한 결실로 살아가는 것이다.

하나님은 땅의 정복을 허락하시는가 수 6-12장

이스라엘의 풍성한 경제가 가나안 족속을 그 땅에서 쫓아내는 것에 기반을 뒀다는 사실은 조금은 불편한 질문을 갖게 한다. 하나님은 땅을 얻기 위한 하나의 수단으로 정복을 인정해 주시는 걸까? 하나님은 종족 전쟁을 용인하시는 걸까? 이스라엘 족속이 가나안 족속보다 그 땅을 차지할 자격이 더 있었다는 말인가? 정복에 대한 자세한 신학적 논의는 이 글의 범위를 넘어서는 일이다.[2] 그렇게 야기된 무수한 질문에 답할 수 있으리라는 희망을 가질 수는 없지만, 적어도 몇 가지 명심할 것은 있다.

1. 하나님은 이스라엘을 대적해 소집된 세력이 방대하고 대단히 강하던 고대 근동의 무법천지 같은 곳에서 자기 백성 만나기를 의도하셨다.
2. 군사 정복이라는 일이 여호수아서에서 가장 두드러진 일이지만, 그것은 그 뒤에 나오는 다른 모든 일의 모델로 제시된 것은 아니다. 우리는 여호수아서와 사사기에서 오늘날에도 적용 가능한 일과 리더십의 면면을 찾아볼 수 있으나, 사람을 땅에서 쫓아내는 것은 그런

적용점의 하나가 아니다.

3. 가나안 족속을 쫓아내라는 명령은(수 1:1-5) 대단히 특수한 명령이지 하나님이 이스라엘 족속이나 다른 인종에게 하시는 일반적인 성질의 명령은 아니다.
4. 가나안 족속의 멸절은 악명 높았던 그들의 사악한 생활방식 때문이었다. 가나안 족속은 어린아이 공양, 신접, 무당 및 강신술 등에 참여했는데, 그것은 온 세상을 축복하는 통로가 되길 원하셨던 하나님이 택한 백성(신 18:10-12) 가운데서는 용납하실 수 없던 것이었다. 그 땅은 우상숭배가 근절되어야 했다. 그래야만 온 세상이 하늘과 땅을 창조하신 참되신 한 분 하나님을 알 수 있는 기회를 얻을 수 있다.[3]
5. 라합같이 회개한 가나안 사람은(수 2:1-21; 6:22-26) 살아남았다. 실제로는 가나안 족속이 완전히 멸절한 적은 한 번도 없었다.
6. '이스라엘이 그 땅을 차지할 자격이 더 있었는가?'라는 질문에 '아니오'라고 확실하게 답할 수 있을 만큼 이스라엘도 결국 가나안 족속 못지않게 사악한 행위를 그대로 했다. 가나안 족속처럼 이스라엘 족속도 다른 나라의 정복으로 그 땅에서 쫓겨나는 고난을 겪을 것이며, 성경은 이것도 하나님이 하신 일이라고 말한다. 이스라엘도 하나님이 심판하시는 대상이다(암 3:1-2).
7. 힘에 대한 완전한 크리스천 윤리는 여호수아서가 아니라 하나님 말씀 전부를 구체화하신 예수 그리스도의 생애와 죽음, 부활에서 찾아야 한다. 힘을 사용하는 것에 대한 명확한 성경적 예는 하나님께서 자기 백성을 위해 여러 나라를 정복하시는 게 아니라, 자기에게 나아오는 모든 자를 위해 하나님의 아들이 자기 목숨을 내주신 데서(막 10:42-45; 요 10:11-18) 찾아볼 수 있다. 힘에 대한 성경적 윤리는 궁극적으로는 희생과 겸손을 바탕으로 한다.

그 땅에 임한 하나님의 임재를 기억하다 수 4:1-9

그 땅의 백성에게 최고의 복은 하나님이 그들과 함께하시는 것이다. 백성은 하나님이 임재하신 것을 구현한 여호와의 언약궤를 앞세우고 요단강 가운데에서 기념하는 돌들을 가져다 세움으로써 이 복을 축하했다. 그 땅에서 이스라엘의 번성과 안정은 하나님의 손에서 나오게 되어 있었다. 이스라엘의 일은 항상 그들을 위해 앞서 행하신 하나님의 일에서 나왔다. 그들이 하나님의 임재에서 끊어질 때마다 그들의 수고의 궤적은 하향곡선을 그렸다. 사사기 2장 10-11절에서 들리는 칙칙한 곡조가 증거한다. "그 세대의 사람도 다 그 조상들에게로 돌아갔고 그 후에 일어난 다른 세대는 여호와를 알지 못하며 여호와께서 이스라엘을 위하여 행하신 일도 알지 못하였더라." 이스라엘이 그로 인해 직면한 문제는 그들을 위해 행하시는 하나님을 인정하지 않은 데서 비롯됐다.

우리도 우리를 위한 하나님의 일에 관심을 기울이는지 스스로 물어볼 수 있다. 여기서 물어야 할 것은 우리가 하나님을 위해 일을 잘하고 있느냐가 아니라, 우리가 우릴 위해 일하시는 하나님을 볼 수 있느냐는 것이다. 일에서 우리 대부분은 우리 자신이 잘되는 것과 다른 사람을 섬기는 것 사이의 긴장, 혹은 로라 네쉬(Laura Nash)가 이 역동성을 탁월하게 분석한 대로, "사리사욕이라는 나 중심 시스템"과 "다른 사람의 행복한 삶" 사이의 긴장을 느낀다.[4] 그것은 아무도 우릴 돌봐주지 않는 게 두려워서 우리가 기어이 일등이 되려고 지나치게 애쓰는 것이 될 수도 있지 않을까?

하나님이 우리를 위해 행하시는 일을 기억하는 것이 습관이 된다면 어떻게 될까? 우리 중 상당수는 일에서 우리가 거둔 성공의 기념물(상장, 기념패, 사진, 훈장, 자격증 같은 것)을 간직한다. 만약 우리가 그런 것을 볼 때마다 '내가 마땅히 얻을 걸 가진 거야'라기 보다는 '하나님이 매일매일 여기서 나와 함께해 주시는구나'라고 생각한다면 어떨까? 이것이 다른 사람을 더 돌보게 우리를 좀 더 자유롭게 해 주면서, 우리도 여전히 돌봄을 받고 있다는 기분을 받게 하지 않을까? 이것을 시작하는 방법은 간단하다. 하루를 지내는 동안, 당신에게 직접 일어나는 일이든 당신을 통해 다른 사람에게 일어난 일이든 간에, 예상치 못하게 일어난 좋은 일들을 마음속으로 기억해 두거나 적어 놓는 것이다. 이스라엘 백성이 하나님께서 자신들을 어떻게 약속의 땅에 이르게 하셨는지를 기억하기 위해 요단강 변에 세웠던 돌처럼, 이런 것 하나하나가 하나님께 일종의 기념석이 된다. 본문에 따르면 그 기념하는 돌들은 그들에게 아주 강력한 회상이었고, '그 돌들이 오늘까지 거기에 있다'(수 4:1-9).

협력

수 13-22장

여호수아 13-22장에 나와 있는 땅의 분배에 대한 긴 본문은 (물론 분량상, 우리가 사건의 큰 그림을 못 볼 경우에는 맹목적으로 읽게 만들 수도 있지만) 이스라엘의 정체성을 공유하는 데 땅이 수행하는 필수적인 역할을 반영한다. 이 장들은 경계선을 정하고, 성읍을 배정하며, 분쟁 해결 절차를 마련하는 등과 같은 세부적인 일, 인간의 번영과 하나님의 영광을 위한 사회를 구성하고 문화를 창달하는 일을 자세히 다룬다. 여호수아는 땅의 분배를 공정하게 하기 위해 빈틈없는 방법을 취했다(수 14:1-2). 이런 구절은 생산적인 노동이 조직화와 공의를 뜻하는 '협력과 정정당당한 시합태도'에 대부분 의존한다는 것을 우리에게 상기시켜 준다. 이스라엘 족속은 어떤 것이 누구의 것인지를 알아야 했고, 그렇게 한 후에야 그들은 그들의 공동체를 평화롭고도 생산적인 방법으로 조직할 수 있었다. 지리적, 사회적 조직의 실상을 다루기 위해서는 꽤 많은 일을 해야 했다.

이런 실상은, 요단 동편 지파가 그들의 지경에 제단을 세운 후에 분파주의자라는 비난을 받은 여호수아 22장에서 특별한 힘을 발휘하며 떠올랐다. 그러나 나중에 실상이 밝혀지자, 기념 제단을 쌓은 건 그쪽 지파 입장에서는 지혜롭게 한 처신임이 드러났고 그들을 이스라엘 안에 남기는 것으로 사건이 마무리되었다.

> 전능하신 자 하나님 여호와, 전능하신 자 하나님 여호와께서 아시나니 이스라엘도 장차 알리라 이 일이 만일 여호와를 거역함이거나 범죄함이거든 주께서는 오늘 우리를 구원하지 마시옵소서 우리가 제단을 쌓은 것이 돌이켜 여호와를 따르지 아니하려 함이거나 또는 그 위에 번제나 소제를 드리려 함이거나 또는 화목제물을 드리려 함이거든 여호와는 친히 벌하시옵소서 우리가 목적이 있어서 주의하고 이같이 하였노라 곧 생각하기를 후일에 너희의 자손이 우리 자손에게 말하여 이르기를 너희가 이스라엘 하나님 여호와와 무슨 상관이 있느냐 너희 르우벤 자손 갓 자손아 여호와께서 우리와 너희 사이에 요단으로 경계를 삼으셨나니 너희는 여호와께 받을 분깃이 없느니라 하여 너희의 자손이 우리 자손에게 여호와 경외하기를 그치게 할까 하여 우리가 말하기를 우리가 이제 한 제단 쌓기를 준비하자 하였노니 이는 번제를 위함도 아니요 다른 제사를 위함도 아니라 우리가 여호와 앞에서 우리의 번제와 우리의 다른 제사와 우리의 화목제로 섬기는 것을 우리와 너희 사이와 우

리의 후대 사이에 증거가 되게 할 뿐으로서 너희 자손들이 후일에 우리 자손들에게 이르기를 너희는 여호와께 받을 분깃이 없다 하지 못하게 하려 함이라(수 22:22-27).

땅을 공평하게 분배하고, 통치 조직을 만들고, 분쟁을 해결하며, 단일한 사명을 유지해 나가는 것은 복잡한 과정이었다. 여호수아가 모든 책임을 지고 있었지만, 모든 백성이 저마다 해야 할 역할이 있었고, 심지어는 불완전한 개인이 조화를 이루어 일하는 데는 심한 난투와 교활한 직책까지 필요했다는 세세한 사정을 볼 수 있다. 이것은 오늘날 경영의 실제와 이론을 이해하는 데 도움이 될 수도 있다. 국제적인 공급망을 갖추는 작업은 인센티브를 조정하는 것, 구체적 사항을 의사소통하는 것, 아이디어를 공유하는 것, 경쟁하되 이익을 위해 갈등을 해결하는 것, 다른 요소의 손실 없이 수익성을 높이는 것, 노련한 기여자를 끌어오고 동기부여하는 것, 예기치 못한 장애물을 극복하는 것을 요구한다. 이는 이스라엘 지도자들이 해야 했던 것과 비슷하다. 대학, 정부 기관, 은행, 농업 회사, 미디어 회사, 거의 모든 종류의 일터도 마찬가지다. 또한 사회는 경영법을 연구하고 가르치는 사람과 기업과 정부 정책을 입안하는 사람도 의지한다.

만약 하나님이 여호수아와 이스라엘의 다른 지도자 및 백성을 인도하셨다면, 오늘날의 관리자들도 하나님이 인도해 주실 거라고 기대할 수 있다. 우리는 성경, 기도, 예배, 그룹 성경공부, 다른 크리스천의 조언이라는 자원을 가지고 있다. 우리가 행사하는 행정, 경영, 리더십에 대해 하나님의 인도를 받도록 우리는 어떻게 이 자원들을 연관시킬 수 있을까?

비록 땅의 소유와 백성의 통치가 국가에 가장 중요한 것이긴 하지만, 이 본문의 뒷부분은 땅의 정복도 국가 제도의 정비도 완전하게 이루어지지 않았다는 것을 보여 준다. 한 장 한 장 넘어갈 때마다 우리는 그 땅에 남아 있던 여러 가나안 족속을 '다 쫓아내지는 못하였더라'(수 15:63; 16:10; 17:12-13)라는 걱정스러운 후렴구를 듣는다. 여호와는 예전에 그 땅을 차지하고 있던 가나안 사람의 가증한 풍습에 물들어 타락하지 않도록 새로운 질서를 세우시기 위해 이스라엘에게 가나안 족속을 쫓아내라고 명령하셨다. 비록 여호수아서가 다루는 기간 동안에는 이런 일이 일어나지 않았지만, 가나안 족속이 계속 그 땅에 남아 있는 것은 훗날 하나님 언약에 대한 이스라엘의 믿음을 흐려지게 하는 주된 요인이 된다.

언약

수 23-24장

이스라엘과 맺은 하나님의 언약 갱신이 여호수아서의 결론이다. 가장 중요한 요점이 마지막 장에 등장하는데, 거기서 여호수아는 오직 하나님 섬기는 일에만 헌신하라고 백성을 깨우고 도전하고 있다. 여호수아의 연설은 커뮤니케이션의 모델이다. 먼저 그는 이스라엘을 위해 하나님이 애굽과 광야, 약속의 땅에서 하셨던 놀라운 일을 되새긴다. 그런 다음 여호수아는 어째서 그들이 아직도 우상과 거짓 신을 가지고 다니는지를 묻는다.

오늘날 우리가 사용하는 역심리학(逆心理學)을 사용해 여호수아는 그들에게 이렇게 도전한다. "만일 여호와를 섬기는 것이 너희에게 좋지 않게 보이거든 …… 너희가 섬길 자를 오늘 택하라”(수 24:15). 이 말은 그들의 주의를 사로잡았다. “백성이 대답하여 이르되 우리가 결단코 여호와를 버리고 다른 신들을 섬기기를 하지 아니하오리니”(수 24:16).

그러나 여호수아는 그들에게 더 큰 도전을 한다. “너희가 여호와를 능히 섬기지 못할 것은 그는 거룩하신 하나님이시요 …… 만일 너희가 여호와를 버리고 이방 신들을 섬기면 너희에게 복을 내리신 후에라도 돌이켜 너희에게 재앙을 내리시고 너희를 멸하시리라”(수 24:19-20). 이것이 그들을 실제로 결단에 이르게 했다. “아니니이다 우리가 여호와를 섬기겠나이다”(수 24:21). 여호수아는 그것을 기록해 두자고 말하고, 그는 백성에게 그들의 헌신을 서명하게 하고 증인을 서게 한다(수 24:15-27). 근세에 존 웨슬리(John Wesley)는 오늘날 널리 사용되고 있는 언약 갱신 예배서를 출판했고, 많은 교회가 언약 갱신을 하기 위한 그들 나름의 접근법을 개발해 왔다.[5]

사람들이 그들이 헌신한 것에서 갈팡질팡할 때, 지도자들은 당면한 과제를 최소화하거나 사람들이 처한 실제 상황보다 상황이 더 쉬울 거라는 생각하게 끔 사람을 오도하고 싶은 유혹을 받는다. 이런 기법이 잠시 동안은 순응하게 해 줄 가능성도 있다. 그러나 로널드 하이페츠(Ronald Heifetz)가 《하버드 케네디스쿨의 리더십 수업》(*Leadership Without Easy Answers*, 더난출판 역간)[6]이라는 책에서 주장하는 것처럼, 자기 아랫사람을 잘못된 길로 이끄는 것은 리더의 권위를 급속도로 약화시킨다. 단순히 아랫사람이 그 속임수를 언젠가는 찾아내기 때문이 아니라 그렇게 하면 그 그룹이 직면한 문제를 해결하는 데 그들이 참여하지 못하게 가로막기 때문이다. 리더가 모든 어려움에 대한 모든 해결책을 다 알고 있지 않은 이상 해결책은 그룹에 속한 사람의 창의성과 헌신에서 반드시 나와야 한다.

그러나 만약에 리더가 그 문제의 본질에 대해 사람들을 잘못 이끈다면, 사람들은 해결책을 찾는 데 기여할 수 없다. 이것은 결국 그 리더가 실패한다는 것을 담보하는 셈이다. 자기 아랫사람에게 당면한 도전의 어려움을 솔직하게 말해 주는 리더는, 자기 사람에게 해결책을 만들어 내는 데 참여할 기회를 준다. 하나님과의 깊고 친밀한 관계를 맺었던 여호수아는 은폐와 거짓 희망 대신 정직과 투명성을 통해 어려운 행동 방향을 향한 헌신을 추구하는 리더들에게 탁월한 본을 제공한다.

혼돈

삿 1-21장

여호수아가 죽은 다음 이스라엘에는 항구적인 국가 지도자 직책이 없었다. 대신 위협이 생길 때마다, 예를 들면 군사 공격을 당할 때 이런 저런 사람들이 리더 자리에 올랐다. 영어로 "judges"(사사)라는 단어는 실제로는 이들이 나라 안에서 한 역할을 제대로 나타내지 못한다. 사사로 번역된 히브리어 단어(shopet)의 뜻은 분쟁의 중재자, 군사 사령관, 지역 총독 등이다.[7] 사사는 분쟁을 해결할 뿐만 아니라, 적대적인 주변 백성에 맞서 국가의 군사 및 국정도 책임진다. 우리는 사사에 대한 전통적인 호칭을 그대로 쓰긴 하겠지만, "구원자들"(delivers)이라는 통칭이 이 지도자들을 더 정확하게 묘사하는 것이다.

사사기에서 우리는 이스라엘 지도자들을 지켜보며 여호수아서보다 더욱더 우울한 모습을 발견한다. 사사들이 대를 이어 계승될수록 차츰

자질이 떨어지고, 마침내 이스라엘은 완전한 혼란에 빠지고 만다. 이 책은 "그때에 이스라엘에 왕이 없으므로 사람이 각기 자기의 소견에 옳은 대로 행하였더라"(삿 21:25)라는 준엄한 종결부를 가지고 간음, 살인, 내전으로 끝맺는다. 그들 소견에 옳은 대로 행했다는 말은 자신의 고유한 규범에 따라 윤리적으로 행동하는 미덕을 갖췄음을 말하는 게 아니라, 오늘날 표현대로 해 본다면, 일등을 차지하기 위해 마음껏 하고 싶은 것을 추구하던 모습을 가리킨다. 그것은 여호수아를 통해 주신 "이 율법 책을 네 입에서 떠나지 말게 하며 주야로 그것을 묵상하여 그 안에 기록된 대로 다 지켜 행하라 그리하면 네 길이 평탄하게 될 것이며 네가 형통하리라"(수 1:8)라는 하나님 계명을 순종하는 것에 실패했다는 것을 의미한다. 그 계명은 하나님 보시기에 옳은 대로 행하는 것이지, 우리 자신의 편향되고 자기만족적인 시각에서 좋아 보이는 것을 행하는 게 아니다. 사사는 백성이 하나님의 율법을 준수하도록 이끄는 데 실패했으며, 그 때문에 나라에 공의를 행하고 국가를 다스리는 데도 실패했다.[8]

▽ 삿 1-2장

우상숭배가 파고들다

사사기 1-2장은 여호수아서 13-22장이 끝난 곳, 곧 이스라엘이 그 땅의 가나안 족속을 다 쫓아내지 못했다는 데서 이어진다. "이스라엘 자손이 강성한 후에야 가나안 족속에게 노역을 시켰고 다 쫓아내지 아니하였더라"(수 17:13). 이제 막 자유를 맛본 이스라엘 족속이 기회를 얻자마자 제일 먼저 노예 소유주로 변모하다니 다소 아이러니하다. 그러나 이스라엘이 가나안 족속을 쫓아내야 할 주된 이유는 이스라엘을 감염시킬 우상숭배를 예방하기 위함이었다. 에덴 동산에서의 뱀처럼 가나안 족속의 우상은 하나님과 그분의 언약에 대한 이스라엘의 충성심을 시험할 것이다. 이스라엘은 아담이나 하와가 했던 것보다 더 나은 게 없었다. 가나안 족속의 유혹을 제거하지 못함으로써 그들은 얼마 못 가서 가나안 신인 바알과 아스다롯을 "섬기기" 시작했다(삿 2:11-13; 10:6 등 - NRSV는 이 히브리어를 "worshipping"으로 번역하지만 거의 대부분의 영어 역본은 좀 더 정확하게 "serving"으로 번역하고 있다). 이것은 단순히 가끔 어떤 형상에게 절하거나 이방 신에게 기도하는 정도가 아니다. 도리어 이스라엘이 성공하는 게 그 지역 가나안 족속의 신에게 달려 있다고 믿게 되면서, 이스라엘의 삶과 그들의 수고는 우상을 헛되이 섬기는 데 소모되었다.[9]

오늘날 우리가 하는 일의 대부분은 이스라엘의 하나님이 아닌 어떤 사람 또는 그 무엇을 섬기는 것에 집중되어 있다. 비즈니스는 고객과 주주를 섬기고, 정부는 국민을 섬기며, 학교는 학생을 섬긴다. 가나안 족속의 신을 섬기는 것과는 달리 이런 대상을 섬기는 건 그 자체로는 악한 게 아니다. 실제로 다른 사람을 섬기는 것은 우리가 하나님을 섬기는 한 방식이다. 그러나 만약 고객과 주주, 국민과 학생을 섬기는 게 하나님을 섬기는 것보다 우리에게 더욱 중요해지거나, 그것이 단순히 우리를 크게 보이게 하는 하나의 수단이 된다면, 우리는 가짜 신들을 섬기게 된 고대 이스라엘 족속의 전철을 밟는 것이다. 팀 켈러는 우상은 고대 종교에서 사라져 가는 유물이 아니라, 비록 거짓된 것이긴 하지만 우리가 매일 접하는 대단히 복잡한 영성(spirituality)이라고 말한다.

우상이란 무엇인가? 당신에게 하나님보다 중요한 것, 당신 마음과 상상력을 하나님보다 더 많이 앗아가는 것, 하나님만이 주실 수 있는 것을 당신에게 주길 바라면서 추구하는 것은 전부 우상이다. 당신 삶의 중심에 너무도 깊이 자리 잡고 있고 핵심이 되어 있어서, 만약 당신이 그것을 잃었을 때는 당신이 살 가치가 없다고 느끼게 하는 것은 무엇이든지 다 가짜 신이다. 우상은 당신의 마음을 얼마나 강력하게 지배하는지 당신의 거의 모든 열정과 에너지, 감정, 재정, 자원을 한순간의 머뭇거림도 없이 바로 거기에 쏟아 붓게 한다. 가족이나 자녀, 경력, 돈 버는 것, 업적, 비평가의 갈채, '체면'을 세우는 것, 사회적 지위 같은 게 바로 그것이다. 또한 낭만적인 연애 관계, 동료의 인정, 능숙함과 기술, 안전하고 안락한 환경, 미모나 두뇌, 대단한 정치 사회적 명분, 도덕성과 미덕, 심지어는 기독교 사역에서 성공하는 것도 우상이 될 수 있다.[10]

예를 들면, 선출직 공무원은 대중을 섬기고 싶은 열망을 가지고 있다. 그렇게 하기 위해 그 사람은 계속 섬겨야 할 대중이 있어야 한다. 다시 말하면, 계속 그 자리에 머물러 있으면서 선거에서 계속 당선돼야 한다는 말이다. 만일 대중을 섬기는 것이 그의 최후 목적이 되면, 남의 비위를 맞추거나, 남을 속이거나, 겁주거나, 거짓 소문을 내거나, 심지어는 투표 조작을 포함해 선거에 이기기 위해 필요한 것은 뭐든지 정당화하게 된다. 대중을 섬기겠다는 무한 욕망은 대중을 효과적으로 이끌 사람은 자신뿐이라는 흔들리지 않는 신념과 결부된다.

이는 1972년 미국 대통령 선거에 나섰던 리처드 닉슨이 가졌던 동기와 비슷할 것이다. 대중을 섬기겠다는 무한 욕망은 그로 하여금 워터게이트호텔의 민주당 사무실에 도청까지 하게 했으며, 어떤 대가를 치르더라도 선거에서 이기겠다는 막다른 골목으로 그를 몰아갔다. 결국에는 이것이 탄핵을 몰고 왔고, 그는 대통령직을 잃고 수치를 당했다. 우상숭배는 항상 재앙으로 끝난다.

직업을 가진 모든 사람은 배우자, 부모, 자녀라는 역할까지도 그것을 수행하면서 얻는 중간 유익을 하나님 섬기는 것보다 우선하려는 유혹에 직면한다. 어떤 이익을 위해 섬기는 것이 하나님을 섬기는 표현이 아니

라 궁극적 목적이 되면, 우상숭배가 파고든다.●

▽ 삿 3-16장

사사들

최고의 사사 드보라 삿 4-5장

사사 중 최고의 사사는 드보라다. 사람들은 그녀의 지혜를 알아보고 상담과 갈등 해결을 위해 그녀에게 나아왔다(삿 4:5). 군대 조직도 그녀를 최고 사령관으로 인정했고, 실제로도 그녀의 명령만 따라서 전쟁에 나갔다(삿 4:8). 드보라의 통치는 너무도 훌륭해서 "그 땅이 사십 년 동안 평온했는데"(삿 5:31), 그것은 이스라엘 역사의 어떤 시기에 비춰 보아도 아주 드문 일이다.

오늘날, 어떤 남성 통치자의 딸이나 미망인이 아닌 일반 여자가 근대화 이전 국가에서 그 국가의 중심인물로 부각됐다는 사실에 놀라는 사람도 많을 것이다. 그러나 사사기는 드보라를 이스라엘의 가장 위대한 지도자들과 동등하게 여긴다. 사사 가운데 홀로 드보라는 선지자 또는 여선지로 불리는데(삿 4:4), 그것은 그녀가 하나님께서 대면해서 말씀하셨던 모세와 여호수아와 대단히 밀접하게 닮았다는 것을 나타낸다. 비밀 요원 야엘을(겐 사람 헤벨의 아내로 이스라엘과의 전쟁에서 패주해 온 시스라를 자기 장막 안에서 쳐 죽임으로 이스라엘의 칭찬을 받은 여자-삿 4:17; 5:24) 포함한 어떤 여자도, 군대 총사령관 바락을 포함한 어떤 남자도 여성 리더를 따르는 것에 대해 전혀 염려하지 않고 있다. 드보라가 선지자이자 사사로 섬

● 일을 우상화하는 것의 위험성에 관해서는 이 책 3장의 "출 20:3"과 "출 20:4", 6장의 "신 5:7; 출 20:3"과 "신 5:8; 출 20:4" 부분을 보라.

긴 것은, 하나님은 여성이 정치, 사법, 군사 지도자가 되는 것을 문제로 보지 않으셨다는 것을 암시한다. 드보라가 '이스라엘 자손이 그녀에게 재판받으러 나올 때'(삿 4:5) '드보라의 종려나무 아래에 앉아' 자기 책임을 감당할 시간을 낼 수 있도록 그녀의 남편 랍비돗과 직계 가족이 가정 일을 분담하는 데에도 아무 문제가 없었다.

오늘날 어떤 사회에서, 상당수의 일터와, 특정 기관에서 여성의 리더십은 드보라가 그랬던 것처럼 논쟁이 되지 않게 됐다. 그러나 오늘날에도 많은 문화, 권역, 기관에서 여성은 리더로 받아들여지지 않거나, 남성이 당하지 않는 속박에 시달려야 한다. 고대 이스라엘의 드보라의 리더십을 되새겨 보는 것이 오늘날 크리스천이 이런 상황 속에서 하나님의 의도를 분명히 이해하는 데 도움을 줄 수 있을까? 우리는 여성의 리더십에 장애가 되는 부적절한 것을 없애도록 도와줌으로써 우리 기관이나 사회를 섬길 수 있을까? 우리 일에서 여성을 우리 상사나 멘토, 롤 모델로 삼으려는 노력에서 우리가 개인적으로 유익을 얻을 수 있을까?

전쟁이 경제에 미치는 영향 삿 6:1-11

드보라 이후 사사의 자질은 떨어지기 시작한다. 사사기 6장 1-11절은 이 시대 이스라엘 백성의 일반적인 삶의 모습이 어떠했는지를 보여 준다. 전쟁이 일어나 경제적으로 피폐해진 상태였다.

> 이스라엘 자손이 또 여호와의 목전에 악을 행하였으므로 여호와께서 칠 년 동안 그들을 미디안의 손에 넘겨 주시니 미디안의 손이 이스라엘을 이긴지라 이스라엘 자손이 미디안으로 말미암아 산에서 웅덩이와 굴과 산성을 자기들을 위하여 만들었으며 이스라엘이 파종한 때면 미디안과 아말렉과 동방 사람들이 치러 올라와서 진을 치고 가사에 이르

도록 토지 소산을 멸하여 이스라엘 가운데에 먹을 것을 남겨 두지 아니하며 양이나 소나 나귀도 남기지 아니하니 이는 그들이 그들의 짐승과 장막을 가지고 올라와 메뚜기 떼같이 많이 들어오니 그 사람과 낙타가 무수함이라 그들이 그 땅에 들어와 멸하려 하니 이스라엘이 미디안으로 말미암아 궁핍함이 심한지라 이에 이스라엘 자손이 여호와께 부르짖었더라 이스라엘 자손이 미디안으로 말미암아 여호와께 부르짖었으므로 여호와께서 이스라엘 자손에게 한 선지자를 보내시니 그가 그들에게 이르되 여호와께서 이같이 말씀하시기를 이스라엘의 하나님 내가 너희를 애굽에서 인도하여 내며 너희를 그 종 되었던 집에서 나오게 하여 애굽 사람의 손과 너희를 학대하는 모든 자의 손에서 너희를 건져내고 그들을 너희 앞에서 쫓아내고 그 땅을 너희에게 주었으며 내가 또 너희에게 이르기를 나는 너희의 하나님 여호와이니 너희가 거주하는 아모리 사람의 땅의 신들을 두려워하지 말라 하였으나 너희가 내 목소리를 듣지 아니하였느니라 하셨다 하니라.

전쟁이 일에 끼치는 영향은 오늘날 세계의 많은 곳에서 볼 수 있다. 경제적 목표물에 직접 타격한 결과 입은 손해뿐 아니라, 무장 충돌로 빚어진 불안정이 사람의 삶을 황폐하게 만든다. 전쟁으로 피폐해진 지역의 농부는 추수기가 오기 전에 혼란스러울 것이 걱정돼 파종을 꺼릴 것이다. 투자자는 전쟁으로 찢어진 나라를 위험이 크다고 판단해 사회 기반 시설 확충을 위한 자원을 주려고 하지 않을 것이다. 경제 개발 희망이 거의 없기 때문에 국민은 그나마 남아 있는 자원이라도 약탈하기 위해 싸우는 무장 파벌을 따를 수 있다. 따라서 우울한 전쟁의 악순환과 피폐함은 계속되는 것이다. 평화가 풍요보다 중요하다.

미디안 족속 하에서의 이스라엘 경제 상황은 너무도 피폐해서 우리는 미래의 사사인 기드온이 미디안 족속에게 밀을 숨기기 위해 "밀을 포도주 틀에서 타작"(삿 6:11)하는 것을 본다. 대니얼 블록(Daniel Block)은 기드온이 그렇게 행동한 이면에 있는 이유를 이렇게 본다.

> 현대적인 기술이 없던 당시에, 탈곡할 때는 먼저 도리깨로 곡식 낟알을 두들겨 턴 다음 짚을 골라내고, 그다음에는 알곡과 왕겨가 뒤섞인 것을 공중에 까불러서 무거운 알곡은 땅에 떨어지게 하고 왕겨는 멀리 날아가게 했다. 현재 같이 위중한 상황에서 보면 이렇게 탈곡하는 것은 분명 지혜롭지 못한 것이었다. 언덕 꼭대기에서 탈곡하는 것은 약탈을 일삼던 미디안 족속의 주의를 끄는 행동이었다. 그래서 기드온은 포도주 짜는 데 쓰던 가려진 큰 통에서 탈곡한 것이다. 일반적으로 포도즙 틀은 바위에다 두 개의 구렁을 만든 것이었는데 하나가 다른 것보다 더 높았다. 포도를 윗 구렁에 모아 밟으면 그 관을 타고 즙이 아래 구렁으로 흘러내려 갔다.[11]

오늘날, 무력 충돌을 일으키는 방식으로 사업하는 것이 부도덕하다는 데 신자와 비신자 모두 의견을 같이한다. "분쟁 다이아몬드"(conflict diamond)를 국제적으로 금지하는 것이 현대의 한 예다.[12] 크리스천이 이런 노력을 주도해 가는가? 우리가 일하는 기업, 정부, 대학이나 기관이 부지중에라도 폭력에 가담하는지 안 하는지를 우리는 추적하고 있는가? 우리 상사가 그런 상황을 무시하려고 할 때 우리는 거기에 의문을 제기하는 위험을 무릅쓰는가? 아니면 기드온처럼 그냥 우리 할 일만 한다는 명분을 내세워 숨는가?

기드온의 양면적인 리더십 삿 6:12-8:35

기드온은 일터나 다른 곳에서 이스라엘 사사의 인품상의 역설적 특징과 양면적인 모습을 가장 잘 보여 준다. '기드온'이라는 이름은 문자적으로 "난도질하는 자"(hacker)라는 뜻이며[13] 그것은 사사기 6장 25-27절에서 보여 주는 대로 자기 아버지가 세웠던 우상을 기드온이 난도질할 때 이름 뜻의 긍정적인 방향을 나타내는 것처럼 보인다. (그러나 그가 두려워서 이 일을 밤에 했다는 것은 불편한 부분이다.)[14] 그러나 기드온은 하나님께서 그와 함께해 주시겠다고 약속하셨는데도 불구하고 계속 표적을 구하는데, 가장 유명한 것이 사사기 6장 36-40절에 나오는 양털 사건이다. 하나님은 이 사건에서 기드온에게 확신을 심어 주기 위해 양보하시지만, 그것은 오늘날 많은 크리스천이 하나님의 인도하심, 특히 직업의 인도하심을 구했다는 이유로 다른 사람이 따라야 할 하나의 본으로 보기는 어렵다. 도리어 그것은 그 이야기의 마지막에 가서 결국은 우상숭배에 빠지게 하는 흔들리는 헌신에 대한 하나의 표적이었다.[15] 기드온의 분별 방법에 대한 심도 있는 분석을 위해서는 *Decision Making by the Book*(책으로 하는 의사결정)[16]과 《나의 결정과 하나님의 뜻》(*Decision Making and the Will of God*, 생명의말씀사 역간)[17]을 보라.

물론 이 이야기의 가장 큰 요점은 기드온이 미디안에게 놀라운 승리를 거둔 것이다(삿 7장). 그에 비해 기드온이 뒤이어 지도자로서 저지른 실패는 덜 알려졌다(삿 8장). 숙곳과 브누엘 거민은 그 전투 후에 그의 부하를 돕기 거부했는데, 기드온이 그 성읍들을 잔인하게 파괴한 것은 그들의 행위와 다소 어울리지 않다는 인상을 줄 수도 있다. 기드온은 다시 그의 이름에 걸맞게 살아가지만, 이제 그는 자신을 침범하는 사람은 누구를 막론하고 단칼에 죽여 버린다.[18] 왕이 되고 싶지 않다는 그의 완강한 항거에도 불구하고 그는 명목만 빼고는 실제로 전제 군주가 됐다(삿 8:22-

26). 더욱 심각한 문제는 기드온이 나중엔 우상숭배에 빠졌다는 것이다. 그가 만든 에봇이 그의 백성에게 "올무"가 됐고, 모든 이스라엘 백성이 거기서 그것을 음란하게 예배(worshipping, NIV)했다(삿 8:27). 위대한 자가 어떻게 무너지는지를 잘 보라!

오늘날 우리에게 주는 교훈은, 위대한 사람의 은사를 우상화하지 않으면서도 그것에 감사하는 법을 찾아내는 것일 수 있다. 기드온처럼 오늘날 장군도 전쟁에서 승리를 이끌 수는 있겠지만 평화로운 시기에는 폭군으로 드러날 수도 있다는 것이다. 천재는 음악이나 영화에 있어 우리에게 숭고한 통찰력을 줄 수 있지만, 부모 역할이나 정치에 있어서는 우리를 잘못 인도할 수도 있다. 기업의 총수는 위기에서 회사를 건져 낼 수도 있지만, 평안한 때에는 회사를 망하게 할 수도 있다. 이와 똑같은 불연속성은 우리 스스로에게서도 찾아볼 수 있다. 일에서는 직급이 올라가지만 가정에서는 불화하며 살 수 있으며, 그 반대 경우도 있을 수 있다. 개인 업무 처리 능력은 인정받지만 관리에는 실패할 수도 있다. 무엇보다 자신에 대해 확신이 없어서 하나님을 의지할 때는 선한 것을 훨씬 많이 성취하지만, 성공 때문에 자신을 의지할 때는 거대한 파멸로 역풍을 맞을 수 있다.[19] 사사기의 사사들처럼 우리도 모순의 사람이요, 깨어지기 쉽다. 우리의 유일한 희망이자 한편으로 절망은, 그리스도 안에서 우리에게 주어질 수 있는 용서와 변혁에 모든 것이 달려 있는 점이다.

사사들의 리더십 실패 삿 9-16장

기드온이 저지른 실패는 그 뒤를 잇는 사사들에게서 더욱 심각해진다. 기드온의 아들 아비멜렉은 권력을 하나로 모으긴 했으나 자기 앞길에 장애가 되는 형제 70명을 죽여서 이뤄낸 통일이었다(삿 9장). 입다는 산적으로 출발해 백성을 아모리 족속의 손에서 구해 오지만, 자기 딸을 죽음으로 몰고 가는 무서운 맹세를 함으로써 가족과 자녀를 무너뜨린다(삿 11장). 가장 유명한 사사인 삼손은 블레셋 사람의 간담을 서늘하게 했지만, 이방 여인 들릴라의 유혹에 굴복하는 바람에 스스로 멸망을 초래했다(삿 13-16장).

이 모든 이야기를 오늘날 우리 일에 어떻게 적용해야 할까? 먼저 사사기는 하나님께서는 상한 심령을 통해 역사하신다는 것을 확증해 준다. 명백하게 맞는 말이다. 왜냐하면 기드온, 바락, 삼손, 입다 등 상당수의 사사가 신약에서 라합과 더불어 칭찬을 받았기 때문이다(히 11:31-34). 사사기는 도저히 극복하기 어려운 고난에 직면했을 때 사사에게 구원의 행동을 하도록 하나님의 성령이 힘을 불어넣어 주셨다는 것을 주저 없이 기록한다(삿 3:10; 6:34; 11:29; 13:25; 14:6-9; 15:14). 더 나아가 사사는 단순히 하나님의 손에 쓰임받은 도구가 아니었다. 그들은 이스라엘을 구하라는 하나님의 부르심에 능동적으로 반응했고, 하나님께서는 그들을 통해서 자기 백성을 거듭 구하셨다.

그러나 사사기의 전반적인 이야기 흐름은 사사들을 우리의 롤모델로 삼으라고 권면하지 않고 있다. 이 책에 나타난 괴로움은 나라가 엉망진창이고, 타협으로 꽉 차 있으며, 나라의 지도자들은 하나님 언약에 불순종해서 실망스럽기 짝이 없다는 데 있다. 성공은, 심지어 하나님이 주신 성공까지도 반드시 하나님의 호의를 선언하는 공표가 아니다. 일터에서 우리가 수고한 것이 복이 될 때, 특히 어려운 환경에서 복이 될 때, '음, 하나님이 이 일에 분명히 함께하시네. 내가 선한 사람이기 때문에 틀림없이 그분이 내게 상을 주시는 거야'라고 생각하고 싶은 유혹이 온다. 그러나 사사기 역사는 하나님은 그분이 하시고 싶을 때, 그분이 하시고자 하는 방법으로, 그분이 일하시고 싶은 사람을 통해서 일하신다는 것을 보여 준다.

하나님은 우리 공로가 아니라 그분의 계획에 따라 행동하신다. 우리는 마치 우리가 성공의 축복을 받을 자격이라도 있는 듯이 복을 받아서는 안 된다. 마찬가지로 바울이 로마서 2장 1절에서 우리에게 상기시켜 주는 것처럼, 우리가 보기에는 하나님의 은총을 입을 자격이 없어 보이는 사람이라도 그들을 함부로 판단해서는 안 된다.

▽ 삿 17-21장

무너지는 이스라엘

번영 신학의 초기 형태가 얼굴을 드러내다 삿 17장

사사기의 중심 부분이 압제와 구원의 사이클에 갇혀 절망하는, 결함 있는 영웅들을 우리에게 제시한다면, 17장부터 21장까지의 마지막 부분들은 구속의 희망이 전혀 없어 보이는 것 같은 타락한 백성의 초상화를 그리고 있다. 사사기 17장은 우상숭배 패러디로 시작한다. '미가'라는 사람이 돈이 많아서 그의 모친이 그 돈으로 우상을 만들고, 미가는 프리랜서 레위인을 자기 개인 제사장으로 고용한다. 미가가 집에서 키워 온 값싸고 번지르르한 신흥종교가 구제불능 신학(abysmal theology)과 같은 모습을 보이는 건 놀랍지 않다. "미가가 이르되 레위인이 내 제사장이 되었으니 이제 여호와께서 내게 복 주실 줄을 아노라 하니라"(삿 17:13). 다시 말하면, 자신의 우상숭배 사업에 종교적 권위를 갖게 됨으로써 미가는 자신이 갈망하는 좋은 것을 만들어 내기 위해 하나님을 제멋대로 써도 된다고 믿은 것이다. 인간의 창의성이 여기서는 최악의 방법으로 낭비되고 있다. 탐욕과 교만을 가리기 위해 신을 만드는 데 쓰이니 말이다.

하나님을 '번영하게 해 주는 기계'로 둔갑시키고 싶어 하는 충동이 없었던 시절이 없다. 오늘날에는 소위 '번영(형통) 신학'이라는 이름으로, 그리스도를 믿는다고 고백하는 사람은 부와 건강과 행복을 반드시 보상받는다고 선동한다. 일이라는 맥락에서 보면 번영 신학은 하나님께서 소나기처럼 퍼부으시는 부요함의 단비를 내려 주길 기다리는 동안 우리가 일을 방치하게 만들고, 방탕에 빠지게 한다. 이것은 가족과 공동체를 태만히 대하게 만들고, 동료들을 학대하게 하며, 사업을 비윤리적으로 하게 하고, 하나님의 은총을 받았으므로 자신은 일반인에게 요구되는 도덕성에서는 예외라고 확신하게 만든다.

인간의 부패와 종교적 권위의 결탁이 드러나다 삿 18-21장

사사기의 마지막 에피소드는 오랫동안 이스라엘이 타락과 우상숭배, 무정부 상태에 빠지게 되는 가장 끔찍한 사건이다. 단 지파 자손이 미가의 우상과 레위인을 포함한 종교 사업 전부를 그대로 취해 가져갔다(삿 18:1-31).

한편 한 레위 남자가 멀리 있던 베들레헴에서 첩을 취했으나, 가정불화로 그녀는 친정으로 돌아갔다. 레위인은 그녀를 달래서 데려오려고 베들레헴으로 갔다. 닷새 동안 머물며 장인과 먹고 마신 레위인은 무모하게도 해가 지기 전에 집을 향해 출발했다. 그들은 베냐민 지파의 어느 성읍 광장에 이르렀는데 아무도 맞이해 줄 사람이 없었다. 누구도 그를 맞아 주지 않다가 마침내 에브라임 지파의 한 노인이 그날 밤 묵고 갈 숙소를 제공해 줬다.

그날 밤 그 성읍 불량배들이 집을 에워싸고 노인에게 그 방문객을 강간하겠다며 내놓으라고 요구했다(삿 19:22). 노인은 나그네를 보호하려고 애썼지만, 손님을 보호하기 위해 그 노인이 내놓은 생각은 가슴을 에이게 한다. 레위인을 살리기 위해 노인은 자신의 어린 딸과 레위인의 첩을 폭도들에게 내 주기로 한 것이다. 그 레위인이 직접 자기 첩을 문 밖으로 내보냈는데, 어쩌면 이것은 종교 권력과 성적 학대가 결탁된 최초의 기록일 것이다. 그러자 그들은 첩을 강간했고 날이 밝을 때까지 그녀를 능욕했다(삿 19:25). 레위인은 그녀의 시체를 토막 내서 이스라엘 각 지파에 보냈고, 그시체를 받은 이스라엘 지파는 그에 대한 보복으로 베냐민 지파를 거의 멸절했다(삿 20-21장). 이스라엘 족속이 가나안 족속화된 것이다.[20]

사사기의 결론 부분은 그 끔찍한 사건을 이렇게 간결하게 요약한다. "그때에 이스라엘에 왕이 없으므로 사람이 각기 자기의 소견에 옳은 대로 행하였더라"(삿 21:25). 이것은 백성이 여호와를 섬기도록 인도해 주는 지도자가 없이는 사람은 각자 자신의 악한 방법과 욕구를 따라 살지, 누구의 감독 없이도 옳은 일을 행하도록 인도해 주는 내재적 도덕적 나침반을 따르지 않는다는 것을 의미한다.

오늘날 우리의 일터 반경 안에서 (여성과 외국인의 학대를 포함해) 힘없는 자를 위협하는 일은 충격적일 만큼 흔하게 일어난다. 우리가 위험해진다고 해도 불의에 직면한 사람 편에 설지 아니면, 그 피해가 지나갈 때까지 바짝 엎드려 있을지 개별적으로 결정해야 한다.

조직적으로나 사회적으로 우리는 인간 행위의 악을 제어하는 시스템과 구조를 위해 일할 것인지 아니면, 모든 사람이 각기 자기 소견에 옳은 대로 하는 편에 설 것인지를 결정해야 한다. 심지어는 우리가 수동적인 자세를 취하는 것도 우리 일터에서 가해지는 학대에 힘을 실어 줄 수 있으며, 우리가 권위의 자리에 있지 않을 때는 특히 더 심할 수 있다. 그러나 다른 사람이 당신이 힘이 있다고 여길 때가 있을 것이다. 당신이 나이가 많아서든, 그곳에서 더 오래 일했기 때문이든, 회사 상사와 자주 얘기하는 것을 봤기 때문이든, 또는 어떤 특정 인종에 속했거나 언어권에 속했기 때문이든, 교육을 더 받아서 그렇든, 당신 의견을 더 잘 표현해서든 간에 말이다. 그때 당신이 학대받는 사람 편에 서 주지 않는다면, 학대를 가하고 당하는 시스템에 일정 부분 기여하는 셈이다. 예를 들어, 사람들이 당신에게 도움을 요청하러 오는 경우가 많다면, 당신이 엄청난 힘을 가지고 있다고 사람들이 인지한다는 뜻이다. 그런 상황에서 당신이 천박한 농담을 던지는 사람 편에 서거나, 또는 신입 사원이 왕따 당하는 것을 본체만체한다면, 당신은 희생자에게 더 무거운 짐을 지우는 것이며, 다음 단계 학대를 위해 길을 닦는 것이다.

사사기 마지막 부분들에 펼쳐지는 소름 끼치는 사건들을 읽노라면 우리가 그 시대에 살지 않은 것에 감사하게 된다. 그러나 우리가 정말로 깨어 있다면, 날마다 출근하는 우리의 일상도 고대 이스라엘 사회의 어떤 사람이나 지도자가 하는 일에 못지않게 도덕적 중요성을 띠고 있음을 알 수 있다.

○

결론

여호수아서에서 사사기까지의 여정은 우리를 정신이 번쩍 들게 만든다. 우리는 영감을 불어넣는 여호수아의 모범에서 출발했다. 여호수아에게는 기술과 지혜와 경건한 덕이 조화를 이루고 있었다. 여호와가 친히 이스라엘 백성을 약속의 땅으로 인도하시고, 그들은 전심으로 여호와를 따르기로 약속했다. 하나님은 그들에게 타락과 지배와 제도화된 불의에서 완전히 벗어난 새로운 출발로, 폭정에 의해 방해받지 않는 사회를 허락해 주셨다. 필요할 때면 하나님은 지혜롭고 용감하며 널리 갈채를 받는 리더를 세우셔서 나라를 위협에서 건져 내셨다. 여호수아와 드보라가 그 예다.

우리는 그 땅에서 평화와 번영을 구가하는 데 필요한 구조를 세워 나가는 이스라엘의 초기 리더와 백성을 본다. 그들은 자원을 공평하면서도 생산적으로 배분했다. 그들은 다양하면서도 융통성 있는 문화를 유지하면서 하나된 사명을 추구했다. 그들은 힘을 분산시키면서도 동시에 상호 간에 책임을 나눠졌고, 생산적이며 창의적으로 분쟁을 해결하는 법도 배워 나갔다. 그들은 형통했고 평화를 누렸다.

그러나 얼마 안 있어 우리는 잘 다스려지고, 조직이 똑똑하게 짜여 있으며, 안정되어 있던 언약 국가 이스라엘이 폭력적이며 서로 충돌하는 오합지졸로 전락하는 모습을 본다. 그들의 일을 포함한 그들 삶의 모든 면이 하나님의 율례와 교훈을 버림으로써 점점 부패한다. 하나님은 그들에게 생산 노동에 최적화된 비옥한 땅을 주셨지만, 그들은 그들을 위해 하신 하나님의 일을 망각했고, 그들의 자원을 우상에게 탕진해 버렸다. 그들은 전쟁과 경제적 궁핍에 문을 열어 두었고, 얼마 안 가 주변 민족의 악행을 전적으로 받아들였다. 마침내 그들은 스스로 최악의 원수가 되고 말았다.

우리에게 주는 가장 중요한 교훈은 수 세기가 지난 후에 요한이 서신서 말미에서 권면한 "자녀들아 너희 자신을 지켜 우상에게서 멀리하라"(요일 5:21)와 동일하다. 우리가 하나님 앞에서 충성스럽게 일하며 그분의 언약에 순종하고 그분의 인도하심을 구하면, 우리가 하는 일은 우리 자신과 사회에 상상을 뛰어넘는 유익을 가져다준다. 그러나 만약에 우리를 위해 일하시는 하나님과의 언약을 어기고 주변에서 너무도 쉽게 배울 수 있는 불의를 행하면, 우리의 노동이 우리가 빠져 섬기는 우상만큼이나 허무하다는 것을 경험하게 될 것이다.

08

룻기 & 일의 신학

"작고 평범한 일도
충만한 믿음을 요하는 소명이다"

서론

룻기는 나오미와 룻, 보아스라는 세 명의 평범한 사람의 생애와 일을 통해서 하나님이 이스라엘에게 보여 주신 신실하심에 대한 비범한 이야기를 우리에게 들려준다. 그들이 경제적 어려움과 번영을 겪는 동안, 우리는 풍성한 농산물 생산을 위한 노동, 모든 사람의 유익을 위한 인색하지 않은 자원 관리, 동료를 존중하는 태도, 어려움에 직면했을 때 보이는 재간, 자녀 임신과 양육에서 가장 분명하게 역사하시는 하나님의 손길을 본다. 모든 것을 통해 하나님의 신실하심이 결실 맺는 일을 위한 기회를 창출해 내고, 하나님을 깊이 신뢰하는 그들은 서로에게, 그들 주변 사람에게 공급과 안정이라는 복을 가져다준다.

룻기의 주요 사건은 보리 추수기에 일어나는데(룻 1:22; 2:17, 23; 3:2, 15, 17), 그때는 하나님의 축복과 사람의 수고를 축하하고 기념하는 시기였다. 율법서(토라)에 나오는 두 구절이 이 절기의 배경을 제공한다(강조는 필자가 한 것임).

> 맥추절을 지키라 이는 **네가 수고하여** 밭에 뿌린 것의 **첫 열매**를 거둠이니라 수장절을 지키라 이는 **네가 수고하여 이룬 것**을 연말에 밭에서부터 거두어 저장함이니라(출 23:16).

> 네 하나님 여호와 앞에 칠칠절을 지키되 네 하나님 **여호와께서 네게 복을 주신 대로** 네 힘을 헤아려 자원하는 예물을 드리고 너와 네 자녀와 노비와 네 성중에 있는 레위인과 및 너희 중에 있는 **객과 고아와 과부**가 함께 네 하나님 여호와께서 자기의 이름을 두시려고 택하신 곳에서 네 하나님 여호와 앞에서 즐거워할지니라 **너는 애굽에서 종 되었던 것을 기억하고** 이 규례를 지켜 행할지니라(신 16:10-12).

이 구절들이 룻기에 나오는 사건의 신학적 토대를 구축한다.

1. 하나님께서 주시는 복이 인간의 생산력의 원천이다("여호와께서 네게 복을 주신 대로").
2. 하나님께서는 인간의 노동(수고)를 통해 풍성함이라는 자신의 복을 부어 주신다("네가 수고하여 이룬 것", 열매들).
3. 하나님께서는 가난한 사람과 취약한 사람을("객과 고아와 과부") 위한 산물을 내시기 위해 일할 기회를 주시려고 사람을 부르신다("너는 애굽에서 종 되었던 것을 기억하고"-애굽에서 하나님이 자기 백성을 해방하신 것과 광야와 가나안에서 그들에게 양식을 공급해 주신 것을 예시).

요약하면, 인간이 노동한 것에 대한 생산성과 풍요함은 세상 안에서 하나님이 하시는 일의 연장이며, 사람의 노동에 하나님이 복을 주시는 것은 스스로 먹고살 방도가 없는 사람들에게 넉넉히 베풀어 주라는 하나님의 명령과 불가분의 관계에 있다. 이런 원리가 룻기의 기저가 된다. 그러나 이 책은 신학 논문이 아니라 내러티브(이야기)이며, 매우 흥미진진하다.

가정에 비극이 닥치다

룻 1:1-22

이야기는 "사사들이 치리하던 때"(룻 1:1)에 일어난 기근으로 시작한다. 이때는 사사기에서 들려준 대로, 이스라엘 백성이 하나님의 도를 버리고 우상숭배와 최악의 사회 상황, 재앙 수준의 내전에 빠져 있던 때였다. 전반적으로 그때는 일이나 다른 어떤 것에 대해서도 율법(토라)의 교훈을 따르지 않고 있었다. 이야기에 나오는 인물 가운데 적어도 나오미는 이로 인해 하나님의 복을 상실했음을 인정했다(룻 1:13, 20-21). 그 결과 사회 경제적 구조가 붕괴되고 있었고, 기근이 그 땅을 덮쳤다.

기근에 대처하기 위해 엘리멜렉과 그의 아내 나오미와 두 아들은 모압으로 이주했다. (이스라엘과 모압의 오랜 적대관계를 생각해 본다면 어쩔 수 없는 상황에서 선택이었다.) 그들 생각에 거기라면 일의 전망이 훨씬 더 좋을 것이라고 봤다. 그들이 거기서 성공적으로 일자리를 찾았는지 여부는 모르나 어쨌든 그 아들들은 둘 다 모압에서 장가를 들었다. 그러나 10년 이내에 그들은 사회, 경제적 비극을 경험했다. 가족 중 남자가 전부 죽어 나오미와 두 며느리가 과부가 된 것이다(룻 1:3-5). 그 뒤로 세 명의 과부는 당시 남자에게만 주어지던 법적, 경제적 권리를 전혀 갖지 못한 채 자기 힘으로 벌어서 먹고 살아야 했다. 한마디로 남편도 없고, 땅에 대한 명확한 소유권도 없고, 생계를 이어갈 아무 자원이 없었다. 자신들이 처한 상황을 돌이켜 보면서 나오미는 "나를 마라[쓰다, 괴롭다]라 부르라 이는 전능자가 나를 심히 괴롭게 하셨음이니라"라고 탄식한다(룻 1:20).

나그네와 고아와 과부는 이스라엘 율법에서 상당한 관심을 받는다.[1] 남편의 보호와 지지를 상실한 그들은 사회 경제적 학대와 착취의 대상이 되기 쉬웠기 때문이다. 많은 사람이 단지 먹고살아야 하는 이유 때문에 창녀로 전락했는데 이는 오늘날 취약계층의 여성에게도 아주 흔히 일어나는 상황이다. 나오미는 과부가 됐을 뿐 아니라 모압에서는 나그네이기도 했다. 그러나 만약 그녀가 두 며느리를 데리고 베들레헴으로 돌아간다면, 이스라엘에서는 그 젊은 며느리가 과부면서 동시에 나그네가 될 터였다.[2] 어디에 살든 그들이 부딪칠 취약성에 대한 대책으로 나오미는 며느리에게 그들의 모국에 있으라고 강권하고, 이스라엘의 하나님께서 며느리들이 모압에서 안정을 얻도록 도우시기를 기도했다(룻 1:8-9). 그러나 그중 룻은 아무리 어려워도 시어머니를 떠나는 것을 견딜 수 없어 했다. 룻이 나오미에게 한 말은 그녀의 사랑과 충성심이 얼마나 깊은지를 보여 주는 노래다.

> 내게 어머니를 떠나며 어머니를 따르지 말고 돌아가라 강권하지 마옵소서 어머니께서 가시는 곳에 나도 가고 어머니께서 머무시는 곳에서 나도 머물겠나이다 어머니의 백성이 나의 백성이 되고 어머니의 하나님이 나의 하나님이 되시리니 어머니께서 죽으시는 곳에서 나도 죽어 거기 묻힐 것이라(룻 1:16-17).

누구에게나 인생은 고달플 수 있으나, 이 여인들은 그중에서도 최악의 상황에 직면해 있었다.

하나님의 축복이 풍성함의 원천이다

룻 2:1-4

나오미와 룻은 견디기 힘든 역경에 처했다. 그러나 하나님 안에서라면 역경은 절망이 아니다. 룻기에서 우리는 하나님의 분명한 기적적인 개입을 만나게 되지는 않지만, 결코 하나님의 손길이 없던 게 아니었다. 하나님은 항상 역사하셨고, 특히 신실한 사람들을 통해 그렇게 하셨다.

오래전 하나님은 아브라함에게 이렇게 약속하셨다. "내가 너로 심히 번성하게 하리니 내가 네게서 민족들이 나게 하며 왕들이 네게로부터 나오리라"(창 17:6). 여호와는 자기 백성이 신실치 않음에도 불구하고 이스라엘의 농업 생산성을 회복해 주심으로써(룻 1:6) 그분이 약속하셨던 것을 선하게 이루셨다. 그 소식을 듣고 나서 나오미는 식량을 구하기 위해 베들레헴에 돌아가기로 결심한다. 룻은 자신이 한 말을 충실하게 지켜서 자신과 나오미의 생계를 위한 일자리 찾으리라 작정하고 시어머니와 같이 길을 나섰다. 이야기가 전개되면서 하나님의 축복이 룻이 한 일과 그 일의 결과로 그들 위에 (결국은 온 인류 위에) 쏟아 부어진다.

우리를 향한 하나님의 신실하심이 모든 생산성의 기반이다

대체로 히브리 성경은 하나님을 일하시는 거룩하신 분, 사람의 일에 대한 패러다임을 제공하시는 분으로 그린다. 성경은 말씀하시고, 창조하시고, 조성하시고, 지으시는 모습으로 일하시는 하나님으로 시작한다. 히브리 성경 전체를 통해 하나님은 '일하다'와 비슷한 의미를 가지는 수많은 동사의 주어로 등장하실 뿐만 아니라, 사람들도 하나님을 부를 때 종종 은유적으로 "일하시는 분"(Worker)이라고 부른다. 히브리 성경 전체에서 하나님은 자신이 많은 일에 직접 관여하실 뿐만 아니라,[3] 또한 이스라엘 백성에게 하나님의 패턴을 따라 일하라고 명령하신다(출 20:9-11). 다시 말하면 하나님은 직접 일하시고, 또 사람을 통해서도 일하신다.

룻기의 주요 등장인물은 반복적인 신앙 고백으로, 또 서로를 축복하는 것을 통해 자신이 일하는 토대가 하나님이심을 인정한다.[4] 이런 표현 가운데 어떤 것은 하나님께서 이미 하신 행동을 찬양하는 것이다. 하나님은 자신의 인자를 거두지 않으셨다(룻 1:20). 그분은 기업 무를 친족을 주셨다(룻 4:14). 다른 어떤 표현은 하나님의 축복이나(룻 2:4, 19; 3:10) 임재나(룻 2:4) 인자를(룻 1:8) 바라는 청원이다. 세 번째 표현은 하나님 행동에 대한 좀 더 구체적인 간구다. 하나님이 위로(NIV에는 "rest") 주시기를 바라고(룻 1:9), 룻을 라헬이나 레아와 같게 하시기를 바라는 것이다(룻 4:11-12). 룻기 2장 12절의 축복은 특히 의미심장하다. "여호와께서 네가 행한 일에 보답하시기를 원하며 이스라엘의 하나님 여호와께서 그의 날개 아래에 보호를 받으러 온 네게 온전한 상 주시기를 원하노라." 이 모든 축복은 하나님이 자기 백성에게 공급하시기 위해 일하신다는 확신을 표현한다.

룻은 하나님이 직접 주시는 것이든(룻 2:12), '은혜를 입게 할'(룻 2:2) 사람을 통해서 오는 것이든 풍성함이라는 하나님의 복을 갈망했다. 모압 여인이었음에도 불구하고 룻은 자신이 하는 일에서 역사하시는 하나님의 손길을 인정하는 데 많은 이스라엘 사람보다 더 지혜로웠다.

이야기에 나오는 사건을 볼 때 하나님에게서 온 가장 중요한 복 중 하나가 하나님께서 보아스의 추수가 넉넉하도록 축복해 주신 것이다(룻 2:3). 그가 반복적으로 한 여호와의 축복 간구에서 보이듯, 보아스는 자신이 하는 노동에서 하나님의 역할을 온전히 인식했다(룻 2:4; 3:10).

우리 일에 힘을 실어 주기 위해 명백하게 우연처럼 보이는 사건을 사용하신다

하나님이 풍성케 하시겠다는 그분의 약속을 이루기 위해 사용하시는 방법 중 하나는 모든 상황에 대한 그분의 통제력이다. 룻기 2장 3절에 나오는 "her chance chanced upon"(우연히 발견된 그녀의 기회)이라는 묘한 문장 구조는 다분히 의도적이다(NRSV에서는 '공교롭게도, 마침'이라는 뜻으로 쓰여 있으며, 개역개정에는 "우연히"로 번역되어 있다 - 옮긴이 주). 구어체 영어로 말한다면 "As luck would have it"(운 좋게도)이라고 말할 수 있을 것이다. 그러나 그 진술은 역설적이다. 이야기의 화자(narrator)는 독자가 자리에 앉아서 도대체 어떻게 룻이 자애로울 뿐 아니라(룻 2:2) 기업 무를 친족(룻 2:1)인 사람의 밭에 "우연히" 가게 됐느냐고 묻게 만드는 것이다. 이야기가 펼쳐지면서 우리는 룻이 보아스의 밭에 이른 것이 하나님 섭리의 손길의 증거였음을 본다. 룻기 4장 1-2절에서 보아스가 성문에 앉아 있는데 마침 그다음 기업 무를 자가 나타난 것도 같은 맥락이라고 할 수 있다.

만약 우리가 우리 힘으로만 성취할 수 있는 것 외에 더는 아무것도 기대하지 않으면서 매일매일 출근한다면 그것처럼 삭막한 세상살이가 어디 있겠는가! 우리는 다른 사람이 한 일, 예상치 못한 기회, 창의성의 갑작스런 발현, 눈에 보이지 않는 복 같은 것들도 의지해야 한다. 그리스도를 따름으로써 오는 가장 안심되는 축복 중 하나는 바로 우리가 일하러

갈 때 그분도 우리와 함께 가시며 우리가 지는 짐을 함께 져 주신다는 그분의 약속이다. "나의 멍에를 메고 …… 이는 내 멍에는 쉽고 내 짐은 가벼움이라"(마 11:29-30). 룻은 예수님께서 해 주신 말씀을 듣지 못했으나, 하나님의 날개 아래서 자신이 필요로 하는 모든 것을 찾으리라는 믿음으로 살았다(룻 2:12).

풍성한 인생은 우리가 하나님께 보인 신실함의 열매다

이스라엘에 대한 하나님의 신실하심은 나오미를 신실하게 대하는 룻의 모습에 투영되어 있다. 룻은 "어머니께서 가시는 곳에 나도 가고 어머니께서 머무시는 곳에서 나도 머물겠나이다 어머니의 백성이 나의 백성이 되고 어머니의 하나님이 나의 하나님이 되시리니"(룻 1:16)라고 약속했다. 룻의 약속은 엘리멜렉 가문에 그저 식량만 축내는 수동적인 한 식구로 남아 있겠다는 간청이 아니라, 자기 능력이 닿는 데까지 시어머니를 봉양하겠다는 헌신의 간청이었다. 그녀는 이스라엘 족속이 아니었는데도, 마치 "네 부모를 공경하라"라는 십계명의 제5계명에 구체화되어 있던 이스라엘 율법에 따라 살아가는 듯 보인다. 룻과 그녀의 가족을 위해 풍성하게 일이 회복되는 복이 임한 것은 하나님의 율법대로 신실하게 일한 룻의 헌신에서 시작됐다.

사람의 수고를 통해서 풍성함의 복을 부어 주신다

룻 2:5-7

하나님의 신실하심이 사람이 누리는 풍성함의 원천이지만, 실제로 일은 사람이 해야만 한다. 이것은 처음부터 하나님이 의도하신 것이었다(창 1:28; 2:5, 15). 룻은 시어머니와 함께 먹고살기 위해 열심히 일하고 싶어 했다. "밭으로 가게 해 주세요"라고 룻은 간청했고, 그녀에게 일할 기회가 주어졌을 때, 옆에서 같이 일하던 사람이 "아침부터 와서는 잠시 집에서 쉰 외에 지금까지 계속하는 중이니이다"(룻 2:7)라고 보고할 정도로 열심히 일했다. 룻이 일한 결과는 유난히 풍성했다. 첫날 일을 마치고 집에 돌아와 주운 보리 이삭을 달아 봤을 때, 추수한 양은 한 에바쯤 됐다(룻 2:17). 이것은 대략 보리 5갤런(약 19리터-편집자 주)에 해당하는 양이었다.[5] 하나님께서도 보아스도 모두 룻의 믿음과 부지런함을 칭찬하고 보상했다(룻 2:12, 17-23; 3:15-18).

크든 작든 어느 정도는 우리도 모두 생계를 꾸리기가 어렵거나 불가능한 상황에 빠질 수 있다. 자연재해, 정리해고, 편견, 부상, 질병, 파산, 부당대우, 법적 제제, 언어 장벽, 직무 연관 훈련이나 경험 부족, 나이, 성별, 정부나 기업의 잘못된 경제 운용, 지리적 장벽, 가족 부양의 필요성, 그 외 여러 요소가 우리 자신과 우리를 의지하는 사람을 부양하기 위해 일하는 것을 가로막는다. 그럼에도 불구하고 하나님은 우리가 할 수 있는 능력만큼 일하길 기대하신다(출 20:9).

혹 우리가 우리 필요를 채워 주는 일자리를 찾지 못할지라도, 우리는 할 수 있는 최고 수준으로 일할 필요가 있다. 룻은 정해진 근무 시간이나 정해진 급여를 받을 수 있는 정규직이 아니었다. 룻은 자기 처지가 일터에서 누군가의 "은혜"를 입기에 충분할지(룻 2:13) 알 수 없어 불안했고, 자기 가족을 먹이기에 충분한 식량을 반드시 얻을 것이라는 기대도 할 수 없는 상황이었다. 그런데도 어쨌든 룻은 일하러 나갔다. 오늘날 실업 때문에 직면하는 많은 상황이 이와 비슷하고, 우리 역시 이런 문제로 낙심할 때가 있다. 고도로 숙련된 일자리가 부족해서 하찮은 기회만 남았는가? 우리가 어떤 특정 일자리에 적합한데도 단지 차별 때문에 그 자리를 놓쳤는가? 여건이 허락되지 않아 훌륭한 일자리에 필요한 교육을 못 받았는가? 주변 상황이 일을 소망 없게 만드는가? 룻의 사례는 그럼에도 불구하고 우리는 일하라는 부르심을 받았다는 것을 보여 준다. 다른 사람을 돕는 자원 봉사를 한다거나, 가족을 돌보는 일, 교육과 훈련 받기, 가사 돌보기처럼 우리 일이 처음에는 아무 수입도 올리지 못하는 경우도 있다.

그러나 우리에겐 유리한 점이 있다. 하나님이 우리 일 배후에 있는 힘이라는 사실이다. 그래서 우리는 자신의 필요를 채우기 위해 자기 능력이나 주변의 여건에 의지하지 않는다. 대신 풍성함의 약속에 대한 하나님의 신실하심이, 우리가 하는 일이 (심지어는 최악의 상황에서 하는 일조차) 가치 있다는 확신을 주는 것을 알고, 우리는 능력이 닿는 대로 충성스럽게 일하는 것이다. 대개의 경우 우리가 하는 일을 어떻게 하나님이 그분의 목적 성취에 사용하시는지를 우리는 미리 알 수 없지만, 하나님의 능력은 언제나 우리가 눈으로 볼 수 있는 것을 훨씬 넘어선다.

동료를 존중하는 문화 만들기

룻 2:8-16

룻기 2장 1절이 말하는 것처럼 보아스는 "유력한" 사람이었다. 오늘날 그것이 어떤 의미를 내포하던 간에 보아스의 경우는 그가 성경에 나오는 탁월한 리더 중 하나임을 의미한다. 보아스의 리더십 스타일은 존중에서 시작한다. 자기 일꾼이 일하는 밭으로 나왔을 때 보아스는 그들에게 축복하며 인사하고("여호와께서 너희와 함께하시기를 원하노라") 일꾼들도 친절하게 응대한다("여호와께서 당신에게 복 주시기를 원하나이다"-룻 2:4). 보아스의 일터는 여러 면에서 아주 놀라운 곳이다. 보아스는 고용된 일꾼의 노동력에 의지해야 하는 기업을 소유해 경영했다. 그는 다른 사람의 근로 환경을 관리하고 있었다. 감독관과 소유주가 자신이 고용한 근로자를 경멸하고, 근로자 역시 자신의 상사를 존경하지 않는 많은 일터와는 대조적으로, 보아스는 신뢰와 상호 존중의 관계를 만들었다.

보아스는 일꾼이 일할 때 물을 제공하고(룻 2:9), 그들과 함께 식사하며, 무엇보다 그들 가운데 가장 하찮은 존재로 여겨지던 사람에게 음식을 나눠 줌으로써(룻 2:14) 자기 일꾼을 실질적으로 존중하는 모습을 보여줬다. 심지어 추수기 때는 지주인 보아스가 수확한 자기 곡식을 키질하고, 들판에서 일꾼과 같이 잠까지 잔다(룻 3:2-4, 14).

보아스는 자기 일터의 이방 여인을 아주 사려 깊게 대해 줌으로써 사람이라면 누구나 다 하나님의 형상을 가진 존재로(창 1:27; 잠 14:31; 17:5) 본다는 것을 증명해 준다. 보아스가 일꾼 가운데서 그 여인을 봤을 때 그는, 그녀가 어떤 한 남자의 아내이거나 딸인 줄 알고 온유하게 "이는 누구의 소녀냐?" 하고 묻는다. 그 여자가 나오미와 함께 모압에서 돌아온 모압 여인이라는 말을 듣고, 또 자기 추수꾼 뒤에서 이삭을 주울 수 있게 해 달라는 간청을 했다는 말을 들었을 때, 충격적이게도 그가 한 첫마디는 "내 딸아 들으라"였다(룻 2:5-8). 자신의 음식을 외국 여자와 나누는 것(룻 2:14)은 겉으로 보이는 것보다 훨씬 더 의미심장한 행동이다. 룻이 감탄하며 말했듯이 존경받는 지주가 외국 여인과 대화하는 것은 관례상 흔히 있는 일이 아니었다(룻 2:10).[6] 사회적 체면과 사업 기회에만 관심이 있던 남자라면, 어려움에 처한 사람에 대해 불쌍히 여기는 마음이 별로 없던 사람이라면, 모압 여자를 자기 땅에서 당장 쫓아냈을 것이다. 그러나 보아스는 일꾼들 가운데서도 더 딱한 형편인 그 일꾼을 위해 기꺼이, 다른 사람이 어떤 반응을 보이든 상관하지 않고 그녀 편에 섰다.

실제로 이 이야기에서 어쩌면 우리는 세계 최초로 직장 내에서의 성희롱 반대 정책에 대한 기록을 접하게 된다. 어쩌면 그는 많은 농장주와 일꾼들이 사람들을 착취한다는 것을 알고 있었고,[7] 어쩌면 이것이 바로 보아스가 룻에게 자신이 자기 일꾼에게 그녀를 건드리지 못하도록 일러두었다고 알려 주는 이유일 것이다(룻 2:9). 나오미가 "내 딸아 너는 그의 소녀들과 함께 나가고 다른 밭에서 사람을 만나지 아니하는 것이 좋으니라"(룻 2:22)라고 한 말은 그녀가 자기 며느리의 안전을 걱정했다는 것을 분명하게 보여 준다. 보아스의 정책에 나타난 조건은 아주 분명하다.

1. 남자 일꾼은 이 여자를 '괴롭혀서는' 안 된다. 일반적으로 'naga'라는 단어는 '건드리다'라는 뜻이지만, 여기서 그 단어는 대개 '때리다, 괴롭히다, 이용하다, 학대하다'라는 의미를 가진다.[8] 보아스는 '건드리다'라는 것의 의미는 피해자가 그것을 어떻게 인식하느냐에 따라 결

정된다는 것을 알았다.

2. 룻은 똑같이 물(룻 2:9)과 점심 식사 자리(룻 2:14)를 이용할 수 있었다. 식사 시간에 보아스는 룻에게 자신과 자기 일꾼 쪽으로 와서 그녀가 가져온 빵 조각을 자기 소스에 찍어 먹으라고 권유했다. 그런 다음 보아스는 그녀가 배부르고 남을 정도로 그녀를 친히 챙겨 줬다. '가까이 오다, 다가가다'라는 뜻의 동사로 'nagash'를 고른 것은 이방인인 룻이 의도적으로 적당한 거리를 두고 앉아 있었다는 것을 암시한다. 성희롱을 방지하는 보아스의 정책은 단순히 제한적이지 않았고 적극적인 것으로, 학대를 당할 위험에 처한 사람의 반응이 무엇이 학대고 아닌지를 정할 수 있는 기준임을 의미했다. 보아스는 그녀가 필요로 하는 보호를 제공할 때 룻이 얼마나 안정감을 느끼는지를 기준으로 삼았다. 그는 취약한 여성 근로자가 어떻게 존중되어야 하는지 실례로 증명해 보인 것이다.

3. 보아스의 정규직 일꾼은 룻을 책망하거나(룻 2:15) 꾸짖지(룻 2:16) 말아야 했다. 2장 9절에 나오는 '괴롭게 말라'(NRSV에는 "bother", 개역개정에는 "건드리지 말라")라는 단어와 함께 이런 표현은 신체적 학대, 정서적 학대, 언어적 학대 등 여러 형태로 학대가 온다는 것을 증명한다. 실제로 감정을 실어 룻에게 한 그의 축복 선언으로(룻 2:12) 보아스는 극적으로 그 모델을 확정한다.

4. 정규직 일꾼은 룻의 근로 환경을 최대한 안정적으로 만들어 주고 룻이 이삭을 충분히 주울 수 있도록 지원하기 위해 의무 이상을 해야 했다(룻 2:15-16). 일터에서 학대를 금지한다는 것은, 안전한 환경을 조성하는 것은 물론이고 위험에 노출될 수 있는 근로자에게 생산성이 있는 환경을 조성해 줘야 한다는 뜻이다. 생산성과 승진, 포상에 참여하는 것을 막는 장벽은 반드시 제거되어야 한다. 보아스는 남자 일

꾼에게서 룻을 멀리 떼어 놓아 룻의 안전을 지킬 수도 있었을 것이다. 그러나 그렇게 해 버리면 그녀가 물이나 음식도 먹지 못했을 것이고, 그녀가 주워 단으로 묶기 전에 바람이나 짐승이 이삭을 가져가 버렸을 수도 있다. 보아스는 자신이 만든 안전장치가 룻이 생산성을 충분히 발휘할 수 있게 해 줄 것을 확실히 했다.

보아스의 일꾼들은 그의 너그러운 정신을 알아차린 것 같다. 그들의 상사가 그들에게 축복의 인사를 건넸을 때 그들도 축복의 말로 화답했다(룻 2:4). 보아스가 자기 밭에 나타난 여인의 정체를 물었을 때 인력 감독관은 룻이 모압 여인이라는 것을 밝히긴 했지만, 너그러운 목소리로 말했다(룻 2:6-7). 룻이 집에 있는 나오미에게 보리 한 에바를 가져왔다는 사실은 룻을 잘 대해 주라는 보아스의 명령에 일꾼들이 긍정적으로 반응했다는 것을 증거한다. 일꾼들은 그녀를 위해 상당히 많은 곡식을 잘라 두었을 뿐 아니라, 그들은 이 모압 여인을 추수 기간 동안 자신의 동료 일꾼으로 받아 줬다(룻 2:21-23).

보아스가 보인 리더십의 긍정적인 측면은 일터에만 국한되지 않는다. 나오미가 룻이 수고한 결과를 봤을 때, 나오미는 룻에게 일자리를 준 사람을 축복하며 그의 인자와 너그러움을 인해 하나님을 찬양한다(룻 2:20). 나중에 그 공동체 안에서 보아스가 가진 높은 명성이 사회적 조화와 하나님께 영광을 가져온다는 게 명백해진다(룻 4:11-12). 모든 지도자, 아니, 사실상 모든 근로자는 그들이 속해서 일하는 문화를 형성한다. 비록 우리는 우리 문화에 의해 불공평하고, 무의미하거나, 생산적이지 못한 방식의 일에 동화하라는 강요를 받는다고 생각할 수도 있지만, 실상 우리가 일하는 방식이 다른 사람에게 지대한 영향을 끼친다. 부패하고 신실치 못한 사회(룻기 1장 1절의 "사사들이 치리하던 때"라는 말은 부패한 사회를 간략히 서술한 것이다) 가운데서 재력가였던 보아스는 정직하고 성공적인 사업을 창출해 낸다. 추수 감독관은 여자를 싫어하고 인종 차별이 심하던 사회에서 평등주의를 실천하고 있다. 룻과 나오미는 끔직한 상실과 어려움 앞에서도 사랑이 넘치는 가정을 만든다. 우리가 나쁜 근로 환경에 동화하라는 압박을 느낄 때 하나님의 신실하심에 대한 약속은 우리 주변의 문화적 사회적 역기능 때문에 우리가 갖게 되는 모든 의심을 이길 수 있게 해 준다.

가난한 자에게 일할 기회를 주시려 우리를 부르신다

룻 2:17-23

하나님이 '우리의 결실을 가로막는 장벽'을 넘어서게 하시는 가장 중요한 방법은 다른 사람의 행동을 통하는 것이다. 룻기에서 우리는 사회 안에서의 하나님의 율법과 하나님이 개인을 인도하시는 것 모두에서 그것을 볼 수 있다.

▽ 룻 2:17-23

하나님의 율법은 수단을 가진 사람을 부르셔서 가난한 자에게 경제적 기회를 주신다

룻기는 이삭줍기를 중심으로 전개되는데, 이삭줍기는 가난하고 취약한 사람을 보호하기 위한 율법의 가장 중요한 요소 가운데 하나다. 선행 조건이 레위기, 신명기, 출애굽기에 나와 있다.

> 너희가 너희의 땅에서 곡식을 거둘 때에 너는 밭 모퉁이까지 다 거두지 말고 네 떨어진 이삭도 줍지 말며 네 포도원의 열매를 다 따지 말며 네 포도원에 떨어진 열매도 줍지 말고 가난한 사람과 거류민을 위하여 버려두라 나는 너희의 하나님 여호와이니라(레 19:9-10; 23:22).●

> 네가 밭에서 곡식을 벨 때에 그 한 뭇을 밭에 잊어버렸거든 다시 가서 가져오지 말고 나그네와 고아와 과부를 위하여 남겨 두라 그리하면 네 하나님 여호와께서 네 손으로 하는 모든 일에 복을 내리시리라 네가 네 감람나무를 떤 후에 그 가지를 다시 살피지 말고 그 남은 것은 객과 고아와 과부를 위하여 남겨 두며 네가 네 포도원의 포도를 딴 후에 그 남은 것을 다시 따지 말고 객과 고아와 과부를 위하여 남겨 두라 너는 애굽 땅에서 종 되었던 것을 기억하라 이러므로 내가 네게 이 일을 행하라 명령하노라(신 24:19-22).

> 너는 여섯 해 동안은 너의 땅에 파종하여 그 소산을 거두고 일곱째 해에는 갈지 말고 묵혀 두어서 네 백성의 가난한 자들이 먹게 하

● 이 책 4장의 "레 19:9-10" 부분을 보라.

라 그 남은 것은 들짐승이 먹으리라 네 포도원과 감람원도 그리할지니라(출 23:10-11).●

이 율법의 토대는 사람이 그들 자신과 가족을 부양하는 데 필요한 풍성함의 수단에 누구나 접근할 수 있게 하려는 의도다. 일반적으로 모든 가정은 (십일조와 제물로 살아야 하는 레위인 가문의 제사장만 제외하고) 절대 양도할 수 없는 항구적인 땅의 분깃을 소유해야 한다(민 27:5-11; 36:5-10; 신 19:14; 27:17; 레 25장). 따라서 이스라엘에서 모든 사람은 곡식을 기를 수단을 가졌다. 그러나 외국인과 과부와 고아는 땅을 물려받지 못했고, 그들은 가난과 학대에 빠지기 쉬웠다. 이삭줍기법은 그들에게 밭 가장자리에서 추수 초기에 덜 익은 곡식이나 산물과, 정해진 어떤 해에 윤작으로 비어 있던 들판에 솟아난 것은 무엇이든지 추수함으로써, 그들 스스로 먹고살 기회를 줬다. 모든 땅 주인은 값을 받지 않고 이삭에 접근할 수 있게 해 줘야 했다.

이 구절은 이삭줍기법에 대한 세 가지 토대를 제공한다. 가난한 자를 향한 너그러움은 (1) 하나님께서 사람이 손으로 하는 일에 복 주시기 위한 전제 조건이었다(신 24:19). 또한 (2) 잔인하고도 모질게 학대하는 애굽의 노예주를 경험한 이스라엘의 기억에 힘입어(신 24:22a), (3) 하나님 뜻에 대한 순종의 문제다(신 24:22b). 우리는 이런 세 가지 동기를 보아스의 행동에서 모두 볼 수 있다. (1) 그는 룻을 축복해 줬고, (2) 이스라엘에 대한 하나님의 너그러우심을 기억했으며, (3) 룻이 자기 인생을 하나님의 손안에 맡긴 것을 칭찬해 줬다(룻 2:12). 고대 이스라엘에서 그 땅과 추수를 얼마나 완전하게 시행했는지는 의문이지만 보아스는 하나의 본이 되기에 충분하게 그것을 지

● 이 책 3장의 "출 22:21-27", "출 23:10-11" 부분을 보라.

켰다.

이삭줍기법은, 적어도 그 법이 실제로 실행됐다는 점에서, 가난한 자와 소외된 사람을 위한 놀라운 복지망을 제공해 줬다. 우리는 이미 하나님께는 사람이 일해서 그분의 결실을 얻게 하려는 의도가 있으시다는 것을 살펴봤다. 그것은 구걸을 하거나 노예로 살거나 성매매를 해야 하거나 아니면 다른 천박한 방식으로 살 수밖에 없는 사람에게 생산적인 일을 할 수 있는 기회를 제공했다. 이삭을 줍는 사람들은 결혼, 입양, 또는 출신 국가로 돌아가게 해 주는 기회를 대비해서 일반 농장 일에서 생산적인 일을 할 수 있는 기술과 자존감, 신체 조건 및 일하는 습관 등을 유지했다. 지주는 기회를 제공하긴 했으나 착취할 수 있는 기회를 얻지는 못했다. 강제 노동은 없었다. 그 혜택은 번거롭고 부패하기 쉬운 관료주의를 필요로 하지 않았고, 나라 어디에서나 지역별로 누릴 수 있었다. 그러나 그것은 그 이삭줍기법을 성취하려는 지주의 인격과 양심에 달려 있었고, 우리는 고대 이스라엘에서 가난한 사람이 처했던 환경을 낭만적으로 다뤄서는 안 된다.

보아스와 룻과 나오미의 경우에, 이삭줍기법은 의도했던 대로 작용했다. 이삭을 주울 기회가 없었더라면, 보아스는 나오미와 룻의 가난을 알고 난 후에 두 가지 선택을 할 수 있었을 것이다. 그는 그들을 굶게 내버려 뒀거나 미리 만들어 놓았던 음식(빵)을 집으로 배달해 주었을 것이다. 전자는 용납할 수 없는 것이다. 후자는 그들의 굶주림을 면하게는 해 주겠지만, 그들이 더욱 보아스에게 의존하게 만들 것이다. 그러나 이삭을 주울 기회가 있었기 때문에 룻은 추수를 위해 일할 수 있었을 뿐 아니라, 자신의 수고로 곡식을 사용해 빵을 만들 수 있었다. 그 과정은 그녀의 존엄성을 지켜 줬다. 또한 룻의 기술과 능력을 활용해 룻과 나오미는 장기간의 의존에서 벗어나게 되었으며 그들을 착취에 덜 취약하도록 만들어 줬다.

오늘날 빈곤에 대한 공적, 사적 대응과 사회적, 정치적, 신학적 논쟁에 있어 이런 이삭줍기에 담긴 구제 원리는 마음에 새겨 둘 만하고, 열렬히 토의할 만한 가치가 있다. 크리스천끼리도 개인 대 사회의 책임, 사적인 수단 대 공적인 수단, 수입의 분배에 관한 질문에 대해서는 의견이 일치하지 않는다. 룻기를 잘 살펴봐도 이런 의견 차이가 해소될 것 같지는 않지만, 어쩌면 그것은 공유된 목표와 공동의 토대를 분명하게 밝혀 줄 수는 있다. 오늘날 사회에 문자 그대로의 이삭줍기는 적합하지 않을 수도 있지만, 사회가 오늘날의 가난한 자와 취약한 자를 돌봐 주는 방식에 있어서는 적용할 수 있는 측면이 있다. 특히 우리는 어떻게 사람들이 타인 의존이나 착취에 의해 질식당하는 삶을 사는 대신 생산적인 일자리를 얻을 수 있도록 기회를 갖게 해 줄 수 있을까?

▽ 룻 2:17-23

개개인을 인도하셔서 가난한 자와 취약한 자에게 경제적 기회를 주신다

영감을 받은 보아스는 가난한 자와 취약한 자에게 공급하기 위해 율법이 요구하는 것을 훨씬 더 뛰어넘었다. 이삭줍기 율법은 지주에게 외국인과 고아와 과부가 이삭을 주울 수 있도록 밭에 얼마간의 산물을 남겨 놓을 것만 요구했다. 이것은 일반적으로 가난하고 취약한 사람들이 잡초가 무성한 밭이나 높은 감람나무 위에서 산물을 수확해야 하는 어렵고 위험하고 불편한 일자리를 갖는다는 의미였다. 이런 식으로 얻은 산물은 대개는 땅에 떨어졌거나 덜 익은 것으로 질이 안 좋았다. 그러나 보아스는 자기 일꾼에게 일부러 너그러운 행동을 하라고 말해 두었다. 그들은 가장 질 좋은 이삭을 벤 다음 그루터기 위에 놓아 두어서 룻이 그냥 줍기만 하면 되게 해 놓았다. 보아스의 관심은 법으로 규정한 최소한의 의무를 다하는 데 있었던 게 아니라 진정으로 룻과 그녀의 가족을 위해 양식을 공급하는 데 있었다.

더 나아가 보아스는 룻이 자기 밭에서만 이삭을 주워야 하며 자기 일꾼 곁에 붙어 있어야 한다고 주장했다. 당연히 룻이 수확한 것은 그녀와 나오미 것으로 가져가게 했다. 그는 자기 밭에서 이삭을 주울 수 있게 해 줬을 뿐 아니라 자신이 고용한 일손의 하나로 여겨 줬고, 더군다나 그녀가 추수한 것에 따른 일정한 비율의 몫을 확실히 가져갈 수 있게 해 주기까지 했다(룻 2:16).

어느 나라 어느 사회든 일할 기회를 찾는 실직자가 있는 세상에서 크리스천은 어떻게 보아스 같은 사람이 되려고 애쓸 수 있을까? 일자리를 구하는 사람을 생산적으로 일할 수 있게 해 주는 재화와 서비스를 창출하는 데 사람들이 하나님께서 주신 기술과 은사를 사용하도록 어떻게 우리는 권면할 수 있을까? 어떻게 우리는 사회의 자원을 소유하고 관리하는 사람들의 인격을 형성해서, 그들이 가난하고 소외된 사람에게 적극적이고 창의적으로 기회를 제공하게 할 수 있을까?

이런 질문은 우리에게 어떻게 적용되는가? 우리가 보아스처럼 부유하지는 않더라도 축복의 도구로 쓰임받을 수 있는가? 가난한 사람에게 기회를 줘야 할 수단과 책임이 중산층에게 주어져 있는가? 또 가난한 사람은 어떻게 해야 하는가? 하나님이 다른 근로자와 앞으로 근로자가 될 다른 사람에게 그분의 결실이라는 축복을 안겨 주기 위해 우리 각자에게 무엇을 하라고 인도하시는 것일까?

하나님 방식으로 일할 때 복이 배가한다

룻 3:1-4:18

보아스 밭에서 이삭을 줍는 룻의 놀라운 에피소드에서 우리는 보아스의 긍휼한 마음과 너그러움, 인종에 대한 관용의 생생한 증거를 본다. '어째서 보아스는 룻을 향해 그렇게 부드러운 마음을 가졌으며, 어째서 보아스는 누구든, 심지어 외국인인 모압 여인까지 자기 집처럼 편안하게 느끼게 하는 그런 환경을 만들었을까?'라는 의문을 갖게 한다. 보아스의 증언에 의하면, 룻은 참되신 하나님에 대한 고결한 마음과 신실함을 가지고 있었다(룻 3:10-11). 그 결과 보아스는 '이스라엘의 하나님 여호와께서 여호와의 날개 아래에 보호를 받으러 온 그녀에게 온전한 상 주시기를 원했다'(룻 2:12). 룻은 모압에서 태어났지만 구원받기 위해 이스라엘의 하나님께로 돌아섰다(룻 1:16).

보아스는 그녀를 덮는 여호와의 날개를 인식했고 자신이 그녀를 향한 하나님의 축복의 도구가 되기를 간절히 바랐다. 절망에 빠진 외국인을 돌봐 줌으로써 보아스는 이스라엘의 하나님을 영화롭게 한 것이다. 잠언에는 "가난한 사람을 학대하는 자는 그를 지으신 이를 멸시하는 자요 궁핍한 사람을 불쌍히 여기는 자는 주를 공경하는 자니라"(잠 14:31; 17:5)라는 말이 있다. 사도 바울도 수 세기가 지나 이 주제를 이렇게 표현했다. "그러므로 우리는 기회 있는 대로 모든 이에게 착한 일을 하되 더욱 믿음의 가정들에게 할지니라"(갈 6:10).

이야기가 전개되면서 보아스는 룻을 단순히 부지런한 일꾼과 나오미의 신실한 며느리 이상으로 보기 시작한다. 시간이 흘러서 보아스는 룻에게 자기 옷자락을 펴 덮어 주게 된다(룻 3:9). 이는 결혼에 꼭 맞는 은유로 하나님의 날개로 대표되는 사랑과 만족을 반영한다. 그런데 이 사랑 이야기에는 일과 관련된 측면이 있다. 부동산이 개입되어 있기 때문이다. 나오미는 죽은 남편 소유의 땅에 대한 권리를 아직은 주장할 수 있었고, 이스라엘 율법에 의하면 그의 다음 친족이 나오미와 결혼해서 그 땅을 획득할 권리가 있었으며, 가족이 그 땅을 지킬 수 있게 해 줘야 했다(룻 2:1). 보아스는 이 권리 행사 순서에서 실제로는 두 번째였다. 보아스는 그 권리를 가진 바로 다음 사람에게 연락했으나, 그 사람이 그 땅의 권리를 주장하려면 모압 여인 룻도 자기 가문으로 데려가야 한다는 사실을 알고는 권리를 포기했다(룻 4:1-6).

그와는 대조적으로 보아스는, 룻이 인종적으로나 경제적으로나 사회적으로 열등함에도 불구하고, 이 여인에게 호의를 베풀 수 있는 사람으로 자신이 하나님께 택함받았다는 것을 기뻐했다(룻 4:1-12). 보아스는 편의상 늙은 나오미와 결혼하지 않고, 대신 나오미의 허락 하에 사랑과 존경의 마음을 가지고 룻과 결혼함으로써 그 재산을 구속하기 위한 권리를 행사했다. 이 모압 여인과 결혼을 함으로써 보아스는 하나님께서 아브라함에게 하신 "네 씨로 말미암아 천하 만민이 복을 받으리니"(창 22:18)라는 약속의 일부를 자기 나름의 방식으로 성취했다. 또한 보아스는 더 많은 재산도 얻게 되었는데, 기존에 가졌던 재산을 생산적이고 너그럽게 관리한 것처럼 똑같이 관리했을 것이다. 이는 더 나아가 "있는 자는 받을 것이요"(막 4:25)라는 예수님의 말씀의 전조가 된다. 곧 우리가 배우겠지만, 보아스는 딱 예수님의 선구자 역할을 하고 있다. 한편 그 이야기의 사건은 하나님께서 선을 위해 세상에서 어떻게 아직도 일하시는지에 대해 더 많은 것을 우리에게 보여 준다.

사람의 담력을 통해 하나님은 일하신다

룻 3:1-18

보아스와 룻의 결혼을 서두르기 위해 필연적으로 다시 한 번 나오미는 통념을 넘어서 행동한다. 나오미는 룻을 밤중에 보아스의 타작하는 밭으로 보내 "그의 발치 이불을 들고 거기 누우라"(룻 3:4)라고 한다. 룻기 3장 4, 7, 8, 14절에 나오는 "발"의 뜻은 성관계에 대한 완곡어법일 수도 있는데,[9] 나오미가 꾸며 낸 계략은 당시 풍습과 도덕성에 비춰 보면 의심스럽고 위험하기 짝이 없는 것이었다. 만남을 위한 룻의 준비와 장소 선택은 창녀가 하는 행동을 암시한다. 정상적인 상황에서라면, 자신을 존중하고 도덕적으로 고결한 성품을 가진 보아스 같은 사람이 타작 마당에서 자다가 밤중에 일어나 자기 옆에 여자가 있는 것을 알았을 때, 그런 여자와 자신은 아무 관계도 없다고 항변하며 분명히 그녀를 돌려보냈을 것이다. 보아스한테 자신과 결혼을 해달라는 룻의 요구도 당시 관점에서 볼 때 마찬가지로 아주 대담한 것이다. 외국인이 이스라엘 사람에게, 여자가 남자에게, 젊은 사람이 나이든 사람에게, 하잘것없는 일용직 노동자가 부유한 지주에게 제안한다는 점 등에서 볼 때 그렇다.

하지만 룻의 당돌함에 기분 나빠하는 대신 보아스는 그녀를 축복해 줬고, 가족의 행복을 위한 그녀의 헌신을 칭찬했다. 또한 그녀를 "내 딸"이라고 부르며 두려워하지 말라고 안심시켜 줬고, 요구한 것은 뭐든지 다 들어 주겠다고 약속했으며, 그녀를 "현숙한 여자"라 선언했다(룻 3:10-13). 이런 예외적인 반응은 보아스가 잠에서 깼을 때 그의 마음과 말이 하나님의 영감을 받았기 때문이라고 보는 게 가장 타당하다.

법적인 절차를 통해 하나님은 일하신다

룻 4:1-12

보아스는 만약 자신보다 먼저 기업 무를 권리를 가진 사람이 그 권리를 포기한다면 자신과 결혼해 달라는 룻의 요구를 받아들이겠다고 했다. 보아스는 지체 없이 그 문제를 법적으로 해결하는 절차에 돌입했다(룻 4:1-12). 이쯤에서 독자들은 지금까지 룻기에 일어난 어떤 사건도 우연히 일어나지 않았음을 알았을 것이다. 바로 다음 날 보아스가 성문에 앉아 있을 때 그 친척이 지나가는 것을 보고 이것 역시 하나님의 예비하심인 것을 알 수 있다. 만약 룻이 그 성문에서 진행되던 법적인 절차 현장에 있었더라면, 처음에 그 친척이 엘리멜렉의 기업을 무르겠다고 선언했을 때 가슴이 철렁했을 것이다. 그러나 보아스가 룻도 그 기업과 함께 가야 한다는 사실을 그 사람에게 알렸을 때, 그는 마음을 바꿨다. 그제야 룻의 희망은 다시 살아났을 것이다.

그 친척이 마음 바꾼 것을 어떻게 설명해야 할까? 그는 자신이 위반한 법적인 의무가 있다는 사실이 생각났다고 말한다. "나는 내 기업에 손해가 있을까 하여 나를 위하여 무르지 못하노니"(룻 4:6)라고 하지만 그 핑계는 빈약한 것이다. 그러나 그것만으로도 보아스에게는 충분했고, 그가 판결을 수용하면서 한 말은 명료성과 논리성의 좋은 모본이다. 사건은 얼마든지 다른 방향으로 갈 수 있었지만, 그 결과는 처음부터 하나님에 의해 인도된 것으로 보인다.

출산의 결실을 통해 하나님은 일하신다

룻 4:13-18

우리는 룻기에서 하나님의 손길 때문에 사건이 일어난 것을 두 번째로 룻기 4장 13절에서 분명히 본다(처음 사례는 1장 6절에 나온다). "보아스가 룻을 맞이하여 아내로 삼고 그에게 들어갔더니 여호와께서 그에게 임신하게 하시므로 그가 아들을 낳은지라." 본문의 '임신/잉태'를 뜻하는 히브리 단어(herayon)는 여기 말고는 창세기 3장 16절과 호세아 9장 11절에만 나타나지만, '임신하게 [허락]하다'라는 특별한 숙어는 오직 여기서만 나타난다. 우리는 이 진술을, 말론과 결혼해 10년을 사는 동안(룻 1:4) 분명히 아이가 없었던 룻의 배경을 염두에 두고 해석해야 한다. 나오미와 함께 이스라엘로 옴으로써 룻이 신실함을 보인 후에, 룻이 자기 밭에서 이삭을 줍도록 보아스가 신실함을 보인 후에, 보아스가 친족 중 기업 무를 자로서 소임을 충실하게 한 후에, 성문에 있는 모든 백성과 장로들이 증인으로서 한 신실한 기도 후에(룻 4:11-12), 룻과 보아스가 결혼한 후 관계를 가지자마자 하나님은 룻에게 아이를 주셨다. 모든 사람의 노력, 심지어는 성관계까지 의도하거나 바라는 목표의 달성 여부는 하나님께 달려 있다(룻 4:13-15; 1:4).

어떤 아이든 그 태어남은 하나님에게서 온 선물이지만, 룻과 보아스의 아들인 오벳의 출생에는 더 큰 이야기가 있다. 오벳은 이스라엘에서 가장 위대한 왕인 다윗의 할아버지가 될 것이며(룻 4:22), 궁극적으로는 메시아 예수님의 조상이 된다(마 1:5, 16-17). 이런 방법으로 이방인 룻은 이스라엘에, 또 오늘날까지 예수님을 따르는 모든 사람에게 축복이 됐다.

○

결론

룻기는 자기 백성을 돌보시기 위해, 더욱 중요하게는 그분의 목적을 이루시기 위해 일어나는 모든 사건을 사방에서 이끄시며 일하시는 하나님에 대한 강력한 이야기를 전한다. 자기 백성을 향한 하나님의 신실하심과 하나님을 향한 백성의 신실함 모두 일과 그 일의 결실을 통해 활성화된다. 이 책의 등장인물은 부지런히, 정직하게, 너그럽게, 창의적으로 하나님의 율법과 영감에 따라 일한다. 그들은 사람 안에 있는 하나님의 형상을 인지했고 조화를 이루며 긍휼한 마음으로 다 같이 일했다.

룻기에서 벌어지는 여러 사건에서 우리는 오늘날 크리스천이 일의 존엄성은 물론 그 일의 가치도 반드시 인정해야 한다는 결론을 내릴 수 있다. 우리는 일로 하나님께 영광을 돌릴 수 있다. 일은 다른 사람에게 혜택을 주고, 우리가 살고 있는 이 세상을 섬긴다. 오늘날 크리스천인 우리는 목사나 선교사, 전도사가 하는 일에서 가장 분명하게 하나님의 손길을 인식하는 게 익숙할 수 있지만, 그들이 하는 일만이 하나님 나라의 합법적인 일은 아니다. 룻기는 부유한 지주가 하든 가난에 찌든 이방인이 하든 간에, 농사짓는 것과 같은 평범한 일도 충만한 믿음을 요하는 소명이라는 것을 상기시켜 준다. 가족의 생계를 책임지는 것은 거룩한 일이며, 다른 사람이 그의 가족을 부양할 수 있도록 도와줄 수단을 가진 사람은 누구나 하나님의 축복의 통로가 될 수 있다. 모든 합법적인 직업은 하나님의 일이다. 우리를 통해 하나님께서는 만드시고, 디자인하시고, 조직하시고, 아름답게 하시며, 도와주시고, 인도하시고, 경작하시고, 돌보시고, 치유하시고, 힘을 실어 주시며, 알려 주시고, 장식하시고, 가르치시며, 사랑하신다. 우리는 하나님의 날개다.

우리가 다른 사람의 근무 환경을 만들 힘이 있든지 아니면, 다른 사람 편이 되기 위해 스스로 위험을 감수하든지 간에, 우리가 동료를 귀하고 존엄하게 대할 때 우리가 하는 일은 하나님을 영화롭게 한다. 우리가 동료의 유익을 위해 일할 때, 특히 사회적으로나 경제적으로 소외된 사람을 위해 일할 때 우리는 하나님과 언약한 대로 살아가는 것이다. 우리가 다른 사람의 이익을 추구하고 모든 힘을 다해 그들이 하는 일이 인간다운 일이 되게 하고 그들의 행복을 키운다면, 우리는 하나님을 영화롭게 하는 것이다.

09

사무엘·열왕기·역대기 & 일의 신학

"지도자의 일은 다른 사람들의 일에

어떤 영향을 미치는가"

○

서론

사무엘상하, 열왕기상하 및 역대상하는 일에 깊은 관심을 갖는다. 그중에서도 가장 크게 관심을 갖는 분야는 정치적, 군사적, 경제적, 법률적 측면을 포함해서 '왕'이 하는 일이다. '지배권 소유'의 양식인 다스림은 처음부터 하나님이 인류에게 주신 과업 중 하나이며(창 1:28), 리더십이나 통치는 사무엘상하, 열왕기상하 및 역대상하에서 중심 무대를 차지하는 주제다. '이스라엘 민족은 누가 다스려야 하고, 무슨 목적으로, 어떻게 다스려야 하는가?' 기관이 잘 다스려지면 백성은 번성한다. 반대로 훌륭한 통치가 깨지면 모두가 고통받는다.

그러나 이 책에서 우리가 살펴볼 일꾼은 왕뿐만이 아니다. 첫째로, 왕이 하는 일은 무엇보다도 군인, 건축가, 장인, 제사장 같은 다른 사람 일에 영향을 미친다. 사무엘서, 열왕기 및 역대기는 왕이 하는 일이 다른 일꾼에게 어떤 영향을 미치는지에 초점을 맞춘다. 두 번째로, 통치하는 일 외에도 왕이 해야 할 여러 일이 있는데, 이 책들은 특별히 '자녀 양육'에 관심이 있다. 마지막으로, 이스라엘 역사에 나와 있는 대로 이 책들은 전체적으로 백성에게 초점을 맞추는데, 많은 경우 이는 왕의 일에 관련되지 않은 사람들의 일을 이야기함을 뜻한다.

이 책들이 이끄는 대로 따라가면서, 우리는 이스라엘 왕들의 리더십과 통치 과업을 집중해서 조명하는 동시에, 기술된 다른 여러 종류의 일꾼도 알아보고자 한다. 여기에는 군인, 장군, 사사와 민간 지도자(흔히 "장로"라고 불리는 사람), 부모, 목자, 농부, 요리사, 제빵사, 포도원지기, 음악가, 예술가, 투자가, 기업가, 외교관(공식 및 비공식 모두), 시위자, 활동가, 정치 자문관, 기술자 및 장인, 건축가, 감독관, 석공, 벽돌공, 금속공, 목수, 무기 제조업자, 우물 지킴이, 유류 무역상, 치유사, 계집종, 전령, 벌목공, 회계사 등이 포함된다. 물론 선지자와 제사장도 포함되는데, 이 주석 시리즈의 초점이 비종교적인 일에 있기 때문에, 우리는 종교적 범주를 벗어나 그들이 일에서 하는 역할만 조명할 것이다. 실제로 그들은 정치적, 군사적, 경제적인 측면에서 지대한 역할을 한다.

오늘날 거의 모든 분야 일꾼이 사무엘서, 열왕기, 역대기에 망라되어 있거나, 이 책에서 그들이 하는 실무에 적용할 수 있는 사항을 찾아볼 수 있다. 실무에(통치나 리더십이 우리의 주 업무인 경우를 제외하고,) 이제 우리는 특정한 직업을 어떻게 수행해야 할지에 대한 실무 지침을 찾기보다는 훌륭한 통치와 리더십이 우리 일에 어떻게 적용되는지를 알아볼 것이다.

사무엘서, 열왕기, 역대기의 역사적 배경

이 책들은 이스라엘이 왕정 통치 국가가 되어 감에 따라 왕이 하는 일에 초점을 맞춘다. 이야기는 이스라엘 열두 지파가 창세기에서 신명기에 이르기까지 하나님이 제정해 주신 리더십 규범들, 윤리와 미덕을 오랫동안 어기면서부터 시작된다. 거의 200년 가까이 "사사들"(임시 지도자)이 계속 뒤를 이어가며, 점점 더 악랄하게 통치한 결과 이스라엘은 만신창이가 됐다. 안타깝게도 이야기는 이스라엘의 몰락으로 끝나고, 성경 시대 동안에 다시는 회복되지 못했다. 이런 모습은 통치를 연구하기엔 전망이 썩 밝지 않아 보인다. 하지만 하나님은 그분의 인도하심을 백성이 따르든 안 따르든 상관없이 역사 안에 항상 증거하신다. 수천 년이 지난 후에 이야기를 읽으면서, 우리는 그들의 성공에서 배우고 실패에서도 배운다.

이 책들이 취한 기본적인 신학적 입장은, 만일 왕이 하나님께 신실하다면 그 나라는 경제, 사회, 군사적으로 번성하지만, 신실하지 않다면 국가적 재앙이 반드시 따라온다는 것이다. 오늘날 용어로 다시 말하면, 하나님의 백성은 최고위 정부 지도자의 행동에 따라 다른 결과를 맞이한다고 볼 수 있다. 그러나 통치는 정치 기관, 민간 기관, 영리 기관, 비영리 기관, 학술 기관, 아니면 다른 어떤 기관이든 간에 모든 종류의 공동체나 조직에서도 필요하다. 이 책들이 남긴 교훈은 오늘날 사회의 모든 구역을 통치하는 데 다 적용할 수 있다. 이 책들은, 많은 사람의 생계가 지도자의 말과 행동에 얼마나 달려 있는지를 증명함으로써, 리더십에 대한 다양한 연구거리를 제공한다.

학자들은, 각 쌍으로 된 이 책들(사무엘상하, 열왕기상하, 역대기상하)은 원래 두 개의 두루마리를 중간에 나누어 표시한 한 책이었을 것으로 추측한다. 사무엘서와 열왕기가 이스라엘 왕정 시대의 정치

역사를 통합해서 한 권을 이루며, 역대기는 열왕기와 같은 역사를 말하지만 히브리 역사의 제사장적이고 예배적인 측면에 초점을 둔다. 우리는 이를 (1) 지파 간 연방제에서 왕정으로 넘어가는 시기, (2) 왕정 시대의 황금기, (3) 실패한 왕정 시대에서 포로기, 총 세 부분으로 나누어 살펴보고자 한다.

지파 간 연방제에서 왕정으로

삼상

사무엘상은 이스라엘이 지파 간 충돌을 빚던 상황에서 예루살렘을 중심으로 중앙 집권화 되는 왕정 시대로 옮겨 가는 과도기를 기록한다. 이야기는 선지자 사무엘의 출생과 부름받음으로 시작해, 사울과 다윗의 왕으로의 기름부음 받음과 통치로 이어진다. 이는 한 국가의 형성, 권력과 예배의 중앙화, 새로운 정치적, 군사적, 사회적 질서 형성에 대한 이야기다.

▽ 삼상 1-3장

사무엘을 부르신 하나님

사사기 마지막 말과 사무엘상 1장의 시작하는 말에서 우리는 이스라엘 족속이 지도자도 없고, 하나님과도 연결되어 있지 않다는 걸 알게 된다. 그들에게 국가 지도자에 가장 가까운 인물이 제사장 엘리였는데, 엘리는 자기 아들들과 실로에서 성소를 운영했다. 이스라엘 족속의 정치, 경제, 군사적 형통은 하나님께 그들이 신실한지 여부에 달려 있었다. 따라서 백성은 그 성소로 하나님께 예물과 제물을 가져왔지만, 정작 제사장이 하나님과의 관계를 모독하고 있었다. "엘리의 아들들은 행실이 나빠 …… 그들이 여호와의 제사를 멸시함이었더라"(삼상 2:12, 17). 그들은 지도자로서 신뢰할 수 없었으며, 마음으로도 하나님을 영화롭게 하지 않았다. 예배를 드리러 올라온 사람은 자신이 예배를 드릴 수 있도록 방향을 이끌어 줘야 할 사람들이 도리어 그들에게서 도적질하는 걸 봤다. 왕정으로 넘어가는 한 나라치고는 어딘지 심상치 않다.

세습된 권력의 위험

세습된 권력은 두 가지 이유 때문에 천부적으로 위험하다. 우선, 최고의 지도자조차도 그 후손이 완전하고 충성스러울 것이라는 보장이 없다. 둘째, 권력층 집안에 태어나는 것 자체가 부패의 영향을 안고 있어서 아주 공손한 사람이 되든지, 아니면 엘리 자식들처럼 남에게 어떤 칭호로 불리고 싶어 하는 사람이 되든지 둘 중 하나로 귀결된다. 엘리는 자기 직무를 하나님께 받은 거룩한 명령으로 보고 수행했지만, 그의 아들들은 그것을 개인 소유로 여겼다(삼상 2:12-17). 성소 운영이 거의 가업이다시피 한 분위기에서 자란 그들은 어릴 때부터 아버지의 특권을 물려받길 기대했다. 이 '가업'이 하나님 소유의 성소였기에 그들은 대중보다 더 신성한 권위가 자신에게 있다고 주장했다. 더군다나 엘리 아들들의 악행은 하나님의 이름을 더욱 더럽혔다.

오늘날의 가업과 정치 왕조도 엘리의 상황에 견줄 만하다. 사업이나 정치의 창업자는 세상에 큰 유익을 가져왔을지 모르나, 만약 그 뒤를 이을 사람이 그것을 사적인 이익의 수단으로 소유하면, 그들이 섬기겠다고 내세우던 사람들은 해를 입을 수밖에 없다. 반면 창업자나 그 계승자가 처음에 가졌던 선한 목적에 충실하면 모두가 승자가 된다. 세상은 더 나은 곳이 되고, 사업과 공동체는 번창하며, 가족 살림은 넉넉해진다. 그러나 처음 목적이 소홀히 여겨지거나 부패하면, 사업이나 공동체는 고통을 받게 되고 조직과 가족도 위험에 처한다.

정부, 교회, 기업, 그 외의 다른 기관에서 권력을 세습받은 사람, 권력을 소유하는 것이 하나의 권리라고 생각하는 사람은 훌륭한 리더가 되는 데 필요한 기술이나 자기 훈련, 섬김의 자세 같은 측면은 개발할 필요를 인지하지 못하는 경우가 많다. 이런 현실이 전도서의 교사를 당혹스럽게 한다. "내가 해 아래에서 내가 한 모든 수고를 미워하였노니 이는 내 뒤를 이을 이에게 남겨 주게 됨이라 그 사람이 지혜자일지, 우매자일지야 누가 알랴마는 내가 해 아래에서 내 지혜를 다하여 수고한 모든 결과를 그가 다 관리하리니 이것도 헛되도다"(전 2:18-19). 이는 오늘날의 상황에도 그대로 해당된다. 한 세대 동안 기업의 성공으로 부와 권력을 쥔 가문이 이렇게 얻은 것을 3대째 가서는 전부 잃고, 가족 간의 파괴적인 다툼과 개인적 불행으로 고통을 당한다.[1] 세습된 권력이나 부가 항상 가난으로 귀결된다는 게 아니라, 그런 세습이 통치에는 위험한 정책이라는 점을 말하려는 것이다. 세습을 통해 권세를 물려주는 가족, 기관, 정부는 그 세습에 내포된 위험에 대처할 여러 가지 수단을 잘 강구해야 한다. 세습에 대해 가족이나 기업을 전문적으로 지원해 주는 컨설팅 회사와 기관이 많다.

사무엘을 엘리의 후계자로 부르시다

만약 엘리의 불량한 아들들이 아니면, 누가 엘리의 뒤를 이을 수 있을까? 사무엘상 3장 1절부터 4장 1절, 7장 3절과 17절은 엘리의 뒤를 잇게 하려고 어린 사무엘을 세우시는 하나님의 계획을 보여 준다. 사무엘은 하나님 음성을 귀로 들은, 성경에 기록된 몇 안 되는 부르심 가운데 하나를 받았다. 그러나 이것은 어떤 종류의 일이나 사역으로의 부르심이 아니라는 점을 눈여겨봐야 한다. 사무엘은 두세 살 때부터 여호와의 집에서 섬겼으며, 직업은 어머니가 선택한 것이었다(삼상 1:20-28; 2:18-21). 그럼에도 불구하고 하나님께서 조만간 엘리와 하나님의 제사장 자리에서 내려올 그의 아들들을 벌하시기로 작정하셨다는 사실을 엘리에게 말해야 하는 과업으로 부르신 것이었다. 이 부르심에 순종한 후 사무엘은 정정당당하게 선지자로 인정받을 때까지(삼상 4:1) 엘리 밑에서 계속 섬겼고, 엘리가 죽은 뒤에야 그의 뒤를 이었다(삼상 4:18). 사무엘이 하나님 백성의 지도자가 된 것은 자기 배를 채우려는 욕심이나 사람들에게 특별한 호칭으로 불리고 싶은 특권 의식 때문이 아니라, 하나님이 그에게 비전을 주시고(삼상 3:10-14), 백성이 그 비전을 성취하도록 그들을 이끄는 솜씨와 은사를 주셨기 때문이었다(삼상 3:19-4:1).●

▽ 삼상 4장

하나님을 '행운의 부적'처럼 대하는 태도

지도자 엘리의 부패가 백성의 부패를 불러왔는지 아니면 그 반대인지는 명확하지 않지만, 사무엘상 4-6장은 제대로 다스리지 못한 사람에게 일어나는 재앙을 그린다. 이스라엘은 인접 나라인 블레셋과 수 세기에 걸쳐 갈등을 빚어 왔다. 블레셋이 다시 침략했는데, 이스라엘이 졌고 4천 명이 희생당했다(삼상 4:1-3). 이스라엘 족속은 그 패배를 하나님께서 은혜를 베풀지 않으시는 하나의 표징으로 봤다. 그러나 그들은 자신의 허물을 성찰하고 회개하며 여호와께 나아와 인도해 주실 것

● '일'로의 부르심(소명)에 대해 더 자세히 알고 싶다면 TOW 웹사이트 핵심 주제 코너에서 '소명'의 "소명에 대한 개요" 부분을 보라.

을 간구하는 대신, 자신의 목적을 이루는 데 하나님을 이용하려고 시도했다. 그들은 하나님의 언약궤가 자신들을 천하무적으로 만들어 줄 것이라고 생각해, 언약궤를 가져와 블레셋에 맞서 전장에 투입했다. 그러나 블레셋은 전장에서 이스라엘을 도륙했다. 3만 명의 이스라엘 군인을 죽였으며, 그 언약궤를 빼앗고 엘리의 아들들을 쳐 죽여, 결국 그 사건으로 엘리까지도 죽게 만들었다(삼상 4:4-19).

군대 지도자와 함께 엘리의 아들들은, 자신들이 하나님의 이름을 지니고 있고, 하나님의 임재라는 상징을 소유했기 때문에 하나님의 능력이 자신들에게 임할 것이라고 생각하는 실수를 저질렀다. 어쩌면 책임자들은 언약궤를 둘러메고 갔기 때문에 자신들이 하나님의 능력을 제어할 수 있을 것이라 믿었을 수도 있다. 아니면 그들은 스스로 속아서 자기가 하나님의 백성이고, 자기가 갖고 싶어 하는 것은 무엇이든지 하나님께서 자기에게 주길 원하신다고 착각했을지도 모른다. 어떤 경우든 그들은 하나님의 임재가 하나님의 능력으로 말미암은 보호의 보장이 아니라, 하나님의 인도를 받으라는 초청임을 알게 됐다. 아이러니하게도 언약궤에는 하나님이 인도하시는 가장 큰 수단, 십계명이 들어 있었으나(신 10:5) 엘리의 아들들은 블레셋을 공격하기 전에 하나님으로부터 그 어떤 인도하심도 구하지 않았다.

우리도 일할 때 이런 나쁜 습관에 자주 빠지지 않는가? 일하면서 누군가의 반대에 부딪치거나 어려움을 만날 때 기도로 하나님의 인도를 구하는가 아니면, 자신이 원하는 것을 하나님이 이뤄 달라는 짧은 기도를 후다닥 해치우고 마는가? 일어날 수도 있는 행동 추이를 성경에 비춰 고려하는가 아니면, 성경을 그냥 책장에 묵혀 두는가? 자기 동기를 살피고 하나님이 일으키실 변혁에 열린 마음으로 자기 행동을 평가해 보는가 아니면, 그저 기독교적인 상징물로 자신을 치장하는가? 우리가 하는 일이 성취감 없어 보이거나, 경력이 우리가 바라는 만큼 올라가지 않는 것 같을 때, 우리는 하나님을 우리 일의 주인으로 따르는 대신 행운의 부적으로 쓰려고 하지 않는가?

▽ 삼상 5-7장

충성스럽게 일할 때 기회가 찾아오다

블레셋도 언약궤를 대하는 태도에 있어서는 이스라엘의 태도보다 더 나을 게 없었고, 그 언약궤는 군사적 용도에서 배제되기 전까지는 양쪽 진영 모두에게 위험한 게 됐다. 사무엘은 이스라엘 족속에게 여호와께 다시 헌신하라고 말했다(삼상 5:1-7:3). 백성은 그의 말에 귀를 기울였고, 다시 여호와를 예배하기로 돌아섰으며, 사무엘의 영향력은 급속도로 확대되어 갔다. 제사장으로서 사무엘의 역할은 얼마 안 있어 "사사"(군사 통치자의 뜻)로 승격했고, 급기야 그는 블레셋에 맞서 성공적인 방어를 해내기에 이른다(삼상 7:4-13). 사무엘의 역할은 곧 법률적인 문제를 해결하기 위한 법정을 여는 것도 아우르게 된다(삼상 7:16). 사무엘의 모든 과업 뒤에는 '신뢰할 수 있는 여호와의 선지자'가 되게 하려는(삼상 3:20) 그분의 부르심이 깔려 있다.

하나님 방식에 충실한, 노련하고 믿음직한 일꾼은 종종 자신의 직무 기술보다 더 많은 업무가 주어지는 걸 안다. 과도한 업무 책임에 직면해 사무엘은 '그건 내 일이 아니야'라는 반응을 보이지 않았다. 도리어 사무엘은 자기 앞에 있는 절대적인 필요를 봤고, 자신이 그런 필요를 충족시킬 수 있는 역량이 있다는 걸 인정하고, 그것을 해결하기 위해 걸음을 내딛는다. 그러자 하나님은 사무엘의 마음에 맞춰 그의 권위와 효율성을 높여 주신다.

여기서 우리가 배울 교훈이 있다. 사무엘이 한 것처럼 하나님의 부르심에 자원하는 마음을 가지고 반응하라는 것이다. 지금 당신 업무와 그다지 관련 없는 일을 맡았는가? 당신의 상사나 동료가 공식적으로는 당신의 주 업무가 아닌 영역에서 당신이 책임을 더 많이 맡아 주기를 기대하는 것같이 보이는가? 이런 것은 종종 성장, 발전, 승진의 기회다. 당신이 이런 기회를 향해 발걸음을 내디디면 어떻게 될까? 마찬가지로, 반응할 용기와 신뢰만 가지고 있다면 당신이 채워 줄 수 있는 주변의 필요가 보일 것이다. 하나님을 향한 당신의 신뢰를 키워 가고, 그분의 인도를 따르는 데 필요한 용기를 받는다면 어떻게 될까?

사무엘의 통치에 대한 마지막 설명(삼상 7:15-17)은 그가 매년 이스라엘 성읍을 순회하며 정의를 구현하고 다스렸다고 말한다. 그 장은 그가 "거기에 여호와를 위하여 제단을 쌓았더라"라는 말로 마친다. 이스라엘에 행한 사무엘의 공적, 군사적 섬김은 그의 평생에 걸친 신실함과 여호와를 향한 예배에 토대를 두고 있었다.

▽ **삼상 8:1-3**

자녀가 실망을 안겨 줄 때

사무엘이 나이 들면서 그도 엘리의 잘못을 그대로 답습해 자기 아들들을 후계자로 임명한다. 안타깝게도 엘리의 아들들처럼 그들 역시 탐욕에 빠지고 타락했다(삼상 8:1-3). 위대한 지도자의 실망스러운 자녀 이야기는 사무엘서와 열왕기에 계속되는 주제다. 우리가 곧 살펴볼 다윗의 아들 압살롬의 비극은 사무엘하에서 13-19장이나 되는 분량을 차지한다.

그것은 부모의 일이라는 것이 다른 어떤 직업 못지않게 버거운 일이며, 정서적으로는 훨씬 더 강도가 센 일이라는 걸 되새기게 해 준다.

본문에는 아무 해결책이 제시되어 있지 않으나, 우리는 엘리, 사무엘, 다윗이 문제 있는 자식에게 여러 특권은 주면서도 부모로서 거의 관여하지 않았다는 점을 알 수 있다. 부모가 정말로 최선을 다해 헌신하더라도 가슴을 도려낼 만큼 마음 아프게 하는 자식이 생길 수 있다. 그들을 비난하거나 여러 가지 판에 박힌 이유를 제시하는 대신, 부모로서 자식을 키운다는 것은 어떤 다른 직업 못지않게 기도, 기술, 공동체의 지지, 사랑이 요구되는 일이라는 것에 주목하자. 결국 부모가 된다는 건 자녀들이 기쁨을 안기든 실망을 안기든 아니면 어떤 때는 둘 다든 간에 하나님의 은혜와 긍휼에 달려 있으며, 살아 있는 동안에 우리가 보는 것을 넘어선 구속의 희망을 가져야 하는 것이다. 어쩌면 우리에게 가장 큰 위로는, 하나님도 정죄받은 자기 아들 때문에 가슴이 찢어지는 부모 마음을 경험하셨지만 그 모든 걸 사랑의 힘으로 이겨 내셨다는 것이다.

▽ 삼상 8:4-22

왕을 요구하다

사무엘 아들의 부적합성을 본 이스라엘 족속은 그에게 "모든 나라와 같이 우리에게 왕을 세워 우리를 다스리게 하소서"라고 간청했다. 이 요구는 사무엘의 기분을 상하게 했다(삼상 8:4-6). 사무엘은 백성에게 왕이 나라에 무거운 짐을 지울 것이라고 경고했다.

> 너희를 다스릴 왕의 제도는 이러하니라 그가 너희 아들들을 데려다가

> 그의 병거와 말을 어거하게 하리니 그들이 그 병거 앞에서 달릴 것이며 그가 또 너희의 아들들을 천부장과 오십부장을 삼을 것이며 자기 밭을 갈게 하고 자기 추수를 하게 할 것이며 자기 무기와 병거의 장비도 만들게 할 것이며 그가 또 너희의 딸들을 데려다가 향료 만드는 자와 요리하는 자와 떡 굽는 자로 삼을 것이며 그가 또 너희의 밭과 포도원과 감람원에서 제일 좋은 것을 가져다가 자기의 신하들에게 줄 것이며 그가 또 너희의 곡식과 포도원 소산의 십일조를 거두어 자기의 관리와 신하에게 줄 것이며 그가 또 너희의 노비와 가장 아름다운 소년과 나귀들을 끌어다가 자기 일을 시킬 것이며 너희의 양 떼의 십분의 일을 거두어 가리니 너희가 그의 종이 될 것이라(삼상 8:11-17).

그 왕은 약탈을 너무 심하게 해서 결국에 백성은 왕에게서 자신을 구해 달라고 소리치게 될 것이었다(삼상 8:18). 왕을 구하는 것은, 결국 왕이신 하나님을 거부하는 것이기 때문에, 하나님도 좋지 못한 생각이라는데 동의하셨다. 그럼에도 불구하고 여호와는 백성이 원하는 정부 형태를 선택하게 하기로 작정하시고 사무엘에게 이렇게 말씀하신다. “백성이 네게 한 말을 다 들으라 이는 그들이 너를 버림이 아니요 나를 버려 자기들의 왕이 되지 못하게 함이니라”(삼상 8:7). 성경학자 존 골딩게이(John Goldingay)가 말했듯이, “하나님은 그들이 처한 그 자리에서 자기 백성과 시작하시며, 만약 그들이 자신의 가장 높은 길을 따라오지 못할 때 하나님은 더 낮은 길을 새겨 나가신다. 그들이 여호와의 영에 반응하지 않거나 모든 사람이 무정부 상태를 향해 나갈 때 하나님은 …… 지상의 통치자라는 제도적인 안전장치를 제공하신다.” 때로 하나님은 자신의 영원한 목적의 일부가 아닌 기관을 허락하시며, 이스라엘 왕정 제도가 바로 확연히 그런 사례다.

하나님도 사무엘도, 이스라엘이 선택하고 실수하도록 허락함으로써 그 결과를 통해 배우게 한 것은 대단한 겸손과 탄력성과 은혜를 보인 것이다. 지도자가 백성이 한 어리석은 선택에 적응하지 않으면 안 되는, 그러면서도 동시에 성장과 은혜를 경험할 기회를 주려고 애써야 하는 기관이나 일터에서의 상황이 많다. 사무엘이 이스라엘에 한 경고는 오늘날 국가나 기업, 교회와 학교, 다른 조직에도 해당된다. 타락한 이 세상에서 사람들은 권력을 남용한다. 우리는 거기에 적응해야 하지만, 동시에 상황을 바꾸기 위해 우리가 할 수 있는 일은 해야 한다. 우리 열망은 하나님을 사랑하고 하나님이 모세에게 주신 율법에서 명령한 대로 다른 사람을 대하는 것인데, 그것은 어느 시대에서나 하나님의 사람이 행하기 극도로 어려운 일이다.

▽ 삼상 9-16장

왕을 택하는 과업

이스라엘 초대 왕으로 택함받은 사울

하나님은 사울을 첫 번째 왕으로 택하셨다(대략 BC 1050-1010). 사람들은 사울의 어느 일부분만을 봤다. "이스라엘 자손 중에 그보다 더 준수한 자가 없고 키는 모든 백성보다 어깨 위만큼 더 컸더라"(삼상 9:2). 나아가 사울은 백성들이 왕을 갖고자 한 제일 첫 번째 이유인 군사적 승리도 거두었다(삼상 11:1-11). 처음에 사울은 충성스럽게 섬겼지만(삼상 11:13-14), 순식간에 그는 하나님께 불순종했고(삼상 13:8-15), 자기 백성과 함께 교만해졌다(삼상 14:24-30). 사무엘과 하나님은 모두 그에게 몹시 노했다. 그리고 사울을 대신할 사람을 찾기 시작했다(삼상 16:1). 그러나 우리가 사울을 21세기의 리더십 기대치에 비추어 평가하기 전에, 사울은 고대 근동에서 왕이 해야 할 일을 했을 뿐이라는 걸 주목해야 한다. 백성은 자신이 구한 왕, 곧 (사무엘이 경고한 것처럼) 군국주의적이고 카리스마 넘치는 폭군을 얻었을 뿐이다.

우리는 이스라엘 초대 왕을 어떻게 평가해야 할까? 하나님은 사무엘이 어린 사울에게 기름 붓게 하는 실수를 하신 것일까? 아니면 겉으로는 멋스러우나 내면은 공허했던 사울을 이스라엘이 그의 외양만 보고 거기에 현혹되어 선택했음을 깨닫게 하시기 위한 것일까? 왕을 구함으로써 이스라엘 족속은 하나님에 대한 믿음이 없다는 걸 증명해 보였다. 그들이 허락받아 세운 왕도 결국은 똑같이 하나님을 믿지 못했다. 왕으로써 사울이 해야 할 첫 번째 과업은 인접한 블레셋과 다른 나라의 침략으로부터 이스라엘의 안전을 확보하는 것이었다. 그러나 골리앗과 부딪치자 사울의 두려움은 그의 믿음을 압도했고, 사울은 왕으로서의 역할에 부적합하다는 것을 드러냈다(삼상 17:11). 즉위 기간 내내 사울은 계속 비슷하게 하나님을 의심했고, 잘못된 곳에 가서 조언을 구했으며 마지막에 가서 그의 군대가 적군과 마주쳤을 때는 자결로 생을 마감하고 말았다(삼상 31:4).

사울의 뒤를 이어 택함받은 다윗

사울의 뒤를 이을 사람을 물색하면서 사무엘은 한 번 더 외모로 사람을 택하는 실수를 저지를 뻔했다(삼상 16:6-7). 소년 다윗은 사무엘이 보기엔 전혀 적합하지 않은 듯했으나, 하나님의 도우심으로 마침내 다윗이 이스라엘을 위해 선택된 왕이라는 걸 인정했다. 표면적으로 보면 다윗은 사람들이 리더에게 기대하는 엄숙한 이미지를 발산하지 않았다(삼상 16:6-11). 나중에 보면 블레셋 거인 골리앗도 비슷한 이유로 다윗을 업신여겼다(삼상 17:42). 다윗은 그가 젊다는 것 빼고는 여러 이유로 전통적인 왕의 후보하고는 거리가 멀었다. 다윗은 장자 우선 사회에서 막내였다. 더욱이 다윗은 증조할머니가 모압에서 이주해 온 룻이었기 때문에(룻 1:1-4), 혈통적으로도 순수 이스라엘 혈통이 아닌 혼혈이었다. 다윗은 여러 불리한 요소가 있었음에도 하나님은 그에게서 큰 잠재성을 보셨다.

오늘날 우리가 지도자 선택하는 것을 생각해 보면 하나님이 사무엘에게 하신 말씀은 너무도 소중한 것이다. "내가 보는 것은 사람과 같지 아니하니 사람은 외모를 보거니와 나 여호와는 중심을 보느니라"(삼상 16:7). 요동치는 하나님 나라 안에서는 가장 마지막 것이나 그냥 지나쳤던 것이 가장 탁월한 선택으로 드러날 수도 있다. 최고의 리더는 어쩌면 아무도 찾지 않는 리더일 수도 있다. 처음엔 아주 인상 깊은 리더, 곧 카리스마를 보이거나 다른 사람이 따르고 싶어 하는 사람을 찾고 싶은 유혹을 받을 것이다. 그러나 2012년 〈하버드 비즈니스 리뷰〉에 실린 글에 의하면, 자기 확신이 강한 사람이 실제로는 수행력이 떨어지는 것으로 나타났다.[2] 하나님이 중시하는 건 카리스마가 아니다. 하나님이 귀하게 여기는 건 인격이다. 하나님의 눈으로 어떤 한 사람의 인격을 보는 법을 배우는 데는 무엇이 필요할까?

사무엘이 다윗을 찾아갔을 때 그가 밖에서 성실하게 자기 아버지의 양 떼를 돌보며 목동으로서 자기 할 일을 하고 있었다는 건 대단히 중요하다. 자기에게 주어진 일을 충실하게 수행하는 것은, 다윗의 경우처럼 더 큰일을 하기 위한 훌륭한 준비다(삼상 17:34-37; 눅 16:10; 19:17). 사무엘은 다윗이 사람들이 갈망하며 '우리 앞에 나가서 우리의 싸움을 싸워 줄'(삼상 8:20) 강하고, 확신에 차 있으며, 경쟁력을 갖춘 리더라는 것을 곧 알아차렸다. 그의 인생 여정 전체를 통해 다윗은 자신이 하나님의 백성을 돌보며 하나님을 기쁘시게 하기 위해 섬기는 자라는 것을 항상 염두에 뒀다

(삼하 6:21). 그리고 하나님은 그런 그를 "내 마음에 맞는 사람"(행 13:22)이라고 부르셨다.

▽ 삼상 17-30장

권좌에 오르기까지 오래 기다리다

사무엘이 기름 부은 뒤 바로 통치를 시작했던 사울과 달리(삼상 11:1), 다윗은 헤브론에서 왕위에 오르기까지 길고도 어려운 도제 기간을 거쳤다. 다윗의 공적인 첫 성공은 이스라엘의 군사적 안정을 위협하던 골리앗을 죽인 것이었다. 군대가 귀환하는 길에 여인들이 기쁨으로 맞이하며 노래했는데 "사울이 죽인 자는 천천이요 다윗은 만만이로다"(삼상 18:7)라고 했다. 그런데 이것이 사울을 노하게 했다(삼상 18:8). 다윗의 능력 때문에 자신과 나라가 얼마나 큰 혜택을 입었는지를 깨닫지 못하고, 사울은 다윗을 하나의 위협으로 간주했다. 사울은 초기에 다윗을 없애야겠다고 결심했다(삼상 18:9-13). 그래서 사울은 결국 다윗이 생명을 부지하기 위해서는 힘들게 사울을 피해 다니며 유랑 길에 오르지 않고는 견딜 수 없도록 경쟁을 시작했고, 사울은 추적대를 데리고 10년 동안 유다 광야를 헤매고 다녔다.

사울을 죽일 기회가 주어졌을 때도 다윗은 권좌는 자신이 취할 자리가 아닌 것을 알고 그를 죽이길 거부했다. 권좌는 하나님이 주셔야 할 하나님의 권한이었다. "오직 재판장이신 하나님이 이를 낮추시고 저를 높이시느니라"(시 75:7). 다윗은 사울이 수치스러운 방식으로 행동할 때조차도 하나님이 사울에게 주신 권위를 존중했다. 이것은 오늘날 까다로운 상사 밑에서 일하거나, 또는 자신의 리더십이 인정받기를 기다리는 사람에게 교훈을 준다. 비록 우리가 하나님에 의해 특정한 일이나 자리로 부름받았을지라도, 이것이 곧 우리가 기존 권위를 부정함으로써 권력을 잡아도 된다고 공적으로 인정해 주신 게 아니다. 만약 하나님께서 자신이 보스가 되기를 바라신다고 생각하는 모든 사람이 자기 힘으로 그 과정을 서둘러서 권력을 쥐려고 한다면, 권력이 승계될 때마다 혼란이 따라올 것이다. 하나님은 오래 참으시니 우리도 다윗이 한 것처럼 오래 참아야 한다.

우리는 하나님께서 우리가 하길 원하시는 일을 하는 데 필요한 권위를 그분의 시간에 주실 것을 신뢰하는가? 일터에서는 더 큰 권위를 갖는 데 필요한 일을 완수하는 게 소중하다. 상사를 찍어 내거나 자기 동료를 밀어냄으로써 조기에 그런 권위를 쥐는 것은 동료와 신뢰를 쌓지 못할뿐더러 하나님에 대한 신뢰도 증명해 보이지 못한다. 때로는 당신에게 필요한 권위를 받는 데 시간이 너무 오래 걸린다는 느낌이 들 땐 절망스러울 수도 있으나, 진정한 권위는 우리가 쥘 수 있는 게 아니라 오직 허락되는 것이다. 다윗은 하나님께서 그 권위를 그의 손에 쥐어 주실 때까지 기꺼이 기다렸다.

다윗과 나발 간의 위기를 해결한 아비가일 삼상 25장

다윗의 힘이 커져 감에 따라 그는 나발이라는 부유한 지주와 갈등을 빚는다. 우연히 사울의 통치에 반대하는 무리와 다윗의 부하가 나발이 거하는 지역에 한동안 진을 쳤다. 다윗의 부하는 나발의 목동을 인자하게 대해 주며, 그들을 위해로부터 보호해 주고, 최소한 그들에게서 아무것도 훔치지 않았다(삼상 25:15-16). 이것을 두고 다윗은 나발이 뭔가 자신에게 빚을 졌다고 생각해 사절단을 보내 나발에게 다윗의 군사를 위해 양을 좀 기증해 줄 수 있는지 물었다. 어쩌면 다윗은 자기 요구에 허점이 있음을 깨달았는지, 사절단에게 나발을 더욱 공손하게 대하라고 지시했다.

나발은 다윗의 요구대로 하고 싶어 하지 않았다. 다윗의 잔치를 위해 아무것도 안 주겠다며 거부한 것은 물론이고, 다윗을 공개적으로 모욕하고, 다윗을 모른다고 부인하며, 다윗을 사울을 피해 도망 다니는 역적으로 몰아 다윗의 정직성을 공격했다(삼상 25:10). 나발의 종조차 그들의 주인을 "성질이 너무 고약해 어느 누구도 그에게 말하려 하지 않는다"라고 말할 정도였다(삼상 25:17). 다윗은 즉각 400명의 무장한 군사와 함께 나발과 그 집안 모든 남자를 죽이겠다고 나섰다.

나발이 자기 일꾼이나 가족을 돌보기보다 자만에만 신경을 쓰는 사이, 다윗은 대량 살상을 감행할 참이었다. 이 두 교만한 사람은 수백 명의 무고한 사람의 피를 흘리지 않고는 갈등을 해결할 수 없었다. 그런데 현명한 나발의 아내 아비가일이 이 싸움에 발 벗고 나섰다. 그녀는 다윗과 그의 부하를 위해 신속하게 잔치를 준비한 다음, 나귀를 타고 다윗을 맞아 사과하려고 나갔는데, 이것은 구약에서 정중한 호의의 새로운 기준을 제시하는 것이었다(삼상 25:26-31). 그러나 정중함을 갖춘 말에 담긴 내용은 다윗이 꼭 들어야 했던 진실이었다. 자칫하면 다윗은 자신이 절대로 지워 버릴 수 없는 평생의 죄가 될 수 있는, 아무 명분도 없는 피를 흘릴 찰나에 있었던 것이다.

다윗은 아비가일의 말에 감동했고 나발과 그의 모든 남자와 소년을 죽이려던 계획을 포기했다. 그는 심지어 아비가일에게 자신의 무모한 계획에서 돌아설 수 있게 해 준 것에 고마워하기까지 했다.

> 또 네 지혜를 칭찬할지며 또 네게 복이 있을지로다 오늘 내가 피를 흘릴 것과 친히 복수하는 것을 네가 막았느니라 나를 막아 너를 해하지 않게

하신 이스라엘의 하나님 여호와의 살아 계심을 두고 맹세하노니 네가 급히 와서 나를 영접하지 아니하였더면 밝는 아침에는 과연 나발에게 한 남자도 남겨 두지 아니하였으리라 하니라(삼상 25:33-34).

이 사건은, 자신의 리더들이 책임감 있게 행동하도록 사람들이 붙들어 줄 필요가 있다는 걸 보여 준다. 비록 그렇게 하는 것이 개인적으로 큰 위험을 감수하는 것일지라도 말이다. 당신이 영향력을 행사하기 위해 부름받았다고 해서 반드시 권세 있는 지위를 가져야 하는 것은 아니다. 그러나 용기는 가져야 한다. 감사하게도 우리는 언제든지 하나님께 용기를 구하고 받을 수 있다. 아비가일의 개입은 한편으로는 어떤 비판의 요점이 담겨 있긴 하지만, 존경을 보이면서도 권위자에게 도전하는 하나의 모델을 보여 준다. 나발은 사소한 갈등을 개인적 모욕이라는 포장지로 싼 바람에 하찮은 논쟁을 절체절명의 위기로 만들고 말았다. 반면 아비가일은 대단히 중요한 책망을 정중한 대화로 옷 입혀 생명을 위협하는 위기를 해결했다.

고위직에 있는 권세자가 책임을 지도록 하게끔 당신이 영향력을 끼칠 수 있도록 하나님은 어떤 방법으로 당신을 부르실 것 같은가? 어떻게 당신은 흔들리지 않고 분명하게 진리를 말하면서도 동시에 존중하는 신실한 태도를 기를 수 있겠는가? 실제로 그렇게 하는 데는 하나님으로부터 어떤 용기를 받아야 하는가?

왕정 시대의 황금기

삼하 1-24장; 왕상 1-11장; 대상 21-25장

사울이 죽은 후 다윗은 남유다 지파의 왕으로 기름부음을 받았으나, 그가 온 이스라엘의 왕으로 등극하려면 아직도 상당한 양의 피를 흘려야 했다(삼하 5:1-10). 다윗이 마침내 왕이 됐을 때, 다윗은 다른 사람을 훈련시키는 데 자기 달란트를 투자했다. 두려움으로 경쟁의식에 빠진 사울과는 대조적으로, 다윗은 경쟁자로 볼 수도 있는 용사들을 곁에 뒀다(삼하 23:8-39; 대상 11:10-47). 다윗은 그들을 귀하게 여겼고(대상 11:19), 그들의 명예를 격려해 주면서 높여 줬다(대상 11:25). 하나님은 사람들을 지원해 주고 격려하려는 다윗의 자발성을 사용하셔서 그것이 다윗의 성공에 기여하고 그 휘하의 사람에게 축복이 되게 해 주셨다.

마침내 느슨하던 이스라엘 족속의 열두 지파 연방제가 하나의 국가가 됐다. 80년 동안의 통치 가운데 처음은 다윗이 다스렸고(BC 약 1010-970년) 그다음엔 그의 아들 솔로몬이 다스렸다(BC 약 970-931년). 이스라엘은 번영의 황금기를 누렸고, 고대 근동 국가 가운데 그 명성이 자자했다. 그러나 그들의 성공 가운데 이 두 통치자는 하나님의 언약을 어기기도 했다. 이런 죄가 끼친 영향이 그들 당대에는 제한적이었지만, 그들의 뒤를 이어받은 사람들에겐 하나님에게서 돌아서서 그분의 언약을 파기하게 하는 하나의 패턴을 정하는 계기가 됐다.

▽ 삼하 1-24장

왕으로서 다윗의 성공과 실패

성경은 다윗을 이스라엘의 본이 되는 왕으로 간주했으며, 사무엘서와 열왕기와 역대기는 그가 거둔 수많은 성공을 묘사했다. 그러나 "그[하나님]의 마음에 맞는 사람"(삼상 13:14) 다윗조차 자기 권력을 남용해 때때로 믿음 없는 행동을 했다. 다윗은 자신을 대단한 존재라 여기지 않을 때는 성공하는 경향을 보였다. 그러나 가진 권력으로 기고만장했을 때, 예를 들어 하나님의 계명을 어기고 인구 조사를 했을 때(삼하 24:10-17), 밧세바를 성적으로 범하고 그의 남편 우리아를 살해하라는 명령을 내렸을 때는(삼하 11:2-17) 심각한 어려움에 봉착했다. 그러나 다윗의 실패에도 불구하고 하나님은 다윗과 세우신 언약을 이루시고 그를 자비롭게 대해 주셨다.

가정 내 갈등에 침묵한 다윗 삼하 13-19장

사람은 갈등 상황에 처하면 대부분 불편을 느끼기 때문에 우리는 가정에서든 일터에서든 갈등에 직면하는 걸 피하려는 경향이 있다. 사소한 것은 무시해도 해결될 수 있지만, 큰 갈등은 제대로 다루지 않으면 저절로 심화되어 우리 시스템에 재앙을 가져온다. 이것은 다윗 가정에서도 마찬가지였다. 다윗이 몇몇 자식 간에 일어난 갈등을 방치하는 바람에 온 가족이 비극에 빠졌다. 다윗의 장남 암논은 그의 배다른 누이 다말을 강간하고 수치스럽게 대했다(삼하 13:1-19). 다말의 친오빠인 압살롬은 그로 인해 암논을 증오했으나, 아무 말도 할 수 없었다. 다윗도 그 문제를 알았지만 그 상황을 무시해 버렸다(삼하 13:21).

2년간은 모든 게 잘 되어 가는 것 같았으나, 이 정도 규모의 해결되지 않은 갈등은 절대 사라지지 않는다. 암논과 압살롬이 함께 시골로 여행을 갔을 때 압살롬은 자기 이복형을 술로 취하게 한 후에 그의 종들에게 그를 쳐 죽이라고 시켰다(삼하 13:28-29). 이 갈등은 다윗의 가정은 물론 귀족과 군대, 마지막에는 온 나라가 내전에 빠지게 만들었다. 많은 경우에 갈등을 회피해서 초래되는 파괴가 그 갈등이 처음에 일어났을 때 처리하는 데서 오는 불편함보다 훨씬 더 나쁜 경우가 많다.

하버드대학교의 로널드 하이페츠와 마티 린스키 교수는 리더가 어떻게 "갈등을 잘 지휘해야 하는지"를 설명하면서 그렇지 않을 경우 그 자체가 끓어올라서 그들의 목표를 뒤집어엎고, 조직을 위험에 빠뜨린다고 말한다.[3] 마찬가지로 짐 콜린스(Jim Collins)도, 누코 철강(Nucor Steel) 회장이었던 앨런 아이버슨(Alan Iverson)이 회사가 고철강 재활용 사업으로 사업 분야를 다각화해야 할지 말아야 할지를 놓고 의견 분열이 극심했을 때의 사례를 들려준다. 아이버슨은 그런 의견 분열을 공개석상에 내놓고, 의견을 달리하는 사람이 보복하지 못하게 보호해 주면서 누구나 각자의 의견을 말하게 했다. 계속된 "격렬한 논쟁"은 모든 사람을 불편하게 만들었다. 사람들은 야유를 퍼부었다. 그들은 책상을 팔로 마구 내리쳤다. 얼굴이 붉어지고 핏줄이 불거졌다. 그러나 서로의 갈등을 인정하고 그것을 공개적으로 처리해 나감으로써, 분노가 수면 아래로 잠복했다가 나중에 폭발하는 사태를 방지했다. 더 나아가 다양한 사실과 의견을 수렴함으로써 회사가 더 나은 결정을 하도록 이끌었다. "동료들이 회장실로 몰려가 야유를 퍼붓고 서로 삿대질을 했지만 그 후에 결론이 도출됐다. …… 그 회사의 전략은 고뇌에 찬 수많은 논쟁과 싸움을 통해서 나왔다."[4] 잘 지휘된 갈등은 실제로는 창의성의 원천이 될 수 있다.

▽ 대상 21:1-17

다윗의 불순종, 국가적 전염병을 불러오다

다윗은 또 다른 실수로 고통을 겪었는데, 21세기 우리에게는 이상하게 보일 수도 있는 것이다. 다윗은 이스라엘의 인구 조사를 실시했다. 이것은 행하려면 아주 신중을 기해야 하는 일처럼 보이지만, 성경 본문은 요압 장군의 충고를 다윗이 듣지 않고 강행하도록 사탄이 부추겼다고 기록한다. 더 나아가 "하나님이 이 일을 악하게 여기사 이스라엘을 치시매"(대상 21:7).

다윗은 하나님의 뜻을 거스르며 인구 조사를 한 것이 죄라는 점을 인정했다. 다윗에게는 세 가지 선택이 주어졌는데, 그것은 이스라엘에 많은 해를 끼치는 일이었다. 3년의 기근, 적군의 칼에 3개월간 처참하게 쫓겨 다니는 것, 그 땅에 사흘간 전염병이 도는 것 중 하나를 택해야 했다. 다윗은 세 번째를 택했다. 죽음의 사자가 그 땅을 지나가자 7만 명이 목숨을 잃었다. 다윗은 하나님께 부르짖었다. "명령하여 백성을 계수하게 한 자가 내가 아니니이까 범죄하고 악을 행한 자는 곧 나이니이다 이 양 떼는 무엇을 행하였나이까 청하건대 나의 하나님 여호와여 주의 손으로 나와 내 아버지의 집을 치시고 주의 백성에게 재앙을 내리지 마옵소서 하니라"(대상 21:17).

어쩌면 어째서 다윗의 죄 때문에 하나님이 7만 명의 다른 백성을 벌하신 것일까? 본문은 거기에 답하지 않는다. 다만 우리는 지도자의 허물은 어쩔 수 없이 그를 따르는 자에게 해를 입히게 된다는 걸 본다. 만약 기업의 대표가 제품 개발에 대한 결정을 제대로 하지 못하면, 그 회사에 몸담은 사람은 이윤이 줄어들어 실직하게 될 수도 있다. 식당 주인이 위생 규칙을 제대로 안 지키면 식당 손님이 병에 걸릴 것이다. 교사가 형편없는 학생에게 좋은 점수를 주면 그 학생은 다음 단계 교육에서 실패하거나 낙제할 것이다. 리더십 위치를 수용하는 사람은 그들이 하는 행동이 다른 사람에게 미치는 영향에 대한 책임을 피할 수 없다.

▽ 대상 25장

음악 예술을 후원한 다윗

역대상은 사무엘하와 열왕기에는 나오지 않는 내용을 자세히 덧붙인다. 다윗은 '여호와의 집에서 노래를 하게 하기 위하여' 음악대를 창설했다.

> 이들이 다 그들의 아버지의 지휘 아래 제금과 비파와 수금을 잡아 여호와의 전에서 노래하여 하나님의 전을 섬겼으며 아삽과 여두둔과 헤만은 왕의 지휘 아래 있었으니 그들과 모든 형제 곧 여호와 찬송하기를 배워 익숙한 자의 수효가 이백팔십팔 명이라(대상 25:6-7).

현대 관현악단 두 개를 합친 규모의 앙상블을 유지해 나가는 것은 BC 10세기의 막 떠오르던 신흥 국가에서는 상당히 큰일이었을 것이다. 다윗은 그것을 사치라고 여기지 않고 필요하다고 여겼다. 실제로 다윗은 자기 역할을 다른 장군들의 동의를 얻어서, 전체 군대의 사령관으로서 그것을 명령하는 것으로 봤다(대상 25:1).

오늘날 많은 군대가 밴드와 합창대를 운영하지만, 일터 중에는 원래 음악 기관이 아니고서는 그렇게 하는 곳이 거의 없다. 그러나 음악이나 다른 예술에는 모든 종류의 일에 필수적인 뭔가가 있다. 인간의 경제 활동의 원천이신 하나님의 창조는 생산적일 뿐 아니라, 아름답다(창 3:6; 시 96:6; 겔 31:7-9). 하나님은 아름다운 수공품을 사랑하신다(사 60:13). 당신 일에서 무엇이 그 아름다움을 나타낼 수 있는 영역인가? 당신이 더 많은 아름다움을 창조해 내면 당신이 속한 조직이나 사람들은 그 일에서 혜택을 누리는가? 당신 직업에서 일이 아름답다는 것은 무슨 의미인가?

▽ 왕상

다윗의 통치에 대한 전반적인 평가

우리는 다윗과 그의 통치를 어떻게 평가해야 하는가? 솔로몬이 자기 아버지 다윗보다 더 많은 부와 땅, 명성을 얻기는 했지만, 열왕기와 역대기가 이스라엘의 가장 위대한 왕이요, 모든 다른 왕을 평가하는 기준으로 삼은 왕은 다윗이다.

우리는 다윗의 생애와 행동에 대해 하나님의 아주 강한 긍정적 평가와 부정적 평가를 보면서 소망을 얻을 수도 있을 것이다. 비록 다윗의 정치적인 술수, 정욕, 폭력 등을 감안하더라도, 우리는 그가 보인 근본적인 경건에는 감동을 받게 된다. 우리도 자기 심령과 행동에서 이와 유사한 양면성을 볼 때, 우리는 우리 모든 죄를 용서해 주시는 하나님 안에서 위로받고 소망을 갖는다. 다윗과 함께해 주신 여호와의 임재는 설령 우리가 신실하지 못할 때조차 우리에게 소망을 주시며, 하나님은 끈질긴 "천국의 사냥개"(Hound of Heaven; 영국 프랜시스 톰슨이 쓴 시의 제목으로, 죄를 짓고 도망쳐 세상의 다른 것을 향해 달려가는 인간을 추적해 오시는 하나님의 사랑을 묘사한 시-옮긴이 주)로 우리와 함께 계신다.

사울처럼 다윗도 위대함과 신실치 못함, 죄와 실수가 얽혀 있다. 그렇다면 어째서 하나님은 사울의 통치는 보전해 주지 않으시고 다윗의 통치는 지켜 주신 걸까 하고 의아할 것이다. 그 이유는 부분적으로는 다윗의 마음이 하나님께 신실하게 붙어 있었기 때문이지만(왕상 11:4; 15:3) 결국 그의 행동은 잘못된 방향으로 갔다. 사울에게는 그렇게 똑같은 말씀을 하신 적이 한 번도 없다. 아니면 하나님이 자기 백성을 향한 목적을 이루시는 최고의 방법이 그냥 다윗을 왕위에 붙들어 두는 것이었기 때문일 수도 있다. 하나님이 우리에게 어떤 직책이나 임무를 맡기실 때, 그분이 반드시 우리를 생각하시는 게 아닐 수도 있다. 하나님이 우리를 택하신 것은 우리가 다른 사람에게 끼칠 영향 때문일 수도 있다. 예를 들면 하나님은 바사 왕 고레스에게 상을 주거나 혜택을 주기 위해서 그가 바벨론을 이기게 하신 것이 아니라, 이스라엘을 포로에서 해방하시기 위해 그렇게 하신 것이다(대하 36:22-23).

▽ 왕상 1장; 대상 22장

왕위 계승자를 준비하다

다윗은 왕으로서 피를 너무 많이 흘렸기 때문에 하나님은 그에게 여호와를 위한 집을 짓게 하지 않기로 작정하셨다. 대신 다윗의 아들 솔로몬이 그 과업을 물려받았다(대상 22:7-10). 그래서 다윗은 자기 마지막 임무는 솔로몬이 왕이라는 직책을 수행하도록 그를 훈련하고(대상 22:1-16) 그의 주변에 유능한 보좌진이 있게 해 주는 것이라고 생각했다(대상 22:17-19). 다윗은 "내 아들 솔로몬은 어리고 미숙하고 여호와를 위하여 건축할 성전은 극히 웅장하여 만국에 명성과 영광이 있게 하여야 할지라 그러므로 내가 이제 그것을 위하여 준비하리라"(대상 22:5)라고 하면서, 예루살렘에 하나님의 성전을 짓기 위한 재료를 엄청나게 쌓아 뒀다. 다윗은 공적으로 솔로몬에게 권세를 이양해 줬고, 이스라엘의 지도자들에게 솔로몬을 새로운 왕으로 인정하고 그가 성공하도록 도와줄 준비를 하라고 분명하게 해 두었다.

리더십은 한 개인의 경력보다 오래 가는 하나의 책임이라는 걸 다윗은 인정했다. 대부분의 경우 (승진해서든, 은퇴해서든, 아니면 이직해서든 간에) 우리가 떠난 후에도 우리가 하는 일은 계속될 것이다. 그래서 우리는 우리 후임자가 성공할 수 있는 여건을 조성해 줄 의무가 있다. 다윗이 솔로몬을 준비시키는 데서 우리는 성공적인 승계 계획의 세 가지 요소를 볼 수 있다.

먼저 우리가 마무리하지 않고 남겨 놓은 일을 후임자가 완수할 수 있도록 필요한 자원을 제공해야 한다. 당신이 중간 정도의 성공이라도 했다면 당신은 그 자리에 필요한 자원을 어떻게 확보해야 하는지 배웠을 것이다. 이것은 흔히 (후임자가 곧바로 물려받지는 못할) 대인관계의 인맥에 달려 있다. 예를 들면, 우리 부서에서 같이 일하지 않으나, 우리 일을 자발적으로 도와주려는 사람의 지지에 따라 우리 업무의 성공 여부가 나뉠 수 있다. 당신은 후임자가 이 사람들이 누군지 알고 있는지 확인해야 하며, 당신이 떠난 뒤에도 그들이 계속 후임자를 잘 도와주도록 미리 부탁해 놓는 게 좋다. 다윗은 자신이 개발해 두었던 모든 인맥 가운데 자신이 떠난 뒤에 솔로몬을 위해 일해 줄 "온갖 일에 익숙한 모든 사람"을 사전에 준비했다(대상 22:15).

둘째, 우리는 우리의 지식과 대인관계를 후임자에게 물려 줘야 한다. 이것은 우리가 떠나기 전에 후임자를 실무 현장에 함께 데려가는 것이다. 다윗은, 비록 그가 이 일을 좀 더 일찍 했더라면 훨씬 더 잘할 수 있었을 것으로 보이긴 하지만, 자신이 죽기 직전에 솔로몬을 리더십 구조와 궁중 예식에 포함시키기 시작했다(왕상 1:28-40). 물론 후임자에게 위임해 줄 역할이 아무것도 없을 경우가 있고, 또 그 사람과 근무 시기가 겹치지 않을 수 있다. 그런 경우에 글로 쓰거나 그 조직에 남아 있을 사람을 통해 정보를 전달해 주면 된다. 하나님의 영광을 위해 당신이 맡았던 일이 지속되고 후임자가 자리 잡도록 하기 위해 우리가 할 수 있는 건 어떤 것이 있을까?

셋째, 우리는 우리 직책을 이어받을 그 사람에게 권위를 확실히 넘겨줘야 한다. 우리가 직접 후임자를 정했든지 우리 의견을 묻지 않고 다른 사람이 정했든지, 우리는 여전히 공개적으로 자리 이동을 알리고 예전에 당신이 가졌던 권위를 확실하게 이양해 줄 것인지 말지를 결정할 수 있다. 당신이 하는 말과 행동이 후임자에게 복이 될 수도, 저주가 될 수도 있다.

최근의 예를 들자면, 임기 조항에 걸려 3연속 러시아 대통령으로 집권할 수 없게 된 블라드미르 푸틴이 권력을 유지하려고 썼던 수법이다. 그는 대통령의 권한 일부를 국무총리에게 이양하는 술수를 쓴 다음, 선거로 선출된 전직 대통령으로서의 영향력을 행사하기 위해 신임 대통령이 즉시 자신을 러시아 국무총리로 임명하게 했다.[5] 정해진 국무총리 임기가 끝나자 푸틴은 현직에 있는 대통령의 요청으로 쉽게 대통령에 다시 취임했고, 요청한 대통령은 그 후에 물러났다.[6] 그 결과 푸틴의 손에 들어간 권력은 수십 년째 계속 유지되고 있고, 권력의 임기를 제한하려고 의도했던 게 러시아와 그 인접 국가에 손해를 끼쳤다. 그와는 대조적으로 다윗은 솔로몬이 공개적으로 왕으로 임명되도록 준비해 줬고, 왕정의 상징을 물려주었다. 그리고 다윗이 아직 살아 있을 때 솔로몬을 왕으로 공식 선포했다(왕상 1:32-35, 39-40).

▽ 왕상 1-11장

다윗에 이어 왕이 된 솔로몬

다윗을 이어 왕이 되자마자 솔로몬은 엄청난 책무에 직면한다(왕상 3:5-15). 솔로몬은 자신이 그 일에 얼마나 부족한지를 예리하게 꿰뚫고 있었다(대상 22:5). 그에게 맡겨진 과업은 엄청났다. 성전 건축 과업 외에도 크고 복잡한 나라 문제가 그의 손안에 맡겨져 있었다. "그들은 큰 백성이라 수효가 많아서 셀 수도 없고 기록할 수도 없사오니"(왕상 3:8). 업무 경험을 축적하면서도 솔로몬은 그 일이 너무 복잡해서 상황마다 올바른 행동 방향을 잡아 나가기가 불가능하다는 걸 깨달았다. 솔로몬은 신적 도움이 필요했다. 그래서 그는 하나님께 "듣는 마음을 종에게 주사 주의 백성을 재판하여 선악을 분별하게 하옵소서"(왕상 3:9)라고 기도했다. 하나님은 솔로몬의 기도에 응답하셔서 그에게 "지혜와 총명을 심히 많이 주시고 또 넓은 마음을 주시되 바닷가의 모래같이" 하셨다(왕상 4:29).

여호와의 성전을 짓다 왕상 5-8장

솔로몬의 첫 주요 과업은 성전 건축이었다. 이 위업을 달성하기 위해 솔로몬은 왕국 사방에서 전문가를 고용했는데(왕상 5-7장), 그들은 성전 건물을 짓는 데 헌신된 사람이었으며, 그 성전 건물 중 우리에게 알려진 공간은 일부에 지나지 않다.

> 솔로몬에게 또 짐꾼이 칠만 명이요 산에서 돌을 뜨는 자가 팔만 명이며 이 외에 그 사역을 감독하는 관리가 삼천삼백 명이라 그들이 일하는 백성을 거느렸더라 이에 왕이 명령을 내려 크고 귀한 돌을 떠다가 다듬어서 성전의 기초석으로 놓게 하매(왕상 5:15-17).

그가 놋기둥 둘을 만들었으니 그 높이는 각각 십팔 규빗이라 각각 십이 규빗 되는 줄을 두를 만하며 또 놋을 녹여 부어서 기둥 머리를 만들어 기둥 꼭대기에 두었으니 한쪽 머리의 높이도 다섯 규빗이요 다른쪽 머리의 높이도 다섯 규빗이며 기둥 꼭대기에 있는 머리를 위하여 바둑판 모양으로 얽은 그물과 사슬 모양으로 땋은 것을 만들었으니 이 머리에 일곱이요 저 머리에 일곱이라(왕상 7:15-17).

솔로몬이 또 여호와의 성전의 모든 기구를 만들었으니 곧 금 단과 진설병의 금 상과 내소 앞에 좌우로 다섯씩 둘 정금 등잔대며 또 금 꽃과 등잔과 불집게며 또 정금 대접과 불집게와 주발과 숟가락과 불을 옮기는 그릇이며 또 내소 곧 지성소 문의 금 돌쩌귀와 성전 곧 외소 문의 금 돌쩌귀더라 솔로몬 왕이 여호와의 성전을 위하여 만드는 모든 일을 마친지라 이에 솔로몬이 그의 아버지 다윗이 드린 물건 곧 은과 금과 기구들을 가져다가 여호와의 성전 곳간에 두었더라(왕상 7:48-51).

일가견이 있는 전문가부터 강제 부역을 한 사람에 이르기까지 그 왕국 백성은 성전 건축을 돕기 위해 자신의 지식과 솜씨를 바쳤다. 그렇게 함으로써 솔로몬은 자기 나라를 세우고 유지하는 데 수많은 백성을 참여시켰다. 그것은 솔로몬이 의도한 것이었든 아니었든 간에, 다양한 사람을 그렇게도 많이 고용한 것은 엄청난 수의 시민이 그 나라의 정치, 종교, 사회, 경제적 복지에 개인적인 투자를 하게 만든 것이었다.

통치의 중앙집권화 왕상 9-11장

성전 건축에 필요한 국가적인 대규모의 노력 투입은 솔로몬으로 하여금 강력한 힘을 가진 왕국의 통치자가 되게 만들었다. 솔로몬의 재위

기간 동안에 이스라엘의 군사·경제적 힘은 정점에 이르렀고, 이스라엘은 역사상 어느 때보다 큰 영토를 다스렸다. 솔로몬은 국가 정부와 경제 기관, 예배의 중앙집권화를 완료했다.

대규모 노동력 확보를 위해 솔로몬 왕은 이스라엘 전역에서 일꾼을 징집했다. 할당된 숫자는 3만 명이었다(왕상 5:13-14). 솔로몬은 이스라엘 백성을 종으로 삼지 말라는 레위기 25장 44-46절에 따라 징집된 이스라엘 백성에게 임금을 지불한 듯하다(왕상 9:22). 그러나 거주하는 외국인은 그냥 노예였다(왕상 9:20-21). 거기에다 주변 국가에서 수많은 일꾼이 들어왔다. 어디서 왔는지는 몰라도 당대 최고의 장색공을 포함해 광범위한 숙련공이 다 모였다. 사무엘서와 열왕기, 역대기는 기본적으로 왕의 신분으로 하는 일에 관심을 둔 책인데, 성전과 관련된 사람을 제하고는 이 일꾼들에 대해 별로 말하지 않는다. 그들은 무대 뒤에서나 보이는 사람들이지만 바로 그런 사람들이 사회를 구성한다.

솔로몬은 중앙정부가 커지면서 점점 늘어 가는 중앙정부의 노동력을 위한 식량의 필요성을 봤다. 군인은 식량이 필요했고(왕상 5:9-11) 거기에다 솔로몬의 건축 프로젝트에 투입된 일꾼도 있었다. 늘어나는 귀족도 먹여 살려야 했다. 그래서 왕은 그 나라를 12구역으로 나눠 각 구역을 관할하는 책임자를 임명했다. 각 구역 책임자에게는 매년 1개월 치의 필요한 식량을 조달해야 할 책임이 부과됐다. 그 결과 그 나라의 딸들은 "요리하는 자와 떡 굽는 자로" 징집됐다(삼상 8:13). 이스라엘에 강제 노역과 무거운 세금, 궁중 전역에서 권력을 휘두르는 중앙 엘리트가 생겨나 이스라엘도 다른 나라처럼 되고 말았다.

사무엘이 전에 말했던 것처럼, 왕들은 군사력을 크게 키운다(삼상 8:11-12). 군대가 나라 안정의 필수 요소가 됨에 따라 군사화는 솔로몬의 재위 기간에 꽃을 피운다. 보병부터 장군에 이르기까지 온갖 계급 군인은 모두 던지는 창과 찌르는 창, 단창, 활과 화살, 칼, 단검, 물매 등 무기가 필요했다. 방패와 투구, 갑옷과 같은 보호용 장비도 필요했다. 그런 대규모 군대를 유지하기 위해서는 국가적인 군사 조직이 유지되어야만 한다. 아버지 다윗과는 대조적으로 솔로몬은 "평화의 사람"으로 불리지만, 그 평화는 잘 조직된 군사력에서 보장되는 것이었다.

우리는 솔로몬 이야기에서 대량 생산과 분배를 조직화하는 구조와 시스템과 더불어 사회가 얼마나 무수한 사람의 일에 의존하는지를 본다. 일을 조직화하는 사람의 역량은 우리가 전 세계적인 규모의 혼란에 질서를 부여하시는 하나님의 형상으로 창조됐다는 증거다(창 1장). 성경이 하나님이 사람을 만나시는 장소의 건설을 통해 이런 능력을 묘사한다는 것이 얼마나 잘 어울리는가! 거기엔 하나님의 집을 짓기에 충분할 만큼 대규모로 일을 조직화하는 하나님이 주신 능력이 들어 있다. 우리 중 누구도 솔로몬 시대의 방법(징병, 강제 노역, 군국화)으로 돌아가고 싶은 사람은 없을 것이다. 오늘날 우리를 보다 공정하고 효과적인 체계 속에 살도록 인도하신 주님께 감사할 뿐이다. 아마도 우리가 이 일화에서 알 수 있는 점은, 하나님께서 인간의 일을 조직화하는 기술과 이 세상에서 그분의 목적을 성취하기 위한 창조력에 큰 관심을 가지신다는 사실이다.

▽ 왕상

솔로몬의 황금기에 대한 평가

왕을 갖는 것의 위험성을 경고한 사무엘의 예언은 솔로몬 시대에 이루어졌다.

> 이르되 너희를 다스릴 왕의 제도는 이러하니라 그가 너희 아들들을 데려다가 그의 병거와 말을 어거하게 하리니 그들이 그 병거 앞에서 달릴 것이며 그가 또 너희의 아들들을 천부장과 오십부장을 삼을 것이며 자기 밭을 갈게 하고 자기 추수를 하게 할 것이며 자기 무기와 병거의 장비도 만들게 할 것이며 그가 또 너희의 딸들을 데려다가 향료 만드는 자와 요리하는 자와 떡 굽는 자로 삼을 것이며 그가 또 너희의 밭과 포도원과 감람원에서 제일 좋은 것을 가져다가 자기의 신하들에게 줄 것이며 그가 또 너희의 곡식과 포도원 소산의 십일조를 거두어 자기의 관리와 신하에게 줄 것이며 그가 또 너희의 노비와 가장 아름다운 소년과 나귀들을 끌어다가 자기 일을 시킬 것이며 너희의 양 떼의 십분의 일을 거두어 가리니 너희가 그의 종이 될 것이라 그날에 너희는 너희가 택한 왕으로 말미암아 부르짖되 그날에 여호와께서 너희에게 응답하지 아니하시리라 하니(삼상 8:11-18).

표면적으로는 솔로몬의 행정과 건축 캠페인이 대단히 성공적으로 보인다. 백성은 성전을 건축하는 데 요구된 희생을 기쁨으로 감당했으며(왕상 8:65-66), 성전은 모두가 가서 하나님의 공의(왕상 8:12-21), 용서(왕상 8:33-36), 치유(왕상 8:37-40), 긍휼(왕상 8:46-53)을 받는 곳이었다.

그러나 성전이 완공된 뒤, 솔로몬은 성전만큼이나 웅장하고 큰 규모의 궁전을 짓는다(왕상 9:1, 10). 부와 권력에 익숙해지면서, 솔로몬은 자신만 챙기고 교만해졌으며 신실함을 잃었다. 솔로몬은 국가 생산 역량의 상당 부분을 자기 개인의 유익을 위해 썼다. 기존의 상아 왕좌로도 충분한데 거기에 금을 입혔다(대하 9:17). 또한 홍청망청 낭비했다(왕상 10:5). 동맹국과 맺은 약속을 어겼으며(왕상 9:12), 700명의 후궁과 300명의 첩을 두었다(왕상 11:3). 이 마지막 것이 결국은 파멸의 원인이 됐다. 그가 "이방의 많은 여인을 사랑하였"(왕상 11:1)고, 그 결과 "솔로몬의 나이가 많을 때에 그의 여인들이 그의 마음을 돌려 다른 신들을 따르게 하였으므로 왕의 마음이 …… 그의 하나님 여호와 앞에 온전하지 못하였"(왕상 11:4)다. 그는 아스다롯과 밀곰을 따르고, 그모스와 몰록을 위한 산당을 세웠다(왕상 11:7). 왕이 여호와께 충실한 것이 국가 번영의 열쇠라는 언약에 비춰 볼 때, 이스라엘은 그 정점에서 내리막길로 얼마 안 있어 급격하게 치달을 것을 내다볼 수 있다. 하나님은 우리가 그분의 목적을 위해 일하는지, 아니면 그 목적을 거슬러 일하는지에 깊이 신경 쓰신다. 우리가 하나님의 계획에 따라 일하면 놀라운 업적도 가능하지만, 그렇게 하지 않을 때는 우리 일은 급격히 붕괴되고 말 것이다.

왕정 실패에서 포로기까지

왕상 11장-왕하 25장; 대하 10-36장

솔로몬은 이스라엘의 3대 왕에 불과하지만 이미 그 왕국은 절정에 달해 있었다. 그 뒤 400여 년 동안 악한 왕이 연이어 등장하면서 이스라엘을 쇠퇴와 분열, 결국엔 패망으로 이끌었다.

▽ 왕상 11:26-12:19

부강했던 솔로몬 왕국, 마침내 둘로 나뉘다

솔로몬이 죽고 나자 그의 공평하고 효과적인 국가 경영의 이면에 불안 요소가 싹트고 있었음이 명백하게 드러났다. 여로보암(전에 역군 감독이었던 사람)과 "이스라엘의 온 회중"은 솔로몬의 아들이자 왕위 계승자인 르호보암(BC 931-914년)에게 나아와 "당신 아버지가 시행했던 무거운 노역과 세금의 멍에를 가볍게 해 달라"라고 요청했다(왕상 12:3-16; 대하 10장). 그들은 자신이 새 왕에게 충성하기로 서약할 준비를 하고 있으니 대신에 부역과 세금을 좀 경감해 달라고 한 것이다.[7] 그러나 르호보암은 이스라엘 백성이 공급해 주던 것으로 40년 동안 호화롭게만 살아왔다. 그는 지금껏 누려 왔던 법적인 수혜의식이 너무 강해 타협할 수가 없었다. 자기 아버지가 백성에게 지운 부당한 짐을 가볍게 해 주는 대신 르호보암은 그들의 멍에를 더욱 무겁게 하기로 작정했다.

사무엘의 예언은 더욱 성취되었다(삼상 8:18). 반역이 일어났고 왕정은 영원히 나눠지고 말았다. 이스라엘 백성이 국가를 지탱하기 위해 자신에게 부과된 공정한 노역 분담을 기꺼이 감당하겠다는 자발적인 자세 못지않은, 비현실적이고 불합리한 기대가 표출되면서 결과적으로 반역이 일어나고 나라가 분열됐다. 북쪽의 열 지파는 따로 떨어져 나가서 여로보암을 그들의 왕으로 기름 부었다(BC 약 931-910년). 여로보암은 르호보암 밑에서 세금 경감을 추구하던 대표단 단장이었지만, 그의 왕조도 백성들에겐 딱히 더 나을 게 없었음이 판명됐다.

▽ 왕상 12:25-왕하 17:18

앗수르에 끌려가는 북이스라엘

200년 동안(BC 910-722년) 북 왕국 이스라엘은 여호와 앞에서 크게 악을 행한 왕에 의해 통치됐다. 이 기간은 끝없는 전쟁과 반역, 살해로 특징지어지다가 앗수르에 의해 철저하게 파멸당했다. 앗수르의 정복자들은 정복지 백성을 끌고 가 자기 제국 여러 곳에 흩어 놓았고, 외국인을 피정복지에 데려다 놓았다(왕하 17:5-24). 지도자의 실패는 종종 그 백성에게 재앙 같은 영향을 끼친다.

▽ 왕상 18:1-4

부패한 구조 안에서 100명을 구한 오바댜

여기서 두 가지 일화가 우리의 관심을 끈다. 100명의 선지자의 목숨을 구한 오바댜의 첫 번째 일화는 비윤리적인 기관에서 근무하는 사람이 직장을 그만두어야 할지 말아야 할지의 결정, 곧 직장 세계에서 많은 사람이 부딪치는 결정에 도움이 될 수 있을 것이다.

오바댜는 아합 왕국의 수석 행정관이었다. 아합은 오늘날까지 이스라엘의 가장 악한 왕으로 유명하다. 아합의 부인 이세벨은 여호와의 선지자들을 죽이라고 명령을 내린다. 아합 왕국의 고위 관리였던 오바댜는 그 작전 명령을 먼저 듣고, 선수를 치기 위한 수단도 강구했다. 그는 100명의 선지자를 두 동굴에 숨긴 후 위기 상황이 누그러질 때까지 그들에게 떡과 물을 제공해 줬다. 그들이 살아남은 건 오로지 "여호와를 지극히 경외하는" 한 사람(왕상 18:3)이 그들을 보호해 줄 수 있는 권세의 자리에 있기 때문이었다.

부패하거나 악한 기관에서 일하면 사기가 떨어지기 마련이다. 그런 직장에서 힘겹게 버티느니 차라리 그만둬 버리고 좀 더 거룩한 일을 찾는 것이 더 쉽게 느껴진다. 우리 스스로 악을 행하지 않을 수 있는 유일한 방법이 직장을 그만두는 것일 때가 흔히 있다. 그러나 이 땅의 그 어떤 일터도 완벽하게 선한 곳은 없다. 어디에서 일하든 우리는 결국 윤리적 딜레마에 빠지게 될 것이다. 더 나아가 일터가 부패하면 할수록 거기엔 더욱더 경건한 사람이 필요하다. 우리 스스로 더 악을 덧붙여 행하지 않으면서도 그 자리에 머물 방법이 있다면 하나님은 우리가 그곳에 남기를 원하실 수도 있다.

2차 세계대전 동안 히틀러에게 반대하는 일단의 장교들이 압베어(Abwehr: 나치 독일 군사 정보기관)에 있으면서 그곳에서 히틀러를 제거하기 위한 준비를 했다. 그러나 그들의 계획은 결국 수포로 돌아갔고 신학자인 디트리히 본회퍼(Dietrich Bonhoeffer)를 포함해 대부분의 사람들이 처형됐다. 자신이 히틀러 군대에 남아 있었던 이유를 설명하면서 본회퍼는 이렇게 말했다. "질문할 줄 아는 책임 있는 사람이 해야 할 궁극적인 질문은 '어떻게 하면 이 어려움 속에서 영웅처럼 빠져나올 수 있나'가 아니라, '다음 세대는 어떻게 살아야 하는가'다."[8] 하나님께는, 다른 사람을 돕기 위해 우리가 할 수 있는 것을 해야 할 우리 책임이 우리 자신을 도덕적으로 순결하다고 생각하고 싶어 하는 열망보다 더 중요한 것 같다.

▽ 왕상 21장

아합과 이세벨,
땅을 차지하려고 나봇을 살해하다

아합 왕이 자기 이웃에 살던 나봇의 포도원을 탐내기 시작했을 때, 그는 자신의 권력을 더욱 남용했다. 아합은 그 포도원을 넘기는 대가로 상당한 액수를 제안했으나 나봇은 그 땅이 조상에게 물려받은 땅이기에 아무리 높은 가격을 준다 해도 그 땅을 파는 데는 흥미가 없다고 말했다. 아합은 낙담하면서 이 합당한 자기 권력의 한계를 받아들였으나 이세벨이 그를 폭군이 되도록 부추겼다. "그러고도 당신이 이스라엘을 다스리는 사람이라고 할 수 있나요?"라고 그녀는 비아냥거렸다(왕상 21:7).

설령 왕은 권력 남용의 욕구가 없을지 모르나 왕비는 그렇지 않았다. 그녀는 두 명의 난봉꾼에게 돈을 주어 나봇에 대한 거짓 신성모독과 반역죄 소문을 퍼뜨리게 했다. 그리고 아합은 즉시 나봇에게 사형 선고를 내려 그 성 장로들이 그를 돌로 쳐 죽이게 했다. 어째서 그 성의 장로들이 제대로 된 재판도 안 한 채 그토록 신속하게 행동했는지 의아하다. 그들은 왕과 공모했던 것일까? 아합의 치하이니 겁이 나서 그의 편에 선 것일까? 어쨌든 앞길의 장애였던 나봇을 제거한 아합은 그 포도원을 자기 것으로 삼았다.

아합같이 뻔뻔스럽게 땅을 차지하는 식을 비롯해 권력의 남용은, 일간 신문만 흘깃 보아도 확실히 알 수 있듯이 오늘날에도 계속되고 있다. 그리고 아합 시대처럼 권력의 남용은 자기 이웃의 유익을 위해 위험을 무릅쓰느니 차라리 자기 안위를 지키는 게 낫다고 생각해 불의는 물론 심지어 살해까지도 그냥 넘어가려는 사람과의 공모가 있을 때 가능하다. 하나님의 사람 엘리야만이 과감하게 아합 왕에게 맞섰다(왕상 21:17-24). 비록 엘리야의 항거가 나봇을 돕는 데는 기여하지 못했지만, 엘리야의 반대는 아합의 권력 남용에 재갈을 물렸고, 아합이 죽을 때까지 더 이상의 권력 남용은 기록되지 않고 있다.

소수의 단체나 한 개인이 제기한 원칙에 입각한 반대가 권력 남용을 막는 일은 우리가 예상하는 것보다 훨씬 자주 일어난다. 만약 그게 아니라면 어째서 많은 지도자가 자신의 비리를 감추느라 그렇게 고생하겠는가? 당신도 직장에서 적어도 한 번 이상 다른 사람의 권력 남용을 인지했을 가능성이 있다. 당신은 그걸 어떻게 생각했는가? 앞으로 그걸 인지한다면 어떻게 할 텐가? 당신은 대응할 준비가 되어 있는가?

▽ 왕하 2-6장

일상적인 일에 대한 엘리사의 관심

북이스라엘이 점점 더 깊은 배교와 폭정으로 미끄러져 감에 따라 하나님은 그 어느 때보다 강력하게 그들에게 맞설 선지자를 세우신다. 선지자는 어디선가 불쑥 나타나, 인간의 권력이 작동하는 공간에서 하나님의 진리를 선포하는 능력을 갖춘, 위대한 하나님의 작은 모형과도 같다. 엘리야, 엘리사가 열왕기와 역대기서에서 가장 두드러진 인물이며, 그 둘 중 엘리사는 일반 이스라엘 백성이 하는 일에 관심을 기울인 사람으로 유명하다. 엘리사는 오랜 경력을 통해 이스라엘의 악한 왕에게 맞서는 자로 서라는 소명을 받는다(왕하 2:13-13:20). 엘리사의 행동은, 백성의 경제적 삶이 나라 왕조의 고민 못지않게 중요하다는 것을 보여 주며, 그는 왕에 의해 초래되는 재앙으로부터 백성을 보호하려고 애썼다.

성의 관개 시설을 회복시킨 엘리사 왕하 2:19-22

엘리사가 첫 번째로 한 주요 활동은 여리고 성의 오염된 샘을 깨끗케 한 것이다. 그 단락에서의 주된 관심은 농업 생산성이다. 위생적인 물이 없이는 '그 땅은 열매를 맺지 못한다.' 깨끗한 물에 다시 접근할 수 있게 함으로써 엘리사는 성 사람들이 생육하고 번성하며 식량을 생산하라는 하나님 주신 사명을(창 1:28-30) 재개할 수 있게 해 주었다.

한 가정의 재정 지급 능력을 회복시킨 엘리사 왕하 4:1-7

엘리사와 같이 있던 선지자 한 명이 죽었다. 그 후 그의 가족은 빚에 시달렸다. 고대 이스라엘에서 빈곤에 빠진 가정의 운명은 전형적으로 가족 중 어떤 사람이나 가족 전부가 종으로 팔리는 것이었으며, 팔려 가서도 먹을 게 거의 없었다.● 그 과부는 자기 두 자식을 종으로 팔 지경에 처해서 엘리사에게 도움을 요청했다(왕하 4:1). 엘리사는 그 가정이 스스로 먹고살 수 있게 만들려는 계획을 가지고 그 가정을 찾아갔다.

엘리사는 그 과부에게 뭔가 가지고 일할 도구가 있는지 물었다. "아무것도 없어요"라고 그녀는 말했다. "단지에 기름 조금 있는 거 빼고는요"(왕하 4:2). 분명히 이것은 엘리사가 시작하기에 충분한 자본이었다. 엘리사는 그녀에게 모든 이웃에게 가서 빈 항아리를 있는 대로 다 빌려 그 항아리에 남아 있는 기름병의 기름을 부으라고 말했다. 그녀는 모든 항아리를 기름으로 채울 수 있었고, 얼마 안 있어 그녀의 처음 기름 항아리까지 넘쳤으며, 기름을 판 돈으로 그녀는 충분하게 가족의 빚을 다 갚을 수 있었다(왕하 4:7). 본질적으로 엘리사는 그 여인이 작은 사업을 시작할 수 있도록 하나의 기업 공동체를 창설한 것이다. 이것이 바로 대기업과 정부 쪽에서 보면 마이크로파이낸스(소액금융), 신

● 이 책 3장의 "출 21:1-11" 부분을 보라.

용사회, 농업협동조합, 또는 소상공인 지원 프로그램이다.

이 가정을 위해 한 엘리사의 행동은 어려움에 처한 사람을 향한 하나님의 관심과 사랑을 반영한다. 우리가 하는 일은 어떻게 궁핍한 사람이 일하도록 기회를 만들어 줄 수 있을까? 어떤 방식으로 우리는 가난한 사람의 생산능력과 경제력을 개인적으로, 또 집단적으로 훼손하고 있을까? 하나님의 도우심으로 우리가 그것을 개혁하기 위해 할 수 있는 건 무엇인가?

군대 장관의 건강을 회복시킨 엘리사 왕하 5:1-14

엘리사가 이스라엘의 적군인 아람(시리아) 왕의 군대 장관 나아만의 나병을 치료해 줬을 때, 그것은 일의 영역에 중대한 영향을 끼쳤다. 이 본문에 대해 쓴 자크 엘룰(Jacques Ellul)의 통찰력 있는 글에 보면 "병들었던 사람, 특히 나병 환자가 치유됐다는 것은 결코 작은 일이 아니다."[9] 왜냐하면 그 치유는 일할 능력을 회복해 줬기 때문이다. 이번 경우에는 그 치료가 나아만으로 하여금 통치하는 일, 이스라엘 왕을 대하는 일에서 왕에게 필요한 조언하기 등의 일을 할 수 있도록 회복해 줬다.

흥미롭게도 이 치유 사건은 엘리사 자신이 세운 조직의 윤리적 문화도 회복시켰다. 나아만은 그 치료에 대해 넉넉한 보상을 제안했으나 엘리사는 단순히 여호와의 뜻 행한 걸 가지고 무슨 대가를 받느냐고 생각했다. 그러나 엘리사의 사환 중 하나인 게하시는 약간의 추가 보수를 챙길 기회가 생겼다고 생각했다. 그는 나아만 뒤를 좇아가서 엘리사가 마음이 바뀌었다고 하면서 악의로 취득한 이익을 숨기고 엘리사에게는 그것을 숨기기 위해 거짓말을 했다. 엘리사는 게하시가 나아만에게서 떠났던 바로 그 나병에 걸릴 것이라고 말했다. 엘리사는 자기 조직에서 부패를 용납하는 것은 자신이 평생 하나님을 섬긴 것의 유익을 다 앗아갈 것을 분명히 알았던 것이다.

이 이야기에서 나아만 개인이 한 행동도 또 다른 요점을 보여 준다. 나아만에게는 나병이라는 문제가 있었다. 나아만은 치료가 필요했지만 치료에 대해 그는 고정 관념을 가지고 있었다. 그는 선지자와 극적으로 상봉해서 질병의 문제를 해결해야 한다고 생각했기에, 그더러 요단강에 가서 몸을 씻으라고 하자 처음에는 그 진짜 해결책을 명백히 거부할 수밖에 없었다. 게다가 엘리사도 아니고 엘리사의 사자를 통해 그 답변을 듣자 나아만은 화가 났고 그냥 가 버렸다. 해결책도, 해결책을 제시한 사람도 나아만이 보기엔 전혀 관심을 기울일 만한 것이 못됐던 것이다.

오늘날 세상에서도 종종 이런 이중적인 어려움이 되풀이된다. 첫째로, 최상위 리더는 자신들이 자격 미달이라고 생각하는 사람인 아래 직급 직원에게서 나온 통찰은 받아들이려 하지 않기 때문에 그들이 제시한 해결책은 무시한다. 짐 콜린스(Jim Collins)는 《좋은 기업을 넘어 위대한 기업으로》(*Good to Great*, 김영사 역간)에서 그가 "레벨 5 리더"(level 5 leader)라고 부르는 사람의 첫 번째 징표로 겸손, 많은 인재의 이야기를 경청하려는 자발성을 들었다.[10] 둘째로, 그 해결책이 받아들여지지 않는 이유는 그것이 그 리더가 상상하던 접근법과 맞지 않기 때문이다. 오늘날 나아만 같은 많은 리더들은 그들에게 말이 통하게 말하려고 기꺼이 위험을 감수하는 부하가 있다는 것을 하나님께 감사해야 한다. 기관에서는 겸손한 보스만 필요한 게 아니라 용기 있는 부하도 필요하다. 흥미롭게도 이 일화 전체를 움직이는 인물은 가장 천한 계급의 사람, 그 나라에서 가장 낮은 사람, 그가 기습 작전을 벌여 포로로 잡아다 자기 아내의 몸종으로 준 어린 소녀였다(왕하 5:2). 이것은 교만과 그릇된 기대가 얼마나 사람의 눈을 멀게 하는지, 그럼에도 하나님의 지혜가 어떻게 그런 것들을 뚫고 나오는지 탁월하게 상기시켜 준다.

벌목꾼의 도끼를 찾아 준 엘리사 왕하 6:1-7

요단강가에서 나무를 베던 엘리사의 제자 중 하나가 강물에 쇠도끼를 떨어뜨렸다. 그는 그 도끼를 벌목꾼에게서 빌려 온 것이었다. 청동기 시대에 중요했던 철이었기 때문에 그 값은 그 소유주에겐 재정적 파산을 의미했다. 그 제자는 혼비백산했다. 엘리사는 그 경제적 손실을 즉각 자기의 근심처럼 여겨 그 도끼가 물 위에 떠오르게 했고, 제자는 도끼를 주인에게 돌려 줄 수 있었다. 다시 한 번 엘리사는 누군가 일을 해서 생계를 이어갈 수 있도록 하기 위해 개입한 것이다.

선지자의 은사는 일상 가운데서 하나님의 목적을 분별해 그것에 맞게 일하고 행하게 하는 것이다. 하나님은 타락한 세상 한 가운데서 하나님의 능력과 영광을 가리키게 하는 방식으로 창조 세계를 회복하기 위해 선지자를 부르신다. 선지자가 하는 일의 신학적 측면, 즉 사람에게 참되신 하나님을 예배하라고 요청하는 것은 결국 창조 질서의 선한 일을 회복하는 실천적 면이 수반된다. 신약은 우리도 선지자로 소명을 받았다고 말해 준다(고전 12:28; 엡 4:11). 엘리사는 자기 백성이 하는 일에 하나님께서 관심 가지신다는 걸 보여 준 역사적 인물일 뿐 아니라 오늘날 크리스천의 한 모델이기도 하다.

▽ 왕상 11:41-왕하 25:26; 대하 10-36장

남유다의 포로 행진

북이스라엘의 발자취를 따라가던 남유다의 통치자도 얼마 안 가서 우상숭배와 악으로 쇠퇴의 길을 걷기 시작했다. 르호보암의 통치 아래서 백성은 '산 위에와 모든 푸른 나무 아래에 산당과 우상과 아세라 상을 세

웠고 그 땅에 또 남색하는 자가 있었고 여호와께서 이스라엘 자손 앞에서 쫓아내신 국민의 모든 가증한 일을 무리가 본받아 행하였다'(왕상 14:23-24). 르호보암의 후계자도 하나님 보시기에 신실함과 악행 사이를 왔다 갔다 했다. 한동안 남유다에는 재앙을 간신히 모면하게 해 주던 선한 왕이 충분히 있었으나, 끝내는 북이스라엘이 빠졌던 것과 똑같은 상태가 되고 말았다. 나라는 정복당했고 왕과 귀족은 포로가 되어 바벨론 사람들에게 끌려갔다(왕하 24-25장). 백성이 그토록 요구했던 왕들의 신실치 않음은 수백 년 전에 하나님이 하셨던 충고를 거부했고, 그것은 재정의 와해, 노동력 파괴, 기근, 대량 살육, 인구의 대량 유수에서 절정에 달했다. 예고됐던 재앙은 바사 고레스 왕이 예루살렘 성전과 성벽의 재건을 위해 일부 유대인은 귀환하라는 조서를 내리기까지 70년이나 계속됐다(대하 36:22-23).

성전 재정 책임 왕하 12:1-12

남유다 왕국의 쇠퇴를 보여 주는 사례로 역설적이게도 훌륭한 재정 관행이 등장한다. 본질적으로는 그 나라의 모든 지도자처럼, 제사장도 부패했다. 예배자의 헌금을 성전 유지에 쓰지 않고, 그 돈을 편취해서 자기들끼리 나누어 가졌다. '여호와 보시기에 정직히 행한'(왕하 12:2) 몇 안 되는 왕 중 하나인 요아스의 지시로, 제사장은 효율적인 회계 시스템을 개발해 냈다. 뚜껑에 작은 구멍을 하나 낸 자물쇠 달린 궤가 헌금을 받기 위해 성전에 설치됐다. 궤가 가득 차면 대제사장과 왕실 서기관이 그 궤를 같이 열고 돈을 세어 목수, 건축자, 미장이, 석수와 계약을 맺어 성전 수리를 하게 했다. 돈이 본래의 올바른 목적에 확실하게 쓰이도록 만든 것이다.

동일 시스템이 오늘날에도 그대로 사용되는데, 예를 들면 현금이 자동현금 인출기에 들어오면 반드시 계수된다. 신뢰할 수 있는 사람조차도 검증과 책임의 대상이 되어야 한다는 원칙은 훌륭한 경영의 기본 토대다. 권력(특히, 돈을 다루는 권력)을 쥔 사람이 검증을 거부하려고 할 때마다 그 조직은 위험에 처한다. 이 일화에 왕이 포함되어 있기 때문에, 우리는 하나님께서 은행원, 회계사, 감사, 금융 규제위원, 현금 차량 운전사, 컴퓨터 보안 전문가, 그 외의 재정 건전성을 위해 수고하는 모든 사람의 일을 귀히 여기신다는 걸 알 수 있다. 또한 그것은 모든 리더에게, 다른 사람에게 자신이 하는 업무를 와서 확인해 보라고 함으로써 공공 책임의 본을 보이며 사람을 이끌라고 권고한다.

교만과 왕국의 마지막 대하 26장

도대체 어떻게 세워지는 왕마다 그토록 쉽게 악에 빠질 수 있었던 것일까? 웃시야 왕의 이야기가 우리에게 어느 정도의 통찰을 줄 수 있을 것이다. 웃시야는 16세에 즉위했고 초기에는 '여호와 보시기에 정직하게 행했다'(대하 26:4). 무엇보다 그가 하나님의 인도하심이 필요하다는 것을 인식했고, 하나님을 경외하도록 웃시야에게 조언을 하던 스가랴가 곁에 있던 젊은 시절엔 유익이 있었다. "하나님의 묵시를 밝히 아는 스가랴가 사는 날에 하나님을 찾았고 그가 여호와를 찾을 동안에는 하나님이 형통하게 하셨더라"(대하 26:5).

흥미롭게도 여호와께서 웃시야에게 주신 성공의 상당 부분이 일상의 일과 관련이 있다. "또 광야에 망대를 세우고 물웅덩이를 많이 파고 고원과 평지에 가축을 많이 길렀으며 또 여러 산과 좋은 밭에 농부와 포도원을 다스리는 자들을 두었으니 농사를 좋아함이었더라"(대하 26:10). "예루살렘에서 재주 있는 사람들에게 무기를 고안하게 하여"(대하 26:15a).

그는 '기이한 도우심을 얻어 강성해졌다'(대하 26:15b). 그러나 안타깝게도 그의 강성함은 태만의 요인이 됐다. 그는 여호와 대신 자신을 섬기기 시작했다. "그가 강성하여지매 그의 마음이 교만하여 악을 행하여 그의 하나님 여호와께 범죄하되"(대하 26:16). 웃시야가 제사장들의 종교적 권위를 박탈하려 한 것이 궁중 반란으로 이어졌고, 결국 그는 권좌에서 쫓겨나 평생 추방된 외인으로 살아갔다.

웃시야의 이야기는 오늘날 리더 위치에 있는 사람이 진지하게 생각해 봐야 할 것이다. 성공에 이르는 인물, 특히 하나님에 대한 우리의 의존은 그 성공을 안겨 주는 권력과 특권에 의해 침식되기 쉽다. 얼마나 많은 기업과 군대, 정치 지도자들이 자신이 천하무적이라고 믿는 수준까지 나아갔다가 성공을 유지하기 위해 필요한 겸손과 절제, 섬김의 태도를 잃어버리고 말았는가? 어느 정도씩은 성공한 많은 이들이, 자기 힘이 커질수록 얼마나 자신에게 더 집중하고 그만큼 하나님께 더 소홀히 해 왔는가? 웃시야는 (비록 그가 그들을 무시하기는 했지만) 그가 잘못했을 때 그를 반대하는 부하를 두는 은혜까지 입었다(대하 26:18). 무엇이 또는 누가 당신으로 하여금 교만으로 떠밀려가게 하고 당신의 성공을 점점 더 키워 주실 하나님에게서 멀어지게 해 왔는가?

결론

통치와 리더십 이슈는 삶의 전 영역을 건드린다. 국가와 기관이 잘 다스려질 때 백성은 번창할 기회를 얻는다. 지도자가 자신의 조직이나 공동체의 유익을 위한 행동에 실패할 때는 재앙이 따른다. 북이스라엘과 남유다 왕들의 성공 또는 실패는 결국 그들이 얼마나 하나님의 언약과 율법에 의존했는가 하는 데 달려 있다. 다윗, 솔로몬 및 기타 몇 명을 제외하고 왕들은 가짜 신들을 택했다. 그것은 그들을 비윤리적 원칙을 추종하게 만들었고, 자기 백성을 대가로 지불하고 자기 배만 불리게 만들었다. 그들의 신실치 않음이 남유다와 북이스라엘 모두를 멸망에 이르게 했다.

그러나 허물은 왕에게만 있는 게 아니다. 백성들이 사무엘 선지자에게 자신들을 위해 왕을 임명해 달라고 요구했을 때, 그들 스스로 폭정의 화를 자처한 것이다. 하나님이 그들을 보호해 주신다는 걸 믿지 않고 그들은 스스로 독재자의 통치에 기꺼이 굴복했다. 조제프 드 메스트르(Joseph de Maistre)는 "모든 국가는 그에 마땅한 정부를 갖는다"라고 설파했다.[11] 권력의 부패 영향은 상존하는 위험이지만, 그렇더라도 나라나 기관은 다스려져야만 한다. 고대 이스라엘 족속도 부패와 폭정이라는 대가를 치르면서 강력한 정부를 택했고, 그런 유혹은 오늘날에도 상당히 살아 있다. 제대로 기능하는 정부를 세우는 데 필요한 어떤 희생도(납세, 율법 준수, 부족 및 개인 간의 전투) 치르길 거부하는 바람에 무정부 상태, 혼란, 경제적 자기 교살이라는 대가를 치른 사람들도 많다. 안타깝게도 이것은 오늘날에도 여러 나라에서 계속 자행되고 있다. 훌륭한 정부를 탄생시키는 데는 정교한 균형, 사람의 능력을 초월하는 균형이 필요하다. 사무엘서, 열왕기, 역대기에서 도출해 배울 수 있는 가장 큰 교훈은, 하나님의 은혜와 인도하심, 그분의 언약과 계명에 철저하게 의지할 때만 우리는 비로소 선하고 오래 가는 정부에 필요한 윤리 덕목을 찾을 수 있다는 사실이다.

이 교훈은 국가는 물론 기업, 학교, 비정부 기구, 가정, 모든 종류의 일터에도 적용될 수 있다. 훌륭한 통치와 리더십은 사람이 성공하고 경제적, 관계적, 개인적, 영적으로 번창하는 데 필수다. 사무엘서, 열왕기, 역대기는 온갖 종류의 일이라는 햇살에 비추어 리더십과 통치의 여러 측면을 탐구한다. 좀 더 구체적으로 살펴보면, 권세와 부를 세습하는 것의 위험성, 우리 일에서 하나님을 행운의 부적처럼 대하는 것의 위험성, 신실한 일꾼으로 세워질 기회, 자녀 양육의 기쁨과 절절한 아픔, 리더 선택의 경건한 기준, 리더십에서 겸손과 협업의 필요성, 혁신과 창의성의 역할, 리더십의 승계 계획과 리더십 개발의 필요성 등이다.

이 책들은 눌러 둔 갈등의 파괴력과, 공개적이며 존중하는 태도로 표출하는 반대 의견의 창의적 잠재력을 다 보여 줌으로써 갈등을 다루는 데 상당한 관심을 보인다. 그것은 공식적, 비공식적 외교관과 중재자의 필요성을 일깨워 주며, 위험을 감수하더라도 권력의 자리에 있는 자에게 용기를 가지고 존중하는 자세로 진리를 말해야 하는 부하의 필수적인 역할도 보여 준다. 이 책들은 권세를 가졌으나 결점투성이인 인물로 넘쳐난다. 훌륭한 갈등 해소책으로 자기 가족의 목숨을 구하고 다윗의 정직성까지 구해 준 아비가일, 자신을 노예로 삼은 바로 그 사람(나아만)을 섬기기 위해 용감하게 나서서 전쟁 중인 두 나라 사이에 평화를 안겨 준 나아만 아내의 이름 없는 여종을 포함해서 눈에 띄게 훌륭한 리더는 아주 소수다.

이 책들에서 가장 눈에 띄는 훌륭한 지도자는 하나님의 선지자인 엘리사다. 모든 선지자 가운데 그는 일상과 일과 경제적인 문제에 가장 큰 관심을 보였다. 그는 성의 관개 시스템을 회복시켰고, 기업적 경제 공동체에 자본을 창출했고, 나아만 장군을 치료하는 의료 선교를 통해 국가 간의 화평을 이뤘으며, 자신의 조직에 윤리적인 문화를 조성했고, 과부와 일꾼과 장군과 농부의 생활을 더 낫게 만들었다. 인류에게 하나님의 말씀을 가져다주는 것은 훌륭한 통치와 경제 발전, 농업 생산성이라는 결과를 낳는다.

유감스럽게도 왕들에 관해서는 훌륭한 통치나 리더십보다는 형편없는 사례가 훨씬 더 많다. 갈등을 형편없게 다루는 건 물론이고, 노동력을 착취하고, 가정을 깨뜨리며, 일반 백성의 고혈로 귀족층과 공무원과 군인을 승진시키고, 자신의 호화로운 삶의 방식을 유지하기 위해 국민에게 세금 폭탄을 퍼부으며, 자신의 앞길을 가로막는 자는 가차 없이 처단하고, 맘대로 재산을 몰수하고, 종교 제도를 뒤엎고, 마지막으로는 자신의 백성을 타국에 포로로 잡혀가게 만들었다.

그 왕들은 하나님께서 주신 성공과 힘을 교만과 폭정으로 비틀어 결과적으로는 하나님을 버리고 그분의 언약과 계명을 어겼다.

재앙을 초래하는 리더십의 비밀한 핵심은, 참되신 하나님 대신 가짜 신을 숭배하는 것이다. 오늘날 우리가 형편없는 리더십을 볼 때, 다른 사람에게든 우리 자신에게든 물어야 할 첫 번째 좋은 질문은 어쩌면 이런 게 아닐까? '지금 이 상황 속에서는 어떤 가짜 신이 숭배되고 있는가?'

어둠 가운데서 빛이 더 밝게 비치듯이, 왕들의 실패는 훌륭한 리더십에 대한 어떤 일화보다 더 명확하게 진실을 보여 준다. 다윗의 치하에서는 음악과 예술이 발달했다. 솔로몬 시대의 성전 건축은 건축 설계와 시공, 세공, 경제적 조직의 경이로움을 나타냈다. 요아스 시대 제사장은 오늘날에도 사용되는 회계 시스템을 개발했다. 오바댜는 신실한 사람은 부패한 시스템과 악한 상황에서도 업적을 남길 수 있다는 훌륭한 모델이다.

오바댜가 우리에겐 다윗이나 솔로몬, 다른 그 어떤 왕보다 훨씬 더 나은 모델이다. 왕들의 전반적인 관심은 '어떻게 내가 권력을 얻어 유지할 수 있을까?' 하는 것이었다. 그러나 오바댜의 관심은 '현재 내가 있는 이 상황에서 나는 어떻게 하나님께서 바라시는 방법으로 백성을 섬길 수 있을까?'였다. 둘 다 리더십에 관한 질문이다. 하나는 '권력을 위한 선'에 초점을 맞추고 있고, 다른 하나는 '선을 위한 권력'에 초점을 맞추고 있다. 하나님이 자기 백성을 권력의 자리로 부르시기를, 그분이 우리 각 사람에게 각자가 감당해야 할 도전을 성취하는 데 필요한 힘을 주시기를 위해 기도하자. 그러나 그런 기도를 입 밖으로 내기 전에 우리는 먼저 "아버지의 뜻이 이루어지이다"라는 기도로 시작하고, 마쳐야 한다.

10

에스라·느헤미야·에스더 & 일의 신학

"하나님은 각양각색의 사람을 통해 일하신다"

○

서론

대부분의 크리스천은 직장에서 자기 신앙이 적극적인 지지를 받지 못한다는 것을 안다. 크리스천으로서 공개적으로 간증하거나 행동하는 것은 대체로 그 범위가 제한적이다. 게다가 크리스천은 직장에서 성경의 기준에 맞는 윤리적 요구를 어기라는 노골적이거나 은밀한 압박을 느낄 수도 있다. 다원화된 사회에서 이러한 일부 제한은 당연할 수도 있지만, 이로 인해 크리스천에게는 일터가 낯설게 느껴진다.

에스라, 느헤미야, 에스더서는 하나님의 사람이 환영받지 못하는 직장에서 일하는 것이 어떤 모습인지 묘사한다. 이 책들은 건축부터 정치에 이르기까지 다양한 직종에서 하나님의 가치와 계획에 대한 노골적인 적대감이 존재하는 환경에 맞서 일하는 하나님의 사람을 묘사한다. 그러나 그 과정에서 이들은 하나님을 믿지 않는 최고 권력자에게 예상치 못한 도움을 받는다. 하나님의 능력은 하나님의 백성을 위해 예상치 못한 장소에서 나타나는 것처럼 보이지만, 여전히 하나님의 백성은 극도로 힘든 상황과 결정에 직면하고, 이럴 때마다 이들이 항상 합의에 이르는 건 아니다.

에스라는 유대인이 예루살렘으로 귀환해 성전을 재건하게 되면서 하나님을 믿지 않는 통치자가 이들을 보호할 것이라고 신뢰해야 할지 심사숙고해야 했다. 그는 부패한 바사 제국의 경제 체계 내에서 재정 지원을 확보하는 동시에 경제적 정직성이라는 하나님의 율법에도 부합해야 했다. 느헤미야는 예루살렘 성벽을 재건했는데, 이 일은 하나님을 향한 신뢰와 실용주의를 모두 필요로 했다. 느헤미야는 이타주의부터 탐욕에 이르기까지의 다양한 동기를 가진 사람이 각자의 사적 욕망을 이겨 내고 공동의 목적을 위해 함께 일할 수 있도록 이끌어야 했다. 에스더는 여성에 대한 억압과 바사 궁중 내의 치명적인 계략을 모두 이겨 내는 동시에, 종족 말살로부터 자기 백성을 구하기 위해 어떠한 위험이라도 무릅쓸 각오를 다져야 했다. 우리 직위와 제도는 그들 시대 이후로 줄곧 변화해 오긴 했지만, 오늘날의 일터도 에스라와 느헤미야, 에스더가 사역했던 장소와 여러 면에서 공통점이 많다. 이 책들에서 발견되는 실제 삶의 상황과 어려움, 선택은 우리가 하루하루를 어떻게 살아가야 할지에 대한 일의 신학을 발전시키는 데 도움을 준다.

에스라와 느헤미야

BC 587년 느부갓네살의 통치하에 있던 바벨론이 예루살렘을 정복했다. 그들은 유다의 지도자를 살해하고, 성전을 약탈한 후 불을 질러 완전히 태워 버렸으며, 성벽을 포함한 성읍 대부분을 파괴했고, 예루살렘 백성의 수확물 중 가장 좋은 것을 바벨론으로 가져갔다. 거기서 유대인은 하나님께서 그들을 건져 주시고 이스라엘을 회복해 주시길 늘 소망하면서 수십 년을 포로로 살았다. 그들의 소망은 BC 539년에 바사 고레스 왕이 바벨론을 전복했을 때 최고

조에 달했다. 그 후 머지않아 고레스 왕은 자기 왕국에 있는 유대인에게 예루살렘으로 돌아가 성전을 재건하고, 하나님 백성으로서의 삶을 살라는 칙령을 내렸다(스 1:1-4).

두 책으로 구분되어 있으나 원래 한 묶음인 에스라서와 느헤미야서는,[1] BC 539년 고레스 칙령으로 시작하는 성벽 재건 이야기의 핵심 측면을 기술한다. 그러나 이 기술의 목적은 단순히 고고학적 호기심에서 역사적 사실을 묘사하려는 게 아니다. 도리어 에스라서와 느헤미야서는 '회복'이라는 주제를 예시하기 위해 역사적 사건을 활용하는 것이다. 이 책들은 하나님이 어떻게 그분의 백성을 회복했고, 백성은 이 회복의 사역에서 어떻게 중심 역할을 감당했는지를 보여 준다. 에스라서와 느헤미야서는 BC 4세기경 미상의 작가에 의해 쓰였는데,[2] 이들은 유대인으로 하여금 외세의 지배 아래서도 충성스럽게 살면서 하나님의 현재와 미래의 회복 역사에 참여하도록 격려하려고 에스라서와 느헤미야서를 기록했다.

에스라서와 느헤미야서는 대단히 신학적인 책이지만 직접 일의 신학을 다루지는 않는다. 이 책들은 우리 일상 노동과 관련된 법적인 명령이나 예언적 비전 등을 담고 있지 않다. 그러나 고된 노동을 기술함으로써 일이라는 개념을 신학적 틀 안에서 암시적으로 풀어낸다. 따라서 일의 신학이라는 싹이 움틀 수 있는 근간이 되는 풍부한 토양을 이 책들의 기저에서 찾아볼 수 있을 것이다. 특히 에스라와 느헤미야는 적대적인 분위기와 우호적인 분위기가 공존하는 상황 속에서 하나님 나라(이스라엘)를 회복하라는 소명을 받았다. 오늘날 일터 역시 하나님의 사역에 있어 부분적으로는 적대적이고 부분적으로는 우호적이다. 이러한 사실은 오늘날 세상에서 우리가 어떻게 하나님 나라 건설에 기여할 수 있는지 고심하도록 독려한다.

에스더서

에스더서는 에스라서와 느헤미야서에 묘사된 동일한 시기에 발생한 흥미로운 사건을 들려준다. 에스더서는 예루살렘의 재건이라는 주제보다는, '크세르크세스'라는 헬라어 이름으로 우리에게 더 잘 알려진 아하수에로 왕이 통치하던 시기에(BC 485-465년) 바사에서 일어났던 사건에 초점을 맞춘다. 에스더서 이야기는 유대인 부림절의 기원을 설명한다. 신원 미상 작가의 일부 집필 의도는 바로 이 국가 절기가 어떻게 유래했는지를 설명하고 지키길 권면하는 것이다(에 9:20-28).[3] 하지만 저자는 적대적인 이교도 나라에서 유대인이 포로의 신분으로서 어떻게 생존하고 또 번성할 수 있었는지를 고찰하는 것에 더 깊은 관심을 가진다.[4]

에스라서 및 느헤미야서와는 대조적으로 에스더서는 표면으로는 전혀 신학적인 성격을 띠지 않으며, 실제로 하나님이 단 한 번도 언급되지 않는다. 하지만 신앙이 있는 독자라면 이 책에 기술된 사건의 배후에서 역사하시는 하나님의 손길을 놓칠 수 없다. 이는 하나님께서 하나님의 역사를 알아볼 눈이 없는 사람은 전혀 인식하지 못하는 방식으로 이 세상에서 어떻게 사역하시는지 독자의 궁금증을 자아낸다.

에스라서와 일

▽ 스 1:1-6:22

성전의 회복

에스라서는 BC 587년 바벨론에 의해 파괴됐던 성전을 재건하도록 유대인의 예루살렘 귀환을 허락해 준 바사 왕 고레스의 칙령으로 시작된다(스 1:2-4). 이 칙령을 서술한 구절에 "바사 왕 고레스 원년에"(BC 539-538년, 바사가 바벨론을 멸망시킨 직후)라고 이 칙령이 언제 선포됐는지 구체적으로 명시되어 있다. 또한 이 본문은 우리에게 에스라서 및 느헤미야서의 중심 주제 중 하나인 '하나님의 일과 인간의 일과의 관계'를 우리에게 소개해 준다. "여호와께서 예레미야의 입을 통하여 하신 말씀을 이루게 하시려고 …… 고레스의 마음을 감동시키시매"(스 1:1) 고레스가 칙령을 선포했다. 고레스는 그저 자신의 개인적, 국가적 목적을 추구하면서 왕으로서의 역할을 했다. 그러나 이것은 전적으로 하나님이 그분의 목적을 성취하시면서 고레스 왕 안에서 역사하신 결과였다. 우리는 에스라서 첫 구절에서 하나님은 그분의 뜻을 이루시기 위해 모든 걸 주관하시면서도 이방 왕까지 포함한 사람을 통해 일하시기로 작정하셨다는 것을 감지하게 된다.

오늘날 크리스천 직장인 역시 하나님이 하나님을 믿지 않는 사람 및 조직의 결정과 행동을 통해서도 역사하신다는 걸 믿고 살아간다. 고레스는 그가 그것을 인지했든 못했든 간에 하나님이 쓰기로 택하신 도구였다. 마찬가지로 우리 상사와 동료, 고객과 공급자, 경쟁자, 규제 담당자나 다른 무수한 행위자의 행동은 우리나 그들이 인식하지 못해도 하나님 나라를 확장하는 데 사용될 수 있다. 이 사실로 인해 우리는 절망하지도, 교만하지도 않을 것이다. 당신 일터에서 크리스천과 기독교적 가치가 부재하는 것처럼 보일 때에도 절망하지 말라. 하나님은 여전히 역사하신다. 반대로 당신 자신이나 당신이 일하는 조직을 기독교 미덕의 본보기로 생각하고 싶은 유혹이 오거든 경계하라! 하나님은 하나님과 뚜렷한 연결고리가 없는 것처럼 보이는 사람을 통해 당신이 생각하는 것보다 훨씬 더 많은 일을 이루실 수도 있다. 수많은 하나님의 백성이 궁핍한 포로 상태에서 너무도 더디게 회복되는 동안에도, 여전히 부와 권력을 유지하며 하나님을 믿지 않았던 고레스 왕을 통해서 하나님은 역사하셨다. 이 사실은 우리가 신실하게 일한 것에 대한 보상으로써 부와 권력이 반드시 주어질 것이라고 기대해서는 안 된다고 우리에게 분명히 경고한다. 하나님은 하나님 나라를 향한 일에는 모든 것을 사용하시지만, 우리 개인적 성공을 위해서 반드시 그렇게 하시지는 않는다.

많은 유대인이 고레스 칙령을 기회로 이용할 때도 하나님의 일은 계속됐다. '하나님의 감동을 받은 모든 사람'은 예루살렘으로 귀환하는 것을 준비했다(스 1:5). 그들이 예루살렘에 도착했을 때 가장 먼저 해야 했던 일은 제단을 세우고 그 위에서 번제를 드리는 것이었다(스 3:1-3). 이것은 에스라서와 느헤미야서에서 시간 순서대로 정리된 주요한 일을 축약해서 보여 준다. 이는 성전에서 행해지던 구약 유대교 제사 풍습과도 밀접하게 관련이 되어 있다. 이 책들에 기술된 일은 하나님 백성의 삶에서 성전이 중심이 된다는 것을 반영한다. 에스라서와 느헤미야서 본문 전체에 걸쳐 예배와 일은 긴밀하게 연결된다.

에스라서가 성전을 재건하는 데 초점을 맞추기 때문에 사람들이 하는 일은 재건하는 노력과 관련 있을 때만 언급된다. 따라서 예루살렘으로 귀환한 사람의 명단에는 "제사장들과 레위 사람들과 …… 노래하는 자들과 문지기들과 느디님 사람들"(스 2:70)이 구체적으로 분류된다. 또 본문은 재건 사업에 필요한 사람이었던 "석수와 목수"도 따로 밝히고 있다(스 3:7). 성전 재건에 직접 참여할 기술이 없는 사람은 각자 일한 결실을 통해 '예물을 기쁘게 드리는'(스 2:68) 형태로 기여했다. 이렇듯 모든 사람이 각자의 방식으로 기여했기에 성전 재건은 어떤 의미에서는 모든 백성의 일이었다.

에스라는 고레스 이외의 정치 지도자 역시 긍정적이든 부정적이든 성전 건축 노력에 영향을 끼쳤기 때문에 이들에 대해서도 밝힌다. 예를 들면 스룹바벨이 백성의 지도자로 언급된다. 그는 성전 재건을 감독한 유대 지역의 총독이었다(학 1:1). 에스라는 성전 재건을 반대하는 편지를 쓴 관리인 "방백 르훔과 서기관 심새"도 언급한다(스 4:8-10). 그 외 다른 왕과 관리도 재건 사업과 연관성이 있으면 등장한다.

물론 재건 사업은 성전 건축에 대한 것이었지만, 하나님이 종교적인 목적으로 드려진 장인의 기술과 물질적인 일을 축복하신다고 생각해서는 안 된다. 에스라의 비전은 성전뿐만 아니라 예루살렘 성 전체를 회복하는 것이었다(스 4:13). 우리는 성전 건축 그 이상의 일에 착수했던 느헤미야에 대해 논의할 때, 이 요점을 더 자세하게 다룰 것이다.

에스라는 성전 건축을 막기 위해 이뤄진 몇 가지 방해 공작에 대해 기술한다(스 4:1-23). 이런 노력은 한동안은 성공을 거두어 거의 20년 동안 성전 건축이 중단됐다(스 4:24). 그러다 마침내 하나님은 학개와 스가랴의 예언을 통해 성전 건축을 재개해서 그 일을 마무리하라고 유대인을 격려하셨다(스 5:1). 더 나아가 바사 왕 다리오는 여호와가 자신과 자기 아들들을 축복해 주시지 않을까 하는 희망을 가지고 성전 건축에 자금을 제공했다(스 6:8-10). 이렇게 여호와께서 "앗수르 왕의 마음을 그들에게로 돌려 이스라엘의 하나님이신 하나님의 성전 건축하는 손을 힘 있게 하도록"(스 6:22) 하신 덕분에 성전은 마침내 완공됐다.

이 구절이 명시하는 바와 같이, 실질적으로 유대인이 성전을 재건했다. 하지만 재건 사업의 착수를 명령하고, 또 완공을 위해 자금을 제공한 두 이방 왕의 도움으로 유대인의 수고는 성공을 거둘 수 있었다. 사실 이런 사람이 수고한 것의 바탕에는 왕들의 마음을 감동시키시고 선지자를 통해 백성에게 용기를 주신 하나님의 사역이 자리 잡고 있다. 앞에서 살펴본 바와 같이 하나님의 역사는 사람이 인지할 수 없는 저 너머에서도 이루어짐을 알 수 있다.

▽ 스 7:1-10:44

언약적 삶의 회복, 1단계: 에스라의 일

역설적이게도 에스라서 7장 이전까지는 정작 에스라의 이름이 등장하지 않는다. 제사장이며 율법 교사로서 매우 박식했던 에스라는 성전이 재건된 후 50여 년이 지나 바사 왕 아닥사스다의 지지를 받으며 예루살렘에 도착했다. 에스라의 임무는 왕을 대신해 성전에서 제사를 드리는 것과 율법을 가르치고 동시에 율법을 준수하는 지도자를 임명함으로써 유다에서 하나님의 율법을 확립하는 것이었다(스 7:25-26).

에스라는 왕의 호의를 행운 차원에서 설명하지 않는다. 대신 그는 '왕의 마음에 자신을 예루살렘에 보내 예루살렘 여호와의 성전을 아름답게 할 뜻을 두신' 하나님을 찬양한다(스 7:27-28). 에스라는 "내 하나님 여호와의 손이 내 위에 있으므로 내가 힘을 얻어"(스 7:28) 왕의 명령에 따라 행동했다고 밝힌다. 하나님의 손이 누군가의 위에 있다는 말은 에스라가 즐겨 쓰는 표현으로써, 이는 성경 전체에서 총 8번 언급되는데 그중 6번이 에스라서에 나온다(스 7:6, 9, 28; 8:18, 22, 31). 하나님은 에스라 안에서, 에스라를 통해서 역사하셨다. 이것이 바로 에스라가 노력한 것이 성공을 거둔 이유다.

하나님의 도우심에 대한 에스라의 확신은 그가 수행원과 함께 바벨론에서 예루살렘까지 여행할 때 시험을 받았다. 에스라는 "우리가 전에 왕에게 아뢰기를 우리 하나님의 손은 자기를 찾는 모든 자에게 선을 베푸시고 자기를 배반하는 모든 자에게는 권능과 진노를 내리신다 하였으므로 길에서 적군을 막고 우리를 도울 보병과 마병을 왕에게 구하기를 부끄러워 하였음이라"(스 8:22)라고 설명한다. 에스라에게 있어 왕의 호위에 의존하는 것은 하나님의 보호를 신뢰하지 못함을 의미했다. 그래서 에스라와 그의 수행원은 왕에게 실질적인 지원을 요청하는 대신 금식 기도를 했다(스 8:23).

에스라가 왕의 보호를 받지 않기로 결정하는 데 있어 어떠한 특정 구약 율법도 따르지 않았다는 점에 주목하라. 도리어 이 결정은 리더십이 실질적인 도전에 부딪쳤을 때 하나님을 신뢰한다는 게 어떤 의미인지 대한 개인적인 확신을 반영한 것이다. 에스라가 사람의 도움에 의존해 보호를 보장받기보다는 하나님의 보호하심이라는 이상에 기꺼이 자기 목숨을 걸었기 때문에 혹자는 이 상황에서 그가 '이상주의적 신자'였다고 말할 수도 있다. 나중에 살펴보겠지만, 에스라서와 느헤미야서에 나오는 경건한 지도자들이 에스라의 태도만을 합당하다고 여긴 건 아니었다.

에스라의 전략은 성공했다. 에스라는 "하나님의 손이 우리를 도우사 대적과 길에 매복한 자의 손에서 건지신지라"(스 8:31)라고 말한다. 그러나 우리는 에스라 일행이 무기를 휴대했거나 보호를 위해 그 무기를 사용했는지 여부는 모른다. 본문은 에스라와 그 일행이 아무런 위협적인 사건 없이 여정을 마무리했다고 시사하는 듯하다. 에스라서는 하나님께서 사람 안에서 역사하실 때 그들의 노력이 성공을 거둔다는 것을 다시 한 번 보여 준다.

에스라서의 마지막 두 장은 유대인의 이방인과의 통혼 문제에 초점을 맞춘다. 기도하는 마음에 바탕을 둔 결단력으로 율법에 충실하게 리더십을 발휘하는 에스라의 사례를 제외하면 이 본문에서 일이라는 주제는 다뤄지지 않는다.

느헤미야서와 일

▽ 느 1:1-7:73

예루살렘 성벽의 회복

느헤미야서 1장은 바사 제국의 수도인 수산 궁에 거주하던 느헤미야를 언급하면서 시작된다. 느헤미야는 성전 재건 후 반세기 이상이 지났는데도 예루살렘 성벽이 여전히 허물어진 채로 있다는 소식을 듣고는 "앉아서 울고" 하나님 앞에 금식하며 기도했다(느 1:4). 은연중에 그는 예루살렘 성벽을 복구할 계획을 수립하고 있었던 것이다.

성과 속의 간극을 메우다 느 1:1-1:10

성전과 성벽의 관계는 일의 신학에 있어 대단히 중요하다. 성전은 종교 기관처럼 보이는 반면 성벽은 세속적인 것이다. 그러나 하나님은 성전 재건 사역에 에스라를 인도하신 것처럼, 이번에는 성벽 재건 사역에 느헤미야를 인도하셨다. 이스라엘을 회복시키려는 하나님의 계획을 위해서 성스러운 일과 세속적인 일 모두 필요했다. 성벽이 재건되지 않으면 성전 역시 미완성인 것과 다름없었다. 이 두 가지는 하나의 사역이었으며, 그 이유는 쉽게 이해할 수 있다. 전체 제국이 평화로운 상태라고 하더라도 성벽 없이는 고대 근동의 어떤 성읍도 도적 떼나 강도, 야생 동물로부터 안전할 수 없었다. 경제적으로나 문화적으로 더 발전한 성읍일수록, 성읍 내 재화의 가치는 더욱 높아졌고 그로 인해 성벽의 필요성은 더욱 절실했다. 특히 화려하게 장식된 성전은 위험에 노출될 가능성이 높았다. 사실상 성벽이 없으면 성읍도 없고, 성읍이 없으면 성전도 없는 것이었다.

또한 성읍과 성벽은 율법과 정부, 안전과 번영을 위한 하나님의 공급하심을 제공받는 원천으로서 성전을 필요로 했다. 군사적인 측면에 있어서도 성전과 성벽은 상호의존적이다. 성벽은 성읍 보호에 필수적인 부분이지만, 대적의 포악한 꾀를 다 폐하시는(느 4:15) 여호와께서 거하시는 성전(스 1:3) 역시 마찬가지다. 정부와 사법부 역할이라는 측면에서도 이 둘은 상호의존적이다. 성문은 재판이 열리는 곳이었으며(신 21:19; 사 29:21),

동시에 여호와는 그분의 성전에서 '고아와 과부를 위하여 정의를 행하신다'(신 10:18). 성전이 없다는 것은 하나님의 임재가 없다는 뜻이며, 하나님의 임재가 없다는 것은 군사적 힘도, 정의도, 문명도, 성벽의 필요성도 존재하지 않는다는 뜻이다. 성전과 성벽은 하나님의 '언약과 긍휼'(느 1:5) 위에 세워진 사회에서 하나로 통합된다. 적어도 이러한 이상을 위해 느헤미야는 금식하고 기도하며 사역했다.

기도할 것인가, 실질적인 '행동'을 취할 것인가 느 1:11-4:23

느헤미야서 1장의 마지막 절은 느헤미야의 신분을 "왕의 술 관원"으로 밝힌다(11절). 이것은 그가 왕이 마시는 음료를 시음하고 드리는 사람으로서 왕을 알현할 수 있었다는 사실 뿐만 아니라, 느헤미야가 신임받는 책사이자 바사 제국의 고위 관료였다는 것을 의미한다.[5] 그는 예루살렘 성벽 재건에 착수함에 있어서 자신의 전문 경험과 지위를 아주 유리하게 이용할 수 있었을 것이다.

왕이 느헤미야에게 성벽 재건 사업의 감독을 허락했을 때 느헤미야는 그가 예루살렘으로 가는 길에 지나가야 할 영토를 다스리는 총독에게 보여 줄 편지를 써 달라고 요청했다(느 2:7). 느헤미야 관점에서 왕이 이 청을 허락해 준 것은 "하나님의 선한 손이 나를 도우시므로"(느 2:8) 허락한 것이었다. 분명 느헤미야는 하나님을 신뢰하는 것이 왕의 보호를 요청해서는 안 된다는 의미라고 믿지 않았다. 도리어 그는 "군대 장관과 마병"이 그를 예루살렘까지 안전하게 호위해 준 것을 기뻐했다(느 2:9).

느헤미야서 본문은 느헤미야가 왕의 보호를 구하고 받아들이기로 한 것이 잘못된 결정이라고 암시하지 않는다. 실제로 본문은 이러한 왕의 지원이 하나님의 축복이라고 주장한다. 이 문제에 있어 느헤미야는 에스라와 비교했을 때 놀랍도록 상이한 접근방식을 취한다. 에스라는 하나님을 신뢰한다면 왕의 보호를 요청해서는 안 된다고 믿은 반면, 느헤미야는 이러한 보호의 제공은 하나님의 은혜로운 축복의 손길이라고 여겼다. 이러한 이견은 경건한 사람이 자기 일에 있어서 하나님을 신뢰한다는 게 어떤 의미인가 하는 문제에 있어 얼마나 서로 다른 결론에 이를 수 있는지를 보여 준다.

어쩌면 에스라와 느헤미야는 단순히 각자 자신에게 가장 익숙한 방식을 취했던 것일 수 있다. 에스라는 제사장이었기 때문에 여호와의 임재에 익숙했지만, 느헤미야는 왕의 술 관원으로서 왕권의 행사에 익숙했다. 에스라와 느헤미야 모두 자신이 하는 일에 있어 충실하고자 했다. 두 사람 모두 경건하며 기도하는 지도자였다. 그러나 이 둘은 보호를 위해 하나님을 신뢰한다는 것을 다르게 이해했다. 에스라에게 있어 그것은 왕의 경비병 없이 여행하는 걸 의미했다. 반면 느헤미야에게 있어 하나님을 신뢰함은 왕의 도움을 하나님이 직접 주시는 축복의 증거로 받아들이는 것을 의미했다.

우리는 느헤미야를 '실용주의적 신자'라고 부를 수 있는 증거를 여러 곳에서 발견한다. 예를 들면 느헤미야 2장에서 그는 예루살렘 백성에게 자신의 재건 계획을 알리기 전에 은밀히 무너진 성벽을 시찰한다(11-17절). 분명 그는 공개적으로 그 일에 헌신하기 전에 자신이 하려는 사역의 규모와 범위를 가늠하고 싶어 했다. 그러나 자신이 예루살렘에 온 목적과 하나님 은혜의 손길이 자신 위에 있었다는 걸 설명한 후 몇몇 지방 관리가 그를 조롱했을 때, 느헤미야는 "하늘의 하나님이 우리를 형통하게 하시리니"(느 2:20)라고 대답했다. 물론 하나님께서 성공을 허락하실 때 일부분은 현명하고 박식한 느헤미야의 리더십을 통해 주실 것이다. 그러나 성공이 여호와께로부터 온다고 해서, 느헤미야가 뒤로 물러앉아 느긋할 수 있었다는 의미는 아니다. 오히려 그와는 정반대로 느헤미야는 고되고 부담이 큰 과업에 착수해야 했다.

느헤미야가 리더로서 수행해야 하는 역할에는 "대제사장 엘리아십 …… 그의 형제 제사장들"(느 3:1), 감독관에게 복종하기를 원치 않았던 귀족들을 제외한 "드고아 사람들"(느 3:5), "금장색 할해야의 아들 웃시엘"(느 3:8), "예루살렘 지방 절반을 다스리는 할로헤스의 아들 살룸과 그의 딸들"(느 3:12) 등 다양한 사람에게 성벽 건축 사업의 일부를 위임하는 것도 포함되어 있었다. 느헤미야에게는 동료 간의 협력을 고취하고 재건 사업을 효과적으로 조직할 수 있는 능력이 있었다.

그러나 그때 에스라서의 성전 재건 때와 똑같이 반대가 일어난다. 지역 총독이 조롱하며 유대인의 노력을 방해하려고 시도했으나 '백성이 마음 들여 일을 했다'(느 4:6). 업신여기는 말로 성벽 재건을 중단시킬 수 없자, 지역 총독은 "다 함께 꾀하기를 예루살렘으로 가서 치고 그곳을 요란하게 하자"(느 4:8)며 모의했다.

그래서 느헤미야는 백성이 어떻게 하도록 이끌었는가? 기도하고 하나님을 신뢰하도록 인도했는가, 아니면 무장을 통해 전투에 준비하도록 했는가? 예상대로 실용주의 신자였던 느헤미야는 백성들이 두 가지 방식을 모두 취하도록 이끌었다. "우리가 우리 하나님께 기도하며 그들로 말미암아 파수꾼을 두어 주야로 방비하는데"(느 4:9). 실제로 성벽을 재건하는 자에 대한 위협이 고조됨에 따라, 느헤미야는 핵심 지역에 보초도 배치했다. 그는 대적 때문에 낙심하지 말라고 백성을 격려했다. "너희는 그들을 두려워하지 말고 지극히 크시고 두려우신 주를 기억하고 너희 형제와 자녀와 아내와 집을 위하여 싸우라 하였느니라"(느 4:14). 자신의 신앙 때문에 백성은 싸워야만 했다. 그래서 느헤미야는 다음과 같은 격려의 말을 곧 덧붙였다. "우리 하나님이 우리를 위하여 싸우시리라"(느 4:20). 그러나 이것은 유대인에게 무기를 내려놓고 하나님의 초자연적인 보호하심만 믿으며 성벽 건축에 집중하라는 요청이 아니었다. 그보다는 하나님의 백성을 전투에서 도우심으로써 하나님은 그들을 위해 싸우실 것이라는 말이다. 하나님 백성이 일을 해 나갈 때 그들 안에서, 그들을 통해 하나님께서 일하실 것이었다.

때때로 우리 크리스천은 능동적으로 자기 목표를 추구하는 것과 수동적으로 하나님의 일하심을 기다리는 것 사이에 마치 단단한 벽이라도 있는 것처럼 행동할 때가 있다. 우리는 이것이 잘못된 이원론이라는 사실을 잘 알고 있으며, 그렇기 때문에 역사적으로 전통 있는 기독교 신학은 의학적 치료가 하나님을 불신하는 행동이라고 전제하는 크리스천 사이언스교와 같은 주장을 배격하는 것이다. 그러나 어떤 경우에 우리는 하나님께서 행동하시길 수동적으로 기다리고 싶은 유혹을 받기도 한다.

당신이 실직 상태라면 하나님께서 당신이 구직하기를 원하시는 건 분명한 사실이다. 하지만 하나님께서 당신이 얻기 원하시는 그 일자리를 구하기 위해서 당신은 여느 사람과 같이 구직하기 전에 이력서를 쓰고, 조사를 하고, 지원을 하고, 면접을 보고, 때로는 수십 번이나 거절을 당해야 할 것이다.

당신이 부모라면, 하나님은 당신이 자녀 양육의 기쁨을 누리길 분명히 원하시실 것이다. 그럼에도 불구하고 여전히 당신은 규칙을 정해 자녀를 훈육해야 하고, 상황이 여의치 않을 때도 시간을 내야 하며, 자녀와 어려운 주제에 대해서 논의도 하고, 자녀가 다치거나 뼈가 부러지거나 가슴 아파할 때 같이 울어 주고 아파하며, 숙제도 같이 하고, 당신이 잘못했을 때는 자녀에게 용서를 구하고, 또 자녀가 잘못했을 때는 용서도 해 주어야 한다. 자녀를 교회에 데려가는 것 같은 선한 행동에 대한 보상으로 휴식이 주어지는 것도 아니다.

느헤미야와 동료의 고된 노동은, 하나님을 신뢰한다는 것이 우리가 손 놓고 앉아 어려움이 마술처럼 해결되길 기다리는 걸 뜻하는 것이 아님을 우리에게 경고해 준다.

'대출 관행'도 '여호와를 경외하는 것'과 상관있는가 느 5:1-5:19

느헤미야의 성벽 건축 사업은 외부뿐만 아니라 내부의 위협에도 직면했다. 일부 부유한 유대인 귀족과 관리는 경제적으로 어려운 시기에 편승해 자기 주머니를 불리고 있었다(느 5장). 이들은 동족인 유대인에게 돈을 빌려 주고 율법에 명백히 금지되어 있음에도 불구하고(출 22:25) 대출금에 대한 이자를 받으려 했다.[6] 그 빚을 갚을 수 없을 때 채무자는 소유한 토지를 잃었고 자식까지 종으로 팔도록 강요받았다(느 5:5). 이와 관련해 느헤미야는 부자에게 이자 받는 것을 중단하고 채무자로부터 취한 것은 무엇이든지 되돌려 줄 것을 주장했다.

동족을 이용해 자기 이익을 취한 사람의 이기심과는 대조적으로 느헤미야는 자신의 지위를 개인 재산 축적에 이용하지 않았다. "하나님을 경외하므로" 그는 자신의 선임 총독과 달리 개인 비용 충당을 위해 백성에게 세금 부과하기를 거부했다(느 5:14-16). 대신 느헤미야는 백성에게 징세하지 않고 개인 비용으로 많은 사람을 자신의 상으로 초대해 넉넉하게 먹도록 했다(느 5:17-18).

어떤 의미에서 귀족과 관리는 우리가 방금 논의한 이원론의 죄를 지었다. 이들의 경우 자기 문제를 하나님이 해결해 주시길 수동적으로 기다리지 않았다. 도리어 경제생활은 하나님과 상관이 없는 양 적극적으로 자기 이익을 추구했다. 그러나 하나님께서는 종교뿐만 아니라 사회의 모든 측면에 관심을 쏟으시기 때문에 경제생활은 하나님께 가장 중요한 문제 중 하나라고 느헤미야는 이들(유대인 채무자를 종으로 팔아넘긴 귀족)에게 설명한다. "우리의 대적 이방 사람의 비방을 생각하고 우리 하나님을 경외하는 가운데 행할 것이 아니냐”(느 5:9). 느헤미야는 고리대금업 같은 경제 문제를 여호와를 경외하는 것과 연결하고 있다.

느헤미야 5장의 문제는 현재 우리 상황과는 거리가 먼 법적·문화적 배경에서 제기된 것이긴 하지만, 우리 지위나 특권, 심지어 우리 일을 통해 우리가 사적으로 얼마큼의 이익을 취해야 하는지 깊이 생각해 보도록 도전을 던진다. 우리는 대출을 해 주고 이자를 받는 은행에 돈을 예치해야 하는가? 직장에서 우리에게 제공되는 특혜가 누군가의 상당한 희생을 수반한다고 해도 그것을 받아 누려야 하는가? 이자를 받지 말고 담보권을 행사하지 않으며 강제로 사람을 종으로 팔지 말라는 느헤미야의 구체적인 명령은 우리 시대엔 다르게 적용될 수도 있지만, 그 명령의 근본이 되는 것은 오늘날에도 적용할 수 있는 기도다. “내 하나님이여 내가 이 백성을 위하여 행한 모든 일을 기억하사 내게 은혜를 베푸시옵소서”(느 5:19).

느헤미야에게 그랬듯이, 오늘날 일꾼들에 대한 하나님의 부르심 역시 우리가 우리 사람들을 위해 할 수 있는 모든 일을 하는 것이다. 현실에 적용해 보면, 이는 우리 각자가 직원, 동료, 고객, 가족, 일반 대중 등 우리 일에 의지하는 헤아릴 수 없이 많은 사람을 돌볼 책임을 하나님 앞에 지고 있다는 뜻이다. 느헤미야는 우리가 오늘날 직장에서의 상황에 어떻게 대처해야 하는지 정확하게 말해 주고 있진 않지만, 우리가 결정을 내릴 때 마음을 어느 방향으로 잡아야 하는지를 알려 준다. 바로 사람들을 우선순위에 놓으라는 것이다.

모든 공을 하나님께 돌리다 느 6:1-7:73

느헤미야가 직면했던 내·외부적 문제들도 성벽 재건을 중단시키지는 못했으며, 성벽은 52일 만에 완공됐다(느 6:15). 유다의 원수들은 “다 두려워하여 크게 낙담하였으니 그들이 우리 하나님께서 이 역사를 이루신 것을 앎이니라"(느 6:16)라고 성경은 밝힌다. 느헤미야가 성벽 건축자를 조직하고 영감을 불어 넣는데 상당한 리더십을 발휘하고, 이들 역시 쉬지 않고 일했으며, 느헤미야의 지혜 덕분에 적의 공격을 막아 내고 건축 사역에 집중할 수 있었음에도 불구하고, 느헤미야는 이 모든 것이 하나님의 도우심으로 가능했다고 여겼다. 하나님은 그분의 목적을 성취하시기 위해 느헤미야와 동료들의 은사와 수고를 통해 일하신 것이다.

▽ 느 8:1-13:31

언약적 삶의 회복, 2단계: 에스라와 느헤미야가 함께하다

예루살렘을 둘러싼 성벽이 완공된 후에 이스라엘 족속은 하나님과의 언약을 갱신하기 위해 예루살렘에 모였다. 에스라는 백성에게 율법을 읽어 주기 위해 이 시점에서 다시 등장한다(느 8:2-5). 백성은 율법을 듣고 울었다(느 8:9). 그러나 느헤미야는 다음과 같이 말하며 슬퍼하는 그들을 꾸짖었다. "너희는 가서 살진 것을 먹고 단 것을 마시되 준비하지 못한 자에게는 나누어 주라 이 날은 우리 주의 성일이니 근심하지 말라"(느 8:10). 하나님을 섬기는 일이 중심이 되어야 하므로 즐거워하라는 것이다. 주일에 하나님의 백성은 수고해서 얻은 결실을 기뻐하고 그러한 즐거움을 누리지 못하는 사람과 그 결실을 함께 나누어야 한다.

그러나 느헤미야 9장이 보여 주듯이, 백성들이 하나님께 자신의 죄를 고백하며 경건하게 슬퍼해야 할 때도 있다(느 9:2). 백성들은 창조부터 구약의 가장 중요한 사건에 이르기까지 하나님께서 하신 모든 일을 들었을 때 비로소 회개하기 시작했다(느 9:6). 이스라엘이 여호와께 불순종했기 때문에 하나님께서 택하신 백성이 이방 왕들의 포로가 됐고, 이스라엘이 수고한 대가를 이 왕들이 누리게 된 것이다(느 9:36-37).

백성들이 여호와와 맺은 언약을 갱신하며 한 약속 가운데는 안식일을 거룩히 지키는 것도 포함되어 있었다(느 10:31). 특히 이들은 안식일에도 일하던 "그 땅 백성들과" 안식일에는 거래를 하지 않겠다고 약속했다. 이스라엘 백성은 또한 성전과 성전에서 일하는 사람을 돕는 자기 의무를 다하겠다고 약속했다(느 10:31-39). 이들은 성전과 성전 일꾼에게 자신의 소산 중 십의 일조를 드림으로써 의무를 다했다. 그때처럼 지금도 "하나님의 전을 위하여"(느 10:32) 우리 소득의 십의 일조를 드리는 것은 예배 사역을 재정적으로 돕는 데 필요한 수단일 뿐만 아니라 우리가 소유하는 모든 것이 하나님으로부터 온다는 사실을 떠올리게 해 주는 매개체이기도 하다.

예루살렘에서 성벽을 건축하고 공동체의 회복을 감독하는 자기 과업을 완수한 후, 느헤미야는 아닥사스다 왕을 섬기기 위해 복귀한다(느 13:6). 나중에 느헤미야가 다시 예루살렘에 돌아왔을 때, 그가 시작했던 개혁 중 일부는 성공적으로 이루어지고 있었으나 일부는 도외시되고 있었다. 예를 들면, 느헤미야는 어떤 사람이 안식일에 여전히 일하는 것을 발견했다(느 13:15). 유대 관리는 안식일에도 이방인 무역상이 예루살렘으로 장사를 위해 상품을 가지고 들어오게 해 줬다(느 13:16). 그래서 느헤미야는 안식일을 거룩하게 지키지 않는 자를 꾸짖었다(느 13:17-18). 더 나아가 느헤미야는 특유의 실용주의적 접근법을 적용해 안식일이 시작되기 전에 성문을 닫고 안식일이 끝날 때까지 문을 걸어 잠가 뒀다. 또한 그는 성문에 경비병을 배치해 상인들에게 떠날 것을 경고하도록 했다(느 13:19).

오늘날 크리스천이 안식일을 지켜야 하는지, 어떻게 지켜야 하는지에 대한 답은 느헤미야서에 나와 있지 않다. 이에 대한 답을 구하기 위해서는 광범위한 신학적 대화가 필요하다.[7] 그럼에도 불구하고, 느헤미야 본문은 하나님의 첫 번째 언약 백성의 삶에서 안식일 준수가 차지했던 중심적인 위치와 안식일을 성수하지 않는 사람과 경제적으로 교류하는 것의 위험성을 우리에게 상기시켜 준다. 우리 상황에 이를 적용해 살펴보면, 과거 주일에 쇼핑몰이 문을 닫았을 때는 크리스천이 안식일을 지키기가 훨씬 수월했다. 하지만 24시간 내내 상업 거래가 이루어지는 현대 문화 속에서 우리는 의식적으로, 때로는 대가를 감수하면서 안식일 준수를 결단해야 하는 느헤미야 시대 같은 위기 상황으로 내몰리고 있다.

에스더서와 일

▽ 에 1-10장

타락한 체제 안에서 일하다

에스더서는 성경 밖의 역사에서는 '크세르크세스'로 더 잘려진 아하수에로 왕이 자기 영광을 과시하기 위해 초호화판 잔치를 벌이는 장면으로 시작된다(에 1:1-8). 포도주를 과음한 후 아하수에로는 잔치에 참석한 사람들에게 와스디 왕후를 자랑하려 어전 내시에게 그녀를 데려오라고 명령한다(에 1:10-11). 하지만 이 요구를 모욕적이라고 여긴 와스디 왕후는 명령에 복종하지 않는다(에 1:12). 이는 다른 참석자까지 거북하게 만들었는데, 이들은 그녀의 행동이 하나의 본이 되어 그 나라의 다른 여성들 역시 남편에게 저항하도록 자극하지 않을까 두려워했다(에 1:13-18). 그리하여 와스디는 말하자면 '해고'됐고, 아하수에로 왕을 위해 새로운 왕후를 간택하는 절차가 시작됐다(에 1:21-2:4). 분명 이 이야기는 왕실 가정사를 다룬다. 그러나 모든 왕실은 정치적 일터이기도 하다. 따라서 와스디의 상황은 직장에서의 문제로 해석될 수도 있다. 즉, 상사가 여성을 성적으로 착취하고자 하고, 이 여성이 그의 요구에 부응하지 않자 그녀를 해고하는 상황인 것이다.

왕은 와스디를 대신할 왕후를 찾으려 했고, 왕과 하룻밤을 보낼 준비가 된 에스더라는 한 젊은 여성이 후궁으로 들어온다(에 2:8-14). 우리 관점에서 보면, 에스더는 억압적이고 성차별적인 체제의 희생양으로서, 이기적인 폭군에 의해 처녀성을 상실할 처지에 놓여 있었다. 하지만 에스더는 수동적인 희생자가 아니었다. 에스더는 왕과 잠자리를 같이 하고, 와스디의 억압에 대해서는 침묵하며, 자신의 종족 정체성은 숨긴 채 자기 유익을 위해 그 체제를 오히려 이용한다(에 2:20). 에스더는 뛰어난 미모 덕분에 왕의 호감을 사고 새로운 왕후 자리에 오른다(에 2:17).

에스라서와 느헤미야서에서 모두 유대인과 이방인 간의 통혼이 잘못된 행위라고 강조된다는 점을 고려하면(스 9:1-4; 느 13:23-27), 왕국의 후궁전에 자원해서 들어가 이방 왕의 아내가 되는 것은 더욱 놀랄 만한 일이다. 우리는 에스라가 일부 유대인이 이방인과 통혼한 것에 비통해하며 기도한 것(스 9:13-15)을 이미 살펴봤기 때문에, 에스더와 아하수에로 왕의 혼인에 대해 에스라가 뭐라고 했을지 궁금하다.

에스라와 느헤미야가 보여 준 유대인의 율법에 대한 충실한 준수와 에스더의 종교적·도덕적 타협은 극명한 대조를 이룬다. 에스더는 남보다 앞서 나가는 데 필요한 것이라면 무엇이든지 기꺼이 행하고자 한다. 에스더는 다른 여인의 불행을 이용할 뿐만 아니라 자신을 기꺼이 착취의 대상으로 전락시킨다. 에스더에 준하는 수준이든 아니든 간에 도덕적 타협은 일터에 있는 거의 모든 크리스천에게도 익숙한 것이다. 직장에서 단 한 번도 도덕적으로 의심스러운 행동을 하지 않은 사람이 누가 있겠는가? 상사가 부하를 해고함으로써 자기 무능을 감추거나 가장 더럽고 위험한 일이 다른 인종의 사람에게 배정되는 등 다른 사람에 대한 부당한 대우가 우리 자신에게는 유익이 되어 돌아올 때 절대 침묵을 지키지 않고 항상 목소리를 내는 사람이 누가 있겠는가? 과거 성공에 대한 자신의 기여를 실제보다 부풀리거나 수업이나 일터에서 자기 지식을 실제보다 더 과장하는 등 우리가 원하는 것을 얻기 위해서 진실을 숨기는 행위를 전혀 하지 않은 사람이 누가 있겠는가?

에스더는 더 큰 권력과 영향력에 가까이 갈 수 있는 권리를 가지고 왕궁으로 들어간다. 에스더는 자신을 위해 하나님께서 어떤 목적이나 계획을 가지고 계신지에 관심이 전혀 없는 것처럼 보인다. 에스더서에서는 하나님이 언급조차 되지 않는다. 하지만 이것은 아하수에로 궁전에 있는 에스더를 위해 하나님께서 아무런 계획이나 목적도 갖고 계시지 않는다는 뜻이 아니다. 공교롭게도 에스더의 사촌인 모르드개는 유대인의 율법을 준수함에 있어 훨씬 더 양심적이다. 바로 이 때문에 모르드개는 머지않아 아하수에로의 최고위 관리인 하만과 갈등을 빚는다(에 3:1-6). 하만은 모르드개뿐만 아니라 온 유대 민족을 말살할 계획을 세운다(에 3:7-15). 모르드개는 그의 음모를 파악하고 이를 에스더에게 전달한다. 자기 민족 전체가 말살될 지경에 처했음에도 불구하고 에스더는 냉정해 보인다.

에스더는 자신이 이 사건에 관여함으로써 자기 지위는 물론 목숨까지 위험에 처할 수 있다는 변명을 내세운다(에 4:11). 실제로 에스더는 30일 동안이나 왕의 부름을 받지 못한, 이미 왕의 관심을 잃은 상태였다. 왕이 혼자 잠을 잤다고 보기는 어렵기 때문에, 한 명 또는 그 이상의 여인이 '왕에게 부름을 받았을 것이다'(에 4:11). 자기 민족을 위해 개입하는 것은 너무나 큰 위험을 가져올 수도 있었다. 모르드개는 두 가지 주장을 내세웠다. 첫째, 에스더의 개입 여부와 상관없이 그녀의 목숨은 위험하다. "너는 왕궁에 있으니 모든 유다인 중에 홀로 목숨을 건지리라 생각하지 말라"(에 4:13). 두 번째 주장은 "네가 왕후의 자리를 얻은 것이 이때를 위함이 아닌지 누가 알겠느냐"(에 4:14)였다. 이 두 가지 주장으로 에스더의 태도는 완전히 변한다. "규례를 어기고 왕에게 나아가리니 죽으면 죽으리이다"(에 4:16). 자신의 이익 외엔 어느 누구의 일에도 관심이 없고 출세만 노리던 야심가가 갑자기 다른 사람을 위해 자기 목숨을 걸겠다고 나선 것이다.

모르드개의 두 주장이 각각 다른 본능에 호소하고 있음을 주목하라. 첫 번째 주장은 에스더 자신의 생명을 보호해야 하지 않겠냐고 호소한다. '에스더 너는 유대인이다. 만약 모든 유대인을 몰살하라는 명령이 내려지면 너도 발각되어 결국은 죽음을 면치 못할 것이다.' 두 번째 주장은 하나님을 섬겨야 한다는 암시와 함께 운명에 호소하고 있다. '에스더 네가 왜 수많은 젊은 여인 중에 왕후로 간택받았을지를 생각해 보라. 어쩌면 그것은 네 인생에 뭔가 더 큰 목적이 있기 때문이다.' 첫 번째 주장은 비루한 반면, 두 번째 주장은 고귀해 보인다. 어떤 주장이 에스더를 변하게 했을까?

아마도 모르드개의 두 가지 주장 모두 에스더의 마음을 단계적으로 변화시켰을 것이다. 첫 번째 단계는 동일화다. 마침내 에스더는 자기 동족과 자신을 동일시한다. 이런 의미에서 그녀는 예수님께서 이 땅에 태어나셨을 때 자신을 사람과 동일시한 것과 똑같은 단계를 밟았다. 에스더의 경우에는 이기적인 목적으로 이 단계를 밟긴 했지만, 이를 통해 하나님의 목적을 향해 에스더의 마음이 열릴 수 있었다.

두 번째 단계는 섬김이다. 자기 동족이 멸절할 위험을 자신의 위험으로 동일시한 에스더는 왕에게 나가기로 마음먹는다. 그녀는 자신의 지위, 재산, 목숨을 건다. 이제 에스더의 높은 지위는 이기심의 충족 대신 섬김의 수단이 된다. 신실하지 않고 율법을 준수하지 않던 에스더의 예전 행위에도 불구하고 하나님은 도덕적으로 본이 되던 에스라와 느헤미야를 사용하신 것과 똑같이 에스더를 사용하신다. 에스더의 섬김은 여러 면에서 오늘날 직장에 그대로 적용된다.[8]

1. 크리스천이든 아니든 간에 많은 사람이 성공적인 경력을 쌓기 위해 윤리적인 타협을 한다. 우리 역시 에스더와 같은 상황에 놓여 있기 때문에, 우리가 과거에 도덕적으로 실패했다 하더라도 하나님께서 우리를 사용하시도록 내어 드리는 기회와 책임을 모두 가지고 있다. 직장을 얻기 위해 원칙을 무시했는가? 그럼에도 불구하고 하나님은 당신 직장에서 행해지는 기만적인 관행을 없애기 위해 당신을 사용하실 수 있다. 회사 재산을 부당하게 사용해 왔는가? 그래도 하나님은 당신 부서의 허위 기록을 바로 잡는 일에 당신을 쓰실 것이다. 과거의 위선을 핑계 삼아 현재 하나님이 당신으로부터 필요로 하시는 것에 주의를 기울이지 않을 수는 없다. 과거에 하나님께서 주신 능력을 잘못 사용했다고 해서 오늘 당신이 하나님의 선한 목적에 그 능력을 쓰지 못할 것이라고 믿을 이유는 없다. 에스더는 하나님의 영광에 이르지 못했던 우리 모두의 본이다. 당신은 "제가 이 자리에 오르기 위해 얼마나 많은 윤리적 잘못을 저질렀는지 아신다면 제가 지금 하

나님께 아무 쓸모도 없다는 것을 이해하실 수 있을 거예요"라고 말할 수 없다.

2. 하나님은 우리 삶의 실제 상황을 활용하신다. 에스더는 자기 지위로 하나님을 섬길 수 있는 독특한 기회를 부여받았다. 모르드개의 경우 자신의 지위를 통해 또 다른 종류의 기회가 주어졌다. 우리는 우리에게 주어진 독특한 기회를 포용해야 한다. 우리는 "제게 만약 기회가 주어진다면 하나님을 위해 큰일을 할 것입니다"라고 말하기보다는, "제가 이 자리에 온 것은 어쩌면 바로 이때를 위함일 수도 있습니다" 라고 말해야 한다.
3. 우리 지위는 영적인 면에서 위험하다. 우리는 우리 가치나 존재를 자기 지위와 동일시할 수도 있다. 우리 지위가 높으면 높을수록 그 위험은 더 커진다. 에스더는 더 이상 자신을 젊은 유대인 여인이 아닌 바사의 왕후로 여겼다. 이와 같은 행동은 우리로 하여금 우리가 통제할 수 있는 범위를 넘어서는 사실에 종속되게 만든다. CEO나 정교수가 되거나 좋은 직장을 유지하는 것이 너무도 중요해져서 이 사실이 우리 존재의 전부가 되어 버린다면 우리는 이미 우리 자신을 잃은 것과 마찬가지다.
4. 하나님을 섬긴다는 것은 우리 지위를 잃을 각오를 해야 함을 의미한다. 만약 당신이 하나님을 섬기기 위해 당신 지위를 사용한다면, 그 지위는 물론 장래 전망까지 잃을 수도 있다. 만약 당신이 직업이나 경력을 자신과 동일시한다면 그 두려움은 배가 된다. 하지만 우리가 하나님을 섬기지 않는 경우에도 우리 지위는 얼마든지 위태로워질 수 있다. 에스더의 경우는 극단적이다. 그녀가 자기 지위를 걸고 개입한다면 죽임을 당할 수도 있고, 또 개입하지 않더라도 죽임을 당할 수 있는 상황에 놓인 것이다. 우리 입장은 에스더보다 정말로 더 안

전한가? 잃어버릴 수 없는 것을 얻기 위해 당신이 영원히 지킬 수 없는 것을 잃을 각오를 하는 것은 결코 어리석은 선택이 아니다. 하나님을 섬기기 위해 행한 일은 절대 잃어버릴 수 없다.

에스더서의 이야기는 에스더와 유대인들의 행복한 결말로 끝난다. 에스더는 초대받지 않은 채 왕에게 나아가지만 왕의 호의를 입는다(에 5:1-2). 그녀는 부드러운 말로 두 번의 잔치에 왕을 오게 하고(에 5:4-8; 7:1-5), 하만이 유대인을 말살할 계획을 추진하는 과정에서 스스로 자기 위선을 폭로하게 만드는 술책을 사용한다(에 7:6-10). 왕은 유대인을 적대시하는 판단을 철회하고(에 8:11-14) 모르드개와 에스더를 부와 영예와 권력으로 보상한다(에 8:1-2; 10:1-3). 이들은 결과적으로 바사 제국 전역에서 유대인의 삶을 개선한다(에 10:3). 하만과 유대인의 원수는 모두 말살됐다(에 7:9-10; 9:1-17). 아달월 14-15일인 유대인 구원의 날은 그 이후 부림절로 지켜졌다(에 9:17-23).

보이지 않는 하나님의 손과 인간의 반응

앞서 살펴봤듯이 에스더서에는 하나님의 이름이 언급되지 않는다. 그러나 이 책 역시 성경의 일부다. 따라서 주석가는 에스더서에서 베일에 가려진 하나님의 임재를 발견하고 일반적으로 다음을 가장 중요한 구절로 꼽는다. "네가 왕후의 자리를 얻은 것이 이때를 위함이 아닌지 누가 알겠느냐"(에 4:14). 이 구절은 에스더가 운이나 운명, 자신의 간계가 아닌 보이지 않는 어떤 분의 의지로 왕후의 지위에 올랐음을 암시한다. 우리는 여기서 벽에 글씨를 쓰는 신의 손을 볼 수 있다. 에스더가 왕후의 자리에 오른 것은 에스라와 느헤미야가 말한 것과 같이 '하나님의 선하신 손이 그 위에 있었기 때문'이었다(스 8:18; 느 2:18).

이것은 하나님께서 우리가 인식하지 못하는 방식으로 어떻게 일하실 수 있는지에 대해 고민하도록 우리에게 도전을 던진다. 세속적인 회사가 승진과 급여 체계에 있어 편향성을 없앤다면 이는 하나님께서 일하시는 것인가? 한 크리스천이 회사의 이중장부 관행에 종지부를 찍을 때, 그 사람은 자신이 크리스천이기 때문에 그렇게 했다고 선언해야 할까? 당신이 타협이 만연한 정치 부서에 일자리를 얻어 선을 행할 수 있을 경우, 하나님은 그 제안을 수락하라고 부르실까? 만약 당신이 양심에 어긋나는 것을 가르치라고 강요당하는 학교의 교사라면 그 자리를 떠나야 할까, 아니면 더욱 많은 노력을 기울여 그 자리를 지켜야 할까?

결론

에스라, 느헤미야, 에스더서에는 몇 가지 공통점이 있다. 세 권 모두 바사 제국의 통치 시기 동안 일어난 사건에 대해 상대적으로 간결하게 기술하며, 바사 왕들과 그 외 정부 관리를 등장시키고 있다. 또한 세 권 모두 신앙생활을 영위하는 데 여러 면에서 적대적이었던 환경에서도 번성하기 위해 애쓰던 유대인의 활동에 초점을 맞추며, 생존하고 번성하려고 애쓰던 유대인에게 바사 왕들이 도움을 줄 수 있었다는 사실을 증거한다. 행동의 본이 되는 세 명의 핵심 지도자가 세 권 모두에서 소개되기도 한다. 또한 세 권 모두 일하는 사람들을 보여 주기 때문에, 이 세 권의 책은 우리의 일에 대한 이해와, 하나님과 그 일의 관계에 대한 우리 이해에 어떤 영향을 미치는지를 생각할 수 있는 기회를 준다.

그러나 중대한 사안에 있어서는 세 권 모두 폭넓은 의견차를 보여 준다. 이는 원래 한 묶음의 책이었던 에스라서와 느헤미야서에서도 마찬가지다. 에스라서에서 하나님을 신뢰한다는 것은 하나님의 백성이 왕의 호위를 받지 않고 위험지역을 통과하는 것을 의미한다. 그런데 느헤미야서에서는 왕의 호위가 하나님이 복을 주신 증거로 제시된다. 에스라가 소위 '이상주의적 믿음'(idealistic faith)을 대변한다면, 느헤미야는 '실용주의적 믿음'(pragmatic faith)을 실천한다. 에스더서에서 하나님의 손길은 직접 보이지 않지만 에스더가 자기 민족을 섬기기 위해 자신의 지위와 기지를 기민하게 사용하는 데서 드러난다. 우리는 에스더의 믿음을 '영리한 믿음'(clever faith)이라고 부를 수 있다.

그럼에도 불구하고 에스라서와 느헤미야서는 세상에서 이루어지는 하나님의 사역에 대해 비슷한 비전을 공유한다. 하나님은 택하신 백성뿐만 아니라 모든 이의 삶에 개입하신다는 것이다. 하나님께서는 이방 왕들의 마음을 감동시키셔서 그들이 하나님의 목적을 이루도록 인도하신다. 여호와는 그분의 목적을 성취하시기 위해 강력한 리더십을 지닌 다양한 지도자와 예언자적 목소리를 사용하셔서 당신 백성이 하나님을 향해 헌신적으로 일하도록 영감을 불어넣으신다. 에스라서에서 하나님은 성전 재건을 위해 신실한 제사장을 사용하신다. 느헤미야서에서는 하나님 수도의 성벽 재건을 위해 신실한 평신도를 사용하신다. 에스더서에서는 유대인의 구원을 위해 극도로 타협적이고 율법을 준수하지 않은 유대인을 사용하신다. 이 세 권 모두의 관점을 통합해 보면, 하나님은 각양각색 사람이 하는 일로 세상에서 일하신다.

주

Part 1

일하는 크리스천을 위한 모세오경

--- 1 ---

창세기 1-11장 & 일의 신학

1. Gordon J. Wenham, *Genesis 1-15, Word Biblical Commentary* (Dallas: Word, 1998), 15쪽. 고든 웬함, 《WBC 창세기 1-15》(솔로몬 역간).
2. 창조 때의 "날들"에 대한 유익한 토론을 위해서는 Bruce K. Waltke, *Genesis: A Commentary* (Grand Rapids: Zondervan, 2001), 74-78쪽을 보라.
3. 성경에서 하나님이 하시는 수많은 종류의 일 목록은 다음을 보라. R. Paul Stevens, *The Other Six Days* (Grand Rapids: Wm. B. Eerdmans, 2000), 18-123쪽. Robert Banks, *God the Worker: Journeys into the Mind, Heart, and Imagination of God* (Eugene, OR: Wipf & Stock, 2008).
4. Waltke, *Genesis: A Commentary*, 64-65쪽.
5. Ian Hart, "Genesis 1:1-2:3 as a Prologue to the Books of Genesis," *TynBul* 46, no. 2 (1995): 322쪽.
6. Meredith G. Kline, *Kingdom Prologue: Genesis Foundations for a Covenantal Worldview* (Eugene, OR: Wipf & Stock, 2006), 69쪽.
7. "정복하다"(kavash)는 경작(농사), 사육(목양), 심지어 채굴에까지 적용되어 "'땅'의 개념과 관련된 모든 경제적 문화적 잠재력을 이용하는 것"을 말한다. 다음을 참고하라. Robert B. Chisholm Jr., *From Exegesis to Exposition: A Practical Guide to Using Biblical Hebrew* (Grand Rapids: Baker, 1998), 46쪽.

8. Francis A. Schaeffer, *Genesis in Space and Time* (Downers Grove, IL: InterVarsity Press, 1972), 47-48쪽. 프랜시스 쉐퍼, 《창세기의 시공간성》(생명의말씀사 역간).

9. R. Laird Harris, Gleason L. Archer, Jr., and Bruce K. Waltke, eds., *Theological Wordbook of the Old Testament* (Chicago: Moody Press, 1999), 639, 939쪽.

10. 이 인용구가 널리 반복되고는 있으나 그 출처는 알기 힘들다. 그것이 진짜든 아니든, 그것은 모든 종류의 예술가에게 널리 알려져 있던 하나의 실체를 표현해 준다.

11. Walter Brueggemann, "Sabbath," *Reverberations of Faith: A Theological Handbook of Old Testament Themes* (Louisville: Westminster John Knox Press, 2002), 180쪽.

12. Schaeffer, *Genesis in Space and Time*, 71-72쪽. 프랜시스 쉐퍼, 《창세기의 시공간성》(생명의말씀사 역간).

13. Waltke, *Genesis: A Commentary*, 90-91쪽.

14. 같은책, 146쪽.

15. Kline, *Kingdom Prologue: Genesis Foundations for a Covenantal Worldview*, 152쪽.

16. Augustine, *City of God*, book XIX.

17. Waltke, *Genesis: A Commentary*, 182-183쪽.

18. Fyodor Dostoevsky, *The Brothers Karamazov*, trans. Richard Pevear and Larissa Volokhonsky (San Francisco: North Point Press, 1990), 589쪽.

--- 2 ---

창세기 12-50장 & 일의 신학

1. 하나님께서 '아브람'의 이름을 '아브라함'으로 바꾸신 것은(창 17:5) 창세기에서 중요한 사건이지만, '일'이라는 이 책의 주제와는 특별한 관계가 없다. 그래서 여기서는 우리가 잘 알고 있는 이름인 '아브라함'으로 그를 호칭할 것이며, 마찬가지로 '사래'는 '사라'로 부르겠다.

2. Bruce K. Waltke, *Genesis: A Commentary* (Grand Rapids: Zondervan, 2001), 182-183쪽.

3. 같은 책, 216쪽.

4. Victor H. Matthews, "Nomadism, Pastoralism," *Eerdmans Dictionary of the Bible*, eds. David Noel Freedman, Allen C. Myers, and Astrid B. Beck (Grand Rapids: Wm. B. Eerdmans, 2000), 972쪽.

5. John H. Walton, Victor H. Matthews, and Mark W. Chavalas, *The IVP Bible Background Commentary: Old Testament* (Downers Grove, IL: IVP Academic, 2000), 44쪽.

6. Matthews, "Nomadism, Pastoralism," *Eerdmans Dictionary of the Bible*, 971쪽.

7. T.C. Mitchell. "Nomads," *New Bible Dictionary*, 3rd ed., eds. I. Howard Marshall, A. R.

Millard, J. I. Packer, and D. J. Wiseman (Downers Grove, IL: InterVarsity Press, 1996), 828-831쪽.

8. 같은 책, 829쪽.

9. Matthews, "Nomadism, Pastoralism," *Eerdmans Dictionary of the Bible*, 972쪽.

10. Julian Pitt-Rivers, "The Stranger, the Guest, and the Hostile Host: Introduction to the Study of the Laws of Hospitality," *Contributions to Mediterranean Sociology*, ed. John G. Peristiany (Paris: Mouton, 1968), 13-30쪽.

11. Waltke, *Genesis: A Commentary*, 216쪽.

12. Victor H. Matthews, "Hospitality and Hostility in Judges 4," *Biblical Theology Bulletin* 21, no. 1 (1991): 13-15쪽 초록에서 발췌.

13. World Travel and Tourism Council, *Travel and Tourism Economic Impact 2012, World* (London: 2012), 1쪽.

14. Walton, Matthews, and Chavalas, *The IVP Bible Background Commentary: Old Testament*, 55쪽.

15. Kenneth A. Kitchen, "Cupbearer," *New Bible Dictionary*, 3rd ed., ed. I. Howard Marshall, A. R. Millard, J. I. Packer, and D. J. Wiseman (Downers Grove: InterVarsity, 1996), 248쪽.

16. Roland K. Harrison, "Baker," *The International Standard Bible Encyclopedia*, ed. Geoffrey W. Bromiley (Grand Rapids: Eerdmans, 1979), 1: 404쪽.

17. John H. Walton, *Genesis, The NIV Application Commentary* (Grand Rapids: Zondervan, 2001), 672-673쪽.

18. Waltke, *Genesis: A Commentary*, 545쪽.

19. 같은 책, 565-566쪽.

--- 3 ---

출애굽기 & 일의 신학

1. 히브리어로 출애굽기의 제목은 그냥 '셰모트'인데, "-의 이름들"에 해당하는 이 단어는 출애굽기 첫 문장에 등장한다.

2. David J. A. Clines, *Theme of the Pentateuch*, 2nd ed. (London: T&T Clark, 1997), 29쪽.

3. 같은 책, 47쪽.

4. Brevard S. Childs, *Memory and Tradition in Israel* (London: SCM Press, 1962).

5. Elmer Martens, *God's Design: A Focus on Old Testament Theology*, 3rd ed. (Grand Rapids: Baker, 1994). 글의 이 섹션은 하나님의 의도를 네 부분으로 나눈 마르텐(Marten)이 만든 개요의 분석 뒤에 나온다.

6. 영어성경들은 "LORD"(Lord와 구분해서 두 번째 글자부터 대문자로 작게 표시해서 쓴다)라는 단어를 써서 하나님의 히브리어 이름 'YHWH'를 나타내는 관례를 따른다.

7. 이 요점에 대한 구약 신학 문헌은 그 분석의 범위와 깊이에 있어 거의 무한하다. 하나님의 자기 계시의 중추적 중요성을 감안해 보면 이것은 이해할 만하다. 이 쟁점들에 대한 요약과 이 문제에 대한 접근방법들을 제시하려는 것은 이 글의 범위를 벗어나는 일이다. 이 글에서 취한 입장을 충분히 이해하고 가장 중요한 것이 무엇인지를 논의한 내용을 보려면 Bruce K. Waltke and Charles Yu, *An Old Testament Theology: An Exegetical, Canonical, and Thematic Approach* (Grand Rapids: Zondervan, 2007), 359-369쪽을 보라. 브루스 월키, 《구약 신학》(부흥과개혁사 역간).

8. Martens, *God's Design: A Focus on Old Testament Theology*, 10쪽.

9. 신약에서 땅에 대해 더 알고 싶거든 Waltke and Yu, *An Old Testament Theology: An Exegetical, Canonical, and Thematic Approach*, 558-587쪽을 보라. 브루스 월키, 《구약 신학》(부흥과개혁사 역간).

10. Christopher J. H. Wright, *The Mission of God: Unlocking the Bible's Grand Narrative* (Downers Grove, IL: IVP Academic, 2006), 358쪽. 크리스토퍼 라이트, 《하나님의 선교》(IVP 역간).

11. Walter Brueggemann, "The Book of Exodus," *Genesis to Leviticus, The New Interpreter's Bible: Genesis to Leviticus* (Nashville: Abingdon Press, 1994), 829쪽.

12. Umberto Moshe David Cassuto, *A Commentary on the Book of Exodus* (Skokie, IL: Varda Books, 2005), 219쪽.

13. 'chayil'이라는 단어를 더 자세히 알고 싶다면, TOW 웹사이트(www.theologyofwork.org)에서 "용감한 여인"(The Valiant Woman)이라는 제목의 글을 검색해 글 도입부에 나오는 Bruce K. Waltke and Alice Matthews, *Proverbs and Work*, "Proverbs 31: 10-31" 내용을 참조하라.

14. Arthur Holmes, *All Truth is God's Truth* (Downers Grove, IL: InterVarsity Press, 1983).

15. Kenneth Barker, ed., *The NIV Study Bible* (Grand Rapids: Zondervan, 1999), 269쪽.

16. Wright, *The Mission of God: Unlocking the Bible's Grand Narrative*, 357-358쪽. 크리스토퍼 라이트, 《하나님의 선교》(IVP 역간).

17. Peter Enns, "Law of God," *New International Dictionary of Old Testament Theology and Exegesis*, ed. Willem A. VanGemeren (Grand Rapids: Zondervan, 1997), 4:893. 그 단어는 또한 신명기서의 역사적 핵심이 "율법서"(신 31:26)라고 불린다는 점에서 한 문헌의 본체를 가리킨다. 전통적으로 모세오경은 "토라"라고 불렸다.

18. Tim Keller, "Keller on Rules of the Bible: Do Christians Apply them Inconsistently?" The Gospel Coalition, http://thegospelcoalition.org/blogs/tgc/2012/07/09/making-sense-of-scriptures-inconsistency/.

19. James Tabor and Randall Buth, *Living Biblical Hebrew for Everyone* (Pasadena, CA: Internet Language Corp., 2003).

20. Keller, "Keller on Rules of the Bible: Do Christians Apply them Inconsistently?"

21. Gordon J. Wenham, *A Guide to the Pentateuch, Exploring the Old Testament* (Downers Grove, IL: IVP Academic, 2008), 71쪽.

22. David W. Gill, *Doing Right: Practicing Ethical Principles* (Downers Grove, IL: IVP Books, 2004),

83쪽. 이 책에는 오늘날의 세상에서 십계명을 적용할 수 있는 자세한 강해가 담겨 있는데, 읽을 때 아주 세심한 주의가 필요하다.

23. "Fact Sheet: Workplace Shootings 2010," United States Department of Labor, *Bureau of Labor Statistics*, http://www.bls.gov/iif/oshwc/cfoi/osar0014.htm.

24. Brueggemann, "The Book of Exodus," *Genesis to Leviticus, The New Interpreter's Bible*, 431쪽.

25. 같은 책, 848쪽.

26. 같은 책, 432쪽.

27. 2004년 10월 20일, 노스캐롤라이나주 샬롯에서 레이스 앤더슨(Leith Anderson)과 나눈 대화를 윌리엄 메신저(William Messenger)가 기록했다.

28. Brueggemann, "The Book of Exodus," *Genesis to Leviticus, The New Interpreter's Bible*, 433쪽. 비록 인간 생명을 토라만큼 우선하고 있진 않지만, 이 원칙은 함무라비 법전(BC 1850-1750)에도 나타나 있다.

29. Wenham, *A Guide to the Pentateuch, Exploring the Old Testament*, 73쪽.

30. J. A. Motyer, *The Message of Exodus: The Days of Our Pilgrimage* (Downers Grove, IL: IVP Academic, 2005), 240쪽.

31. Robin Wakely, "#5967 NSHK," *New International Dictionary of Old Testament Theology and Exegesis*, ed. Willem A. VanGemeren (Grand Rapids: Zondervan, 1997), 3:185-189쪽.

32. Brueggemann, "The Book of Exodus," *Genesis to Leviticus, The New Interpreter's Bible*, 868쪽.

33. Rob Moll, "Christian Microfinance Stays on a Mission," *Christianity Today*, http://www.christianitytoday.com/ct/2011/may/stayingonmission.html.

34. Terence E. Fretheim, *Exodus: Interpretation: A Bible Commentary for Teaching and Preaching* (Louisville: Westminster John Knox Press, 1991), 248쪽.

35. Motyer, *The Message of Exodus: The Days of Our Pilgrimage*, 241쪽.

36. Victor Hurowitz, "The Priestly Account of Building the Tabernacle," *Journal of the American Oriental Society 105* (1985): 22. 'tabnith'라는 단어는 우상(신 4:16-18; 시 106:20; 사 44:13), 제단의 복제품(수 22:28; 왕하 16:10), 손 모양(겔 8:3, 10; 10:8)의 3차원적 형상을 그려 보여주고 있다.

37. Raymond B. Dillard, *2 Chronicles, Word Biblical Commentary* (Dallas: Word, 1998), 4-5쪽. 레이몬드 B. 딜라드, 《WBC 역대하》(솔로몬 역간).

38. Robert Banks, *God the Worker: Journeys into the Mind, Heart, and Imagination of God* (Eugene, OR: Wipf & Stock, 2008), 349쪽.

--- 4 ---

레위기 & 일의 신학

1. 레위기는 하나님이 이스라엘을 애굽에서 이끌어내신 것을 아홉 번 거론하는데, 주로 이스라엘이 앞으로 순종해야 할 동기로서 그것을 제시한다(11:45; 19:36; 22:33, 23:43; 25:38, 42, 55; 26:13, 45).
2. Alexander Hill, *Just Business: Christian Ethics for the Marketplace*, 2nd ed. (Downers Grove: IVP Academic, 2008), 15쪽.
3. Mary Douglas, *Purity and Danger: An Analysis of the Concepts of Pollution and Taboo* (London: Routledge, 1966).
4. Christopher J. H. Wright, *Old Testament Ethics for the People of God* (Downers Grove: InterVarsity Press, 2004), 299쪽.
5. Christopher J. H. Wright, *The Mission of God* (Downers Grove: InterVarsity Press, 2006), 336쪽. 크리스토퍼 라이트, 《하나님의 선교》(IVP 역간).
6. Jacob Milgrom, *Leviticus: A Book of Ritual and Ethics, A Continental Commentary* (Minneapolis: Fortress Press, 2004), 15쪽.
7. Jacob Milgrom, *Leviticus 1-16* (New Haven: Yale University Press, 1998), 345쪽.
8. 같은 책, 704-742쪽.
9. 같은 책, 105쪽.
10. Derek Tidball, *The Message of Leviticus* (Downers Grove, IL: InterVarsity Press, 1996), 15쪽.
11. Mary Douglas, *Purity and Danger: An Analysis of the Concepts of Pollution and Taboo* (London: Routledge, 1966), 53-54쪽.
12. Milgrom, *Leviticus 1-16*, 225쪽.
13. Hans Küng, *Global Responsibility: In Search of a New World Ethic* (New York: Continuum, 1993), 32-33, quoted in Roy Gane, *The NIV Application Commentary: Leviticus, Numbers* (Grand Rapids: Zondervan, 2004), 352쪽.
14. TOW 프로젝트 편집장 윌리엄 메신저가 2011년 8월 5일, 시애틀퍼시픽대학교에서 열린 포드햄 컨소시엄에서 말한 내용이다. 요청에 의해 이 여성의 이름은 밝히지 않겠다.
15. Wright, *The Mission of God*, 296쪽. 크리스토퍼 라이트, 《하나님의 선교》(IVP 역간).
16. Bruce Waltke and Charles Yu, *An Old Testament Theology* (Grand Rapids: Zondervan, 2007), 528쪽. 브루스 월키, 《구약 신학》(부흥과개혁사 역간).
17. Milgrom, *Leviticus: A Book of Ritual and Ethics, A Continental Commentary*, 299-303쪽.
18. Wright, *Old Testament Ethics for the People of God*, 9장.
19. 이 세 각도에 관한 향후 논의는 라이트의 *The Mission of God*, 296-300쪽에 나오는 해설에 빚을 졌다. 크리스토퍼 라이트, 《하나님의 선교》(IVP 역간). "경제학과 가난한 자들"이라는 제목이 붙은 *Old Testament Ethics*, 5장도 유용하고 적절하지만 다루는 내용의 범위가 레위기 25장에 나오는 희년의 관심사들을 훨씬 넘어선다. 《현대를 위한 구약윤리》(IVP 역간).

20. www.jubileedebtcampaign.org.uk

21. Wright, *The Mission of God*, 296-297쪽. 크리스토퍼 라이트, 《하나님의 선교》(IVP 역간).

--- 5 ---
민수기 & 일의 신학

1. David P. Wright, "The Disposal of Impurity: Elimination Rites in the Bible and in Hittite and Mesopotamian Literature," *Society of Biblical Literature Dissertation Studies 101* (1987): 34-36쪽.

2. Steve S. Kraman and Ginny Hamm, "Risk Management: Extreme Honesty May Be the Best Policy," *Annals of Internal Medicine 131* (Dec. 1999), 963-967쪽. Further coverage is found in Pauline Chen, "When Doctors Admit Their Mistakes," *New York Times*, Aug. 19, 2010.

3. Ronald A. Heifetz and Marty Linsky, *Leadership on the Line: Staying Alive Through the Dangers of Leading* (Boston: Harvard Business Press, 2002).

4. Richard O. Rigsby, "First Fruits," *The Anchor Yale Bible Dictionary* (New York: Doubleday, 1992), 797쪽.

5. United Nations Development Programme, *Issue Brief: Rule of Law and Development* (New York: United Nations, 2013), 3쪽.

6. Agros International, http://www.agros.org/ag/how-we-work/frequently-asked-questions.

7. Phillip J. Budd, *Numbers, Word Biblical Commentary* (Dallas: Word, 1998), 319쪽. 필립 J. 붓드, 《WBC 민수기》(솔로몬 역간).

8. Jacob Milgrom, "Excursus 74: The Levitical Town: An Exercise in Realistic Planning," *JPS Torah Commentary: Numbers* (The Jewish Publication Society, 1990), 502-504쪽.

--- 6 ---

신명기 & 일의 신학

1. Bruce K. Waltke and Charles Yu, *An Old Testament Theology: An Exegetical, Canonical, and Thematic Approach* (Grand Rapids: Zondervan, 2007), 479-480쪽. 브루스 월키, 《구약 신학》(부흥과 개혁사 역간).
2. Milton Friedman, "The Social Responsibility of Business Is to Increase Its Profits," *New York Times*, September 13, 1970.
3. David W. Gill, *Doing Right: Practicing Ethical Principles* (Downer's Grove, IL: IVP Books, 2004), 83쪽. 길의 책은 현대 세계에서의 십계명에 대한 확장된 주석과 그 적용을 담고 있다.
4. "Fact Sheet: Workplace Shootings 2010," United States Department of Labor, *Bureau of Labor Statistics*, http://www.bls.gov/iif/oshwc/cfoi/osar0014.htm.
5. Walter Brueggemann, "The Book of Exodus," *The New Interpreter's Bible: Genesis to Leviticus* (Nashville: Abingdon Press, 1994), 431쪽.
6. 같은 책, 848쪽.
7. 같은 책, 432쪽.
8. 2004년 10월 20일, 노스캐롤라이나주 샬롯에서 레이스 앤더슨과 나눈 대화를 윌리엄 메신저가 기록했다.
9. United Nations Development Programme, *Issue Brief: Rule of Law and Development* (New York: United Nations, 2013), 3쪽.

Part 2

일하는 크리스천을 위한 역사서

--- 7 ---

여호수아 · 사사기 & 일의 신학

1. 여호수아서의 핵심 주제에 대한 유익한 개요를 위해서는 David M. Howard, *Jr. Joshua, New American Commentary* (Nashville: Broadman and Holman, 1998), 56-64쪽을 보라.
2. 정복에 대한 더 자세한 내용은 다음 책을 보라. C. S. Cowles, Eugene Merrill, Daniel L. Gard, and Tremper Longman III, Stanley N. Gundry, ed., *Show Them No Mercy: 4 Views on God and Canaanite Genocide* (Grand Rapids: Zondervan, 2003).
3. J. Gordon McConville and Stephen N. Williams, *Joshua: The Two Horizons OT Commentary* (Grand Rapids: Eerdmans, 2010), 113-114쪽을 보라.
4. Laura Nash, *Believers in Business* (Nashville: Thomas Nelson, 1994), 96쪽.
5. John Wesley, *Covenant Renewal Service* (1781). 현대적인 적용을 담은 본문은 http://wesley.nnu.edu/john-wesley/covenant-service-directions-for-renewing-our-covenant-with-god/에서 찾아볼 수 있다.
6. Ronald Heifetz, *Leadership Without Easy Answers* (Cambridge, MA: Harvard University Press, 1994). 로널드 하이페츠, 《하버드 케네디스쿨의 리더십 수업》(더난출판 역간).
7. Temba L. J. Mafico, "Judge, Judging," ed. David Noel Freedman, *The Anchor Yale Bible Dictionary* (New York: Doubleday, 1992), 1105쪽.
8. Daniel I. Block, *Judges, Ruth, The New American Commentary* (Nashville: Broadman & Holman Publishers, 1999), 83-84쪽.
9. John Gray, *Joshua, Judges and Ruth, The New Century Bible* (London: Nelson, 1967), 256쪽.
10. Timothy Keller, *Counterfeit Gods: The Empty Promises of Money, Sex, and Power, and the Only Hope That Matters* (New York: Dutton Adult, 2009), 17-18쪽. 팀 켈러, 《팀 켈러의 내가 만든 신》(두란노 역간).

11. Block, *Judges, Ruth, The New American Commentary*, 258-259쪽.

12. http://www.amnestyusa.org/our-work/issues/business-and-human-rights/oil-gas-and-mining-industries/conflict-diamonds, accessed December 14, 2013.

13. Robert G. Boling, "Gideon (Person)," ed. David Noel Freedman, *The Anchor Yale Bible Dictionary* (New York: Doubleday, 1992), 1013쪽.

14. Daniel I. Block and J. Clinton McCann, *Judges, Interpretation* (Louisville: John Knox, 1989), 61쪽.

15. 양털 사건에 대한 맥켄(McCann)의 주석을 참조하라(66쪽). "한마디로 기드온은 약간 우스꽝스럽게 시작하고 있다. 갈수록 믿음이 더 커지는 게 아니라, 그는 점점 더 믿음이 없어지고 더욱 겁을 먹고 있는 것처럼 보인다."

16. Haddon W. Robinson, *Decision-Making by the Book* (Wheaton, Ill.: Victor Books, 1991).

17. Garry Friesen and J. Robin Maxson, *Decision Making & the Will of God: A Biblical Alternative to the Traditional View* (Portland, OR: Multnomah Press, 1980). 게리 프리슨, 《나의 결정과 하나님의 뜻》(생명의말씀사 역간).

18. Block, *Judges, Ruth, The New American Commentary*, 287쪽의 "Gideon, the fearful young man, has become a brutal aggressor"을 참조하라.

19. Tomas Chamorro-Premuzic, "Less-Confident People are More Successful," *Harvard Business Review*, July 6, 2012, accessed at http://blogs.hbr.org/2012/07/less-confident-people-are-more-su/ on May 23, 2014.

20. 블록(Block)은 이스라엘 백성들의 가나안화(化)를 자신의 사사기 주석의 주제로 삼고 있음을 주목하라. Block, *Judges, Ruth, The New American Commentary*를 참조하라.

--- 8 ---

룻기 & 일의 신학

1. 신 10:18; 14:29; 16:11, 14; 24:19-22; 26:12-13; 27:19.

2. 이스라엘 세계에서 모압 사람으로서 겪는 어려움들에 관해서는 Daniel I. Block, *Judges, Ruth, The New American Commentary* (Nashville: Broadman & Holman, 2002), 627쪽을 참조하라.

3. 하나님은 창조하시고(창 1:1), 세우시고(삼하 7:27; 삼상 2:35), 만드시고(창 2:4), 지으시고(창 2:7, 8), 조성하신다 (시 8:6). 그분은 창조주로(창 1-2; 욥 10:3-12; 시 139:13-16), 짓는 자, 건축가(잠 8:27-31), 음악가, 작곡가(신 31:19), 금속 공예가(사 1:24-26), 재단사(욥 29:14), 토기장이(사 64:8), 농부(호 10:11), 목자(시 23편; 겔 34장), 장막업자, 천막업자(욥 9:8; 사 40:22), 성전 설계사 겸 건축가(출 25장; 35장; 대상 28:11-19), 서기관, 작가(출 24:12; 31:18; 34:28 등)로 묘사되어 있다.

4. 룻 1:8-9; 2:4a; 2:4b; 2:12; 2:20; 3:10; 4:11-12; 4:14a; 4:14b-15.

5. Jack B. Scott, "82 הַפִּיא", *Theological Wordbook of the Old Testament*, ed. R. Laird Harris, Gleason L. Archer, Jr. and Bruce K. Waltke, electronic ed. (Chicago: Moody Press, 1999), 38쪽.

6. Fredric W. Bush, *Ruth, Esther, Word Biblical Commentary* (Dallas: Word, Incorporated, 1998), 129쪽. 프레드릭 W. 부쉬, 《WBC 룻기 · 에스더》(솔로몬 역간).

7. Daniel I. Block, "Unspeakable Crimes: The Abuse of Women in the Book of Judges," *The Southern Baptist Theological Journal* 2 (1998): 46-55쪽.

8. Block, *Judges, Ruth*, 659-660쪽.

9. 같은 책, 683-688쪽.

--- 9 ---

사무엘 · 열왕기 · 역대기 & 일의 신학

1. Missy Sullivan, "Lost Inheritance," *Wall Street Journal Money*, March 8, 2012, accessed at http://online.wsj.com/news/articles/SB10001424127887324662404578334663271139552, May 21, 2014.

2. Tomas Chamorro-Premuzic, "Less-Confident People are More Successful," *Harvard Business Review*, July 6, 2012, accessed at http://blogs.hbr.org/2012/07/less-confident-people-are-more-su/ on May 23, 2014.

3. Ronald A. Heifetz and Marty Linsky, *Leadership on the Line* (Boston: Harvard Business School Press, 2002), 101-122쪽.

4. Jim Collins, *Good to Great* (HarperBusiness, 2001), 76쪽. 짐 콜린스, 《좋은 기업을 넘어 위대한 기업으로》(김영사 역간).

5. C. J. Chivers, "Putin is Approved as Prime Minister," *New York Times*, May 9, 2008, accessed online at http://www.nytimes.com/2008/05/09/world/europe/09russia.html?_r=0 on May 25, 2014.

6. "Russia's Putin set to return as president in 2012," *BBC News Europe*, September 24, 2011, accessed online at http://www.bbc.com/news/world-europe-15045816 on May 25, 2014.

7. Warren W. Wiersbe, *The Bible Exposition Commentary: Old Testament History* (Colorado Springs, CO: Victor/Cook Communications Ministries International, 2004), 446쪽.

8. Dietrich Bonhoeffer, *Letters and Papers from Prison* (New York: Touchstone, 1997), 7쪽.

9. Jacques Ellul, *The Politics of God & the Politics of Man* (Grand Rapids, MI: Eerdmans, 1972), 35쪽.

10. Collins, *Good to Great*, 22-25쪽. 짐 콜린스, 《좋은 기업을 넘어 위대한 기업으로》(김영사 역간).

11. Joseph-Marie, comte de Maistre, *Lettres et Opuscules*, letter 76 (27 August 1811), as quoted by Edward Latham in *Famous Sayings and Their Authors* (London: Swan Sonnenschein & Co., 1906), 181쪽.

--- 10 ---

에스라 · 느헤미야 · 에스더 & 일의 신학

1. H.G.M. Williamson, *Ezra, Nehemiah, Word Biblical Commentary* (Waco, TX: Word Books, 1985), xxi. H.G.M. 윌리암슨, 《WBC 에스라 · 느헤미야》(솔로몬 역간).
2. "Ezra-Nehemiah, Books of," *The Anchor Bible Dictionary* (New York: Doubleday, 1992).
3. Frederic W. Bush, *Ruth-Esther, Word Biblical Commentary* (Nashville: Thomas Nelson, 1996), 326-335쪽. 프레드릭 W. 부쉬, 《WBC 룻기 · 에스더》(솔로몬 역간).
4. Mark D. Roberts, *Ezra, Nehemiah and Esther, The Preachers Commentary* (Nashville: Thomas Nelson, 2002), 315-318쪽.
5. "Nehemiah(person)," *The Anchor Bible Dictionary* (New York: Doubleday, 1992).
6. 이자를 받고 돈을 꾸어 주는 걸 성경이 금하는지는 기독교 신학 역사에서 오랫동안 논란이 되어 온 문제다. TOW 웹사이트 핵심 주제 코너에서 '금융' 부분의 "금융에 대한 개요"를 보라.
7. TOW 웹사이트 Key Topics 섹션에서 'Rest and Work' 부분을 읽어 보라.
8. 이 섹션의 아이디어들은 2007년 4월 22일 뉴욕 리디머장로교회에서 팀 켈러가 한 설교, "죽으면 죽으리라"에서 가져왔다. 이 설교는 http://www.gospelinlife.com/if-i-perish-i-perish-5610.html에서 다운로드 받을 수 있다.

시리즈 집필진 및 역자 소개

존 알스도프(John Alsdorf) 뉴욕시에 거주하며, TOW 프로젝트 운영위원회 위원이다.

캐서린 L. 알스도프(Katherine Leary Alsdorf) 뉴욕시 리디머장로교회(Redeemer Presbyterian Church)의 '페이스앤워크센터'(Faith&Work Center) 설립자이자 명예이사다. TOW 프로젝트 운영위원회 위원이다.

패트리샤 앤더스(Patricia Anders) 매사추세츠주 피바디 소재 핸드릭슨출판사 편집장이다. 본 주석의 편집책임을 맡고 있다.

질 베이커(Jill L. Baker) 고대근동 고고학의 독립 연구자이며, 플로리다주 마이애미의 플로리다국제대학교(Florida International University) 우등대학 교수다. 사무엘상하, 열왕기상하, 역대기상하의 주석을 집필했다.

카라 비드(Cara Beed) 오스트레일리아 빅토리아주 멜버른의 오스트레일리아가톨릭대학교(Australian Catholic University) 사회과학부 사회학 교수, 교육학부 대학원지도교수, 대학교 명예회원을 역임하고 은퇴했다. 저자이자 연구자로서 여러 국제저널에 논문을 게재했다. TOW 프로젝트의 운영위원회 위원이다.

대니얼 블록(Daniel Block) 일리노이주 휘튼 소재 휘튼대학(Wheaton College)의 건서 H. 노들러 구약학 석좌교수다. 룻기 주석을 집필했다.

대니얼 버드(Daniel T. Byrd) 캘리포니아주 라번대학교(University of La Verne) 교무처장 특별보좌관이다. 2007년부터 2009년까지 TOW 프로젝트 운영위원회 위원을 역임했다.

앨리스 카밀(Alice Camille) 미국 전역에서 유명한 로마가톨릭 작가, 종교교육자이자 피정 지도자다. 캘리포니아주 데저트핫스프링스에 산다. 여호수아와 사사기 주석을 집필했다.

대럴 코스덴(Darrell Cosden) 일리노이주 엘진 소재 저드슨대학교(Judson University) 신학과 교수다. 2007년부터 2010년까지 TOW 프로젝트 운영위원회 위원을 역임했다.

앨 에리스만(Al Erisman) 워싱턴주 시애틀의 시애틀퍼시픽대학교(Seattle Pacific University) 상임이사이며, 보잉사 기술이사를 역임했다. TOW 프로젝트 운영위원회 공동위원장을 맡고 있다. 요한이서와 요한삼서의 주석을 집필했다.

낸시 에리스만(Nancy S. Erisman) 자원봉사자로서 카이로스(KIROS)의 이사이자 워싱턴주 벨뷰 소재 웨스트민스터교회(Westminster Chapel) '일터의여성들'(Westminster Chapel) 지도부에 있다. 본 주석의 편집을 담당했다.

재럿 폰트노트(Jarrett Fontenot) 루이지애나주 밴턴루즈에 산다. 본 주석의 편집을 담당했다.

래리 파울러(Larry Fowler) 워싱턴주 긱하버에 산다. 본 주석의 편집을 담당했다.

러셀 풀러(Russell Fuller) 켄터키주 루이빌에 있는 남침례신학교(Southern Baptist Theological Seminary) 구약학 교수다. 시편 주석을 집필했다.

두에인 개럿(Duane A. Garrett) 켄터키주 루이빌에 있는 남침례신학교 구약해석학 존 R. 샘피 석좌교수다. 신명기, 전도서, 아가서 주석을 집필했고, 시가서의 편집을 담당했다.

마크 지닐랫(Mark S. Gignilliat) 앨라배마주 버밍엄 소재 샘퍼드대학교(Samford University) 비슨신학부 부교수다. 이사야 주석을 집필했고 선지서 편집을 담당했다.

마이케이아 힐리(Michaiah Healy) 매사추세츠주 케임브리지 크레이터보스턴교회(Greater Boston Vineyard) 청년부 담당 목사다. 본 주석의 편집자로 섬겼다.

빌 히틀리(Bill Heatly) 캘리포니아주 오크파크 소재 달라스윌라드선교회 총재를 역임했고, TOW 프로젝트 운영위원회 위원을 역임했다. 골로새서와 빌레몬서 주석을 집필했다.

빌 헨드릭스(Bill Hendricks) 텍사스주 달라스의 은사센터(Giftedness Center) 센터장이다. TOW 프로젝트 운영위원회 위원이다.

브라이언 하우스만(Brian Housman) 매사추세츠주 케임브리지 소재 그레이터보스턴비니어드교회(Vineyard Christian Fellowship of Greater Boston)의 행정목사다. 사무엘상하, 열왕기상하, 역대상하 주석을 집필했다.

L. T. 제야찬드란(L. T. Jeyachandran) 인도 콜카타 소재 인도 정부를 위한 이동통신부 수석 기사(토목기사)를 역임했고, 싱가폴에서 '라비재커라이어스국제선교회'(아시아-태평양) 대표를 지냈다. TOW 프로젝트 운영위원회 위원이다.

티머시 존슨(Timothy Johnson) 위스콘신주 나쇼타 소재 나쇼타하우스신학교(Nashotah House Theological Seminary)의 구약학과 히브리학 조교수다. 욥기 주석을 집필했다.

랜디 킬고어(Randy Kilgore) 매사추세츠주 노스비벌리 소재 '디자이어드헤이븐선교회'(Desired Haven Ministries/Made to Matter)의 수석작가이자 사목이다. TOW 프로젝트 운영위원회 위원이다.

알렉산더 커크(Alexander N. Kirk) 델라웨어주 윌밍턴에 거주한다. 디모데전후서와 디도서 주석을 집필했다.

애런 킥커(Aaron Kuecker) 텍사스주 롱뷰 소재 르투노대학교(LeTourneau University) 신학 부교수이자 우등대학 과정 책임자다. 누가복음과 사도행전 주석을 집필했다.

존 란스마(Jon C. Laansma) 일리노이주 휘튼 소재 휘튼대학과 휘튼대학원의 고전어 및 신약학 부교수다. 히브리서 주석을 집필했다.

클린트 르 브레인스(Clint Le Bruyns) 남아공 콰줄루나탈주 피터마리츠버그 소재 콰줄루나탈대학교(University of Kwazulu-Natal) 신학과발전 프로그램의 책임자이자 수석교수다. TOW 프로젝트 운영위원회 위원이다.

존 루이스(John G. Lewis) 텍사스주 샌안토니오 소재 성공회서부텍사스교구 '성베네딕토기독교영성형성워크숍과선교센터' 책임자이다. 로마서 주석의 자문을 맡았다.

켈리 리번굿(Kelly Liebengood) 텍사스주 롱뷰에 있는 르투노대학교 성서학 부교수다. 야고보서, 베드로전후서, 요한일서, 유다서 주석을 집필했다.

케리 러디(Kerry E. Luddy) 뉴욕주 로체스터 소재 브라이튼장로교회(Brighton Presbyterian Church) 지역사회관계 및 제자도 책임자다. 본 주석의 편집을 담당했다.

그랜트 맥커스킬(Grant Macaskill) 영국 스코틀랜드 파이프주 세인트앤드루스 소재 세인트앤드루스대학교(University of Saint Andrews) 신약학 수석교수다. 마가복음 주석을 집필했다.

알리스터 맥켄지(Alister Mackenzie) 뉴질랜드 크라이스트처치 소재 레이들로대학(Laidlaw College) 신학, 선교, 목회학부 수석교수다. TOW 프로젝트 운영위원회 위원이다.

라이언 마셜(Ryan P. Marshall) 매사추세츠주 니덤 소재 리디머커뮤니티교회(Redeemer Community Church) 학생부 담당 목사다. 본 주석의 편집을 담당했다.

스티븐 메이슨(Steven D. Mason) 텍사스주 롱뷰 소재 르투노대학교 교무부처장 겸 학장이다. 에스겔서 주석을 집필했다.

앨리스 매튜스(Alice Mathews) 매사추세츠주 사우스해밀턴 소재 고든콘웰신학교(Gordon-Conwell Theological Seminary) 로이스 W. 베넷 명예 특훈교수다. TOW 프로젝트 운영위원회 위원이다. 창세기 1-11장, 잠언, 사무엘상하, 열왕기상하, 역대상하 주석을 집필했고 선지서, 이사야, 예레미야, 예레미야 애가, 마태복음 도입을 썼다. 본 주석의 편집자문도 맡았다.

케네스 매튜스(Kenneth Mathews) 앨라배마주 버밍엄 샘포드대학교 비슨신학부 신학과 교수다. 다니엘서 주석을 집필했다.

션 맥도너(Sean McDonough) 매사추세츠주 사우스해밀턴 소재 고든콘웰신학교 신약학 교수다. TOW 프로젝트 운영위원회 위원이다. 여호수아, 사사기, 요한복음, 요한계시록 주석을 집필했고, 성서연구와 서신서 편집을 담당했다.

팀 메도크로프트(Tim Meadowcroft) 뉴질랜드 오클랜드 소재 레이들로대학 성서학 수석교수다. 호세아, 요엘, 아모스, 오바댜, 미가, 나훔, 하박국, 스바냐, 학개, 스가랴, 말라기 주석을 집필했다.

윌리엄 메신저(William Messenger) 매사추세츠주 보스턴 소재 TOW 프로젝트 편집장이자 뉴질랜드 오클랜드 소재 레이드로-캐리대학원(Laidlaw-Carey Graduate School) 겸임교수다. 주식회사 알큘(ArQule, Inc.)의 이사도 맡고 있다. TOW 프로젝트 운영위원회 위원이다. 요나서 주석을 집필했다.

앤디 밀스(Andy Mills) 매사추세츠주 보스턴 소재 톰슨재정전문출판사의 사장이자 대표를 역임했다. TOW 프로젝트 운영위원회 공동위원장을 맡고 있다.

조슈아 문(Joshua Moon) 미네소타주 미니애폴리스에 거주한다. 예레미야와 예레미야애가 주석을 집필했다.

콜린 니콜(Colin R. Nicholl) 영국 북아일랜드의 독립 연구자이자 저자다. 데살로니가전후서 주석을 집필했다.

밸러리 오코넬(Valerie O'Connell) 매사추세츠주 버밍엄의 독립 컨설턴트다. 본 주석의 편집을 담당했다.

제인 랭커스터 패터슨(Jane Lancaster Patterson) 텍사스주 오스틴 소재 사우스웨스트신학교의 신약학 조교수다. 로마서 주석의 자문을 맡았다.

조너선 페닝턴(Jonathan T. Pennington) 켄터키주 루이빌 남침례신학교 신약학 부교수이자 박사과정 책임자다. 마태복음 주석을 집필했고, 사복음서와 사도행전 편집을 맡았다.

고든 프리스(Gordon Preece) 오스트레일리아 빅토리아주 멜버른 소재 '에토스: 기독교와사회를위한복음주의연맹센터'(Ethos: the Evangelical Alliance Center for Christianity and Society)의 책임자다. TOW 프로젝트 운영위원회 위원이다.

마크 로버츠(Mark D. Roberts) 텍사스주 커빌 소재 'H. E. 버트가족재단/고귀한소명'(H. E. Butt Family Foundation/The High Calling) 디지털미디어 대표다. TOW 프로젝트 운영위원회 위원이다. 에스라, 느헤미야, 에스더, 갈라디아서, 에베소서, 빌립보서 주석을 집필했다.

해돈 로빈슨(Haddon Robinson) 미국 매사추세츠주 사우스해밀턴 소재 고든콘웰신학교 해럴드-오켄가 설교학 특훈교수, 목회학박사과정 수석책임자이며 고든콘웰신학교 임시총장을 역임했다. TOW 프로젝트 대표이자 명예회장이다.

저스틴 쉘(Justin Schell) 로잔운동 국제리더십과 지원팀에 속해 있다. 본 주석의 편집을 담당했다.

앤드루 슈머처(Andrew J. Schmutzer) 일리노이주 시카고 소재 무디성경연구소 성서학 교수다. 창세기 1-11장 주석을 집필했다.

밥 스톨만(Bob Stallman) 워싱턴주 커크랜드의 노스웨스트대학교(Northwest University) 성경과 히브리어 교수다. 창세기 12-50장, 출애굽기, 레위기와 민수기 주석을 집필했다.

크리스틴 탠(Christine S. Tan) 매사추세츠주 보스턴의 TOW 프로젝트 마케팅 및 소셜미디어 책임자다. 본 주석의 편집을 담당했다.

하노 반 더 베일(Hanno van der Bijl) 앨라배마주 모빌에 산다. TOW 프로젝트의 웹 관리자이며 본 주석의 편집을 담당했다.

브루스 월키(Bruce Waltke) 캐나다 브리티시콜럼비아주 밴쿠버 소재 리젠트칼리지(Regent College) 구약학 명예교수다. 펜실베니아주 글렌사이드 소재 웨스트민스터 신학교(Westminster Theological Seminary)에서 가르치기도 했고, 플로리다주 포트로덴데일에 있는 녹스신학교(Knox Theological Seminary)에서는 지금도 구약학 특훈교수로 있다. 잠언 주석을 집필했고 모세오경의 편집을 맡았다.

조엘 화이트(Joel White) 독일 기센의 기센신학교(Giessen School of Theology) 신약학 교수다. 고린도전후서 주석을 집필했다.

앤디 윌리엄스(Andy Williams) 르완다 키갈리에 있는 호프인터내셔널의 사업관리자이다. 본 주석의 편집을 담당했다.

데이비드 윌리엄슨(David Williamson) 텍사스주 커빌 소재 레이어티로지의 명예이사장이다. TOW 프로젝트 운영위원위 위원이다.

린지 윌슨(Lindsay Wilson) 오스트레일리아 빅토리아주 멜버른의 리들리멜버른선교목회대학(Ridley Melbourne Mission and Ministry College) 대학원장이자 구약학 전임교수다. 시편 주석을 집필했다.

옮긴이_ G&M글로벌문화재단

한국과 아시아의 소외된 이웃을 섬기며, 더 나은 세상을 만드는 문화 활동을 지원하기 위해 모인 공동체다. 사랑으로 자원을 나누고, 함께 배우고, 행하고, 가르칠 수 있도록 돕는다. 성경을 입체적인 오디오로 제작해 말씀을 즐겁게 들을 수 있게 재현한 '드라마 바이블', 눈으로 보고, 귀로 듣고, 함께 나누는 오디오 JSU 북클럽 운영, 일터 크리스천들이 각자의 일을 통해 삶의 열매를 맺을 수 있도록 돕는 TOW 국내 사역에 앞장서고 있다.

www.gnmkorea.org